이 싸움은
우리의 싸움이다

무엇이 중산층을 무너뜨리고 있는가

이 싸움은
우리의 싸움이다

THIS FIGHT IS
OUR FIGHT

무엇이 중산층을 무너뜨리고 있는가

엘리자베스 워런 지음
신예경 옮김

글항아리

나를 이 싸움에 참여시켜준

매사추세츠 주민들에게 이 책을 바칩니다

머리말

"팝콘은 내가 갖고 올라갈게."

나는 위층에 있는 브루스가 알아들을 수 있게 큰 소리로 말했다. 그리고 맥주와 노트북 컴퓨터도 챙겼다.

그는 「볼러스Ballers」 시즌 2의 모든 회차를 몰아 보기 위해 텔레비전을 켰다. 「볼러스」는 아들이 지난해에 추천해준 프로그램이지만 우리는 지금껏 아껴두고 보지 않았다. 바로 오늘, 대통령 선거 결과가 발표되는 밤을 기념하기 위해서였다.

오늘은 2016년 11월 8일이다. 이제 매사추세츠주의 투표 마감 시간이 임박해왔고 우리는 선거일이면 으레 진행해온 우리만의 의식을 시작하려던 참이었다. 우리만의 의식이란 투표에 관한 뉴스를 시청하는 것과 정말 재미있는 텔레비전 프로그램을 몰아 보는 것, 이 두 가지 일을 번갈아 하는 것이다. 나는 지역 경선 결과를 확인하기 노트북을 켰고 오늘 밤에 나올 결과를 당연히 낙관하며 나중에 걸려올 축하 전화를 받을 요량으로 휴대전화도 옆에 두었다.

2012년에 상원의원 경선에서 승리하기 전까지만 해도 나는 상원의원들이 당선 결과 발표를 지켜보는 풍경도 선거 전문가들과 그리 다르지 않으리라 추측했다. 모처에 마련된 개표상황실에 많은 사람이 모여들고 벽에는 수많은 텔레비전이 걸려 있으며 전화기가 사방에서 울려대면서 사람들이 최신 정보를 듣고 뛰어 들어오는, 그런 풍경 말이다. 책상 위에는 무수한 커피 잔과 피자 상자가 어지러이 흩어져 있다. 그러면 누군가 일리노이주의 개표가 2퍼센트 진행된 상황에서 태미 덕워스가 4포인트 차이로 앞서고 7번 투표구의 투표수가 높다는 등의 정보가 과연 무엇을 의미하는지를 간결하고 의미 있게 발언하는 식이다. 사실 나는 그런 장면을 영화에서 많이 봐왔다.

하지만 브루스도 나도 그 장면에 등장하지 않았다. 오늘밤은 아니었다. 올해는 출마하지 않았기에 내가 선거운동 본부원들과 모여 있을 일은 없었다. 게다가 이 시점에서 내가 선거 결과에 영향을 미칠 방법은 전혀 없었다. 그리고 많은 부분이 위태로운 상황에서 앞으로 몇 시간 동안 숫자의 흐름을 주시하는 게 얼마나 고통스러울지 잘 알고 있었다.

이런 선거를 수없이 치르는 동안 나는 선거 현장에 나가 후보들의 곁을 지켰다. 그들을 응원하고 나란히 서서 연설하며 추울 때는 함께 떨고 더울 때는 함께 땀 흘리면서 힘든 일도 마다하지 않고 기꺼이 뛰어들었다. 물론 그날 밤의 가장 중요한 행사는 힐러리 클린턴의 대통령 선거전이었지만 상원의원 선거를 지켜보는 동안에도 긴장을 못 이겨 손톱을 물어뜯을 게 틀림없었다. 이 선거에는 네바다주 전 법무부 장관 캐서린 코테즈 매스토가 나섰다. 8년 전에 주택 위기가 닥쳤을 때 나는 그녀와 함께 손발을 맞춰 은행들과 맞서 싸운 경험이 있었다. 펜실베이니아주 전 환경정책관 케이티 맥긴티는 월가로부터 무한한 재정 지원을 받는 것처럼 보이는 공화당 의원의 자리를 빼앗으려고 분투 중이었다. 전 위스콘신 상원의원 러스 파인골드는 15년 전에 포식자 같은 금융업자들로부터 미국의 수많은 가정을 구하기 위해 나와 함께 최전선에서 싸워왔으며 이제는 예전의 자리를 되찾고자 한껏 분발하는 중이었다. 매사추세츠와 주 경계선을 공유하는 뉴햄프셔의 주지사 매기 하산은 내가 몇 번인가 도움을 주며 인연을 맺었다. 미주리주의 진보적인 민주당 후보 제이슨 캔더는 열심히 치고 올라가는 중이었다. 일리노이주의 태미 덕워스는 이라크 전쟁에 참전했다가 두 다리를 잃는 불행을 겪었으므로 당연히 선거운동에 열성적으로 나섰다. 캘리포니아주 법무부 장관 카멀라 해리스는 나와 협력해 선거판을 수차례 누빈 경험이 있었다. 이외에도 수많은 사람이 있었다. 수개월 동안 이 후보들은 모든 것을 걸었다. 얼굴, 이름, 각자의 사연을 비롯해 그들과 관련된 모든 사항이 그날 밤 내 머릿속에 물밀듯이 밀려들었고 나는 그 한 사람 한 사람을 위해 걱정하고 소망하며 두려워했다.

　아니, 나는 한 무리의 사람들에 섞여서 감질나게 전해지는 숫자들을 지켜보고 싶은 마음이 없었다. 그저 브루스와 함께 집에 머물고 싶을 뿐이었다. 그날 밤 우리는 노상 하던 일을 했다. 텔레비전 프로그램을 보다가 선거 결과를 확인하기를 무한정 반복한 것이다. 소파에 앉아 팝콘을 먹고 맥주를 마시며 최선의 결과가 나오기를 기대했다.

「볼러스」는 정말 재미있었다. 그에 비해 2016년 선거는 그리 재미있지 않았다.

첫 번째 불길한 징조는 몇 곳의 상원의원 선거가 너무 빨리 공화당의 승리로 돌아갔다는 점이다. 인디애나. 플로리다. 우리가 이길 거라고 생각한 후보들이 갑자기 고전을 면치 못했다. 위스콘신의 러스와 펜실베이니아의 케이티가 그랬다. 그러자 힐러리도 곤경에 처한 것처럼 보였다.

마치 느린 동작으로 촬영된 기차 사고를 지켜보는 것만 같았다. 기차 한 대가 철로를 벗어나자 또 한 대가 넘어져 불이 붙고 폭발이 일어났으며 차체가 사방에 날아다녔다.

백악관을 수성할 기회가 슬그머니 사라지고 민주당의 패색이 서서히 짙어가는 모양을 가만히 지켜보자니 앞으로 몇 주 동안 어떤 일이 벌어질지 짐작이 됐다. 많은 사람이 나서서 어디가 잘못됐는지, 어쩌다 이런 일이 일어났는지 분석하려들 터였다. 너도나도 전문가 행세를 할 테고("이럴 줄 진작 알았지") 이리저리 편을 가를 것이며("물론 이렇게 패배한 원인은 저들 때문이야") 다양한 정치 성향의 집단들이 등장해 자신들이라면 이보다 훨씬 더 잘했으리라 확신할 것이다.

물론 2016년 선거에 관해서는 끊임없이 세밀하게 분석하겠지만 그 기나긴 밤이 더디게 흘러가는 동안 나는 정치의 흐름에 관해 점차 생각하지 않게 되었고 그보다는 이 선거의 결과가 수많은 근로자 가정에 어떤 식으로 커다란 타격을 입힐지 더 깊이 고심하게 되었다. 텔레비전에서는 수많은 후보자와 지지자가 축하하거나 침통해하는 장면을 비춰주었지만 내 머릿속을 사로잡은 것은 수천만 미국인의 생활이 지금보다 아주 많이 힘들어질 것이라는 생각이었다.

정치에 본격적으로 뛰어들기 훨씬 더 전에 나는 교사이자 연구자였다. 미국의 중산층에 무슨 일이 일어나는지, 근로자 가정과 이를 희망하는 가정들에 무슨 일이 벌어지는지 오랫동안 연구했다. 그 이야기는 위대하지만 다른 한편으로는 끔찍했다.

경제 대공황을 거치고 살아남았을 뿐 아니라 실제로 경제 대국으로 변모한 미국의 이야기는 가히 전설적이다. 하지만 절로 소름이 돋는 부분은 우리가 그 부를 통해 이루어낸 결과물이다. 몇 세대에 걸쳐 미국은 전 세계에 유례없는 대단한 중산층을 만들어냈다.

우리는 스스로의 힘으로 중산층을 형성했다. 각고의 노력을 기울이고 정부의 유용한 도구들을 활용해 수백만 명의 사람에게 더 많은 기회를 제공했던 것이다. 모든 것을 이용해—세금 정책, 공교육 투자, 새로운 사회기반시설, 연구 지원, 소비자와 투자자 보호법, 독점금지법 등—중산층을 장려하고 증가시켰다. 폭죽을 터트릴 만큼 축하할만한 사실은 우리가 성공을 거두었다는 점이다. 소득성장이 확산되었고, 일한 사람 대부분이—미국인의 90퍼센트가—이익의 대부분을 가져갔다. 나는 1960년대와 1970년대에 미국이 쌓아올린 모든 혜택을 누린 운 좋은 사람 중 한 명이었고 오늘날까지도 그 사실에 진심으로 감사하고 있다.

하지만 새로운 세기, 달라진 시대를 맞이한 오늘날 위대한 중산층은 궁지에 몰렸다. 전국 각지의 사람들이 걱정에 휩싸여 있다. 아니, 우려하고 분노한다.

그들은 죽어라 일해도 소득이 오를 기미가 보이지 않아 화가 난다. 주택과 의료보험으로 인해 가계 예산이 한계점에 이르렀기 때문에 화가 난다. 자녀를 어린이집이나 대학에 보내는 비용이 엄청나게 비싸 화가 난다.

사람들은 무역협정이 세계의 다른 지역 노동자들에게 일자리와 기회를 만들어주는 반면 고국의 방치된 공장은 버려지는 것처럼 보이기에 화가 난다. 젊은 사람들이 학자금 대출로 삶이 망가져가고 노동자들은 빚에 허덕이며 노인들은 사회보장 수표로 기본 생활비조차 충당하지 못하기 때문에 화가 난다. 우리는 정부가 제공하는 기본적인 자원조차—도로, 다리, 안전한 물, 믿을 만한 전기 등—믿을 수 없기 때문에 화가 난다. 우리는 아이들이 더 나은 삶을 살아갈 기회를 우리만큼 누리지 못할까 두렵기 때문에 화가 난다.

사람들은 화를 내고 있으며 그들이 화를 내는 것은 당연하다. 이 힘들게 얻고 어렵게 건설한 더없이 귀한 우리의 민주주의를 강탈당했기 때문이다.

오늘날 이 나라는 상류층 사람들에게 유리하게 작동한다. 로비스트와 변호사 군단을 고용할 만큼 부유한 모든 기업에게 유리하게 작동한다. 고용된 근로자보다 더 저율로 세금을 내는 모든 백만장자에게 유리하게 작동한다. 워싱턴의 호의를 살 돈이 있는 모든 사람에게 유리하게 돌아간다. 정부는 그들을 위해 훌륭히 작동하지만 그 외의 모든 사람에게 이 나라는 더 이상 제대로 움직이지 않는 존재다.

이는 가장 위험한 종류의 부패다. 현금이 잔뜩 든 봉투를 들이미는 구식 뇌물이 아니다. 훨씬 더 매끈하고 교활하며 근사한 모양새를 갖춘 새로운 부패는 우리 정부를 잘못된 길로 인도하고 매일같이 한 가지 결정을 내릴 때마다 부자와 권력자를 항상 챙기도록 만든다. 이 부패는 정부를 부와 영향력을 이미 손에 쥐고 있는 사람들의 도구로 변질시킨다. 이 부패는 미국의 중산층을 도려내고 우리의 민주주의를 파괴하고 있다.

이 같은 걱정과 분노가 온통 뒤섞인 2016년에 과시하기를 좋아하는 인물이 중요한 공약을 내걸고 등장했다. 바로 이 난관을 타개하겠다는 맹세를 해놓고는 정작 이 문제를 불러일으키고 정부의 호의를 얻는 로비스트와 백만장자들에게 둘러싸여 지내는 남자였다. 말만 번지르르한 포퓰리즘을 이야기하는 최악의 낙수경제落水經濟, trickle-down economics론을 내놓은 남자였다. 부패한 제도를 여러 차례 직접 활용한 경험이 있기 때문에 그 작동 원리를 잘 알고 있다고 주장한 남자였다. 미국을 다시 한번 위대하게 만들겠노라고 맹세하고는 이민자, 소수 집단, 여성들을 공격한 남자였다. 그리고 다시 한번 커다란 사기를 치려고 호시탐탐 기회를 노리는 남자였다.

앞으로 수개월이 지나면 이 남자가 대통령 선거에서 드러낸 것보다 한층 더 분열을 조장하고 부정직한 인물이라는 사실이 명확해질 것이다. 하지만 선거일 밤, 나는 이 남자가 곧 미합중국의 차기 대통령이 될 것이라는 사실을 어떻게든 이해해보려고 눈이 빠지게 텔레비전을 쳐다봤다.

선거 결과가 속속 밀려들어왔다. 이제 수많은 사람이 도널드 트럼프의 특별한 매력을 묘사하고 그가 승리한 갖가지 이유를 설명하는 데 열을 올릴 것이 분명했다. 하지만 우리는 이 한 번의 선거에 대해 단순히 설명하는 것으로 그쳐서는 안 되며, 어떻게 그리고 어째서 이 나라가 그토록 철저한 잘못을 저질렀는지도 이해해야만 한다. 그리고 우리를 다시 정상 궤도에 올려놓을 계획이 필요하다. 그러고 난 다음에는 작업에 착수해서 성사시켜야 한다.

우리는 자신의 가치관에 부응해 살아야 한다. 단지 일부를 위해서가 아니라 전체를 위해 기회에 투자하는 국가가 되어야 한다. 자신들의 이익을 위해 민주주의를 왜곡하려는 사람들로부터 우리의 민주주의를 되찾아와야 한다. 우리의 가장 좋은 꿈들이 이루어지는 미국을 건설해야만 한다.

나는 브루스와 소파에 앉아서 자신의 대통령 임기가 "아름다운 것"이 되리라 확신하는 도널드 트럼프의 모습을 지켜봤다. 내가 보기에는 전혀 아름답지 않을 것 같았다. 설상가상으로 백악관에 곧 입성할 이 남자는 이미 위태로운 중산층을 무너뜨리고 KO 펀치를 날릴 능력이 있었다.

정말 싸워야 할 때가 있다면 바로 지금이었다.

차례

1장

사라지는 중산층

나는 싸울 준비가 되어 있었다.

2013년 3월의 어느 목요일 아침이었다. 내가 상원의원이 된 지 2년 반이 지났고 이번이 최저임금에 대한 첫 번째 청문회였다. 거의 4년 동안 연방 최저임금은 시간당 7.27달러로 동결되어 있었다. 이 시급은 과거의 기준으로 보더라도 충분히 낮은 수치였고[1] 수많은 노동자는 침몰하고 있었다. 최저임금은 그야말로 최저였다.

매사추세츠의 집에 있을 때면 나는 최대한 많은 주민과 이야기를 나눈다. 그중에는 대형 건물에서 일하는 용역 근로자들도 있다. 그들은 탕비실에 물품을 채우고 건물을 청소하며 경비를 담당하는 근로자다. 나는 그들 중 빚지지 않고 살아가기 위해 두세 가지 일을 계속할 수밖에 없는 형편에 놓인 사람이 얼마나 많을지 생각했다. 지하철을 타고 보스턴으로 출근하는 여성들은 종일 건물 청소를 하고는 아침까지 기다렸다가 사우스 스테이션 버스 터미널 창구에서 오전 근무를 한다. 남자들은 로건 공항에서 하루 종일 휠체어를 밀고 가방을 나른 뒤 저녁에는 택시 운전을 하거나 경비 업무를 한다. 그리고 그런 사람들은 보스턴 바깥에서도 심심찮게 만나볼 수 있다. 뉴베드퍼드와 폴리버, 우스터와 스프링필드에 사는 부모들은 시내나 고속도로의 패스트푸드점에서 일하면서도 닥치는 대로 일자리를 찾아 근근이 살아가고 있다. 노스쇼어에 사는 한 여성은 한 가지 일이 끝나고 다른 일을 시작하기 전 비는 시간 동안 주차장에 차를 세워둔 채 잔다고 말했다. 그리고 어머니한테 맡겨둔 어린 딸을 데려가기 위해 차를 몰고 어머니 집으로 가지만 막상 도착하면 어찌나 피곤한지 소파에서 바로 잠이 든다는 것이었다. 매사추세츠를 비롯해 다른 모든 주의 저임금 노동자들은 미국에서 가장 부지런히 일하는 부류다.

이 문제에 관한 내 입장은 상당히 강경하다. 나는 이 나라에 사는 어느 누구도 정규직 근로자로 일하면서 여전히 가난에 허덕여서는 안 된다고 생각한다. 하지만 시급이 7.25달러인 상황에서 자녀를 키우며 주 40시간을 일하는 최저임금 여성 노동자가 자신과 아이를 위해 빈곤선 이상의 삶을 영위하는 것은 불가능하다.[2] 이는 대단히 부조리한 일이다. 그리고 미 의회가 최저임금을 인상하기만 하면 개선할 수 있는 상황이다. 지금 우리는 이 잘못을 고칠 수 있다.

10주 동안 이 일을 해왔지만 노트북 컴퓨터를 옆구리에 끼고 상원 청문회장에 들어설 때마다 나는 여전히 흥분되고 설레었다. 이 방은 마치 잘 꾸며진 무대처럼 천장이 높고 두꺼운 장식 패널이 덧대어져 있으며 짙푸른색 카펫이 깔려 있다. 벽에 부착된 조명은 아르데코풍의 횃불 모양이어서 마치 고대 신전을 환히 밝히는 듯했다. 방도 어마어마하게 커서 서로의 이야기를 들으려면 누구나 마이크를 사용해야만 했다.

상원의원들은 나무 패널을 덧댄 커다란 편자 모양의 다소 높은 단위에 마련된 지정석에 앉았다. 의원들의 의자는 거대하고 등받이가 높은 가죽 제품으로 마치 고대 왕이 현대의 CEO를 만나는 모양새였다. 증인들은 편자 모양 단의 양 끝자락 사이에 놓인 낮은 탁자 앞에 앉았고 방청객들은 그 뒤에 자리했다. 이 방은 상원의 웅장함과 엄숙함을 환기시키려는 의도로 디자인되었기에 이 단체의 권력을 꽤나 적나라하게 상기시키는 역할을 한다.

선임 의원을 존중하는 상원의 엄격한 체계와 후임이라는 지위에 맞게 내 의자는 중앙 무대에서 가장 멀리 떨어져 편자의 한쪽 끝에 놓여 있었다. 어디에 앉든 나는 아무 상관이 없었다. 대부분의 상원의원에게 적용되는 일종의 관례라는 것을 알고 있었으니까. 그리고 물론 이 위원회가 자리를 박차고 일어나 미국 노동자들을 위해 의회가 최저임금을 인상해야 한다고 주장하는 영화 같은 장면을 연출하지 않는다는 것도 잘 알고 있었다.

그런 사실뿐만이 아니라 최저임금을 인상하려는 조치가 미국 전역에서 커다란 호응을 얻으리라는 점도 알고 있었다. 그리고 이 청문회가 그 싸움을 진전시킬 꽤 좋은 발판이라는 사실 역시 잘 이해했다. 결국 이 위원회는 3000만 명의 미국인을 위해 임금 인상을 권고할 힘[3]을 실제로 지니고 있었고 설사 우리가 이 일을 오늘 해내지 못한다 하더라도 조금의 발전만이라도 반드시 이뤄내기를 바랐다. 싸우지 않는다면 이기지도 못하는 법이니까.

나는 40년 이상 노동자들의 임금이 물가상승률과 보조를 맞추지

최저임금에 대한 의회 청문회. 편자 모양 단의 오른쪽 맨 끝에 앉은 사람이 엘리자베스 워런.[4]

못했다는 사실[5]을 잘 알고 있었다. 생산성이 높아졌고 더불어 수익도 증가했다.[6] 중역들의 임금도 인상되었다.[7] 그렇다면 이제 우리가 함께 모여 이 나라에서 가장 힘들고 궂은일을 하는 사람들에게 조금의 안전을 보장받을 기회 정도는 마련해줄 수 있지 않을까?

그리고 이 '초당파적인' 문제를 해결하기 위해 다시 한번 도전해볼 수도 있지 않을까? 1930년대 이후로 공화당원들은 민주당원들과 합류해 최저임금의 주기적 인상을 지지했고 최저임금이 4년 동안 동결된 지금 나는 우리가 함께 모여 임금 인상을 도모해야 할 때라고 생각했다. 인상 폭이 내가 원하는 만큼 크지는 않겠지만 적어도 무언가를 할 수는 있지 않을까?

아니었다. 공화당원들은 확고한 태도를 견지했다. 단 한 푼의 최저 임금 인상을 위한 노력도 모조리 방해하곤 했다.

청문회에서는 최저임금 인상이 일자리에 미칠 영향을 두고 첨예한 공방이 오갔다. 데이터는 명확했다. 거듭된 연구를 통해 최저임금이

오르더라도 일자리에 크게 부정적인 영향을 미치지 않는 것으로 드러났다. 그리고 미국의 손꼽히는 전문가 중 한 명[8]이 의원들 바로 앞에 앉아 정확히 그 점을 증언하고 있었다. 나는 다른 증인 두 명과 논쟁을 벌였고 실질 최저임금이 얼마나 떨어졌는지에 대해 열변을 토했지만 한 시간 반쯤 뒤 청문회의 열기는 서서히 가라앉기 시작했다.

의사봉 소리가 나자마자 나는 서류를 주섬주섬 챙겨 나갈 준비를 했다. 테네시주 상원의원이자 위원회에 참석한 가장 경력 높은 공화당원 러마 알렉산더가 마지막 질문을 던지고 있을 때 한 증인이 말을 끊고 의회가 적합한 최저임금 수준을 정할 책임이 있다고 지적했다.

알렉산더 의원은 자신이 결정할 수 있는 일이라면 최저액을 설정하지 않을 거라고 대답했다.

최저임금이 없다니! 15달러도 10달러도 7.25달러도 5달러도 아니었다. 심지어 1달러도 아니었다.

이 발언은 상당히 무심하게 들렸다. 자기 생각에 지나치게 열중한 나머지 한껏 흥분한 어느 이론가가 외친 거창한 선언이 아니었다. 오랜 경력을 보유한 미국 상원의원이 만일 고용주가 시간당 50센트에 일할 정도로 절박한 사람을 찾을 수 있다면 단 한 푼도 더 주지 않고 그 임금을 지불한 권리를 지녀야 한다면서 평온하고도 자신 있게 주장한 것이었다. 그렇게 말할 바에는 차라리 고용주가 케이크를 먹을 때 근로자들이 식탁에서 떨어진 부스러기를 긁어모아도 좋다고 말하는 편이 나았다.

눈을 한번 깜빡이자 나는 두꺼운 장식 패널이 덧대어진 청문회실을 벗어났다. 주변보다 높게 올린 단 위에 앉아 있지도 않았고 의자 뒤에 보좌관이 자리하지도 않았으며 수많은 카메라가 나를 향하지도 않았다.

눈을 한번 깜빡거리자 오클라호마시티의 비쩍 마른 열여섯 살 소녀의 모습으로 되돌아갔다. 그해 초가을에 나는 막 고등학교 2학년이 되었다.

그 무렵 우리 집은 식구가 꽤 단출했다. 남아 있는 가족이라고는 엄마와 아빠, 내가 다였다. 오빠 셋은 돌아가면서 입대를 하고 결혼해서 저마다 가정을 꾸리던 차였다.

여느 가정과 마찬가지로 우리도 나름 부침을 겪었지만 십대 청소년인 내 시각에서 보면 인생이 다시 조금은 진정된 듯했다. 엄마는 시어스 백화점에서 전화 받는 일을 했고 아빠는 잔디 깎는 기계와 울타리를 팔았다. 두 명분의 봉급이 들어오는 집이었다는 뜻이다. 수금원이 전화를 걸거나 사람들이 우리 집을 빼앗겠다고 협박하고 간 지도 2년이 되었다. 늦은 밤 엄마의 숨죽여 우는 소리는 더 이상 들리지 않았다.

하지만 가정 형편은 여전히 어려웠다. 여윳돈은 물론이고 숨 돌릴 틈도 없었다. 나는 식당에서 음식을 나르며 아이들을 돌보는 아르바이트를 했다. 바느질과 다림질을 해주고 몇 달러를 벌기도 했지만 정규직을 구하지는 않았다. 나는 열여섯 살이었다. 열여섯 살에 세상이 서서히 사그라지는 것을 가만히 지켜보고 있었다. 이제 고등학교 3학년이 되었고 노스웨스트 클라센의 사람들 누구에게나 미래가 있었지만 나만 그렇지 못한 것 같았다. 친구들은 모두 대학 이야기를 했다. 학교며 여학생 클럽이며 해볼 만한 전공에 대해 쉴새없이 떠들었다. 누구도 비용이 얼마나 들지 걱정하지 않는 듯했다. 나는 어땠을까? 대학 등록금이나 책값은 고사하고 지원서를 낼 돈조차 없었다. 어떤 날에는 대학이 달나라에 있는 것처럼 여겨졌다.

그 시기의 내 인생은 비참했다.

어느 날 밤, 나는 고등학교 졸업 이후의 진로를 놓고 엄마와 또 다투었다. 지금 돌이켜보면 엄마는 최선을 다하고 있었다. 장시간 일을 했고 때로는 한계에 다다른 것처럼 보이기도 했으니까.

그날 밤 이 문제는 도저히 수습 불가능한 지경으로 치달았다. 엄마는 나한테 계속 소리를 질러댔다. 내가 뭐가 그리 특별해서 대학에 가야만 한다고 생각했을까? 내가 가족 중 누구보다 더 뛰어나다고 생각한 걸까? 돈이 어디서 생기겠는가? 나는 평소처럼 행동했다. 아무 말 없이 바닥만 노려봤고 지긋지긋하다 싶으면 내 방으로 숨어버렸다. 하지만 이번에는 방으로 숨는 것으로 충분치 않았다. 엄마는 방으로 따라와서 계속 소리를 질러댔다. 나는 결국 책상에서 벌떡 일어나 가만히 좀 내버려두라고 엄마에게 악을 썼다.

엄마가 내 뺨을 전광석화처럼 세게 후려쳤다.

우리 두 사람 다 멍해졌던 것 같다. 엄마가 방에서 나갔다. 나는 옷가지를 한 움큼 집어 캔버스 백에 쑤셔넣고는 현관 밖으로 뛰쳐나갔다.

몇 시간 뒤 아빠가 시내의 버스 터미널 벤치에 앉아 있는 나를 찾아냈다. 나는 얼굴이 벌겋게 달아오른 채 여전히 몸을 떨고 있었다. 상처를 받았다. 마음이 아프고 의욕이 꺾였다.

내 인생의 모든 부분이 잘못된 것만 같았다.

아빠는 벤치로 다가와 옆에 앉고는 한참 동안 아무 말도 하지 않았다. 우리 둘 다 앞만 뚫어져라 쳐다봤다. 한참 뒤에 아빠는 나에게 배가 고픈지 물어보고는 자판기로 걸어가서 크래커와 샌드위치를 사들고 왔다. 그러고는 아빠가 심장마비에 걸렸던 때를, 아빠와 엄마가 집을 잃게 될 거라고 확신하던 그 힘들었던 몇 달간을 기억하는지 물어봤다.

나는 기억하고 있었다.

거의 4년 전 일이었다. 심장마비가 온 뒤 아빠는 한동안 병원에 있었고 집에 돌아왔을 때는 얼굴이 창백할뿐더러 평소보다 말수가 한결 줄어들어 있었다. 몇 시간이나 혼자 앉아서 담배를 물고 멍하니 허공을 바라봤다. 데이비드 오빠가 입대한 뒤로 아빠는 비어 있던 작은 침실로 옮겨갔다.

몇 달 동안 엄마는 클리넥스나 평소에 사던 싸구려 화장지를 손에서 놓지 못했다. 화장지를 갈기갈기 찢어 재떨이와 화장대에 아무렇게나 던져두었다. 하지만 눈물이 터질 때를 대비해서 언제나 한 장은 남겨두었다. 그리고 눈이 짓무르도록 울었다.

아빠는 그때가 인생에서 최악의 시기였다고 말했다. 의사들이 목에서 만져지는 혹을 암이라고 생각했을 때보다 더 나빴다고. 가장 친한 친구 클로드가 죽었을 때보다 더 나빴다고. 끔찍한 자동차 사고를 당해 앞 유리를 관통하면서 어깨가 찢어졌을 때보다 더 나빴다고 이야기했다.

아빠는 나지막한 목소리로 말했다. "엄마가 집에 있을 때 그 사람들이 스테이션왜건을 가져갔어. 그러더니 집도 가져갈 거라고 말했지. 엄마는 매일 밤 울었단다."

한동안 침묵이 이어졌다. "나는 받아들일 수가 없었어."

버스 터미널 벤치에 앉아 아빠는 자신이 실패했노라고 그리고 수치심으로 거의 죽을 뻔했다고 말했다. 아빠는 죽고 싶었다. 우리 인생에서, 이 땅에서, 그리고 잘못된 모든 상황에서 사라지고 싶었다. 아빠는 상황이 얼마나 나쁜지 곱씹으면서 그날 밤 엄마와 나를 떠날까 하고 스스로에게 물었다.

"그래서 어떻게 됐어?" 내가 물었다.

아빠는 그 참혹한 시절의 기억 어딘가에 사로잡힌 듯 한참을 말없이 앉아 있었다. 여전히 나를 쳐다보지 않았다. 마침내 아빠는 두 손으로 내 손을 잡고는 꼭 쥐었다.

"나아졌지", 아빠가 말했다. "엄마가 일자리를 찾았거든. 공과금을 좀 냈지. 얼마 뒤에는 내가 일터로 복귀했단다. 전보다는 가난했지만 그럭저럭 살 만했어. 밀린 담보대출금도 갚고. 너도 잘 지내는 것 같았고."

마침내 아빠가 몸을 돌려 나를 바라봤다. "우리 못난이, 살다보면 나아지더라."

그리고 나는 이 순간을 항상 그렇게 기억했다. 아빠가 나한테 계속 버티라고, 아무리 나쁜 상황이 닥치더라도 살다보면 나아진다고 말해

아빠가 말했다. "우리 못난이, 살다보면 나아지더라."

준 순간이라고 말이다. 나는 수십 년 동안 이 이야기를 주머니에 넣어 품고 다녔다. 그런 식으로 나는 이혼, 실망, 죽을 것같이 고통스러운 순간들을 헤쳐나왔다. 상황이 정말로 힘들어질 때마다 나는 이 이야기를 꺼내 가슴에 품었다. 그러면 아빠 목소리가 들려왔고 언제나 기분이 나아지곤 했다. 이제 아빠의 말은 나의 일부가 되었다.

우리 못난이, 살다보면 나아지더라.

눈을 한번 깜빡이자 나는 그 화려한 청문회실로 되돌아왔다. 하지만 누군가의 인생을 변화시키는 데에는 그 정도면, 눈 한번 깜빡할 시간이면 충분했다. 아빠의 인생. 엄마의 인생. 그리고 내 인생도.

　사무실로 걸어가면서 나는 우리 가족이 하마터면 돌이킬 수 없는 불행에 빠질 뻔했던 때를 생각했다. 아빠가 심장마비를 일으킨 뒤에 우리는 언덕을 굴러 낭떠러지를 향해 떨어지는 중이었고 우리가 벼랑 끝을 넘어가려던 아슬아슬한 순간에 엄마가 나뭇가지를 붙잡았다. 시어스 백화점에서 일자리를 구한 것이다. 엄마는 쉰 살이었고 난생처음으로 유급 일자리를 구했다. 전화를 받고 카탈로그 주문을 받았다. 창문 하나 없는 비좁은 방에 엄마처럼 돈에 쪼들리는 8명의 여자가 전화 주문 고객을 도울 채비를 한 채 하루 종일 자리에 앉아 있었다. 엄마는 스타킹과 하이힐을 신었고 날마다 동료들과 함께 40분간 점심을 먹었으며 정확히 10분간의 휴식을 두 번 취했다.

　그리고 엄마는 최저임금을 받았다.

　그래서 알렉산더 상원의원이 자신한테 결정권이 있다면 최저임금을 없애겠다고 말했을 때 나는 그 일이 엄마와 아빠와 나에게 얼마나 큰 의미였는지를 생각했다. 최저임금을 받는 엄마의 일자리는 우리 집만 지켜준 게 아니었다. 우리 가족을 지켜주었다. 물론 그렇다고 우리 인생을 완벽하게 만들어준 것은 아니었다. 아빠의 심장마비 치료에 들어간 병원비를 해결하는 데에만 여러 해가 걸렸다. 엄마는 장 보는 목록을 몇 번이고 다시 고쳐서 마지막 한 푼이라도 쥐어짜냈다. 거실의 카펫은 낡고 해져서 맨바닥이 드러날 정도였다. 엄마의 걱정이 점점 깊어져서 폭발한 적도 있고 아빠는 무서우리만치 말수가 적어진 시기가 있었다. 하지만 우리는 힘을 모았다. 그리고 살아남았다. 동요하기는 했지만 그래도 버텨냈다.

아빠가 쓰러진 뒤 엄마가 가정을 계속 꾸려나갈 만큼 돈을 벌지 못했더라면 어땠을까? 온가족이 타던 스테이션왜건은 이미 빼앗긴 뒤였다. 우리가 집을 잃었다면 어땠을까? 그로 인한 수치심에 아빠는 어떻게 됐을까? 아빠가 그때에 우리를 영원히 떠나버렸다면 어땠을까? 그런 이별을 겪으면 엄마와 나는 어떻게 됐을까? 과연 내가 대학을 갈 수나 있었을까? 아니면 엄마와 내가 도저히 회복할 수 없을 정도로 깊은 상처를 입고 서로에게 집착하게 됐을까?

엄마가 시어스 백화점에서 최저임금을 받아 우리 가정의 몰락을 막아낼 수 없었더라면 무슨 일이 일어났을지는 짐작조차 되지 않는다. 하지만 최저임금처럼 중요한 쟁점에 관한 정책 결정이 얼마나 중요한지는 잘 안다. 그런 결정들은—먼 옛날 워싱턴에서 내려진, 우아한 방에서 잘 먹고 잘사는 자신감에 찬 남녀가 도달한 결정들은—정말로 중요하다.

엄마가 시어스 백화점에서 일하던 1960년대에 최저임금은 세 식구가 빚지지 않고 살아가도록 해주었다. 엄마는 고졸 학력에 경력이 전혀 없었지만 시어스 백화점에서 전화 받는 사람을 채용해야 했을 때 법 규정에 의해 회사는 엄마에게 세 식구가 먹고살기에 충분한 시급을 지불해야만 했다.

그리고 바로 그 지점에서, 목구멍으로 구역질이 올라올 만큼 부당한 최저임금제를 바라보고 있으려니 나는 거의 숨이 막힐 지경이다. 엄마가 시어스 백화점에 일을 나간 뒤 수년이 지나면서 미국은 더 부

유해졌다. 사실 이 나라 전체의 부는 사상 최고치다.[9]

엄마는 정치에 그리 관심이 없었지만 50년 뒤에는 최저임금이 훨씬 오를 것으로 예상했을 게 분명하다. 1965년에 최저임금을 받아 세 식구를 먹이고 주택담보대출을 갚을 수 있었다면 오늘날의 최저임금으로는 한 가정이 집과 차를 살 수 있어야 한다. 그리고 어쩌면 비쩍 마른 딸의 대학 전형료도 댈 수 있으리라. 그렇지 않은가?

아니다. 이 추측은 완전히 틀렸다.

물가상승률에 따라 조정된 오늘의 최저임금은 1965년보다 낮다.[10] 약 24퍼센트가 더 낮다. 시어스의 그 일자리 덕분에 엄마는 세 식구의 생계를 책임졌지만 오늘날 정규 직장에 다니며 최저임금을 받는 어머니는 미국 어느 곳에서도 일반적인 방 두 개짜리 아파트[11] 월세를 내지 못한다. 내가 자란 오클라호마에서 그런 처지의 어머니는 빈곤 수준의 수입조차[12] 가정으로 가져가지 못할 것이다. 집세를 내고 식탁에 먹거리를 올리고 아이가 학교 갈 때 신을 신발이나 점심값을 위해 약간의 돈을 남겨두는 것. 이런 일은 아예 꿈도 꾸지 못한다. 오늘날 가정의 몰락을 막으려는 어머니는 우리 가족에게 주어졌던 것과 똑같은 나뭇가지를 잡을 방법이 도저히 없다.

그 어느 때보다 더 많은 가정이 재정적 낭떠러지로 굴러떨어져 저 밑에 놓인 바위에 부딪히는 오늘날, 워싱턴은 이 상황을 외면하기로 결정했다. 이제 나는 미국 상원에 입성한 지 5년이 되었고 재임 기간에 한 가지 쓰라린 교훈을 얻었다. 공화당이 이끄는 의회는 이 문제에 관심이 없다는 점이다.

사람들이 결국 어떤 삶을 살게 될지를 결정하는 요인은 고된 노력과 행운만이 아니다. 법규 역시 중요한 역할을 한다. 백만장자들이 조세법의 허점을 이용하는 바람에 정부가 몇백억 달러를 날리는지, 아니면 그 돈을 학자금 융자를 받아야 하는 학생들의 비용을 낮춰주는 데 사용하는지는 중요한 문제다. 월가가 모기지와 신용카드로 사람들을 눈속임해 수십억 달러를 챙기는지, 아니면 금융업자들이 정직하게 거래하도록 감독하는 경찰을 두는지는 중요한 문제다. 그리고 최저임금이 지나치게 낮게 책정되어 정규직 근로자가 여전히 빈곤하게 사는지, 아니면 최저임금이 먹고살기 알맞은 액수라는 뜻도 되는지는 중요한 문제다.

회의나 협의회에 참석해서 투자 포트폴리오나 여러 채의 집을 보유한 사람들이 맥도널드와 베스트바이 같은 거대 기업의 최저임금 인상이 미치는 영향에 대해 걱정하면서도 튀김 담당자나 계산대 점원이 매주 자신과 가정을 위해 어떻게 생계를 꾸려가는지는 전혀 생각하지 않는다. 그들의 이야기를 들으면서 나는 이가 뽀드득 갈려서 머리가 아플 정도다. 상원의원들이 확실한 데이터는 무시한 채 기발한 이론 경제학적 주장을 내세우는 것을 듣고 있노라면 비명을 지르고 싶은 기분이 든다. 트럼프 대통령이 생활임금에 반대하고[13] 패스트푸드 업체 근로자들을 쥐어짜서 자기 배를 불리는 노동부 장관을 지명할 때면 머리를 탁자에 찧고 싶은 충동이 든다. 그리고 의회 동료들이 그저 근근이 살아가기 위해 죽어라 일하는 모든 사람을 기분 좋게 해고하는 동시에 이미 성공해서 잘사는 사람들을 심각하게 걱정할 때 내 가

습속에 자리한 맹렬한 분노는 마치 물리적 힘을 가진 하나의 실체가 되어 솟아오른다.

기회의 땅이라는 미국의 명성이 맹공을 받고 있다. 예전에 이 나라는 비록 가진 것은 없어도 열심히 일하는 사람들에게 혜택을 주었고 중산층을 성장시켰으며 아이들에게 기회를 제공했다. 한때는 가난한 아이들도 다른 사람들과 인생에서 똑같은 기회를 얻는다는 이상을 지켰다.

한때 우리는 기회가 제로섬 게임이 아니라고 믿었다. 내가 더 갖는다고 해서 반드시 다른 사람이 덜 갖는다는 의미는 아니라는 것이다.

한때 우리는 세상에서 가장 위대한 이 나라가 미래에 더 많은 국민을 위해 더 많은 기회를 만들어주는 방향으로 나아가리라 믿었다. 하지만 오늘날 워싱턴에서 내리는 결정은 모두 한 방향으로 기울어져 있다. 정치인들은 다음 선거 자금을 어떻게 끌어올지 생각하고 로비스트들은 온갖 이권을 요구하며 유명한 기업 변호인단은 정부 기관을 에워싸고 있다. 거물급 경영진은 월가에서 수백만 달러를 벌어들이고 더 많은 돈을 벌기 위해 기업 쪽으로 되돌아가기 전에 마치 회전문을 빙그르 돌아 나오듯 몇 년 동안 정부 정책을 맡겨준다. 싱크탱크는 어떤 현안에도 의견을 제시할 소위 전문가들을 지지한다. 물론 보상이 제대로 주어질 경우에 그렇다는 것이다. 그 결과, 부자와 권력자는 번성하는 반면 나머지 사람들은 모두 점점 더 뒤처진다. 이런 결정이 수십 년 동안 누적되어 영향을 미치는 바람에 미국의 중산층은 깨끗이 도려내졌고 우리 국민은 나약해졌다.

이 정치적 책략은 조작되었다. 부자와 권력자를 더 부유하고 더 강하게 만들기 위해 의도적이고 꾸준하며 적극적으로 조작되었다는 말이다. 정책 결정을 밀어붙이는 주체가 온건한 사람들이든 열광적인 선동가든, 그 결정이 무엇이고 누구를 돕기 위해 입안된 것인지는 대단히 중요하다.

중산층과 파산

대다수의 사람은 이것이 조작된 게임이 아니라고 말한다. 이 나라를 발전시키는 데 온 힘을 바치는 대단히 영리한 일부 사람은 미국의 경제 체제를 칭송한다. 그리고 이를 뒷받침할 자료는 무수하다. 물론 2008년 금융위기 때에는 일시적인 하락이 있었지만 전반적인 모습은 훌륭해 보인다. 하나의 국가로서 미국은 점점 더 부유해지고 있다.

이와 관련된 행복한 이야기는 숱하다.

- 주식 시장이 승승장구하고 있다.[14]
- 기업 이익이 기록을 갱신하고 있다.[15]
- 물가상승률이 몇 년째 그대로다.[16]
- 우리가 해마다 창출하는 부의 양은 이전 세대의 두 배다.[17]
- 실직이 감소하고[18] 금융위기 이후에 실직한 수많은 사람이 이제 일자리를 얻었다.

상황이 어찌나 좋아졌는지 월가에서는 호사스러운 파티가 차츰 늘어나는 추세였다. 주요 헤지펀드인 시타델Citadel[19]은 2015년에 풍성한 성과를 거두었다. 이들은 케이티 페리(출연료가 50만 달러라는 소문이 있다)를 출연시킨 파티와 마룬 파이브Maroon 5(이들의 출연료도 50만 달러쯤 된다)의 등장과 더불어―내가 가장 마음에 들어하는 부분인―바이올리니스트들이 전선에 연결되어 천장에서 내려오는 파티를 열어 이 성공을 축하했다. 마룬 파이브와 케이티 페리는 재능이 대단히 뛰어난 가수들로 모두 진보적인 명분을 위해 열심히 싸워왔다. 어느 억만장자가 그들 가수와 바이올리니스트에게 많은 돈을 지불하고 싶어한다면 그들은 당연히 그 돈을 받아야 한다. 하지만 세상에, 4인 가족을 반세기[20] 동안 먹여 살릴 만큼의 비용이 드는 공연을 보여주는 파티라고? 보도에 따르면, 이듬해에 시타델의 CEO는 센트럴파크가 내려다보이는 고층 건물의 3개 층을 차지한 콘도를 거금 2억 달러에 구입했다.[21] 하늘 높이 솟은 이 콘도의 넓이는 일반적인 미국 가정의 12배에 달한다.[22] 그가 그 집을 선택하면 안 되는 이유가 대체 무엇이겠는가? 그는 시카고와 마이애미[23]의 가장 값비싼 주택을 구매하는 기록을 세웠으므로 누가 보더라도 이번에는 뉴욕의 거주지를 격상시킬 차례였다.

샴페인을 터트려라!

하지만 잔을 부딪치고 허공에 키스를 날려 보내는 시능을 하기 전에 이 모든 신나는 소식과 사치스러운 기념행사를 슬며시 미뤄두고 미국의 수백만 가정이 살아내는 현실을 자세히 살펴보자. 아니, 스치

듯 잠시만 보더라도 커다란 충격일 것이다. 밖이 아직 어두울 때 일어나 하루 종일 일하고 저녁에 부업을 뛰고 나서, 잠자리에 들기 전 마지막 작업을 끝내기 위해 밤늦게 산더미처럼 쌓인 빨래를 개키는 사람들이 눈에 들어올 테니까. 최선을 다해 죽어라 일하고도 여전히 매달 조금씩 더 뒤처지는 수많은 남녀의 모습이 보일 것이다. 그리고 1670제곱미터의 콘도에 사는 억만장자들의 삶과는 완전히 동떨어진 삶들이 눈앞에 펼쳐질 것이다. 그도 그럴 것이 이들은 근사한 동화 속에 사는 게 아니라 오늘날의 현실 속에 살아가고 있기 때문이다.

내가 이 책을 집필하기 시작한 지 얼마 지나지 않아 한 여성과 이야기를 나눌 기회가 있었다. 편의상 그녀의 이름을 지나라고 부르자. 지나는 올해 쉰 살로 우리 엄마가 시어스 백화점에 다닐 때와 같은 나이다. 작고 탄탄한 몸매에 엷은 갈색 머리카락을 가진 그녀는 슈퍼마켓 계산대에 줄을 서서 다른 손님들과 이야기를 나누고 모든 직원의 이름을 외우고 있는 성실하고도 싹싹한 성격의 여성이다. 충실한 친구이자 자긍심 높은 미국인이기도 하다.

지나는 네 명의 자매와 자랐다. 그녀의 십대 시절 아버지가 돌아가시자 그때부터 어머니가 가업인 동네 술집을 쭉 운영했다. 지나는 쉰 목소리로 웃으며 "엄마가 세상의 야한 농담은 모조리 알고 있었다"고 말했다.

그녀의 이야기는 그럴듯하게 시작되었다. 지나는 대학에 가서 경영학 학위를 받았다. 그리고 대런을 만나 사랑에 빠졌다. 두 사람 다 전국을 떠돌며 살아왔기에 노스캐롤라이나의 작은 마을에 정착하기로 결정했다. 그곳이 가정을 꾸리기에 아주 좋은 곳으로 보였기 때문이다. 곧 아들을 둘 낳았지만 지나와 대런은 보금자리를 장만하고 나서야 비로소 어른이 되었고 마침내 중산층이 되는 순간을 맞았다. 자갈이 깔린 기다란 진입로가 있는 커다란 부지에 영구적으로 세운 말끔하고 새것이나 다름없는 이동주택이었다.

지나는 허겁지겁 말을 이으며 이 집이 얼마나 중요한지 확실히 밝혀두고 싶어했다. 이 집은 자신이 누구인지, 자신이 무엇을 성취했는지 말해주기 때문이다. 지나가 말했다. "이 집을 정말 좋아해요. 티끌하나 없이 관리하고 있어요. 우리는 여기 모퉁이에 살고 있지요. 온 세

지나가 솜씨를 발휘한 작품들 중
하나로 크리스마스 장식이다.

상이 우리를 볼 수 있답니다."

지나는 좋은 교육을 받았지만 두 아들이 어릴 때 전업주부가 되기로 결심했다. 아이들의 학교에서 자원봉사를 했고 스크랩북을 만들며 하찮은 일에도 소중한 의미를 부여했다. 이 가족에게는 즐거운 시간이었다.

두 아들이 학교에 들어가자 지나는 곧 일터로 나갔다. 그녀는 국내 대기업의 영업 사원으로 채용되어 3개 카운티 지역의 소매상들에게 전화를 돌렸다. 대런은 지붕 수리 일을 잘해내고 있었다. 대런은 트럭을, 지나는 승용차를 각각 보유했고 2000년대 말에는 두 사람이 연간 7만 달러의 소득을 올렸다.

이 수입 덕분에 지나와 대런은 미국 가정의 중간층[24]에 편입되었다. 둘의 수입은 미국 전체 4인 가정의 절반가량보다 많고 나머지 절반 정도보다는 적었다. 그러므로 확고히 중산층이라 할 수 있다. 하지만 이렇게 수입이 좋았어도 지나와 대런은 주로 집에 머무는 사람들이었다. 그들은 할인점에서 쇼핑을 했다. 가끔 외식할 때에도 대체로 데니스나 칠리스 같은 저렴한 패밀리 레스토랑에 갔다. 무엇보다 지나와 대런은 신중한 사람들이었다. 그들은 401(k) 퇴직연금제도미국 세법 401조에 근거한 퇴직 저축 제도이기 때문에 붙은 이름으로 매달 회사가 일정 금액을 퇴직연금으로 적립해주되 개인이 관리 책임을 지게 하여 회사가 지급을 보장하지 않는 방식에 기여했고 주식을 조금 매수했으며 주택 대출금을 추가로 납부했을 뿐 아니라 현금을 약간 저축했다. 그들은 견고한 중산층 미국인이라는 거대한 종족의 일원이라는 게 어떤 의미인지 완벽하게 보여주었다.

현재 지나는 대런과 여전히 부부이고 여전히 그 집에 살고 있으며 여전히 단추와 레이스를 스크랩북에 풀로 붙이고 있다. 그렇다면 그녀는 여전히 중산층일까? 그녀의 대답은 짧고 씁쓸했다.

"더 이상 중산층은 없는 것 같아요. 만약 중산층이 있다면 우리가 무료 급식소에 갈 필요는 없겠죠."

대런이 하는 지붕 수리 일은 들쭉날쭉한 편이었고 허리와 무릎이 안 좋아 고생했다. 지나는 이제 월마트에서 일하고 그 벌이로 가족들을 먹여 살린다.

그들의 주식과 저축은 두 사람 혹은 둘 중 한 명이 실직한 기간에 구멍 난 가계를 메우느라 사라져버렸다. 얼마 안 되는 퇴직 저축도 거의 바닥을 드러내다시피 한다. 아들 한 명을 대학에 보낼 돈조차 없었고 이제 두 아들은 거의 성인이 되었다. 둘 다 비정규직으로 일하며 부모 집에서 얹혀사는 형편이었다. 둘 다 자기 집을 장만할 여유가 없기 때문이다.

지나는 지금의 자동차를 17년째 타고 있다. 그녀와 대런은 집을 팔면 어떨지 의논 중이지만 그들의 모기지 액수는 앞으로 낼 임대료보다 적은 데다 이들이 사는 이동주택은—아무리 대지가 넓다 해도—시세가 얼마 나가지 않았다. 최대한 냉정하게 판단해볼 때, 지나 스스로도 절대 갚지 못할 거라고 인정하는 고지서가 한 무더기 쌓여 있다. 왜 그럴까? 현재 지나와 대런의 수입은 합쳐도 3만6000달러가 안 되기 때문이다.

무슨 일이 일어났을까? 지나 같은 공고한 중산층 여성이 무료 급식소를 방문하게 만든 충격적인 개인의 비극과 이례적인 불운에는 어떤 이야기가 숨어 있을까?

아무것도 없다.

어떤 위기도 없었다. 아무 사고도 없었다. 비통한 사연 같은 것도 하나 없다. 그저 지나네 같은 가정에게 더 이상 긍정적인 효과를 내지 못하는, 끝도 없이 계속되는 경제적 소모만이 있을 뿐이다.

그리고 바로 그게 내가 좌절감에 못 이겨 탁자를 쾅 내려치고 싶게 만드는 이야기의 한 부분이다. 지나와 대런에게 일어난 사건이란 현대의 경제다. 이 경제는 온갖 거품이 많은 주식 시장 기록, 기업의 이익, 케이티 페리가 출연하는 사적인 콘서트를 만들어낸다. 이 사건은 숨을 쉴 수 없을 정도로 근로자 가정을 힘껏 쥐어짜는 경제적 보아 뱀이다.

지나가 겪은 사연은 미국 전역의 수백만 가정에서 대동소이한 형태로 반복될 수 있다. 과연 그럴까? 이런, 이는 실제로 몇 번이고 거듭해서 반복된다.

하지만 그녀의 사연에서 내 마음을 가장 어지럽히는 부분은, 지나는 무슨 일이든 원칙과 도리에 맞게 실행했다는 점이다. 그녀는 열심히 일했다. 아니, 수년간 몸을 혹사시켜가며 일했다. 여분의 돈으로 주택담보대출을 조금이라도 갚기 위해 아침에 일어나 두 시간 반이나 걸려 직장에 가고 식비를 아꼈다. 그녀는 정석대로 살았다. 저축을 하고 보험을 들며 퇴직 저축을 모았다. 그리고 이제 쉰 살이 되면서 장기적인 침체에 빠져들었다. 예전에 가끔 외식을 하던 이 가족은 이제 매월 살아남기 위해 무료 급식소를 방문해야만 한다. 어떤 사람들이 다른 사람들보다 운이 더 좋은 것도 아니고, 아무 어려움 없이 사는 삶이 보장된 사람은 없다. 나도 그 점은 이해한다. 하지만 지나 한 사람만의 문제가 아니다. 그녀는 미국 중산층의 보이지 않는 해체로 생겨난 부수적 피해자에 속한다. 그녀를 비롯해 한때 중산층이었던 수백만 가정이 체면치레를 하느라 잔디를 깎고 이웃에게 미소 지으며 손을 흔들지도 모르지만 그들의 경제생활은 이미 신종 지옥이 되었다.

이야기를 하는 지나의 목소리는 그녀의 말만큼이나 많은 이야기를 들려준다. 자기 가정에 대한 자부심. 두 아들에 대한 걱정. 그녀의 허세, 즉 삶이 선사하는 것이라면 무엇이든 받아들이겠다는 강경한 태도. 그리고 절망에 찬 작은 떨림.

지나는 앞으로 어떻게 될까? 대런이 더 이상 일을 하지 못하면 어떻게 될까? 두 사람이 힘을 합쳐 가정을 유지하지 못한다면 어떻게 될까? 병원에서 환자 부담금이 50달러인 고혈압 약을 먹기 시작할 때가 되었다는 진단을 받거나 자동차 변속기가 결국 떨어져나가면 어떻게 될까? 지나가 이렇게 빠르게 이야기하고 때로는 숨을 쉬지 못하는 것처럼 말하는 것도 당연하다.

미국 경제에 관해 그다지 미소 지을 만한 내용이 아닌 다른 몇 가지 사실도 살펴보자.

- 미국인의 거의 4분의 1이 고지서를 제때 지불하지 못한다.[25]
- 미국인의 거의 절반이 예기치 않은 400달러의 지출[26]을 해결할 능력이 없을 것이다.

- 현재 미국의 주택 보유자 비율은 지난 반세기 중[27] 그 어느 때보다 낮은 63.5퍼센트다.
- 오늘날 일반적인 정규직 근로자는 1972년의 정규직 근로자[28]보다 수입이 적다.
- 미국 성인의 거의 3분의 1(7600만 명)이 자신의 형편을 '먹고살려고 아둥바둥'하거나 '겨우 먹고사는' 수준[29]이라고 말한다.

전반적인 경제 통계(GDP, 주식 시장, 기업 수익성, 실업률)가 대단히 중요하지만 수치로 그린 장밋빛 그림에는 커다란 사각지대가 있고 그 사각지대는 미국인의 생생한 체험을 대부분 감춘다. 미국의 중산층이 도려지면서 이 수치들은 지나 혹은 비슷한 상황에 처한 수백만 명의 사람이 겪은 사건에 대해 설명하는 데 정확성을 점점 잃는다. GDP의 성장은 좀더 많은 사람이 그 성장을 공유하던 과거의 미국에 대해 한결 더 흥미로운 사실을 알려준다. 주가는 더 많은 사람이 저축하고 기업이 직원 연금에 투자할 때 중산층의 안정성이 증가한다는 사실을 더 잘 반영했다. 기업 수익성은 대규모 해고와 기업이 해외이전을 하지 않을 때 더 증가했다는 것을 의미했다. 실업 통계는 사람들이 월마트의 20시간짜리 비정규직 제의를 받을 때보다는 실업수당이 있는 정규직을 제안받을 때 좀더 유용한 지표였다. 실업 수치 역시 사람들이 최저임금을 받아 빈곤에서 벗어날 수 있을 때 좀더 중요했다.

나는 GDP가 상승하고 실업률이 감소해서 행복하다. 우와! 하지만 지금 샴페인을 마시지는 않는다. 사실 가능한 한 모든 부문에서 경종을 울리려 한다. 한때 견고했던 미국의 중산층은 대단히 심각한 위기에 처했다. 상황은 위태롭고 시간은 부족하다. 그 행복한 수치 하나하나는 거의 모든 경제부 기자, 경제 전문가, 정치가에게 이용되지만 그와 동시에 미국의 중산층이 문자 그대로 사라지고 있다는 사실은 은폐하고 만다.

돈도 시간도 없다

지나는 직장이 있어서 다행이라고 말하지만 월마트에서 일하는 게 무엇을 의미하는지에 대해 꽤 신랄하게 표현한다. 한마디로 그녀는 그 일을 싫어한다. 지금까지 9년째 한 월마트 지점에서 일하면서 오랜 시간 서서 손님들을 응대하고 매장 곳곳에서 무거운 물건과 씨름해왔다. 하지만 그녀가 화를 내는 것은 그런 이유에서가 아니다.

지난해에 경영진은 직원들에게 상당한 액수의 봉급 인상을 약속했다. 차를 몰고 출근하거나 빨랫감을 분류하는 틈틈이 지나는 앞으로 생길 가욋돈을 어떻게 쓰면 좋을지 생각해봤다. 집수리를 할까, 만일의 사태에 대비해 비상금을 만들어둘까, 아니면 "엄마가 당연히 할 일이니까" 두 아들을 도와줄까. 그러다 잠자리에 들기 직전에 그녀는 한동안 사지 못한 새 옷을 사면 어떨까 생각하곤 했다. 아마도 이루지 못할 상상에 불과하겠지만 말이다.

몇 주 동안 그녀는 이런저런 생각을 하며 미소를 머금었다. 마침내 월마트가 자신과 동료들이 하는 일에 대해 일말의 존중심을 나타내는 거라고 생각했다. 마음속으로 이 말을 몇 번이고 떠올렸다. "상당한 액수의 봉급 인상." 그녀는 그 말이 얼마를 의미하는 것일지 상상해봤다. 어쩌면 시간당 2달러 인상? 아니면 2달러 50센트 인상? 그러면 주당 80달러, 아니 심지어 100달러가 추가될 수도 있었다. 이런 생각은 정말 달콤했다.

그러다 그녀가 봉급 인상 통지서를 받는 날이 다가왔다. 인상 폭은 시간당 21센트였다. 자그마치 21센트. 총액을 계산하면 하루에 1달러 68센트, 1주에 8달러 40센트다.

지나는 통지서를 손에 쥔 채 뚫어져라 바라보면서 "누군가 자기 얼굴에 침을 뱉은" 기분이 들었다고 묘사했다. 그 쥐꼬리만 한 인상에 대해 이야기하면서 그녀의 목소리는 분노로 가득 찼다. 이는 공포 어린 분노였다. 월마트는 그녀에게 온갖 쓰레기 같은 행위를 할 법하지만 그녀는 무엇이든 분명히 수용할 터였다. 여전히 이 일자리가 필요했기 때문이다. 그들은 그녀를 쓰레기처럼 취급할 수도 있지만 그녀는 여전히 직장에 출근해야만 할 것이다. 그리고 그들은 정확히 그렇게 행동했다.

2015년에 월마트는[30] 146억9000만 달러의 이익을 올렸고 월마트 투자자들은 배당금과 자사주 매입으로 104억 달러를 챙겼다. 하지만 지나는 시간당 21센트밖에 더 받지 못했다. 이 사례는 고통 분담에 관한 이야기가 아니다. 힘든 시기에 문을 닫지 않으려고 고군분투한 회사에 관한 이야기도 아니다. 월마트는 넉넉한 봉급 인상을 감당할 능력이 없는 중소기업이 아니다. 그와는 완전히 반대 위치에 있다. 이곳은 세상의 지나 같은 사람들을 이용해 막대한 돈을 벌어들이는 엄청난 자산을 갖춘 기업이다.

『포브스』지가 선정한 미국의 400대 부자 순위[31]에는 월마트의 대주주인 월턴가※ 사람이 7명 포함되어 있는데, 이 7명의 재산을 합치면 다른 미국인 1억3000만 명가량의 재산과 맞먹는다. 소프트볼 한 팀을 구성하기에도 부족한 인원인 7명의 사람이 미국 인구 40퍼센트의 재산을 합산한 것보다 더 많은 돈을 가졌다는 말이다. 월마트는 고용인들을 일상적으로 착취한다. 어쩔 도리가 없어서가 아니라 그저 할 수 있기 때문에 그렇게 한다. 회사가 성공하면 고용인들도 성공한다는 관념은 월마트 같은 거대 기업에는 분명히 적용되지 않는다.

월마트는 미국에서 가장 많은 직원을 보유하고 있다. 150만 명이 넘는 미국인은 월마트를 세계에서 가장 수익성 좋은 기업 가운데 하나로 만들기 위해 일하고 있다. 한편 지나는 자신이 일하는 매장의 "거의 모든 젊은이가 식료품 구매권food stamp 저소득층의 식료품 구입비를 지원하기 위해 마련한 제도에 의존한다"고 지적한다. 비단 그녀가 근무하는 매장만 그런 게 아니다. 전국적으로 월마트는 굉장히 낮은 임금을 지불하고 있어서[32] 상당수의 근로자가 단순히 빈곤선을 면하기 위해 식료품 구매권, 임대 보조금rent assistance 연방정부의 자금 지원 아래 저소득층이나 실업자에게 임대 보조금을 지원하는 제도, 메디케이드Medicaid 65세 미만의 저소득층과 장애인을 위한 의료 보조 제도, 그 외 여러 정부 수당에 의존하고 있다.

다음에 월마트 주차장에 들어서거든 잠시 시간을 내서 한 가지 사실을 곰곰이 생각해보자. 이 지점으로 인해—전국 5만개 이상의 다른 지점들처럼—돈을 충분히 벌지 못해서 집세를 내거나 음식을 사거나 심지어 자녀들을 위해 가장 기본적인 건강보험조차 들지 못하는 월마트 직원들에게 돌아갈 직접 보조금 약 100만 달러[33]를 정작 납세자들이 지불하게 된다는 것이다. 합산하면, 월마트는 당신 같은 납세자들이 내는 연간 70억 달러 이상의 보조금[34]으로 이득을 본다. 그 '아주 저렴한 가격'은 아주 저렴한 임금 덕분에 가능하다. 그리고 그 노동자들이 저임금으로 생존할 수 있도록 당신이 세금을 내준 덕분에 가능한 것이기도 하다.

앞서 말했듯이 나는 정규직 근로자 가운데 누구도 빈곤하게 살아서는 안 된다고 생각한다. 또한 월마트처럼 수십, 수백, 아니 수천억 달러의 기업들이 주주들에게 이익을 몰아주는 한편 근로자에게는 지나치게 낮은 임금을 지불해서 납세자들이 그 고용인들의 음식, 보금자리, 의료보험 보조금을 지불하게 만들면 안 된다고 생각한다. 할 말 못 할 말을 구분하지 않는 우파들이 무지막지한 복지 제도에 대해 큰소리로 떠들어대는 것을 가만히 듣고 있으면 나는 이런 생각이 든다. "그래. 월마트가 그렇게 오랫동안 정부 보조금을 그렇게 많이 받아왔다니 수상쩍다." 하지만 어쩐지 이 사람들이 복지 여왕welfare queen[35] 복지 제도를 악용해 세금만 축내는 사람 월마트에 대해 이야기하는 게 아니라는 의심이 든다.

단지 월마트만의 문제가 아니다. 해마다 소매업자와 패스트푸드 매장 같은 고용주들이 너무 적은 임금을 지불하는 바람에 나머지 미국인이 해당 업체의 근로자들에게 지급할 총 1530억 달러[36]의 보조금을 내고 있다. 그 액수가 매년 1530억 달러에 달한다. 그 정도 돈이 있으면 무엇을 할 수 있을지 어디 추측해볼 사람이 있을까? 모든 공립대학 수업료를 무상으로 만들고 모든 아이의 보육비를 지원할 수 있다.[37] 그래도 수백억 달러가 남는다. 장애 지원책, 장기 치료, 노숙 문제 해결 및 퇴역 군인 지원 프로그램[38]에 거의 두 배가량의 돈을 투자할 수 있다. 연방정부 기관들의 연구개발비도 두 배로 늘릴 수 있다.[39] 이는 의학, 과학, 기술, 기후학, 행동 건강, 화학, 뇌 지도화brain mapping, 약물 중독, 심지어 국방 연구 등 모든 분야에 해당된다. 혹은 교통 및 수자원 기반시설에 대한 연방 지출을 두 배 이상 늘려[40] 도로, 다리, 공항, 대량 운송수단, 댐과 제방, 정수 처리장, 안전한 수도관을 설치하는 것도 가능하다.

물론 여기서 내가 주장하려는 바는 매우 명확하다. 미국은 정규직으로 근무하면서도 고용주에게 최저 생활임금조차 받지 못하는 사람들이 파산하지 않도록 납세자들이 내는 돈으로 많은 일을 할 수 있다는 것이다.

물론 거대 기업들은 자기네가 대단히 유리한 조건을 손에 쥐었다는 점을 간파하고 있다. 게다가 그 조건을 계속 유지할 계획이다. 그들은 로비스트와 변호인단을 활용해 노동자들이 노조를 결성하거나 임금 인상 투쟁을 할 기회를 만들려는 온갖 노력을 수포로 돌아가게 했다. 거대 기업들은 그들의 대변인 노릇을 하는 상공회의소를 이용해 최저 임금 인상에 철저히 반대하며 노조의 조합원을 늘리는 것을 '방해물[41]

혹은 '이기적인 노력'[42]으로 규정했다. 로비스트들은 지나 같은 사람들의 임금이 절대 오르지 못하게 하면서 점점 더 부를 쌓아나간다.

결과적으로, 한때 중산층을 공고히 만드는 데 이바지한 정책과 법률은 이와 동일한 종류의 기금을 수십 년 동안 제공하지 않는다.

앞서 언급했듯이 내가 어렸을 때 엄마가 시어스 백화점에서 받은 최저임금으로 우리는 주택담보대출금을 갚고 근근이 먹고살 수 있었다. 그때는 복지 제도나 무료 급식 같은 건 필요 없었다. 최저임금만 받아도 납세자들의 도움을 받지 않고 자립할 기반이 마련되었기 때문이다. 하지만 엄마의 일자리는 뭔가 다른 점이 있었다. 2세대 전 시어스 백화점에 채용되었을 때 엄마는 예측대로 표준 근로 시간인 주당 40시간 동안 일했다. 시어스 백화점이 손님들로 북적이면 급료를 받았다. 설사 백화점이 한산하더라도 급료는 여전히 받을 수 있었다.

지나는 월마트의 직장생활이란 가족을 부양할 만큼 많은 시간을 일하기 위해 끊임없이 투쟁하는 것이라고 묘사한다. 월마트는 의도적으로 아주 많은 직원을 채용했다.[43] 그래야 직원들이 근무 시간을 얻기 위해 서로 경쟁하기 때문이다. 비록 그 매장에서 일한 지 거의 10년이 다 되어가지만 지나는 근무 시간표를 미리 알지 못해서 치과 방문 예약을 잡기 어려울 정도다. 그리고 자신이 매주 몇 시간이나 근무할지 혹은 급료로 기본적인 생활을 꾸릴 수 있을지도 모른다.

지나는 월마트의 말도 안 되는 근무 일정 계획 체계가 점포의 영업을 지속시키기 위해서만은 아니라고 생각한다. 그녀는 이것이 원초적인 힘의 문제라고 믿는다. 그녀는 니콜이라는 친구의 이야기를 들려준다. 니콜은 월마트의 급료를 받아 어린 아들과 함께 살아나가려고 애쓰는 중이다. "니콜은 근무 시간을 늘려야 돼요. 지금보다 더 잘 살려고 노력하고 있거든요. 그래서 밤에는 지역 전문대학에서 수업도 듣고 있어요." 지나가 말했다. 니콜은 낮에는 매일, 저녁에는 매주 5일을 일할 수 있지만 "매주 화요일과 목요일 밤은 반드시 비워두어야 했다". 그래야 강의를 들을 수 있었다. 하지만 "월마트는 편의를 봐주려고 하

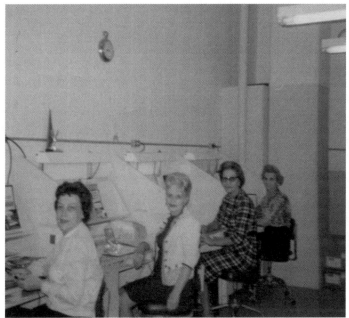

우리 엄마는 타탄 무늬 드레스를 입은 키가 큰 분이다. 엄마가 시어스 백화점에서 받은 최저임금으로 우리는 주택담보대출금을 갚고 근근이 먹고살 수 있었다.

지 않았다".

왜 그랬을까? 지나의 설명에 따르면 경영진은 니콜이 다른 사람들보다 뭐 하나 나을 것이 없다는 사실을 알려주고 싶어했다. 지나가 말한다. "그들은 [근무 시간표를] 처벌로 활용해요. 니콜을 따끔하게 혼내줄 작정이었죠."

일단 동료들에 대한 이야기를 시작하자 지나의 입에서는 여러 사례가 앞다투어 흘러나왔다. 공지도 없이 근무 시간표가 바뀐 직원들에 관한 이야기, 불안 발작을 일으킨 직원들에 관한 이야기, 자신보다 직책이 높은 사람에게 괴롭힘을 당해 휴게실에서 울음을 터트린 직원들에 관한 이야기 등등.

지나는 마치 걱정이 많은 여성 전사처럼 모습이 달라졌다. 자동차에서 생활하는 어느 남자 동료를 위해 음식 나눔을 시작했다. 매장 책임자 한 명을 구워삶아 폐렴을 한바탕 앓고 난 뒤로 무거운 짐을 들지 못하는 나이든 동료의 업무 할당을 바꾸게 만들기도 했다. 지나는 기회가 생길 때마다 동료들을 도우려 노력하지만 아무리 해도 역부족이다.

비록 그녀는 월마트에서 오랫동안 일했지만 회사 내에서의 입지는 항상 불안정하게만 느껴졌다. 나와 이야기하는 것은 아무 도움도 되지 않았다. 나는 그녀의 이름을 밝히지 않겠다고, 그리고 누구든 그녀를 찾아내지 못하게 하겠다고 거듭해서 약속했다. 그녀는 언제든 이야기할 용의가 있었지만 사실은 이렇게 말하곤 했다. 아니, 이렇게 소리치다시피 했다. "이 이야기는 꼭 해야 돼요." 그리고 나서 훨씬 더 작은 목소리로 덧붙였다. "하지만 전 이 일이 정말 필요해요."

다른 산업에서 활약하는 고용주들도 월마트가 보장된 근무 시간, 정해진 작업 일정, 최저임금, 그리고 수당을 없애기 위해 노력한 것 못지않게 효과적인 새 모델을 만들어냈다. 그들은 근로자를 하도급업자, 독립 계약자, 기그 노동자gig worker 개인 간의 중개를 통해 단발성 노동력을 제공하는 사람로 분류한다. 현재 수백만 명의 근면한 사람[44]이 소득이 오르락내리락하며 날마다 근무 시간 계획이 달라질 뿐 아니라 무슨 일이든 닥치는 대로 해야 하는 세상에 살고 있다. '유연한 노동력'의 창조성과 독립성이라는 잘 알려진 덕목은 일부 환경에서 근무하는 일부 노동자에게 의심의 여지 없이 적용된다. 하지만 수백만 명의 근로자의 경우에는 이 새로운 노동 경제가 근로자 가정에 불리하게 작용하는 세상에서 경제적 안정을 도모하기 위한 노력마저 결국 헛된 결과를 낳아 다시 한번 차질을 빚고 만다.

충분한 근로 시간을 확보하려면 근로자는 늘 시간을 비워두어야 했다. 하지만 그렇게 시간을 비워두면 대가가 따른다. 만일 전문대학에 다니지 못한다면 니콜은 어떻게 기술을 습득해서 더 나은 직업을 얻어 자신과 아기를 부양할 수 있겠는가? 어떻게 임대 보조금과 식료품 구매권을 받지 않을 정도로 돈을 벌 수 있을까? 어떻게 근사한 공원과 좋은 학교가 있는 더 좋은 동네로 이사를 가겠는가?

비단 니콜만의 문제가 아니다. 만약 맥도널드에서 일주일 이상의 근무 시간표를 미리 알려주지 않는다면 물품보관소에서 일하는 남자가 어떻게 인근 직업 기술학교에 자동차 수리 과목을 수강 신청하겠는가? 근무 시간이 사흘마다 달라진다면 프런트 오피스에서 근무하는 여자가 어떻게 시간 예약을 해 연로한 어머니를 모시고 건강검진과 물리치료를 받게 하겠는가?

매사추세츠에서 나와 이야기를 나누는 외식 산업 종사자와 사무실 청소부들의 경우는 어떤가? 직업 두세 가지를 병행하는 것은 가족을 부양하려고 애쓰는 사람들에게 경제적으로 필요한 일이지만 대다수 직장의 교대 근무 시간을 고려해볼 때 호출이 오면 바로 출근할 수 있도록 근무 시간표를 이리저리 짜 맞추기는 상당히 어렵다. 어떤 사람들은 낮 시간을 비워두어야 부업을 한두 가지 더 할 수 있으므로 심야 청소 일자리를 구한다고 말한다. 육아는 악몽과도 같다. 내가 만난 여성이 어머니 집에 도착하자마자 잠드는 것도 당연한 일이다.

이것은 두 배로 잔인한 위기다. 낮은 임금에 종잡을 수 없는 근무 시간표가 더해지면서 수백만 미국인의 삶을 끝없는 몸부림으로 만들어버리는 것이다. 이 모든 상황은 월마트나 외식 기업에게는 대단히 효과적이지만 지나와 그녀의 친구 니콜 같은 이들에게는 입에 풀칠하기도 힘들다는 뜻이다. 그리고 그들이 남은 평생을 계속 그렇게 힘들게 살아갈 것 같다는 뜻이기도 하다.

다시 날아든 2연타 펀치

나는 미국의 가정들이 마주한 위기에 대해 많이 생각한다. 한때는 자기 가족이 거의 새 차나 다름없는 스테이션왜건을 타고 동네를 돌아다녔지만 이제는 온 식구가 길거리로 나앉게 생겨 어머니가 며칠을 내리 우는 소리를 들어야 하는 처지로 전락해버린다면, 이 모습을 지켜본 사람은 아마 누구나 나와 마찬가지 입장이 될 것이다. 하지만 지금 나를 사로잡은 것은 위기의 형태가 얼마나 많이 달라졌는가이다. 내가 태어나기 오래전에도 사람들은 직장을 잃었고 병에 걸렸으며 나쁜 결정을 내렸다. 우리 가족은 아빠가 심장마비를 일으키면서 몹시 힘든 시기를 겪었지만 그래도 회복했다. 차이가 있다면, 오늘날의 가정이 재정적인 절벽의 끝에 훨씬 더 가깝게 서 있다는 점이다. 커다란 어려움이 닥치기 훨씬 전에 자기 발아래에서 돌 조각이 미끄러지는 기분을 느끼는 사람이 수백만 명에 이를 정도다.

나는 이 위기를 예전에도 설명했다. 그 문제에 관해 한 권 이상의 책을 쓰기도 했다. 나는 그 문제에 관해 계속해서 이야기해왔다. 때로는 힘껏 소리를 지르기도 했다. 하지만 문제는 악화되어만 간다.

오늘날의 가정은 2연타 펀치를 맞았다. 첫째는 수입 문제다. 물가 상승률을 감안한 소득에 관해 가장 적합한 비교를 하려면 일반적인 정규직 남성 근로자의 1970년대 소득[45]과 오늘날의 소득을 보여주면 된다. 상황은 그리 아름답지 않다. GDP는 두 배가 되었다가 다시 거의 두 배로 올랐고 기업들은 기록적인 수익을 축적했으며 국가 또한 더욱 부유해졌을 뿐 아니라 억만장자 수는 폭발적으로 증가했지만 오늘날 정규직으로 일하는 평범한 사람들은 1970년대의 평범한 사람들과 비슷한 수익을 올리고 있다. 거의 반세기가 흘렀지만 우리 사회에서 정확히 가운데 위치를 차지하는 사람은 자신의 할아버지가 벌어들인 돈 정도밖에 벌지 못한다.

현대의 가정에 날아든 두 번째 펀치는 지출이다. 지난 수십 년 동안 가정의 지출이 동일한 수준을 유지했다면 별 문제가 없었을 것이다. 아니, 적어도 그들은 35년 전과 비슷한 위치에 놓여 있을 것이다. 발전하지는 못하더라도 뒤떨어지지도 않았을 것이다. 하지만 상황은 그렇게 전개되지 않았다. 가정에서 지출하는 총 비용은 증가해도 너무 증가했다. 사실이다. 우리 가정은 같은 항목에 드는 비용을 절감해 왔다. 오늘날 평범한 가정의 (외식비를 포함해) 식비, 의복비, 가전제품 및 가구에 들어가는 비용은 1971년의 비슷한 가정[46]에 비해 줄어들었다. 달리 말해, 일상적인 가계 지출은 대단히 신중해졌음에도 불구하고 그들을 살리지 못하고 있다.

문제는 다른 지출,[47] 규모가 더 큰 고정 지출이 천정부지로 치솟아 가계 예산을 산산조각 내버린 데 있다. 물가상승률을 감안할 때 오늘날의 가정은 교통비, 주거비, 건강보험료의 지출이 더 많다. 그리고 어린 자녀를 두고 낮에 집에 식구가 아무도 없는 가정은 육아비가 두 배로 늘었고 다시 두 배로 늘었다가 한 번 더 두 배로 늘어났다. 가정들은 저마다 식료품비와 의복비 절감을 위해 허리띠를 졸라맸지만 이 되풀이되는 대규모 지출로 인해 그들은 재정 절벽 앞으로 떠밀려갔다.

이 2연타 펀치(수입의 정체와 지출의 증가)는 중산층의 복부를 정확히 가격했다.

1970년대에 출발한 수많은 가정은 가족 구성원을 모두 일터로 내보

넘으로써[48] 늘어만 가는 재정 압력에 대처했다. 그 전에는 대체로 아빠만 직장에 다녔다. 그러나 아버지의 봉급이 오르지 않자 모두가 돈 벌 방법을 찾았다. 아빠와 엄마는 물론이고 심지어 아이들까지 나서기도 했다. 그리고 이런 노력은 도움이 되었다. 더 많은 여성이 취직을 하면서 가계 수입은 늘어났고 가계소득 곡선은 1970년대부터 2000년대 초반까지 계속 상승해왔다. 더 많은 가족 구성원이 봉급 수표를 인출한다는 것은

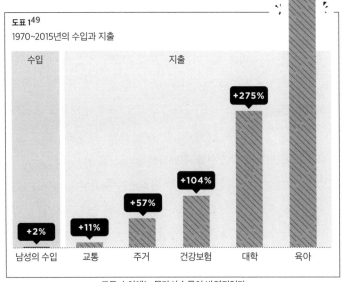

도표 1[49]
1970~2015년의 수입과 지출

수입

지출

+953%

+275%

+104%

+57%

+11%

+2%

남성의 수입 교통 주거 건강보험 대학 육아

모든 수치에는 물가상승률이 반영되었다.
1970년부터 2015년까지 가정들은 지출을 줄였고 수입은 조금밖에 오르지 않았지만
고정 지출은 천정부지로 치솟았다.

그 가족이 전반적으로 돈을 더 많이 번다는 뜻이었다.

하지만 이 새로운 해결책엔 나름의 문제들도 뒤따랐다. 첫째, 대다수의 가정은 두 사람이 직장에 다닐 형편이 되지 않는다. 두 명이 돈을 버는 부부도 상당수지만 그렇지 못한 경우도 꽤 많다. 그리고 미국은 성인이 한 명밖에 없는 가정(편부모 가정이거나 1인 가구)이 많고 그들은 정말 운이 나쁜 축에 속했다. 니콜은 집세를 내고 아이를 기르는 데 도움이 될 누군가를 만나고 싶었지만 그 사람은 아주 오래전에 떠나버렸다. 그리고 그녀는 지금 당장 안정을 도모해야만 했다.

그것은 또 하나의 딜레마다. 니콜을 비롯해 성공하려고 노력하는 모든 편부모 및 독신 남녀들도 짝을 이루고 사는 사람들과 마찬가지로 지출이 증가하는 추세다. 그들은 더 비싼 의료보험료, 더 비싼 주거비, 더 비싼 교육비에 허덕이지만—부부가 모두 직장에 다닐 수밖에 없는 다른 가정과 동일한 비용이다—두 사람을 생계 전선에 뛰어들게 할 여력이 없다. 대신 고작 한 사람의 급료로 가족이 생계를 유지해야 한다.

심지어 맞벌이 가정도 생활이 팍팍해지기 시작했다. 육아, 교통, 출근복 등 새로운 비용이 발생했다.[50] 외식비는 늘고 수리비는 줄었다. 한 사람이 돈을 더 벌어온다고 해서 다 좋기만 한 것은 아니었다. 평균적으로 현재 4세 이하 유아의 전일 보육비[51]는 주내 거주 학생의 대학 등록금보다 비싸다.

모든 가구 구성원이 일터로 나가는 경우, 새로운 위험이 슬그머니 파고들기 시작했다. 전업주부였던 우리 엄마도 일터에 나갈 계획이 없었지만 위기가 닥치자 우리 가족의 안전망이 되어주었다. 아빠가 심장마비를 일으킨 뒤에 엄마는 직장에 나가 돈을 벌어왔다. 봉급이 그렇게 많진 않았지만 새로운 수입원을 창출했다. 현재 외벌이를 하는 편부모나 이미 맞벌이를 하고 있는 부부는 가정에 위기가 닥치더라도 추가로 일터에 내보낼 가족이 없다. 아이가 아프거나 할머니가 쓰러지거나 고관절이 부러지면 누군가는 집에 있어야 한다. 그러면 가계 지출이 발생할 것이다. 그리고 돈 버는 사람 중 한 명이 중병에 걸리거나 해고를 당하더라도 추가로 돈을 벌어올 사람이 없다. 이처럼 위험성은 증가하고 안전망은 사라져버렸다.

지난 1970년대 초반의 일반적인 가정은 수입원이 단 하나밖에 없었지만 그래도 실소득의 11퍼센트를 저축[52]할 수 있었다. 뿐만 아니라 신용카드 채무도 조금밖에 안 돼서[53] 처분 가능한 소득의 1퍼센트 이하였다. 하지만 오늘날 소득과 지출의 압박이 있다는 것은 가정의 저축이 3분의 2로 줄어드는 한편 채무는 심지어 15배로 증가했다는 뜻이다. 지금은 무슨 문제가 생기더라도 의지할 저축이 없고 이미 빚만넘치게 쌓인 상태다. (이 이야기는 2003년에 내 딸 어밀리아 티아기와함께 쓴 『맞벌이의 함정The Two-Income Trap』에서 소개한 바 있다.) 느닷없이 무슨 문제라도 발생하면 선량하고 근면하며 견고한 중산층 가정이모조리 재정 절벽으로 굴러떨어진다.

지나와 대런은 그 절벽으로 떨어졌다. 두 사람 다 좋은 직업을 가졌을 때 집을 샀고 저축과 퇴직연금을 포함해 수중의 돈을 그러모아 집을 지키는 데 쏟아부었다. 대런이 일을 하지 못하거나 지나가 병들면 마치 수류탄이 터지듯 가계 예산에 타격을 입혔다. 그리고 그들은 모자란 부분을 결코 메우지 못했다. 추가로 돈이 필요했을 때 일터에 내보낼 다른 사람이 없었던 것이다. 4년 동안 그들은 점점 더 열심히 일했지만 그녀의 입에서는 때로 깊은 한숨이 흘러나온다. 그녀는 말한다. "여기서 오래 일할수록 고지서만 쌓여갈 뿐이네요."

지나는 현대판 우리 엄마나 마찬가지다. 오래전에 그녀는 전업주부로 자녀들을 키웠지만 지금은 대형 유통 회사에서 장시간 근무하는 가장이다. 사실 지나는 우리 엄마보다 교육도 더 잘 받았고 경력도 더 많다. 솔직히 말해 그녀가 훨씬 더 적극적이다. 하지만 우리 엄마와 달리 지나는 푸드뱅크의 도움을 받지 않으면 식비를 해결하기에 충분한 돈을 갖고 있지 못하다. 우리 엄마는 가족을 먹여 살릴 방법을 찾았지만 지나와 가족들에게는 상황이 훨씬 더 불리하다.

더 열심히

미국의 중산층이 맹공을 당하면 어디나 고통스러울 테지만 유독 많은 고통을 겪는 부류는 흑인과 라틴계 가족들이다.

이들이 공격받는다는 증거는 특히 그들의 가정에서 명확히 드러난다. 가정은 안정성을 보여주는 좋은 지표다. 말하자면 한 가정이 자기 집을 소유하고 있으면 자녀들은 집에서 가까운 학교에 다닐 수 있고 부모는 대개 시간을 들여 이웃들과 만나고 어쩌면 사이좋게 힘을 모아 놀이터를 단장하기도 할 것이다. 작은 콘도와 콜로니얼 양식의 중앙 회관, 3층 집과 케이프코드의 시골집. 이런 집은 한 가정이 아메리칸드림을 실현하며 살고 있다는 실질적인 신호다.

마이클에겐 꿈이 있었다.

그는 나한테 자신의 이야기를 기꺼이 들려주려 했다. 지나와 달리 그는 이렇게 말했다. "물론입니다. 제 이름을 밝히세요. 마이클 제이 스미스입니다. 제 사진을 써도 돼요. 제가 나서죠."

마이클은 오십대의 흑인 남성이었다. 몸집이 크고 다부졌으며 손이 큼지막했다. 부드럽다 못해 아주 다정하게 웃을 줄 아는 남자였고 사람의 마음을 안정시키는 굵고 낮은 목소리의 소유자였다. 부드러운 운율이 묻어나는 말씨로 보아 어린 시절 남부에서 자랐다는 것을 알 수 있었다. 마이클은 수십 년 동안 교회활동에 적극적으로 참여해왔다. 그는 내게 여러 차례 이렇게 말했다. "우리를 정말로 지탱해주는 것은 신앙입니다."

마이클의 가족이 1960년대에 애틀랜타에서 시카고의 우드론 지역으로 이사했을 때 그를 단단히 잡아준 중심은 바로 가족과 교회였다. 그 지역에는 갱단이 여럿 있었지만 마이클은 자신이 믿는 길, 즉 신과 가족에서 벗어나지 않았고 중요한 결정을 내리기 전에는 언제나 기도부터 올렸다.

자기 이야기를 들려주면서 마이클은 서서히 활기를 띠며 온갖 좋은 추억을 풀어놓기 시작했다. 이십대에 그는 좋은 직장을 구했고 고교 시절의 여자친구와 결혼했으며 세 아이를 낳았다. 하지만 그녀와 이혼을 하게 되었고 얼마 지나지 않아 재닛과 재혼했으며 딸 애슐리를 낳았다. 처음 급료를 받았을 때부터 마이클은 집을 살 계약금을 모으기 시작했다. 마이클과 재닛은 시카고 교외지역인 리치턴파크에 첫 집을 마련했다. 마이클의 표현을 빌리면 그는 항상 "아이들을 안심하고 키울 수 있고 집 앞뒤로 울타리가 둘러쳐진 안전한 동네"에서 살고 싶었다. 특히 아이들이 뛰어놀 수 있는 마당을 갖고 싶었다.

마이클은 이 꿈을 가장 소중히 간직해왔다. 그는 DHL에서 괜찮은 일자리를 얻어 소포를 배달하고 비행기에 짐을 실었다. 때로는 무거운 짐을 날라야만 했고 일을 제때 빨리 마무리해야 한다는 압박도 받았지만 그래도 DHL에서의 근무가 "내가 여태껏 해본 것 중 가장 만족스러운 일"이라고 설명한다. 재닛은 27년 동안 체이스 은행에서 근무했고 고지서를 단 한 번도 연체한 적이 없었다며 자랑스러워했다. 두 사람은 줄곧 저축을 했고 몇 년 뒤 마이클의 가족은 다시 이사를 갔다. 처음에는 아프리카계 미국인이 압도적으로 많이 거주하는 교외지역인 헤이즐 크레스트로, 그다음에는 좀더 다양한 인종이 섞여 지내는 홈우드로 옮겼다.

마이클은 홈우드로 이사 간 것에 대해 이렇게 말했다. "우리는 좀더 잘살 수 있을 줄 알았어요." 하지만 마이클과 재닛은 무턱대고 일을 벌이지는 않았다. "이사에 대해 깊이 생각하고 기도도 했어요. 집값이며 저축액이며 이리저리 따져보니 자금이 충분하더군요."

마이클은 아내와 함께 구매한 집을 마치 사랑하는 자식처럼 이야기했다. 그는 집 앞을 장식하는 세 개의 아치형 구조물과 뒷마당에 심은 소나무에 대해 설명했다. 그뿐만 아니라 해마다 봄이 오면 개똥지빠귀가 둥지를 트는 집 앞의 생울타리에 대해서도 나에게 알려주고 싶어했다. 그가 말했다. "개똥지빠귀들이 살고 있을 때에는 절대 생울타리를 잘라내지 않았어요. 그 새들도 사생활을 보호받고 싶어하거든요."

그는 이렇게 마무리 지었다. "우리는 위대한 미국의 이야기를 만들어냈습니다."

그러고 나서 2008년 금융위기가 불어닥치자 경제 기반이 무너졌다. 몇 달 안 있어 DHL은 1만4900개의 일자리를 없앴고[54] 마이클도 여기서 비껴나지 못했다.

16년 동안 근무해온 그로서는 마치 자신이 몰고 다니던 트럭 한 대에 치인 듯한 기분이었다. 악에 받힌 상태로 몇 달을 보내고 나서 시간제 일자리라도 닥치는 대로 구하러 다녔다. 하지만 채용하려는 사람은 아무도 없어 그는 DHL만큼 봉급을 주고 건강보험을 제공하는 상근직을 구할 가능성이 전혀 없다는 사실을 금세 알아차렸다. 이 무렵 재닛은 더 이상 은행에서 근무하지 않았고 마이클의 실업수당으로는 기본적인 생활비조차 해결할 수 없었다. 눈 깜빡할 사이에 마이클의 세상은 완전히 뒤집혔다.

끔찍한 주택담보대출은 안 그래도 나쁜 상황을 한층 더 악화시켰다. 마이클과 재닛은 고정 금리에 30년 상환의 단순한 대출로 시작했다. 두 사람이 그 집에 들어간 지 얼마 지나지 않아 모기지 브로커의 설득에 넘어가 재융자를 받았다. 다시 말해, 두 사람이 복잡한 주택담보대출 계약을 체결하는 데 동의했다는 뜻이다. 이제야 마이클은 그

것이 은행에는 좋은 거래였던 반면 자기 가족에게는 그렇지 못한 거래였음을 깨달았다. 주택담보대출 상환금이 풍선처럼 부풀어 오르고 그가 직장을 잃고 나자 어느 가족도 살아남기 어려운 이중 타격을 입은 셈이었다. 마음 한구석으로 마이클은 자기 가족도 불행해질 운명에 처했다는 것을 알고 있었다. 그렇더라도 그는 가능한 한 끝까지 버텨 봤다.

애슐리는 이제 고등학생이었고 음악에 푹 빠져 피아노와 비올라를 모두 다루었다. 마이클은 매일 아침 등교 시간이 되면 "아이를 깨울 필요가 없어요. 악기에 대한 열정이 어찌나 대단한지 알아서 잘 일어나거든요"라고 말했다. 애슐리는 음악가가 될 거라는 꿈을 키우기 시작했다. 어쩌면 언젠가는 세계 유수의 교향악단과 협연할지도 모른다고 생각하면서 말이다. 마이클과 재닛은 딸에게 별도의 음악 교습을 받게 해주었다. "아이가 계속 용기를 내고 영감이 끊기지 않도록 돕는 건 우리한테 중요한 일이었어요." 마이클이 말했다. 빠듯하게나마 생활을 이어가기 위해 그들은 자동차 두 대 중 하나를 처분하고 재닛의 보석을 조금 팔았다. 심지어 마이클은 결혼반지까지 팔았다.

그들이 뼈 빠지게 절약하는 와중에도 경제 사정은 점점 나빠지기만 했다. 마이클은 사방으로 일자리를 찾아다니며 누가 무슨 일을 맡기든 받아들였다. 그들은 아등바등 끊임없이 노력했지만 가계 수입과 지출을 맞추지 못했다.

그때 전화가 걸려왔다. 마이클은 DHL로 되돌아가기를 바랐을까? 회사는 12명의 직원을 재고용했다. 그가 근무하던 지점에서 해고된

900명 가운데 고작 12명뿐이었다. 마이클은 다른 사람들에게 미안함을 느꼈지만 선택받은 12명 가운데 포함되어 기분이 좋았다. 조금 좋은 정도가 아니라 완전히 뿌듯했다.

회사의 제안은 뜻밖의 선물과도 같았다. 자신이 정말 좋아한 일을 하는 좋은 직장이었다. 그리고 마음속 어디에선가 존중받고 있다는 느낌도 들었다. 열심히 노력하고 잘해낸 마이클 같은 사람이 누구보다 더 혼신의 힘을 다해 맡은 일을 한 것에 대해 보상을 받는다는 뜻이었다.

하지만 이 이야기의 결말은 예상과 조금 달랐다. 이번에 DHL이 제안한 자리는 예전처럼 여러 혜택이 있는 상근직이 아니었다.

21세기형 직장에 온 것을 환영합니다!

물론 이 일을 받아들이면서 마이클은 정부 통계상 '실업자'에서 '취업자' 칸으로 옮겨갔다. 물론 그는 급료를 받았다. 물론 그는 이 사실에 감사했다.

하지만 마이클은 자신을 기만하지 않았다. "이 급여로는 충분하지 않다는 것을 바로 알아차렸습니다. 주택담보대출 액수가 너무 커서 지불할 수 없었거든요. 저와 가족을 부양하기에도 부족했습니다." 그는 고개를 가로저었다. "도저히 견디기 어려운 상황이었죠."

마이클과 재닛은 자신들의 보금자리가 은행에 차압당할 처지에 몰리자 이 사태를 은행과 함께 해결하기 위해 필사적으로 노력했다. 때늦은 깨달음 덕분에 마이클은 브로커가 2차 주택담보대출을 받으라면서 자신을 어떻게 설득했는지 깊이 생각해봤다. "사기라도 당한 듯한 기분이었어요." 한때는 고소를 할까도 생각해봤지만 변호사 선임 비용이 얼마나 들지, 자신의 집이 얼마나 빨리 사라질지 고민해보고 난 뒤 그 생각에서 물러섰다.

마침내 은행이 마이클 가족의 집에 차압을 가하기 시작했다. 마이클은 점점 심해지는 우울증을 이렇게 묘사했다. "절망에 빠져 '이제 어떻게 해야 하나요?'라고 기도하며 창밖을 몇 번이고 내다보곤 하던 기억이 납니다."

그러고 나서 이 신앙심 깊은 덩치 큰 남자—그 갱들을 막아선 강한 남자, 저축을 하고 근근이 생활해나가며 가족이 살 집을 장만한 결의가 굳은 남자—는 그만 포기해버렸다.

마이클과 재닛은 은행에 차압을 당해 집을 잃게 되면서 초기 납입금 1만7000달러도 날렸다. 그들의 금융생활은 붕괴되었다.

마이클은 자기 인생이 완전히 달라진 날짜를 마치 진언처럼 되풀이해서 말한다. 2010년 10월 10일. 바로 그의 가족이 이사를 나가고 마이클이 집 열쇠를 은행에 넘겨준 그날이었다.

하지만 마이클에게는 아직 끝난 일이 아니었다. 그와 재닛은 가까운 곳에서 집을 임대했다. 그들의 예전 집은 비어 있었고 마이클은 슈퍼마켓이나 동네 가게를 갈 때마다 그 집을 지나갔다. 눈이 내리던 날, 눈은 그 집에 그대로 쌓였다. 그는 옛집을 볼 때마다 자신의 실패를 되새겼다. 그의 집, 그가 소유했던 집은 버려졌다. 마침내 그는 삽을 챙겨들고 예전 집으로 돌아가서 집 앞으로 난 보도와 차도에 쌓인 눈을 깨끗이 치웠다.

겨울이 저물어 봄이 내려앉고 그 봄이 다시 여름으로 기울어갈 때도 마이클은 집을 돌보고 잔디를 깎았다. 그는 개똥지빠귀들이 잘 있는지 살펴봤다. 집 주변을 깨끗이 정리한 뒤에는 오랜 이웃들과 인사를 나누었다. 몇몇 이웃은 마이클 가족의 물건을 보관해두었다가 앞마당에서 중고 물건들을 내놓고 팔 때 그들의 물건도 함께 팔아 수익

마이클은 차압당한 집의 현관문 사진을 아직도 간직하고 있다.
현관문 유리 너머의 애슐리는 실눈을 뜨고 밖을 내다본다.

금을 전해주었다.

매달 마이클은 집 근처를 지나가면서 한때 자신과 가족들이 그곳에서 보낸 세월에 대해 생각해보곤 했다. 그는 고개를 가로저으며 이렇게 말했다. "그 집을 지나쳐갈 때면 마음이 끔찍할 정도로 아팠습니다."

마이클은 2008년 금융위기를 어떻게 묘사할까? "그 일로 제 가슴은 찢어졌습니다."

주택융자전문회사 CEO들이 웃고 있는 사진을 보거나 골드만삭스의 파트너 임원들이 최근에 수백만 달러의 보너스를 받았다는 기사를 읽을 때면 나는 마이클과, 개똥지빠귀들이 생울타리에 올라앉은, 그가 사랑해 마지않는 집을 떠올리지 않을 수 없다. 거대 금융기관들의 임원은 자기네가 금을 발명했다고 생각했다. 공식은 간단했다. 첫째, 사람들을 속여 정말 형편없는 주택담보대출에 계약하게 만듦으로써 거액을 번다. 그런 다음, 여러 가지 대출을 묶어 아무것도 모르는 연금기금과 지방자치단체들에 팔아 한 번 더 거액을 손에 넣는다. 마지막으로, 모든 게 날아가버리고 나면 정부에 막대한 지원금을 요청한다.

장담컨대 경제를 추락시킨 기업 임원들 가운데 집을 잃은 사람은 한 명도 없을 것이다. 마이클이 더 이상 자기 소유도 아닌 집에 쌓인 눈을 치우거나 잔디를 깎는 동안 그 임원들은 새로운 거액의 금융거래에 벌써 손을 뻗치고 있을 가능성이 대단히 높기도 하다. 그리고 이제 그 거대 은행들과 동일한 인사이더들은 다시 한번 흥겨운 파티를 벌이고 있다. 그들은 산전수전 다 겪은 마이클 같은 사람은 전혀 신경 쓰지 않는다. 2010년 10월 10일에도 그랬고 지금도 그렇다.

미국 전역의 흑인 및 라틴계 가족들이 집을 압류당한 사연에는 다른 의미가 덧씌워져 있다. 바로 추악하고 고약하며 비열한 차별이다.

흑인 및 라틴계 가족들에 대한 주택담보대출 차별은 어땠을까? 모기지 브로커들은 빈둥거리며 이렇게 말했을까? "정말 고약한 모기지가 몇 가지 있는데…… 흑인 가정에 떠넘기면 어떨까?" 아니면 이렇게 생각했을지도 모른다. "라틴계 가족이 하나 있는데 우리가 터무니없는 수수료를 물리고 최대한 높은 가격을 매겨도 그 사람들은 아마 모르지 않을까?" 그것도 아니면 그들은 서로 이렇게 말했을 것이다. "우편번호가 이러저러한 지역이 있는데 여기서 쓰레기 같은 주택담보대출을 잔뜩 팔아치울 수 있어." 그리고 우편번호가 이러저러한 지역은 알고 보면 흑인이나 라틴계 사람들이 대다수인 지역 아니었을까?

백오피스the back office 사업체에서 고객들을 대면하지 않는 부서에서 무슨 일이 일어났는지는 모르겠지만 모기지 브로커들은 입을 열지 않고 있다. 하지만 나는 그들이 어떤 생각을 하든 간에 그 영향이 마찬가지라는 것을 알고 있다. 흑인과 라틴계 가정이 표적이 되었든 아니면 그저 우연히 걸려든 것이든 간에 브로커들은 수많은 사람의 인생을 망가뜨렸다.

최종 조사에서 드러났듯이, 비록 신용 등급에 따라 조정되었을 때도 아프리카계와 라틴계 미국 가족들은 지속적으로 최악의 주택담보대출 거래를 했다. 전국적으로, 이제 뱅크 오브 아메리카의 자회사가 된 서브프라임 모기지 회사인 컨트리사이드Countryside는 불과 5년 동안 흑인 및 라틴계의 20만 가정을 차별했음을[55] 인정했다. 조직적으로 그들을 겨냥해서 그들과 같은 수준의 신용 기록을 보유한 백인 가정들에 제안한 것보다 가격이 더 높고 위험성이 더 큰 대출을 해준 것이다. 그리고 그것은 고작 한 군데 대출 기관이 한 일이었다.

모기지 차별은 대체로 레드라이닝redlining 미국에서 특정 경계지역을 지정해 대출이나 보험 같은 금융 서비스를 배제하는 차별적 관행, 즉 아프리카게 혹은 라틴계 미국인 대출자가 거주할 가능성이 높은 지역의 우편번호를 피하는 것으로 시작된다. 예를 들어 대출 자료를 분석하는 사람들[56]은 캘리포니아에 본점을 둔 원웨스트 뱅크가 백인이 아닌 주택담보 대출자들을 오랫동안 피해왔다고 말한다. 그리고 로스앤젤레스와 시카고에서 마이애미와 뉴욕에 이르는 각 도시[57]의 은행들은 차별적 대출 관행에 대해 수백만 달러의 벌금을 지불했다. 벌금을 지불한 금융기관의 목록은 길고도 부끄럽다.

대출 기관이 마이클을 표적으로 삼은 이유는 그가 흑인이기 때문일까, 그가 거주하는 지역 때문일까, 아니면 체이스 뱅크가 전화를 받는 사람 아무에게나 떠안겨 엉터리 대출을 받게 할 만큼 불운한 사람이기 때문이었을까? 이 일이 어떻게 일어났든 간에 주택담보대출 상환금이 일단 증가하기 시작하면 마이클이 그 집을 계속 보유할 방법은 전혀 없다. 그리고 정말 신경에 거슬리는 부분은 그가 주택담보 재융자 서류에 서명한 순간부터 자기 집을 잃을 가능성이 높아졌다는—그럴 위험이 높았지만 작은 글씨로 적힌 세부 계약 항목에 잘 감추어졌다는—사실을 은행들은 잘 알고 있었다는 점이다. 마이클에게는 안전

핀이 뽑혀나간 수류탄과 같은 모기지를 팔았던 것이다.

집을 차압당할 위기가 다가오자 마이클은 자신이 흑인이기 때문에 표적이 되었을 거라고 짐작했다. 그는 내게 말했다. "저는 정말 그런 경우였어요. 그들이 내가 누구인지 알아냈을 때, 특히 재융자를 받을 시점이 되었을 때였죠⋯⋯." 그의 목소리가 차츰 잦아들었다.

마이클은 이 사실을 나중에야 확인하게 되었다. 바로 그가 어떻게든 집을 잃지 않으려고 발버둥치던 중이었다. 당시는 금융위기가 최고조에 달했을 시기였고 그가 주택담보대출로 어려움을 겪는 사람들을 위해 열린 행사에 참석하고자 시카고 종합 전시장으로 떠난 뒤였다. 그는 그 장면을 이렇게 묘사했다. 모두가 집을 차압당할 위기에 처해 집을 구할 방법을 어떻게든 찾아보려는 수천 명의 사람이 줄을 서 있었다고. 그는 13시간 동안 줄을 섰고 조언을 얻기 위해 차례를 기다리며 사방을 두리번거렸다. "그곳엔 온통 아프리카계와 라틴계투성이였습니다. 그러니 누가 표적이었는지 뻔했죠."[58]

라틴계 미국인들은 주택 경기 급락에도 큰 타격을 입었다. 2008년 경기 대침체의 결과로[59] 라틴계 가정 가운데 거의 3분의 1이 부채 규모와 자산이 같거나 혹은 부채 규모가 자산을 초과하는 상황이었다. 2005~2009년 라틴계 미국인 가정의 자산은 66퍼센트 하락했다. 『워싱턴포스트』가 발표한 연구에 따르면 "흑인 및 라틴계 가정이 그 시기에 집을 은행에 차압당할 가능성은 70퍼센트 이상[60]이었다".

금융위기가 일어난 지 여러 해가 지난 뒤에도 주거 차별의 징후는 집요하게 이어지고 있다. 2013년 대규모 자료를 분석한 뒤 질로Zillow

미국의 부동산 중개 사이트는 백인에 비해 아프리카 및 라틴계 미국인들이 주택담보대출 신청을 거부당할 가능성이 2배 이상 높다[61]고 보도했다. 2015년 정부 자료에 따르면 아프리카 및 라틴계 미국인의 내 집 마련을 가로막는 장벽이 더 높아졌다고 한다.[62]

임대 시장에서 벌어지는 차별도 널리 보고되어 있다. 2016년, 코네티컷의 어느 부동산 회사[63]는 아파트 임대 신청에서 소수 인종을 차별했다는 혐의에서 벗어나기 위해 수천 달러를 지불했다. 가령 백인 신청자는 집을 둘러볼 수 있게 한 반면 흑인 신청자는 집 구경을 하지 못하게 했다. 또한 2016년에 주택 도시 개발부는 멕시코인 신청자의 신분증을 거부하면서 캐나다인의 신분증은 받아주는 식으로 멕시코인 신청자들을 차별한 캘리포니아의 한 아파트 단지[64]와 협상을 타결했다. 그리고 이런 유의 차별은 오랜 시간 지속되어왔다. 예를 들어 백인 임차인을 좋아하고 흑인 임차인을 거부하는 행태는 지난 1960년대와 1970년대에 트럼프 대통령이 소유한 일부 아파트[65]에서 벌어진 상황과 비슷하다. 그리고 결과적으로 그로 인해 법무부와 협상을 하게 되었다.

주택 붕괴로 인해 전국적으로 수조 달러의 가계 자산이 빠져나갔지만[66] 이 금융위기는 아프리카계와 라틴계 미국인을 마치 해일처럼 공격해왔다. 그리고 이 공격이 두 배로 거셌던 이유는 이미 주거 문제에서 자손 대대로 적극적인 차별을 받아온 가족들이었기 때문이다. 미국의 역사는 흑인과 히스패닉 가족들에게 주택담보대출을 거부하기 위해 고안되었고[67] 그들의 주택 자산 형성을 방해한 각종 주택법과 대출 전략의 사례는 난무하다. 예컨대 제한적 양도증서restrictive deeds 부동산 양도 시 이용자에 관한 제한 사항을 기재한 문서, 토지매매 계약서, 레드라이닝이 있다.

대다수의 미국 중산층 가족에게 내 집 마련이란 재정적 안정을 확보하는 가장 좋은 방법이다. 집은 거주 공간일 뿐 아니라 은퇴 계획이기도 해서 집값을 다 갚고 사회보장연금에 기대어 살아가는 것이다사회보장연금 수혜자의 자격 조건에서 규정하는 재산 한도액에 본인이 살고 있는 집과 타는 자동차는 포함되지 않는다. 집은 재정 신뢰성을 제공하고 거래를 시작해도 좋은 신뢰할 만한 사람이라며 은행을 안심시킨다. 집은 자녀들이 무사히 대학을 졸업할 방법과, 식구가 심각한 병에 걸리는 경우 안전망을 제공한다. 그리고 모든 일이 잘되고 조부모가 사망할 때까지 집을 잘 지킬수 있으면 이 집은 다음 세대에게 큰 보탬이 될 것이다. 그 집을 팔면가족들이 사회적 성공을 거두는 데 필요한 돈이 생기며 결과적으로 손주들이 인생에서 더 좋은 기회를 얻게 된다는 뜻이다.

이것은 정말 근사하고 멋진 생각이다. 우선 내 집을 마련하고 경제적으로 좀더 안정되게 하고 나서 조금씩 차근차근 기반을 다져나가라. 분산 투자하여 은퇴 자금을 마련하고 어쩌면 더 좋은 직업을 구하거나 사업을 시작하며 자녀와 손주들을 차례로 도와주고 나서 앞으로도 하던 대로 계속해나가라. 그리고 이 방식은 적어도 미국 백인들에게는 20세기 거의 내내 자손 대대로 효과를 거두었다. 하지만 흑인과 라틴계 미국인들에게는 주머니에 돌을 한 줌 넣고 수영하는 것이나 마찬가지였다. 불가능한 일은 아니겠지만 훨씬 더 힘겹다는 말이다.

주거 차별 외에도 흑인 및 라틴계 가족들을 좌절시킨 제도적 인종 차별은 더 있다. 차별은 형사 사법 제도,[68] 고용,[69] 교육,[70] 자동차 대출,[71] 파산 보호 제도,[72] 의료보험[73]은 물론이고 심지어 신선한 농산물을 판매하는 상점[74]을 이용하는 데서도 철저히 자행되었다. 수십 년간 이어진 차별의 누적된 영향은 몇 가지 단편적인 경제 현황에서도 극히 분명해진다.

· 전일제 근로자의 경우, 백인이 1달러를 벌어들일 때마다[75] 아프리카계 미국인은 59센트, 라틴계 미국인들은 70센트를 번다.
· 아프리카계 혹은 라틴계 미국인이 학사 학위를 소지할 경우 늘어나는 수입 1달러당 동일한 학위를 받은 백인의 수입은 11~13달러씩 증가한다.[76]
· 백인에 비해 아프리카계 미국인의 실직 가능성은 80퍼센트 더 높고 라틴계 미국인의 실직 가능성은 37퍼센트 더 높다.[77]
· 백인 가족에 비해 아프리카계 미국인 가족이 은퇴 자금[78]을 한 푼도 마련하지 못할 가능성은 68퍼센트 더 높고 라틴계 미국인은 두 배 더 높다.

경제위기는 인종에 관계없이 모든 가정을 강타했다. 그렇지만 모든 가정이 고루 파괴되고 피폐해진 것은 아니었다. 흑인, 라틴계, 백인을 가리지 않고 모두가 주택담보대출의 속임수에 넘어갔지만 피해를 입은 사람 중에는 흑인과 라틴계 비율이 훨씬 더 높다. 그리고 사기를 당하면 흑인이든 라틴계든 백인이든 누구나 무일푼이 되기 십상이었지만 의지할 돈이 한 푼도 없는 경우는 흑인과 라틴계의 비율이 훨씬 더 높았다. 흑인과 라틴계는 수입액과 저축액이 상대적으로 적었고 다른 가족 구성원들에게 받는 도움도 적었다. 여기서 얻는 교훈은 분명하다. 경제적 인종차별이 다른 모든 문제를 악화시킨다는 것이다.

마이클은 2008년 경제위기를 결코 극복하지 못할 것이다. 자신과 가족이 짐을 싸서 보금자리를 떠나던 날의 기억은 영원히 그를 따라다닐 것이다. 인생에서 다른 어떤 일이 일어나더라도 그는 은행이 집을 빼앗아간 지 한참 뒤에도 역시 삽으로 눈을 치우고 잔디를 깎으며 개똥지빠귀들의 안부를 확인하던 일을 언제나 상기할 것이다.

소수의 월가 인사이더들이 안전핀을 뽑아버린 금융 폭탄을 팔아서 회사의 단기 이익을 증대시키고 자신들의 보너스를 두둑이 챙기는 동안 마이클 같은 사람 수백만 명의 인생은 결국 산산이 부서지고 말았다. 나도 인생이 공평하지 않다는 것쯤은 알고 있지만 어떻게 우리 나라가 이 정도로 불공평한 상황을 일상으로 여기는 수준으로 전락했을까? 분명히 우리는 그보다는 더 나은 사람들이다.

젊은이의 꿈

1966년 봄, 열여섯 살의 나는 매일 집에 가서 점심을 먹기 시작했다. 집에는 아무도 없었다. 엄마는 시어스 백화점에서 일하고 아빠는 밖에 나가 울타리를 팔았기 때문이다. 하지만 나는 함께 밥을 먹을 사람을 찾아서 집에 가는 게 아니었다. 그저 우편물을 확인하고 싶었을 뿐이다.

나는 지망하고 싶은 대학을 두 군데 골랐다. 한 군데는 고등학교 상담실에 비치된 책을 뒤적여서 찾아냈고 다른 한 군데는 내가 아는 남자아이를 통해 알게 되었다. 두 대학 모두 토론 장학금을 자랑스레 홍보했다. 나는 토론에 소질이 있었기에—주 토론 선수권대회에 참가하던 중이었다—이것이 좋은 기회라고 판단했다. 그래서 아기 돌보기와 식당 서빙으로 모은 돈을 찾아 세븐일레븐 편의점에서 우편환 2장을 구매해서 두 대학에 입학전형료를 보냈다. 그러고는 마냥 기다렸다. 내가 대학에 진학할 수 있도록 두 대학 중 한 곳에서 충분한 장학금을 주리라는 희망에 나의 전부를 걸고 있었다. 그리고 둘 중 한 곳에서 소식이 도착하기를 기도했다.

그해 봄, 내 신경은 온통 대학에 쏠려 있었다. 어린 시절부터 나는 교사가 되고 싶었다. 그리고 학사 학위를 받지 못하면 교사가 될 수 없다.

몇 주 동안 아무 소식도 없었다. 친구들은 합격 통지서를 받아들고 어느 기숙사에서 지낼지 혹은 어떤 전공을 할지에 대해 이야기하기 시작했다. 그리고 나는 점심을 먹으러 계속 집에 들렀다.

어느 날 나는 종이 울리자마자 역사 수업 교실에서 뛰쳐나왔다. 우리 집이 있는 거리로 들어서는 모퉁이를 막 돌아서자 우편함 옆면으로 빨간색 깃발이 위로 올라간 모양이 보였다. 우편물이 도착했다는 뜻이다. 우편함 안에는 두툼한 봉투 두 개가 가지런히 쌓여 있었다.

첫 번째 편지는 노스웨스턴 대학에서 온 것이었다. 노스웨스턴 대학은 나에게 장학금, 근로 장학생 자리 그리고 학생 융자를 제안했다. 재빨리 계산해보자 그렇게 해도 여전히 매년 1000달러가량을 추가로 마련해야 할 듯했다. 이 정도면 여름방학 아르바이트로 충당할 수 있을 만한 금액이었다. 바로 이거였다. 나는 대학에 갈 수 있었다. 틀림없었다.

그런 다음 나는 조지워싱턴 대학에서 보내온 두 번째 편지를 뜯었다. 우와! 이 대학에서는 전액 장학금과 연방학자융자금을 제안했다. 그것만 알면 충분했다. 나는 바로 그 자리에서 조지워싱턴 대학에 진학하기로 결정했다. 두 학교 모두 가본 적도 없고 워싱턴에 어떻게 가야 할지 혹은 어디서 살게 될지도 몰랐지만 어찌됐든 나는 조지워싱턴 대학으로 떠날 것이다!

그날 밤 나는 부모님에게 편지를 불쑥 내밀었다. 부모님은 내가 입학지원서를 낸 것을 이미 알고 있었지만 몇 달 동안 아무 말도 하지 않았다. 우리 모두 결과가 날아올 때까지 숨죽인 채 가만히 기다리기만 했다. 이제 나는 서류를 흔들고 엄청난 규모의 (아니, 적어도 당시에는 그렇게 보였다) 장학금에 대해 이야기하며 부엌을 돌면서 한바탕 춤을 추었다. 아빠는 활짝 웃었다. 장하다, 우리 못난이.

엄마는 더 얼떨떨해 보였지만 이내 정신을 차렸다. 대학 진학이—그리고 등록금을 낼 방법이—이제 가능해졌다. 며칠 뒤, 엄마는 양가 조부모님, 고모, 이모, 삼촌, 사촌, 이웃, 슈퍼마켓 주인, 세탁소 주인, 전도사, 그리고 길에서 만난 사람 모두에게 내가 대학에 간다며 자랑했

세상에 맞설 준비가 되어 있었던 대학 시절의 나

다. 엄마는 내가 그렇게 멀리 가지 않기를 바랐다고 입버릇처럼 말하고는 이렇게 설명했다. "벳시가 공짜로 대학 가는 법을 알아냈거든. 거기다 대고 내가 뭐라고 하겠어?" 아무래도 엄마는 남들 앞에서 겸손한 척하며 은근히 자랑하는 법을 개발해서 예술의 경지로 끌어올린 듯했다.

그리고 엄마는 내가 장학금까지 받게 된 상황이니 거만해질지도 모른다는 노파심에 노상 이렇게 덧붙였다. "그런데 걔가 결혼은 할지 모르겠다."

3학년 개강을 앞두고 대학으로 돌아가기 전 노동절 주말에 내 첫 남자친구가 (그리고 나를 차버린 첫 번째 남자이기도 하다) 내 인생으로 다시 들어왔다. 스물두 살인 그는 대학을 졸업하고 좋은 직장도 가졌으며 이제 결혼할 때가 되었다고 결심한 듯했다. 그가 청혼을 하자 나는 거의 숨돌릴 틈도 없이 곧장 허락했다. 열아홉 살에 나는 기꺼이 가정주부가 되었고 이렇게 대학과 작별인사를 했다. 이것은 분명히 내가 내린 가장 현명한 결정은 아니었다.

하지만 나는 두 번째 기회로 받은 인생을 살고 있었고 또 한 번 운이 좋았다. 전액 장학금을 포기할 정도로 생각이 짧은 여자아이도 본 게임에 다시 뛰어들 수 있었다. 얼마 지나지 않아 나는 다시 학업을 시작해 한 학기 학비가 50달러인 커뮤터 칼리지commuter college 기숙사를 제공하지 않아 전 학생이 통학하는 대학를 다니며 열심히 공부했다. 이는 내가 식당에서 시간제 서빙 아르바이트로 학비를 댈 수 있는 유일한 교육 기관이었다. 나는 기회를 엿봤고 이번에는 제법 영리하게도 그 기회를 양손으로 붙잡아 필사적으로 매달렸다.

2년 뒤, 나는 첫 직장으로 특수 교육이 필요한 아이들을 가르치는 데서 일을 하게 되었다.

대학은 위로 올라가는 길이다. 아니, 적어도 우리는 그렇게 믿고 있다. 나에게는 대학이 날아오를 기회였다.

하지만 오늘날의 대학생은 날아오르기가 아주 많이 힘들어졌다. 요즘 대학생들과 이야기를 나눌 때마다 내가 얼마나 운 좋은 사람인지 그리고 수십 년 전 내가 학사 학위를 받으려고 힘겹게 노력하던 시절 이후로 얼마나 많은 변화가 일어났는지 떠올랐다.

나는 한 친구의 소개로 카이를 알게 되었다. 2016년 10월, 우리는 매사추세츠주 케임브리지의 우리 집에서 걸어갈 만한 거리에 있는 어느 식당에서 만나기로 약속했다. 카이는 이십대 후반의 여성이었다. 그녀가 테이블에서 일어나 인사를 하자 나는 그녀의 눈에 시선을 빼앗겼다. 그녀는 활기 넘쳤고 주변의 모든 것에 관심을 보였다. 우리가 만난 식당, 메뉴, 은식기류, 접시, 실내조명, 벽에 걸린 그림에 대해 의견을 말했다. 그리고 이 모든 상황은 우리가 만난 지 겨우 5분 안에 다 벌어졌다. 키가 크고 머리가 검은 그녀는 인상적인 젊은 여성이었고 세상에 당당히 도전해 어디서든 성공할 수 있는 종류의 사람이었다.

그녀는 나에게 자기 이야기를 기꺼이 들려주고도 남을 터였지만 내가 그녀의 실명은 사용하지 않기를 바랐다. 상황이 결국 그렇게 된 것이 당황스러웠기 때문이다. 우리는 그녀의 사생활을 보호하기 위해 이야기의 세부 사항을 몇 가지 수정하는 데에도 동의했다.

카이는 콜로라도에서 자랐다. 어린 시절부터 미래에 대해 계획을 세워두었다. 그녀의 아버지는 소방관이었고 그들은 함께 컴퓨터게임을 즐겼다. 두 사람만의 시간이었기 때문이다. 그녀는 "걸음마를 시작한 뒤로 줄곧" 비디오게임을 해왔다고 설명했다. 그녀는 자신이 그런 게임을 만들고 싶다는 것을 알았다.

카이는 스크린에서 본 모습에 흥미를 느꼈지만 그래픽을 구현하기 위한 과학과 미술에 대해 더 많이 배워갈수록 관심사가 확장되었다. ATM에서 항공 체크인 키오스크, 첨단 의료 영상 장비에 이르기까지 프런트엔드사용자와 직접 접촉해 상호 작용이 일어나는 영역 디자이너들은 지금 사람들에게 단순한 게임 이상의 것을 보여주고 있다. 그들은 지금 사람들이 경제 전반에 걸쳐 일어나는 사건들을 뚫고 나오도록 한다는 것이다. 카이는 자신이 제대로 된 교육을 받는다면 아버지가 처음으로 게임을 하기 위해 자신을 안아 올린 뒤부터 계속 훈련해온 분야에서 직장을 구할 수 있다는 것을 깨달았다.

카이의 부모는 둘 다 대학을 나오지 못했고 카이는 고등학교 시절 누구에게서도 대학 관련 상담을 받지 못했다. 그녀는 어느 학교가 가장 적합할지를 거의 혼자 힘으로 알아냈다. 커다란 강당에서 예술 이론을 공부하고 싶지는 않았다. 그보다는 직접 작업을 해보고 수준 높은 훈련을 받아 실제 하게 될 업무에 대비해두고 싶었다.

그녀는 미국 곳곳에 캠퍼스를 둔 예술 전문 직업학교인 아트 인스

카이는 학교에서 열심히 공부했지만 그것만으로는 충분하지 않았다.

티튜트Art Institute의 텔레비전 광고를 보고 이렇게 생각했다. "바로 이거야!" 홍보 자료는 엄청났다. 그녀는 이렇게 설명했다. "아트 인스티튜트에 입학하겠다고 마음먹은 결정적인 요소 중 하나는 사교 클럽이나 사교 행사가 주가 되는 전형적인 4년제 대학 경험을 배제한 '직업 전문 대학'에 초점을 맞춘다는 점이었어요."

이제 카이는 앞을 향해 전속력으로 솟아올랐다. 그녀가 말했다. "집중력을 가지고 단호한 태도로 모두가 산업 전선에 나서겠다는 공동의 목표를 향해 나아가는 전문 화가와 전문 디자이너들 속에서 지내고 싶었어요." 언니가 시애틀 근교에 살고 있었으므로 카이는 언니 집으로 들어가는 방법을 마련해 시애틀 아트 인스티튜트AIS에 등록할 때 비용을 아낄 수 있었다. 그녀는 세상에 맞설 준비가 되어 있었다.

카이가 대학에 입학하고 처음 2년 동안, 그녀는 내 대학 시절보다 훨씬 더 힘든 생활을 했다. 매일 아침 5시에 일어나서 시애틀행 페리를 탄 다음 버스에 올라 학교로 이동한다. 그녀는 2년 동안 일출을 봤지만 일찍 일어나는 생활이나 긴 통학 시간에 대해 한 번도 불평한 적은 없었다. 홍보 영상에서 가장 두드러지게 다룬 최첨단 내용을 배우고 있는지 아닌지 조금 불안했지만 늘 컴퓨터에 붙어서 그래픽 작업을 하는 게 무척 좋았다. 경제적 자립을 위해 반즈앤노블 서점에서 아르바이트를 했다. 하지만 일을 한다 해도 우선순위는 잘 지켜나갔다. 어떤 수업이든 빠진 적이 단 한 번도 없었고 숙제도 빠짐없이 해냈다. 카이는 3.9의 평점을 자랑스레 여겼고 그 성적을 계속 유지하겠다고 결심했다.

그 기나긴 통학 시간에는 때로 자신의 재정 문제에 대해 고민하기도 했다. 그녀는 시애틀 아트 인스티튜트의 수업은 잘 따라갈 수 있었지만 이 학교에서 2년을 보낸 무렵에는 학자금 융자액이 이미 4만 5000달러에 달했다. 엄청난 빚이었다.

카이가 3학년이 된 지 얼마 지나지 않아 모든 것이 무너져 내렸다. 시애틀 아트 인스티튜트는 고향의 주립학교와는 달랐다. 수십억 달러 가치의 기업이 소유한 전국 50개 대학 캠퍼스들 중 하나였다. 그 기업, 즉 에듀케이션 매니지먼트 코퍼레이션Education Management Corporation 북미 최대의 사립대학 재단과 고액의 봉급을 받는 임원들은 카이의 이름으로 얻어내는 연방 학자융자금을 토대로 자신과 투자자들을 위해 엄청난 돈을 벌어들이길 기대하고 있었다.

카이는 전혀 모르는 상태로 입학했지만 사실 아트 인스티튜트는 사정이 좋지 못했다. 교과과정을 제대로 이행하지 않았고 기록을 위조했으며 사기성 약속을 내세웠다는 내용의 항의가 차곡차곡 쌓이고 있었다. 법무부는 수사를 시작했고 카이가 3학년이 될 무렵 그녀가 선택한 교과과정이 사라지기 시작했다. 교직원들이 해고되었고 해당 교육과정의 명성은 땅에 떨어졌다. 사람들은 이 학교에서 수여한 증명서가 휴짓조각이라고 말했다.[79] 카이는 시애틀 아트 인스티튜트가 이 교육과정을 폐쇄한다는 소식을 듣고는 공포에 사로잡혔다. 설사 시애틀 아트 인스티튜트가 살아남는다 해도 자신의 졸업장이 아무 가치도 없으면 어쩌나 걱정스러웠다. 게다가 그녀는 1년을 낭비하고 싶지 않았기에 서둘러 다른 학교를 알아보기로 마음먹고 적극적으로 나섰다.

카이는 자신이 정말로 좋아하는 공부를 하는 중이었고 비디오게임 아트와 디자인으로 학위를 받는 데 어느 때보다 더 몰두하고 있었다. 마침내 플로리다의 링링 칼리지 오브 아트앤드디자인Ringling College of Art and Design에서 동일한 교과과정을 찾아낸 그녀는 이곳을 떠나 그리로 가겠다고 결심했다. 국토를 거의 종단하다시피 해야 하고 언니에게 공짜 숙소를 얻어낼 수도 없을 테지만 열의는 끓어넘쳤다. 그녀가 설명했다. "그곳에는 더 많은 자원, 더 많은 인맥과 기회가 있었어요. 예술학교 쪽에서는 아이비리그라 할 만했지요. 그래서 학생들의 성공을 뒷받침하려는 노력에 자금을 투자할 가능성이 있었습니다."

카이는 이삿짐을 꾸리고 언니에게 작별 키스를 한 뒤 몇 개 주를 건너 플로리다주의 새러소타로 갔다. 새로운 학교, 새로운 교과과정, 새로운 지역. 그녀는 그 모든 것에 도전했다. 하지만 그녀의 손을 덜덜 떨리게 만든 부분은 바로 비용이었다. 링링은 거대 영리 기업 소유는 아니었지만 그렇다고 공립학교도 아니었다. 사립학교인 링링의 학생들은 모든 비용을 감당해야 했다. 카이는 1년 치 학비를 위해 5만 500달러의 빚을 추가로 떠안게 되었다. 이 금액이 시애틀 아트 인스티튜트를 다니느라 빌린 5만 5000달러에 육박하는 빚 위에 보태졌다.

그녀는 수업을 좋아했지만 학비를 한 해 더 감당할 수는 없었다. 그저 그럴 능력이 되지 않았다. 카이는 플로리다를 떠나기가 정말 싫었지만 꿈을 포기할 생각은 없었다. 그 대신 고향으로 돌아가서 콜로라도 대학의 수업을 듣기 시작했다. 이 학교에는 동일한 디자인 교과과정이 없었지만 비용은 훨씬 더 저렴했다. 그녀는 콜로라도 대학에서 1

년을 보내고 학위를 받은 다음 꿈에 그리던 직장을 구하면 된다고 생각했다. 그래, 그녀는 시작부터 바로 꿈의 직업을 얻을 수는 없겠지만 자신이 게임 산업에서 일하기 위해 태어났으니 첫 번째 관문을 잘 통과하면 다른 관문들은 자기 힘으로 힘껏 열어젖힐 수 있을 거라고 확신했다. 시간이 지나면 학생 융자금도 갚고 본격적인 인생을 시작할 것이다.

다만 한 가지 작은 문제가 있었다. 그녀가 새로운 대학에 다니기 위해서는 또 한 번의 학생 융자가 필요했다. 그래서 그녀는 기존 빚에 1만3000달러를 더했고 그 바람에 부채 총액은 10만 달러가량이 되었다. 그녀는 연방 대출 프로그램이 허용한 대출 상한액을 꽉 채웠기 때문에 이제 정부와 웰스파고 은행 양쪽에 모두 빚을 졌다.

콜로라도 대학의 마지막 학기에 졸업을 몇 주 남겨두지 않았다고 생각했을 무렵 교무처는 그녀가 시애틀 아트 인스티튜트에서 첫 2년 동안 이수한 학점의 대부분을 인정하기 어려울 것 같다고 알려왔다. 카이 같은 학생들이 시애틀 아트 인스티튜트 같은 영리 학교가 주립 대학 학력 인준 기관이 정한 기준을 충족하지 못한다는 사실을 알아차릴 즈음에는 이미 때가 너무 늦어버린 경우가 많았다. 약간의 논쟁이 오간 끝에 대학 행정처는 그녀가 2년을 더 정규 학생으로 등록하고 다니면 학위증을 줄 수 있다고 설명했다.

카이는 막다른 골목에 다다랐다. 몇 년 동안 노력했지만 대학 과정을 마치는 것이 갑자기 아득히 멀게만 보였다. 그녀는 내게 말했다. "그럴 형편이 못 됐어요. 웰스파고 은행에서는 대출이 더 이상 불가능했고 부모님은 여전히 여유가 없으셨어요. 그리고 솔직히 말하면 그쯤 되니까 저도 더는 못 하겠더라고요."

당시는 개인적으로도 힘든 시기였다. 아버지가 뇌종양을 앓고 있었고 카이는 그 부담감을 떨치기 힘들었다.

카이는 콜로라도 대학에서 그 학기를 끝마치지 못했고 학위증을 받지 못했다. 그러면 지금은 어떤 상황일까? 그녀는 스물일곱 살이고 코네티컷에서 또 다른 언니와 함께 살면서 이탈리아 음식점에서 웨이트리스로 일하고 있다. 그녀는 급료를 한 푼도 남김없이 빚 갚는 데 쓰고 있다. 말 그대로 동전 한 푼까지 그러모으는 중이다. 그녀가 말했다. "가족이 없었더라면 집도 없이 가난에 찌들어 살았을 거예요." 그리고 이만큼 온 힘을 다해 5년 반 동안 빚을 갚았지만 그녀의 대출 잔액은 여전히 9만 달러가 넘는다.

이야기가 이즈음에 이르자 그녀의 자신감도 다 말라버린 듯 보인다. 그녀는 손을 무릎 위에 떨군 채 탁자를 내려다본다. "전 어떻게 하면 안 되는지 보여주는 대표적인 사례예요."

카이는 모든 책임을 자신에게 전가시킨다. 하지만 나는 그녀의 상황을 그렇게 생각하지 않는다. 카이는 모든 사람이 시키는 대로 정확히 따랐다. 열심히 노력했고 좋은 교육을 받았던 것이다. 빈둥거리면서 파티에 놀러다니지 않았다. 성적도 잘 관리했다. 교수들에게 좋은 추천서도 받았다. 좋은 직장을 보장하는 진로를 선택했다. 물론 그녀가 영리 대학의 입학을 거절하고 나서 등록금이 비싼 사립 예술 학교에 입학하기로 마음을 굳혔다면 상황은 더 나았을지도 모른다. 하지만 나는 미래를 어떻게 설계할지 알아내려고 애쓰는 열아홉 살의 고등학교 3학년 학생의 어깨에 그 모든 짐을 얹을 수는 없다.

당연히, 자녀 교육에 10만 달러의 거금을 척척 내줄 수 있는 집안에 태어났더라면 카이의 재정 상태는 지금보다 더 나았을 것이다. 하지만 나는 그 부분도 그녀에게 미루고 싶지 않다.

지금 카이는 학생 대출을 받은 수백만 명의 미국인 대열에 합류했고—일부 대출금은 무서울 정도의 액수다—내세울 졸업장 하나 없는 형편이다.[80] 게다가 이 젊은이들에게 졸업장이 있다고 한들 그것만으로 항상 성공하는 것도 아니다. 스물다섯 살 이상의 남녀 150만 명이 대학 졸업장은 가졌지만 직업이 없다.[81]

카이의 이야기는 미국의 고등 교육이 모든 부분에서 무너져버렸다는 사실을 입증한다. 그녀는 평행 선로를 달리는 대학 탐색 과정을 겪었다. 즉, 부유한 아이들이 완벽한 학교에 완벽히 어울릴 수 있도록 도와주는 고액의 코치를 고용하고 인맥을 활용하는 부모의 덕을 보는데 비해 카이 같은 중산층 자녀들은 격무에 시달리는 상담 교사에게 "행운을 빈다"는 다정한 인사만 받을 뿐이다. 고등학교를 졸업한 뒤로 카이는 영리 학교들이 설치한 덫에 걸렸다. 이 장소들은 대학으로 떠나는 사람 10명 중 한 명[82]을 끌어들여 엄청난 액수의 연방 학자융자금을 신청하게 하고는 아무런 성과도 안겨주지 못하는 경우가 많다. 심지어 근사한 주립학교에 마침내 진학할 수 있게 됐을 때에도 카이는 여전히 자신이 감당하기 어려울 정도로 학비가 많이 든다는 힘겨운 현실의 벽에 부딪혔다.

오래전, 나는 장학금을 타는 행운을 누렸다. 나중에 대학으로 돌아가 학위를 받을 때에는 학기당 비용이 겨우 50달러밖에 들지 않았다. 내 성장기에 미국은 교육에 투자했을 뿐 아니라 용감하게 대학에 입학해 공부하려는 아이라면 누구에게나 문을 활짝 열어두었다. 하지만 1970년대 중반부터 주립학교의 교육비는 물가상승률에 따라 조정되어 네 배로 뛰어올랐다.[83] 그리고 이 현상은 뚜렷이 나타나고 있다. 현재 주립학교에 재학 중인 아이들의 3분의 2는 학교를 무사히 졸업하기 위해 돈을 빌려야만 한다.[84]

아아, 그 빚은 뼈를 갉아먹는 영원히 벗어날 수 없는 굴레다. 카이는 학자융자금을 조금이라도 줄이기 위해 날마다 일을 한다. 그녀가 빌린 9만 달러의 빚은 전국적으로 누적된 엄청난 학자융자금이라는 거대한 덩어리에 아주 작은 돌기를 보탰을 뿐이다. 그녀는 교육을 받기 위해 빌린 돈을 갚느라 애쓰는 미국인 대열에 합류했다. 내가 보기에 이 경제에 관한 긍정적인 이야기에는 하나같이 각주를 달아 다음의 사실을 덧붙여야 한다. 4000만 명의 사람이 총액 1조4000억 달러의 학자융자금[85]을 갚을 방법을 찾기 위해 노력하는 중이라고 말이다.

그 부채는 여러 의미로 대단히 유해하다. 이것은 한 사람의 신용평가 보고서에 암울한 그림자를 드리워 보험부터 주택담보대출에 이르기까지 모든 부문의 비용을 증가시킨다. 그리고 카지노 대출이나 신용카드 채무와 달리 이런 융자는 대출자가 돈을 갚지 못할 때 파산 면책을 받을 수 없다.

이 융자는 전직 학생의 미래에 커다란 구멍을 낼 수도 있다. 카이의 경우를 살펴보면, 이 융자는 그녀가 주택 대출을 얻어 집을 살 기회를 말살한다. 추가로 돈을 빌려 학교에 가서 학위 과정을 마칠 기회를 없애버린다. 학사 학위가 없으면 그 빚은 시각예술 관련 학위 소지자를 채용하는 분야에 신입 사원으로 취직하고 싶어하는 그녀의 꿈을 꺾어버린다. 그리고 그녀는 조금씩 저축을 하거나 건강보험에 가입하거나 은퇴에 대비해 약간의 현금을 모아두는 것을 고스란히 박탈당할 수 있다.

카이는 여전히 시각예술이 "자신의 분야"라고 생각한다. 하지만 그 분야에서 일하게 될 가능성이 있을까? 그녀의 대답은 짧고도 실망스러운 것이었다. "아니오."

카이와 친구들은 학교에서 열심히 공부하고 좋은 교육을 받으면 세상을 손에 넣을 것이라고 가르치는 나라에서 태어났다. 하지만 이제 달라진 암울한 현실이 마음속을 파고들기 시작한다. 그들은 등골이 휘도록 일해도 여전히 중산층에 편입할 수가 없다.

카이와 친구들은 역사상 그 어느 세대보다 미래를 찬찬히 잘 준비해왔다. 그들은 더 많은 교육을 받았다. 말하자면, 요즘은 고등학교를 졸업하고 대학을 졸업한 뒤 석사 학위까지 받는 젊은이의 비율이 더 높다. 그들은 고등학교와 대학에 다니는 동안 더 많은 아르바이트 경험을 쌓는다. 그들은 컴퓨터를 능숙하게 다룰 줄 알며 기술에 대한 경험 덕분에 기성세대에게 배우기보다는 그들을 가르치는 경우가 많다.

젊은 사람들은 구직 시장에 뛰어들어 자기만의 삶을 이루기 시작하면서 큰 꿈을 품어야 한다. 하지만 그렇게 하지 못한다.

- 구직활동이 활발한 16세에서 24세 사이의 실업률[86]은 12퍼센트다. 그들보다 나이가 많은 구직자들의 실업률에 비해 거의 3배나 높다.
- 대학에 진학한 사람들이 힘겹게 떠안은 학자융자금 12조4000억 달러는 역사상 전례 없는 것이다. 그리고 부채 총액은 연간 약 1000억 달러[87]의 비율로 계속 늘어나기만 한다.
- 현대 미국의 역사상 최초로, 18세에서 35세 사이의 사람들 가운데 독립 가구보다 부모와 동거하는 가구 수[88]가 더 많아졌다.
- 한 세대 이전에는 젊은이가 부모보다 더 많은 돈을 벌게 될 가능성[89]이 거의 확실했다면 지금은 정반대가 되었다.
- 비록 더 나은 교육을 받았지만[90] 오늘날의 밀레니얼 세대Y세대라고도 부르며 대체로 1980년대 초부터 2000년대 후반까지 출생한 사람들는 베이비붐 세대1955년부터 1963년 사이에 태어난 사람들에 비해 같은 나이에 약 20퍼센트 적은 수입을 번다.

젊은 사람들, 즉 미국의 미래는 끔찍한 패를 받아들었다. 대학을 졸업하지 못하는 이들은 중산층에 진입할 기회가 거의 없다. 그리고 대학을 졸업하는 사람들은 빚이 산더미처럼 쌓여 재정에 큰 구멍이 난 채 성인으로 첫발을 내딛는 경우가 많다. 대학은 중산층 편입을 경품으로 내건 복권을 가진 사람들과 그렇지 못한 사람들을 가르는 큰 분수선이지만 결국은 대학 졸업장을 받은 사람들조차 여전히 복권을 손에 쿤 것에 지나지 않는다. 오늘날 수백만 명의 대학 졸업자는[91] 직장을 구하지 못하거나 임시직, 시간제직, 혹은 대학 졸업장이 필요 없는 직장에서 일하며, 학위를 자랑할 수 있는 사람에게도 더 이상 기회가 확대되지 않는 경제 상황 속에서 나름의 기반을 마련하고자 노력한다.

오늘날 스물다섯 살의 젊은이들은 최저임금 혹은 최저임금에 가까운 임금을 지불하는 일자리에서 가장 지속적인 고용 성장이 이루어지는 경제[92] 속에서 성년의 삶을 시작한다. 대다수의 사람은 부모가 구입한 것과 같은 집을 언젠가 소유하거나 부모가 하던 유의 사업을 언젠가 시작할 가능성이 현실적으로 없다. 오늘날의 젊은이들은 부모보다 한층 더 궁색한 처지에 놓이는 첫 번째 세대가 될 것이다.

카이의 이야기를 들으면 내 마음이 아프고 그 불공정성 때문에 구역질이 난다. 한때 나 같은 아이에게 인생에서 성공할 기회를 여러 차례 주었던 나라가 어떻게 이제는 카이처럼 유능하고 근면한 젊은 여성의 앞길을 가로막아버렸을까? 카이 같은 사람이 교육을 받고 좋은 경력을 다져나가기 시작하며 풍족한 생활의 토대를 마련할 여지가 전혀 없는 나라라면 어떻게 미래를 건설한다고 기대할 수 있을까?

긴축생활은 계속된다

젊은 시절에 지나는 그런 토대를 마련하기 위해 열심히 일했다. 하지만 나이가 들면서 기반은 거의 무너져내렸다. 이제 쉰 살이 된 그녀는 은퇴를 떠올릴 때마다 어쩔 줄 몰라 당황하는 듯하다. "완벽한 세상이었다면 은퇴하고 키라고플로리다 키스 열도에서 장 큰 섬으로 관광 명소다로 갈 수 있겠죠." 그녀는 이렇게 말하고는 걸걸한 소리로 웃는다. 하지만 그녀가 사는 현실세계에서는 어떨까? "있잖아요, 전 정말 모르겠어요." 그녀는 사다리를 오르내리고 널빤지를 바리바리 나르는 것은 대런에게 몹시 해롭다고 말한다. 대런은 관절염을 심하게 앓고 있다. "대런은 아마 집 밖에서 죽을 것 같다고 말했어요." 그녀는 지나치게 비관적으로 들리지 않도록 애쓰며 이렇게 말한다. 대체로 그녀는 미래에 관해 너무 많이 생각하지 않으려 한다. "행운을 비는 수밖에요." 그녀가 말한다.

미국 중산층을 강타한 경제적 어려움은 그들의 노후 전반에 파문을 일으켰다. 다시 한번, 전반적으로 긍정적인 경제 뉴스 바로 아래에 도사리고 있는 숫자들은 암울한 이야기를 들려준다.

- 65세 이상의 파산 신청[93]은 1991년 이후 거의 4배 가까이 증가했다.
- 1500만 명의 노인에게 사회보장연금은[94] 빈곤층과 구별되는 유일한 기준이었다.
- 요양원에 거주하는 노인들 가운데[95] 62퍼센트는 의료비를 감당할 돈이 없다.
- 전체 가정의 절반가량은 퇴직금을 한 푼도 모으지 못한다.[96]

어떤 경제 사안은 좋은 소식으로 시작된다. 예컨대 사람들의 수명이 늘어나고 있다는 소식을 생각해보자.[97] 미국에서 인구가 가장 빨리 늘어난다고 알려진 연령대는 '고령 노인old-old'으로 이 용어는 85세 이상의 노인을 설명하기 위해 만들어졌다. 그다음으로 인구가 빠르게 늘어나는 연령대는 75세에서 84세까지고 그다음은 65세에서 74세까지다. 물론 여기에는 특정한 경향이 있다.

이는 노령기를 맞은 사람, 혹은 주변의 할머니 할아버지가 아이스 크림을 사주고 크레용으로 사방에 그려놓은 아이들의 그림이나 낙서를 칭찬해주는 것을 좋아하는 사람이라면 누구에게나 힘이 되는 말이다. 하지만 이제 은퇴를 하면 예전보다 돈이 더 많이, 아니 엄청나게 많이 든다는 뜻이기도 하다. 요즘 65세에 은퇴하는 사람들은 평균 20년[98]을 더 생계를 꾸려나가야 한다. 1970년대 상황에 비하면 돈이 필요한 기간이 4년 더 늘어난 셈이다.[99]

퇴직자들은 증가하는 노후 비용, 그중에서도 특히 건강보험료와 양로원에 관해서도 걱정해야만 한다. 현재 양로원 준특실의 평균 비용은 연간 8만 2000달러 이상[100]이고 이 비용은 계속 상승하고 있다.[101]

비용 상승. 어디서 많이 들어본 말이지 않은가? 사실 인생의 말년이 가까워오는 사람들을 기다리는 문제는 대부분 다른 근로자 가정들이 맞닥뜨리는 문제와 상당히 유사하다. 하지만 나이가 더 많은 사람에게 경제적 위기가 닥쳐온 것은 근로 기간이 끝나가고 은퇴가 다가오는 시기였다.

우선 저축부터 살펴보자. 다시 한번 말하지만, 가장 중요한 수치는 긍정적으로 보인다. 즉, 미국인들은 퇴직을 대비해 총 25조 달러를 저축했다.[102] 우와! 데니스미국의 패밀리 레스토랑 체인의 노인 특별 할인 메뉴에서 디저트를 두 번 주문해야겠다!

결론을 너무 성급하게 내려서는 안 된다. '퇴직 저축'에는 최상위 소득 계층이 가입한 근사한 투자 상품이 상당수 포함된다. 소수의 CEO와 대단한 유명인들은[103] 엄청난 재산을 모았지만 대다수의 근로자에게 주요 수치는 여전히 놀라울 정도로 암울하다. 중위 근로자median worker—퇴직 저축이 있는 모든 근로자의 한가운데에 위치한 사람—는 겨우 1만8433달러밖에 모으지 못했다.[104] 그리고 그들은 운이 좋은 축에 속한다. 전체 가구의 절반은 모아둔 돈이 하나도 없다. 정확히, 땡전 한 푼 없다는 말이다.[105] 음, 어쩌면 그 축하 디저트의 크기를 대폭 줄여서 두 숟가락 분량의 아이스크림 한 그릇으로 바꿔야 하지 않을까?

그러면 기업 연금 제도는 어떨까? 1960년대 무렵에는 민간 부문 근로자의 절반가량이 평생 혜택을 보장하는 퇴직 연금[106]을 보유하고 있었다. 오늘날 그 수치는 약 13퍼센트로 떨어졌다.[107] 기업 임원들이 평직원들을 쥐어짬으로써 이윤을 (그리고 자신들이 받을 보수를) 높일 수 있다고 생각하면서 넉넉한 퇴직 연금은 도마 위에 올랐다. 해마다 그런 기업 연금들은 끝을 향해 나아가는 멸종 위기의 종들과 점점 더 닮아간다.

하지만 사회보장연금은 필요한 금액의 부족분을 채울 수 있어야 하지 않을까? 현실은 그렇지 않다. 사회보장연금에는 한 가지 놀라운 특징이 있다. 연금 수령을 중단하는 사람이 아무도 없다는 점이다. 이 연금은 매사추세츠주의 우스터시에 사는 한 노부인에게도 매월 꼬박 꼬박 잘 지급되었다. 그녀는 113세로 현재 미국에서 나이가 가장 많은 사람[108]이었다. 또한 사회보장연금은 정말이지 형편없는 특징을 하나 가지고 있었다. 바로, 그 액수로는 먹고살기에 충분하지 않다는 점이다. 평균적인 연금 수령액은 연간 1만6200달러 미만[109]이었다.

노인들이 살기에는 세상이 녹록지 않으니 경제가 크게 활성화된 상황에서는 연금을 조금 올려줘도 좋지 않을까? 결국 사회보장연금 수령자들의 생계비 인상은 최근 몇 년 동안 극히 적거나 전혀 없었다. 2015년에 CEO들의 임금이 3.9퍼센트 인상[110]되었지만 사회보장연금에 의존해 살아가는 노인들은 추가로 얻은 게 하나도 없었다. 이 명백한 잘못을 바로잡기를 바라면서[111] 최근에 나는 기업들이 임원에게 100만 달러 이상의 보너스를 지급할 때마다 세금 공제 혜택을 주는 조세법의 허점을 메우는 법안을 제안했다. 바로 그 돈을 활용해서 노인들의 (그리고 퇴역 군인과 장애인들의) 연금을 한 번에 3.9퍼센트 인상하자는 것이 주요 골자였다. 그렇게 해도 기업들은 여전히 보너스를 지불할 능력이 있다. 그리고 다른 모두에게 부담을 지워 조세 보조금을 받으려 하지는 않을 것이다. 내가 생각하기에는 합리적인 법안이었다.

하지만—당연히—공화당은 이 법안이 결코 앞으로 나아가도록 내버려두지 않았다. 이번에도 놀라울 것 없는 이야기지만 나는 그저 좌절한 정도가 아니었다. 그 반대론자 모두를 불러다놓고 소리치고 싶었다. "여러분도 매월 1348달러를 가지고 집세, 공과금, 식료품비, 차량 유지비, 보험료, 기본 의료비를 지불하려고 해보십시오. 그런 다음 이

자리에 돌아와서 투표하세요."

지나는 자기 미래에 대해 지나치게 불안해하지 않으려 애쓰지만 동료들에 대해선 종종 걱정한다. 언젠가 한번은 자신이 일하던 월마트의 농산물 관리자로 근무하는 행크에 대해 이야기했다. 행크는 나이가 예순다섯 살이지만 은퇴는 생각조차 할 수 없다. 사실 그는 일자리를 잃으면 어쩌나 걱정하면서 추가로 급료를 받을 만한 곳이 어디 없나 궁리 중이다. 지나가 잠시 말을 멈췄다. 행크는 혼자가 아니다. 그의 어머니가 45분 거리의 달러트리1달러짜리 상품을 주로 판매하는 저가 생활용품 체인점이다에서 일하고 있다. 지나는 말했다. "행크의 어머니는 여든일곱 살이에요. 인공관절 수술을 받아서 계속 일할 수 있어요. 일을 해야만 할 형편이기도 하죠."

세상에! 행크의 어머니가 여든일곱 살의 나이에도 여전히 아침에 일어나 직장에 갈 수 있다니 정말 반가운 일이다. 하지만 미국인의 은퇴 계획이란 게 이런 것일까? 갑자기 세상을 떠나는 그 순간까지 일하는 것? 이런 것을 정말 발전이라고 부를 수 있을까?

미국인 다섯 명 중 한 명은 65세 이후에도 계속 일을 하지만[112] 이는 기껏해야 단기적인 해결책에 불과하다. 그리고 신체적인 한계로 더이상 많은 일을 하지 못하는 사람들의 경우—예를 들면 고된 일에 심하게 치인 공사 현장의 인부, 수년간 쓰러질 듯한 환자들을 붙잡아주거나 침대에서 돌아 눕혀준 간호사들, 유치원에서 아이들을 하루 종일 안아 올리는 교사들, 하루 종일 서서 무거운 짐을 나르는 주방 일꾼들—65세까지 계속 일터에 나가는 것은 정말 힘에 부칠 때가 많다.

하물며 그 이후에는 얼마나 더 힘들겠는가. 대런은 관절염으로 손에 마비가 오기 시작해 의자에서 일어나려면 종종 도움이 필요하다. 게다가 나이도 쉰 살밖에 되지 않았다. 그런데도 그는 날마다 밖으로 나가 일자리를 구하러 다니며 가족이 일찍부터 무료 급식소에 들를 필요가 없도록 돈을 넉넉히 벌기 위해 노력한다. 지나가 은퇴 계획을 설명하지 못하는 것도 당연하다. 행크의 어머니가 가진 계획과 동일하기 때문이다. 바로, 급사할 때까지 일하기.

대금을 전부 치른 집을 소유한 사람이라면 사회보장연금으로 다른 비용을 충당할 수 있을 법하다. 하지만 점점 더 많은 미국인이 은퇴하고 나서도 여전히 엄청난 액수의 주택담보대출을 짊어지고 있다. 오늘날 65세 이상의 자택 소유자 3명 가운데 1명가량이 아직도 주택담보대출을 떠안은 상태다. 그리고 담보대출 부채의 총액은 단 10년 만에 82퍼센트나 급증했다.[113] 집세 역시 계속 치솟고 있으며[114] 노인들이 거주할 만한 주택을 찾는 것은 어느 지역에서든 힘든 일일 것이다.

주택담보대출의 규모가 커지고 대출 횟수가 늘어나는 것은 많은 노인에게 큰 부담으로 작용하지만 대부분의 경우 가족의 보금자리를 파는 것은 좋은 선택이 아니다. 50세 이상의 성인 약 350만 명이 지고 있는 부채 총액은 주택 가격을 뛰어넘는다.[115]

그러면 그들은 어떻게 버티고 있을까? 비록 돈을 아끼고 모으는 수많은 전략을 활용한다고 해도 수백만 명의 노인은 빚을 지게 된다. 그들은 신용카드를 써서 기본적인 비용을 치르고[116] 대개 그 빚을 갚지 못하고 만다. 나락의 길에 들어서는 점점 더 많은 사람이 도달하는 유

일한 답은 파산이다.[117]

오늘날 노인들의 이야기는—노동 시간을 늘릴 수밖에 없는 사정, 커가는 부채, 점점 더 파산으로 내몰리는 상황 등—지난 세대 동안 미국의 노동자 계급 가족에게 일어난 일에 관한 더 큰 이야기의 암울한 연장선이다. 임금은 그대로인데 생활비만 오르면서 긴축생활을 계속하게 되고, 고정적인 근무 시간과 예측 가능한 근무 일정이 꾸준히 줄어들며, 점점 더 불확실해지는 세상에서 감히 성공하려고 노력하다보면 피해를 입는다. 달리 표현하면, 시간이 흐르면서 저축은 줄어들고 부채는 쌓여간다는 뜻이다. 그리고 이 문제는 직장에 다니는 동안에도 똑같이 힘들지만 은퇴할 때에는 치명적인 타격을 입는다.

사람들은 거의 평생토록 열심히 일하고 어느 정도 품위 있게 은퇴하기를 바란다. 즉 독립적으로 살아가길 원한다는 뜻이다. 즉, 그들은 자녀에게 의지하지 않고도 필요한 경비를 충당할 정도로 넉넉한 재산을 모으는 것이 목표다. 하지만 수백만 명의 미국인에게 독립적인 생활이라는 꿈은 멀어져만 간다.

이제 예순일곱 살인 행크의 어머니는 아들의 상황이 더 힘들어지지 않기를 바라는 마음으로 일주일에 닷새 동안 아침에 일어나 약을 먹고 옷을 입고 보온병에 커피를 채운 뒤 시간에 맞춰 집을 나서서 달러트리에 출근 도장을 찍는다. 그녀의 계획은 여든여덟 살에도 계속 문을 나설 수 있도록 자신을 채찍질하는 것이다. 여든아홉 살에도 아흔 살에도 상황은 달라지지 않을 것이다. 아니, 영원히 그래야 한다.

마지막 남은 신뢰

데이비드 오빠는 여덟 살에 신문 배달을 했고 열네 살 즈음에는 자동차를 사고팔았다. 아침 5시면 언제나 일어났고 모종의, 언제나 모종의 거래를 하고 있었다. 군에서 제대한 뒤로는 작은 사업을 운영하기 시작했고 사업이 제대로 성과를 내지 못하면 다른 사업을 연이어 벌이곤 했다. 활기 넘치고 금세 미소를 지어 영업이 천직인 사람이었으며 모든 것을 걸고 아내와 자녀들을 위해 생활을 꾸려나갔다. 아이들은 다 자랐고 아내는 유방암과의 싸움에서 졌다. 그리고 마침내 그는 미국을 휩쓴 더 거대한 경제적 태풍에 발목을 잡히고 말았다. 오늘날 그는 강아지 블론디와 함께 사회보장연금과 가족의 도움을 받아 생활하고 있다.

요전에 우리는 전화로 경제에 관해 이야기를 나누었다. 상승하는 주식 시장, 기록적인 기업 수익, 수천만 달러의 돈을 벌어들이는 CEO들. 데이비드는 잠시 멈칫하고는 이렇게 말했다. "이런 이야기 들어봤어? 남자 세 명이 술집에 앉아 맥주를 들이키는데 빌 게이츠가 들어왔대."

이런 대화에서 나는 언제나 맞장구나 쳐주는 조연 역할을 한다. "못 들어봤어. 그래서 어떻게 됐는데?"

"한 남자가 외쳤지. '우와! 이 술집에는 이제 거의 백만장자만 들어오나봐!'"

바로 그렇다. 대체로 우리는 잘 지내고 있다.

이제 이렇게 질문할 때가 되었다. 이 상황이 정말 자본주의가 제공하는 최선일까? 주식 시장이 호황을 누리고 거대한 투자 포트폴리오와 근사한 직장을 가진 사람들에게 넉넉한 수익이 돌아가는 동안 그 외의 사람들은 하나같이 간신히 버티고 있는 것이?

사람들이 다 그렇듯이, 나도 경제가 호황을 누리길 바란다. 하지만 경제가 호황을 누리기 위해서는 우리가 가장 가치 있게 여기는 것들을 만들어내야만 한다. 아이들이 우리보다 더 잘살 기회와 안정감을 누리는 것 말이다.

우리의 주요 경제 뉴스 속에 자리한 사각지대는 수많은 고통을 감추고 있다. GDP, 기업의 수익, 고용 통계는 경제활동을 평가하는 중요한 척도지만 우리가 반드시 알아야 할 모든 것을 말해주지는 않는다. 우리의 부를—그리고 우리가 받는 고통을—측정하려면 모든 국민을 대강 한 묶음으로 취급해서는 안 된다. 훌륭한 평균을 내세우기보다는 GDP가 상승하면 누가 이익을 보는지, 그런 기업 이윤으로 누가 돈을 벌어들이는지, 그리고 봉급을 받는 수천만 명의 사람에게 고용이 어떻게 보이는지 분리해서 자세히 들여다볼 필요가 있다.

우리는 지금보다 나아져야만 한다. 성공과 실패를 판단하는 방법은 우리가 날마다, 사람마다, 그리고 가정마다 어떻게 살아가는지 점검하는 것이어야 한다. 이런 점검은 확실하다.

・우리 경제는 성공하기 위해 열심히 노력하는 대부분의 사람에게 기회를 만들어주고 있는가?

·우리 경제는 안정을 가져다주어 사람들이 병에 걸리거나 사고를 당해 파산하지 않으며 노인들이 빈곤한 삶 속에 버려지지 않도록 하는가?
·우리 경제는 아이들에게 부모보다 더 잘살 충분한 기회를 제공한다는 약속을 지키고 있는가?

만약 우리 경제가 위의 세 가지를 제공하지 못하고 있다면—널리 공유되는 기회, 더 큰 안정, 더 나은 미래—어딘가가 크게 망가진 것이다. 그리고 우리 나라의 현 경제 상황은 세 가지 부문 모두에서 낙제점을 받고 있다.

하지만 이 문제에 관해 뭔가 조치를 취하려면 우리가 행동할 수 있고 우리 행동이 변화를 일으킨다는 사실을 믿어야만 한다.

대공황과 제2차 세계대전에서 벗어난 뒤로 대부분의 미국인은 함께하면 더 강해진다고 믿었다. 다음 세대의 미국인은 함께하면 무엇이든 해낼 수 있다고 확신했다. 함께함으로써 우리는 소아마비를 퇴치했다. 함께함으로써 우리는 노인들을 보살폈고 달에 신속하게 착륙했으며 아이들에게 우리 세대보다 더 밝은 삶을 약속했다. 함께함으로써 우리는 투표 대상을 확대했고 빈곤과의 전쟁을 선포했으며 진실로 균등한 기회가 주어지는 세상을 꿈꾸었다. 물론 인종주의와 성차별이 존재했고 다양한 형태의 편견이 있었다. 물론 우리는 서로 말다툼을 했으며 정책이 완벽한 적은 한 번도 없었다. 하지만 정책은 다음 세대에게 더 많은 기회를 만들어주기 위한 우리 공동의 운영 방식이었다.

이제 미국의 변화하는 경제 환경은 집단의 안정을 공격했다. 그리고 이 지속적인 경제 불안은 수백만 미국인의 삶을 한층 더 어렵게 만드는 데서 그치지 않았다. 한 걸음 더 나아가 우리가 성취할 수 있으리라 믿는 것에 대한 집단의 확신을 약화시키고 수백만 명의 사람을 좌절하며 분노하게 만들기도 했다.

지나는 이렇게 말한다. "누구나 맡은 일을 해내고 열심히 일하고 집에 돌아오면 행복해져야만 해요. 돈이 남아돌 정도로 많기를 바라는 게 아니에요. 그저 행복해지고 싶을 뿐이죠. 남편이 죽으면 어쩌지, 병원에 다시 입원할 일이 생기면 어쩌지, 이런 걱정은 하고 싶지 않아요."

하지만 지나는 분명 걱정을 하고 있다. 자신과 남편 대런, 그리고 두 아들에 대해 걱정한다. 이 나라에 대해 그리고 이 나라가 어디로 가는지에 대해서도 걱정한다.

지나의 미래는 그 어떤 상상보다 더 어두워 보이고 각종 수치는 실망스러운 이야기를 들려준다.

- 과반수의 미국인은 지금의 아이들이 자라고 나면 부모보다 더 어려운 상황에 처할 것[118]이라고 믿는다.
- 65세 미만의 사람들 중 반 이상은 자신들이 은퇴하기 전에 사회보장 연금이 완전히 고갈될 것[119]이라고 믿는다.
- 2016년, 유권자의 72퍼센트는 "미국의 경제가 부유하고 힘 있는 사람들에게 유리하게 조작되었다"[120]고 믿었다.

사람들은 미래를 내다보면서 스스로를 믿지 못하게 되었고 미래를 건설하기 위해 무엇을 함께 해낼 수 있을지를 의심하기 시작했다.

그리고 무서운 것은 바로 이 부분이다. 사람들이 의심을 품는 게 당연하다는 점이다. 의심이 당연한 이유는 그 어느 것도 불변의 물리 법칙으로 인해 일어난 일이 아니기 때문이다. 수 세대에 걸쳐 노력하고 희생한 뒤에, 그 어느 때보다 튼튼한 중산층을 구축한 뒤에, 수백만 가구가 비틀거리기 시작한 것은 중력 때문이 아니었다. 권력은, 성실하게 일하는 사람들에 맞서 늘어선 권력은 훨씬 더 의도적이고 한층 더 위험하다. 그리고 요즘 대다수의 정부 지도자는 문제를 해결하려고 노력하지 않고 중산층이 그 어느 때보다 더 불안정해지는 모습을 가만히 보고만 있거나 상황을 한층 더 악화시킬 법한 정책들을 밀어붙이는 데 여념 없어 보인다.

나는 오바마 대통령을 지지했다. 1년 동안 대통령 보좌관으로 활동했고 그가 재임 기간에 이룬 업적의 상당 부분에 박수를 보냈다. 그는 건강보험을 확대했으며 월가에 대한 규제를 강화했다. 그는 소비자 금융 보호국Consumer Financial Protection Bureau을 지지했다(이 점에 관해서는 언제나 두 배로 감사할 것이다. 내가 이 기관을 설립하기 위해 그야말로 열심히 노력했기 때문이다). 또한 그는 지구를 더 안전하게 만들었고 역사적인 파리기후협정에 서명했으며 이란의 핵무기 보유를 저지하는 협상을 타결했다.

하지만 오바마 대통령과 내가 의견을 달리한 시기도 있었는데 그중 한 번이 2016년 여름이었다. 그는 어느 졸업식 연설에서 부유하고 권력 있는 사람들이 정부에 미치는 영향에 대해 이야기했다. "정치에서 거액의 돈은 커다란 문제가 됩니다." 그는 시인했다. 그러고 나서 긍정적인 면을 덧붙였다. "하지만 시스템은 여러분이 생각하는 것만큼 부정하지는 않습니다."[121]

아닙니다, 오바마 대통령. 시스템은 정말 우리가 생각하는 것만큼 부정합니다.

실제로 대부분의 미국인이 실감하는 것보다 더 심각하다.

사실은 이렇다. 우리는 기분 좋은 경제 보고의 표면을 계속 행복하게 바라봐서는 안 된다. 표면 아래에 펼쳐진 현실 속으로 뛰어들어야 한다. 미국 전역에 있는 수천만 명의 사람은 이 나라가 더 이상 자신들을 위해 일하지 않는다고 생각하며 이에 대해 분노한다. 그리고 우리 정부가 그들이 겪는 문제에 대한 진정한 해결책을 내놓지 않는다면 그 분노는 점점 더 커지기만 할 것이다.

도널드 트럼프는 그들의 분노를 이해했다. 그는 선거운동 기간에 그 분노를 이끌면서 사람들과 교감했지만 그의 계획은 일하는 가정들이 직면한 문제를 더 악화시킬 것이다. 나는 그의 가장 완고한 지지자들조차 트럼프 대통령이 실제로 시행하는 상당수의 일에 크게 불만족스러워할 것이라고 전적으로 확신한다. 그는 잊힌 노동자들에 대해 이야기하기를 좋아하지만 최저임금을 올리는 것에는 반대하고 사상 최대의 부자 감세를 제안하며 월가에 지워지고 있는 금융 규제를 폐지하겠다고 약속한다. 이는 포퓰리즘이 아니다. 이는 강력한 낙수 효과다. "워싱턴의 부패를 척결"하고 약자를 위해 싸우겠다고 맹세한 뒤[122] 트럼프는 우리 정부의 방향을 오직 자신들 및 유사 부류의 사람들의 이익을 챙기는 기나긴 역사를 가진 CEO, 억만장자, 월가의 인사이더들에게 맞췄다. 이는 미국의 기회를 확대하는 방법이 아니다. 부자들이 더 부유해지도록 돕고 다른 사람들을 모두 밖으로 밀쳐내는 방법일 뿐이다.

우리는 근면하면 성공한다는 낙관적인 믿음에 지독하게 매달리지만 현실은 이와 전혀 다르다. 오늘날 미국의 어린이는 캐나다나 대다수 유럽 국가[123]의 아이들보다 경제적 사다리를 타고 올라갈 기회가 적다. 어린아이들이 부모보다 더 잘살 가능성은 지난 세대 동안 거의 절반으로 줄어들었다.[124] 과거 어느 때보다 수백만 명의 아이가 성공할 기회를 얻지 못하는 추세다. 가난한 아이들은 계속 가난한 반면 부유한 아이들은 훨씬 더 부자가 된다. 이는 최악으로 부정한 게임이다.

"중산층은 더 이상 없어요. 가진 자와 못 가진 자가 있을 뿐이죠." 지나가 무거운 목소리로 말한다. "이게 우리가 아이들에게 남겨주는 세상이에요. 제가 죽고 나면 어떻게 되겠어요? 제 아이들에겐 어떤 일이 일어나겠어요?"

정체되어 있는 임금, 늘어가는 학자금, 은퇴할 수 없는 노인들. 이 모든 것은 미국의 괴로움이 넓고 깊어지는 신호라고 사방에서 우리에게 보내는 경종을 울려댄다. 그리고 이 수치들의 기저를 이루는 불확실한 근무 시간과 불안정한 수입이라는 새로운 현실은 한층 더 커다란 경고음을 울려야 한다. 이것들은 다시 바로 선 미국, 국가가 점점 더 많은 부를 창출하는 동안 많은 사람이 노동으로 창출한 풍요를 공유할 가능성이 점점 사라져가는 미국의 이정표다.

즐거운 이야기를 나눌 시대는 끝났고 "미국을 다시 위대하게 만들자"는 약속만으로는 좋은 효과를 거두지 못할 것이다. 무엇이 잘못되었는지 이해하고 이를 해결할 계획을 수립하는 것에 대해 진지하게 생각할 때가 되었다. 한때 우리가 탄탄하고 활기찬 중산층을 어떻게 만들었는지, 어떻게 길을 잃었는지, 그리고 어떻게 앞으로 나아갈지 샅샅이 들여다볼 때가 되었다.

무엇보다 마음 깊숙이 자리한 낙관주의, 말하자면 중산층이 궁지에 몰려 있지만 일부 사람이 아니라 우리 모두를 위해 일하는 미국을 건설할 힘과 결심이 있다는 종류의 낙관주의를 품을 때가 되었다.

2 장

더 안전한 경제

미국의 경제 시스템이 부정하게 조작되었다는 이야기는 "무엇이 잘못되었을까?"라는 의문이 아니라 "무엇이 제대로 되었을까?"라는 물음에서 시작된다.

미국의 경제는—세상의 대부분이 그렇듯—맨 처음부터 벼락 경기와 불경기가 번갈아 찾아왔다. 조지 워싱턴이 두 번째 대통령 임기를 지내던 1796년에 부동산 거품과 그로 인한 경기 붕괴는 이 신생 국가를 뒤흔들었고 커다란 재정적 위기로 몰아넣었다. 그러고 나서 20년을 주기로 경기 호황과 불황이 잇따라 반복되었다. 토지 투기, 통화 투기, 철도 투기, 심지어 전쟁 투기가 횡행했고 이 모든 것이 한번쯤은 공포를 유발한 도화선이 되었다. 구체적인 세부 사항은 저마다 다르겠지만 일반적인 양상은 분명했다. 경제가 조금씩 성장하고 사람들이 조금씩 더 잘살게 되면 투기 거품이 일어나기 시작했다는 점이다. 더 막대한 부를 갖게 해주겠다는 약속은 부드럽게 시작하지만 이내 더 시끄럽고 더 집요해지는—음악이 멈추고 모든 사람이 출구 쪽으로 달려나가는 바로 그 순간까지—노래와 같았다.

경기 폭락은 거세게 밀어닥쳤다. 그로 인해 투기꾼들이 격추되었고

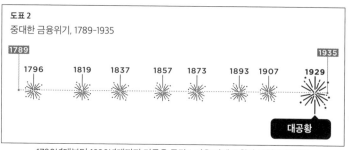

도표 2
중대한 금융위기, 1789-1935

1789   **1935**

1796   1819   1837   1857   1873   1893 1907   1929

대공황

1790년대부터 1930년대까지 미국은 급작스러운 경제 호황과 불황을 겪었다.

백만장자들은 때로 한 통의 편지를 받거나 한 척의 배를 잃어버리면서 자신들의 재산이 사라지는 것을 목격했다. 경기 붕괴는 가격이 아무런 경고 없이 폭락하거나 은행이 도산하면 자금이 마르는 소규모 자영업자는 물론이고 농부들마저 파산시켰다. 경기 폭락은 공장 노동자와 가게 점원들을 도산시켜 수백만 명의 사람이 일자리를 잃고 자신과 자녀들의 생계를 이어가기 위해 아등바등하게 되었다.

1790년대부터 1930년대까지 미국의 급격한 경제 호황과 불황[1]은 마치 자연스러운 우주의 리듬과도 같아서 자애로운 물결처럼 행운을 쓸어오고 끔찍한 만행처럼 다시금 그 행운을 도로 빨아냈다.

최저점

그런 다음 정말로 거대한 규모의 경제 붕괴가 일어났다. 이번 불황은 너무 깊고 너무 철저해서 미국 전역의 수많은 사람에게 커다란 충격을 입혀 '대공황'이라는 고유한 명칭이 생길 정도였다. 수천 개의 은행이 문을 닫았다. 미국인 4명 중 1명은 직장을 잃었다.[2] 150만 명의 사람이 집을 잃었고 수십만 명의 사람이 전국에 마련된 금방이라도 무너질 듯한 임시 숙소에 몸을 맡겼다. 아이들은 배를 곯았고 무수한 사람이 쓰레기 더미에서 음식 한 조각이라도 차지하기 위해 서로 다퉜다. 오늘날 이 경제 침체가 사람들의 삶을 얼마나 갈기갈기 찢어놓았는지[3] 이해하기는 쉽지 않다.

우리 가족사에도 대공황은 끊임없이 존재했다. 마치 영향력은 크지만 눈에 보이지는 않는 연극 속의 인물 같았다. 대공황 이전에도, 대공황 와중에도, 그리고 대공황 이후에도 아기들은 태어났고 가족들은 이 마을 저 마을로 옮겨다녔다고 기록되었다. (우리 남매 중 돈 리드 오빠와 존 오빠는 대공황 '와중에' 태어났고 데이비드 오빠와 나는 '이후에' 태어났다.) 친척들이 모일 때마다 혹은 누군가 오래된 바지나 "아주 멀쩡한" 해진 안락의자를 버리려고 할 때면 이 힘겨운 시기에 관한 사연이 흘러나올 준비가 갖춰진 셈이었다.

비 고모는 지금의 오클라호마 동부에 해당되는 인디언 특별보호구에서 1901년에 태어났다. 고등학교를 졸업한 뒤에 고모는 비서과정을 이수하고 타자 기술과 속기를 배웠다. 여러 직업을 전전하면서 한 아파트에서 우선 한 친구와 살다가 그다음에 다른 친구가 합류해 함께 지냈다. 첫 번째 친구가 결혼해 이사를 나가면서 두 번째 친구가 유일한 룸메이트가 되었다.

대공황이 발생하자 고모는 연로한 부모님들과 다시 살림을 합쳤고 매주 받아오는 급료로 세 사람이 먹고살 수 있었다. 봉급이 반으로 줄어들던 날 고모는 눈물을 흘렸다. 금전적인 손실 때문이 아니라 해고되지 않았다는 안도감 때문이었다. 사무실의 다른 동료들은 거의 해고되었다.

몇 년 뒤, 내가 아직 어렸을 때 비 고모는 지방 은행이 도산하던 바로 그날에 관해 들려주곤 했다. 사람들이 짐을 떨어뜨리고 아이들의 손을 놓은 채 새로운 소식을 알아내려고 달려나갔다는 이야기였다. 고모의 설명에 따르면 굳게 닫힌 은행 문 밖에 사람들이 우르르 몰려들었다고 한다. 할아버지는 평생토록 건설 현장에서 일하고 남은 것이라고는 "공구들과 내 손으로 직접 지은 집"뿐이라고 이야기하곤 했다. 비 고모의 반쪽짜리 봉급은 세 식구의 생명줄이었다.

미국 전역에서 직업도 전망도 없는 사람들이 화물차를 얻어 타고 쪽잠을 자며 끼니를 허겁지겁 해결하고는 사소한 일을 조금 거든 뒤 다른 곳으로 떠나갔다. 우리 가족은 철로가 대초원을 가로지르는 수백 개의 작은 마을 중 한 곳에 살았다.

비 고모가 노상 하는 말에 따르면, 거의 매일 아침 소수의 이방인이 우리 할아버지 댁 뒷문에 나타났다. 그 남자들은 언제나 예의가 발랐다. 모자를 벗어들고는 정원에서 무엇이든 일을 거들고 음식을 조금 얻을 수 있는지 공손한 어투로 물었다. 비 고모는 그들이 몹시 수척했고 눈가에는 검은 그늘이 선명하게 드리워졌으며 축 늘어진 옷을 입었다고 말했다. "피골이 상접한 정도였지."

도시마다 식량 배급을 받으려는 사람들이 길게 줄을 섰고 그보다 규모가 작은 마을에서는
굶주린 사람들이 집집마다 문을 두드렸다.

그리고 그때부터 우리 가족 안에서 싸움이 시작되었다. 비 고모가
내게 말했다. "엄마는 그 사람들에게 늘 먹을 걸 줬어. 날마다 스튜나
그리츠남부에서 아침으로 흔히 먹는 옥수수죽의 일종, 아니면 우리가 먹는 거면 뭐
든 담아다 줬지."

비 고모는 할머니에게 그만두라고 부탁했다. 그다음에는 제발 그만
뒤달라며 애원했다. 결국엔 이렇게 소리 지르고 말았다. "저 부랑자들
좀 그만 먹이라고요! 우리 먹을 것도 부족하구만 엄만 음식을 죄다 퍼
주고 있잖아요."

그럴 때면 할머니는 아무 대답도 하지 않았다. 그저 스토브 위에 올
린 냄비를 계속 저은 뒤 오븐 안에 비스킷을 한 판 더 집어넣을 뿐이

맨 오른쪽의 비 고모와
전 룸메이트 세 사람.

었다. 비 고모가 출근하고 나면 할머니는 집에 있는 음식을 나눠 먹었
다. 매일 밤, 비 고모는 할머니에게 이것저것 꼬치꼬치 캐물었다. '어제
내가 사온 감자는 어떻게 됐어요? 어째서 라드돼지비계를 정제해 하얗게 굳힌
것으로 식용유처럼 사용한다가 다 떨어진 거예요? 엄마가 또 음식을 퍼준 거
예요?'

1969년, 아흔네 살의 할머니는 중중의 뇌졸중을 일으켰다. 할머니
의 생애 끝자락에서 비 고모는 꼬박 며칠씩 침상을 지키며 할머니의
가냘픈 손을 잡고 있었다. 비 고모는 아주 오래전에 사람들을 도와주
는 할머니에게 소리를 질러 얼마나 미안했는지 모른다며 몇 번이고 말
했다. 고모가 고개를 숙이자 무릎에 눈물이 떨어졌다.

대공황이 물러나고 몇 년 뒤인 1949년에 내가 태어났다. 그렇다 해
도 나는 그 힘겨운 시기에 사람들이 어떤 일을 겪었는지 바로 가까이
에서 지켜봤다. 비 고모는 내가 아는 사람들 가운데 가장 온화하고 너
그러웠다. 우리 집안의 어느 누구보다 훨씬 더 친절한 사람이었다. 비

고모는 대공황 시절에 조부모님을 먹여 살렸을 뿐 아니라 나머지 가족에게도 비록 푼돈이나마 묵묵히 건네곤 했다. 고모는 항상 사회보장연금에서 10퍼센트를 떼어 침례교회에 헌금했고 전도와 부흥에 도움이 될 수 있도록 최대한 지원했다. 슈퍼마켓이나 세탁소에 모금함이 보이면 한 번도 그냥 지나치지 않고 동전을 넣었으며 곤경에 빠진 친척이나 이웃은 모두 도왔다.

비 고모는 나한테도 도움의 손길을 내밀었다. 내가 일자리를 잃지 않고 두 명의 아이를 돌보려고 발버둥 칠 때, 내 인생이 완전히 엉망진창이었을 때 비 고모는 자신의 모든 것을 내려놓고 나를 구하러 와주었다. 고모는 오랫동안 우리와 함께 살면서 생기 넘치는 (때때로 얄밉기도 한) 두 아이를 도와주었고 단 한 번도 언성을 높인다거나 조금이라도 엄격한 태도를 보이지 않았다. 솔직히 말해 고모는 좀 만만한 사람이었고 우리 모두 그 사실을 잘 알고 있었다. 하다못해 몸집이 작고 귀가 기다란 코커스패니얼 보니도 텔레비전을 보고 있는 우리 식구 중에 유독 비 고모만 소파에서 밀어내곤 했다.

그렇지만 비 고모는 굶주린 사람들에게 음식을 준다는 이유로 당신 어머니에게 소리를 지른 적이 있고 그런 행동에 스스로 너무 깊이 상처를 입은 나머지 거의 40년이 지난 뒤에도 여전히 애통해했다. 그 일을 계기로 나는 사랑하는 사람들에게 아무것도 주지 못하면 어떻게 하나 두려워하는 것이 어떤 의미인지 조금 깨닫게 되었다. 걱정이 한 사람의 영혼을 어떻게 갉아먹는지에 대해서도 알게 되었다. 그리고 경기가 아무리 침체되어도 기억은 희미해지지 않는다는 것도 알게 되었다.

투기꾼으로부터 은행을 보호하기

대공황은 1929년에 시작되었다. 그것은 이 나라를 죔틀처럼 조이면서 이듬해에도 이어졌다. 이 어려운 시기가 영원히 지속될 것처럼 느껴지던 1933년, 새로 취임한 프랭클린 델러노 루스벨트 대통령이 과감한 주장을 펼쳤다. "우리는 더 잘해낼 수 있습니다."

루스벨트는 일자리도 먹을 것도 없고 희망마저 거의 잃어버린 수백만 명의 남녀가 전혀 예상하지 못한 지도자였다. 그는 엄청난 자산가 집안에서 응석받이 외동으로 태어나 확고한 사회적 지위에 뒤따르는 온갖 혜택을 누렸다. 사립학교의 교육, 고용인들, 무도회, 그리고 해마다 가는 유럽 여행 등. 그는 사격술과 승마술, 사냥술, 항해술을 배웠고 테니스와 폴로, 골프를 하며 시간을 보낸 활동적인 젊은이였다.

하지만 루스벨트는 가산을 모으는 데 흥미를 느끼지 못했다. 일찍부터 공직에 나아가야 한다는 소명의식을 가지고 서른 살이 되기 전에 뉴욕주 상원의원에 출마했다. 하지만 11년 뒤에 소아마비로 신체장애가 생기면서 그의 정치 생명은 끝난 것처럼 보였다. 당시에는 혼자 힘으로 똑바로 서지도 못하는 남자가 지도자가 될 것이라고 상상한 사람은 아무도 없었다. 그러나 루스벨트는 포기하지 않았다. 자신의 갈 길을 꿋꿋이 밀고 나가 처음에는 뉴욕 주지사가, 그다음에는 침착하고 흔들림 없는 대통령이 되어 가장 암울하고 위협적인 시기에 이 나라를 이끌어나갔다.

루스벨트는 큰 사랑을 받았다. 우리 할머니는 정치를 관심 있게 지켜본 적이 없지만 훗날 내가 어린 소녀가 되고 루스벨트가 사망한 지 몇 년이 흐른 뒤에도 그의 이름을 들으면 언제나 똑같은 반응을 보였다. 할머니는 목소리를 조금 낮추고 이렇게 말하곤 했다. "그분이 우리를 지켰어."

큰 위험이 닥친 시기에 루스벨트는 이 나라를 대공황의 수렁에서 건져올릴 수 있는 것이라면 무엇이든 시도하며 실험을 감행했다. 그는 행동을 믿었고 정부가 수동적으로 방관하지 말아야 한다고 생각했으며 정부가 시민의 삶을 개선하는 데 적극적이고 중요한 역할을 해야 한다고 믿었다.

그가 대통령으로서 가장 먼저 한 일은 금융 제도를 다시 궤도에 올리는 것이었다. 무모한 투기, 주식 시장 붕괴, 수많은 은행의 도산은 미국 경제를 거의 파괴할 지경이었다. 루스벨트는 월가를 영구적으로 폐쇄하거나 은행을 국유화하겠다고 제안하지 않았다. 그는 좀더 대담한 것, 즉 모든 미국인에게 유리하게 작용하는 자본주의를 제시했다.

루스벨트는 급작스러운 경기 호황과 불황이 불가피하다는—이것이 홍수와 산불 같은 자연계 질서의 일부라는—생각을 받아들이지 않았다. 그 대신, 경제를 더 안정화할 법안을 통과시키자고 제안했다. 자본주의를 유지하되 모든 미국인에게 더 유리하게 작용하도록 변형하자는 것이다. 비록 약간의 우여곡절을 겪긴 했지만 결국 1933년과 1934

년에 통과된 경제 계획은 다음의 세 가지 중요 부분으로 구성되었다.

- 미국연방예금보호공사Federal Deposit Insurance Corporation, FDIC[4]를 설립해 은행에 안전하게 돈을 맡길 수 있게 한다.
- 글래스스티걸법을 제정해 일반적인 은행 예금 및 적금 업무와 월가 투기를 분리한다.
- 미국 증권거래위원회Securities and Exchange Commission, SEC를 설립해 월가를 감시, 규제한다.

1930년대 초반의 절망과 실험으로 탄생한 세 가지 법안은 미국의 금융 제도를 바로잡는 데 도움이 되었다. 세 가지 모두 정부의 관리를 강화해 전 국민에게 좀더 안전한 경제 환경을 만들어주는 데 유용했다.

세월이 지나고 나서 깨달은 것이지만 이 법안들의 목표는 꽤 분명하다. 하지만 단순함이야말로 이 법안이 지닌 힘의 일환이었다. 비 고모는 은행의 강점이나 약점을 평가할 만한 위치에 있지 않았고 다른 고객 대부분도 마찬가지였다. 그들은 힘들게 모은 돈을 은행에 넣을 수 있는지, 자신들이 예금을 찾고 싶을 때 은행이 그대로 현금을 보유하고 있을 거라고 확신할 수 있는지 알고 싶을 뿐이었다.

어떤 경우에도 예금자들의 돈이 은행에 있을 거라고 보증한 연방예금보호공사의 예방 조치는 과거에 어마어마한 예금 인출 사태를 유발했던 사람들의 공포심을 달래주었다. 어떤 고객도 느닷없이 문제가 생겼을 때 당장에 은행으로 달려가서 현금을 모두 찾지 않으면 빈털터리가 되는 것이 아닐까 하고 걱정할 필요가 없었다. 연방정부 보증이라는 이 특별한 혜택을 받는 대신 은행들은 세심한 규제를 따르는 데 동의했다. 또한 은행이 안전하고 견실할 뿐 아니라 공적 자금 투입을 요청할 필요가 없다는 것을 보장하기 위해 지속적인 조사를 받기로 합의했다.

은행에 이 혜택을 주기 전에 연방예금보호공사는 은행의 자산과 경영 능력을 확인했다. 금융은 투기성 사업에서 해마다 정기적인 이윤을 창출하는 훨씬 더 안정적인 사업으로 재빨리 변모했다. 은행업은 지루해졌고 이 지루함은 효과가 있었다. 전국에 분포한 수천 개의 소규모 은행은 고객이 안심하고 수입을 맡기며 모은 돈을 신중하게 묻어둘 수 있는 기관이자 사람들이 집을 사거나 사업을 시작할 때 필요한 돈을 빌릴 수 있는 장소가 되었다. 은행 규제는 금융 제도를 안정시켰다. 이는 은행과 고객들은 물론이고 미국 경제에도 좋은 정책[5]이었다.

글래스스티걸법[6]은 이 법안을 발의한 두 명의 의원, 즉 상원의원 카터 글래스Carter Glass와 하원의원 헨리 스티걸Henry Steagall의 이름을 따서 붙여졌으며 연방예금보호공사의 지급 보증 제도의 도입에 따른 필연적 결과였다. 납세자 보증 예금을 취급하는 어느 금융 기관도 위험성이 더 높은 사업에 관여하는 것은 금지되었다. 비 고모의 얼마 되지 않는 예금액은 은행이 월가에 고위험 투자를 하거나 어떤 은행 지점장이 부업으로 추진하는 정신 나간 뒷거래에 쓸 수 없다는 뜻이었다. 그녀의 돈이 안전했던 이유 중 하나는 은행 경영진이 투기성이 강한 거래에서 결국 손해를 보기 때문에 납세자들이 해당 은행을 구제

해줄 필요가 없었기 때문이다. 이 새로운 규제의 긍정적인 부작용 하나는 지방 은행에 맡겨진 예금이 소상공 대출과 주택담보대출의 형태로 해당 지역사회에 흡수될 가능성이 크다는 점이었다. 이는 굉장히 간단한 거래였다. 은행들은 위험성이 낮은 따분한 은행 업무와 위험성이 높은 월가 유형의 투자 가운데서 선택을 해야만 했다. 둘 중 하나를 택하는 것이지 모두 수용하는 것은 안 된다.

금융 제도를 더 안전하게 만들기 위한 세 번째 수단은 대기업들이 투자자를 속이지 못하도록 이들을 규제하고 단속하자는 것이었다. 다시 말하면 그 생각은 굉장히 단순해서 월가에 경찰을 집어넣는 것이었다. 경찰은 기업들이 회계장부를 정직하게 기입하도록 강제하고 사기와 부정이 일어나는지 세심히 살피기도 했다. 그 결과 증권거래위원회Securities and Exchange Commission[7]가 설립되었다. 증권거래위원회는—단지 월가의 인사이더들만이 아니라—투자자들이 좋은 거래와 나쁜 거래의 차이를 이해할 수 있도록 공평한 경쟁 분위기를 조성했다.

새로운 법률은 다른 수많은 쟁점을 다루었지만 루스벨트는 가장 시급한 부분인 금융 기관들을 통제하는 데서 출발했다. 그는 예금주들이 거래 은행에서 돈을 구할 것이라고 믿지 못하면 개인과 기업이 구입, 판매, 투자에 필요한 현금을 유통시킬 수 없기 때문에 전체 경제가 제 기능을 못 할 거라고 판단했다. 그가 알기로, 사람들은 월가가 금융계의 무법 정글이나 다름없다고 생각하는 경향이 있어서 정신 나간 투기꾼과 사기꾼들은 시장에 매혹되는 반면 건실하고 꾸준한 투자자들은 집에 머물려고 했다. 이는 상당히 중요한 문제였다. 신중한 투

루스벨트는 거대 은행들을 상업은행과 투자은행으로 분리하면서 무척 즐거워 보였다.
그가 글래스스티걸 법안에 서명하는 동안 글래스 상원의원(왼쪽에서 주머니에 손을 넣고 있다)과
스티걸 하원의원(오른쪽에서 손을 앞으로 모으고 있다)이 지켜보고 있다.

자자들이 집에 머물고 있다면 성장하는 사업체들이 사업 확장에 필요한 자금을 얻을 수 없기 때문이다.

이 세 가지 조치—연방예금보호공사의 보호를 받게 하고 거대 은행들을 분리하며 월가에 경찰을 투입하는 것—모두가 기폭제로 작용해 현 상황을 그대로 유지하고 싶어하는 CEO 및 백만장자들과 거대한 분쟁을 일으켰다. 물론 경제 붕괴는 그들에게도 힘든 일이었지만 그들은 정부가 지켜보는 것을 원치 않았고 자신들의 능력과 가능성을 제한하는 것이라면 뭐든 간에 자본주의에 대한 공격으로 간주했다.

일부 대단한 권력자의 저항에도 불구하고 이 세 가지 법안은 통과되었다. 그보다도, 이 법안들은 은행 산업을 안정시키기 위해 공동으로 작용했고 부자든 아니든 관계없이 모든 사람에게 유용했다. 그리고 세 가지 법안은 모두 한가지 중요한 생각에 기반을 두고 있다. 바로 은행업은 특별하며 신중하게 관리될 때에만 나머지 경제 부문이 번성할 수 있다는 것이다.

분리: 2차전

금융 산업을 안정시킨 것은 루스벨트가 경제를 더 강하고 견실하게 만들기 위해 기울인 첫 번째 노력에 불과하다. 그는 다른 산업 분야에서 기업의 권력 집중을 완화하기 위해 독점금지법을 활용하기도 했다. 그는 중소 경쟁 업체들을 깔아뭉개는 거대 기업들을 저지하기로 마음먹었다—대기업들은 더 나은 제품을 제공하거나 가격을 낮추는 것이 아니라 수상적은 관행을 통해 본격적으로 시작도 하기 전에 경쟁을 차단해버렸다.

은행법을 제정하고 이를 시행한 뒤 루스벨트는 법조계의 이단아라 불리곤 하는 서면 아널드를 영입해 법무부의 반독점 부서를 이끌어나가도록 했다. 독단적 성향이 대단히 강한 아널드는 탁월한 지력과 강인한 성품 덕분에 널리 존경받았다.[8] 변화는 순식간에 이뤄졌다.[9] 눈깜짝할 사이에 반독점 부서에 소속된 법조인이 18명에서 500명으로 늘어났으며 조사와 소송이 급격히 증가했다. 새로운 책임자가 들어선 지 겨우 5년 만에 그 법조인들은 지난 사반세기에 걸쳐 제기되었던 것만큼이나 많은 소송을 제기했다. 아널드는 자신의 일처리 방식을 이렇게 설명했다. "심각한 타격을 입히고 싶다면 대기업 모두를 한 번에 공격해야 한다."[10] 비료에서부터 신문과 영화에 이르기까지, 신발에서부터 담배와 석유에 이르기까지 각종 산업에서 독점과 담합 행위가 연이어 뿌리를 내린 상태였다. 이제 정부는 이 거대 독점 기업들을 분리시키고[11] 그들의 약탈 행위를 중지시키려 했다.

산업체 CEO들은 예전에는 무관심한 태도로 일관하던 정부가 자신들을 비판하자 커다란 충격을 받았고 일부 공무원이 공격적이며 위험한 사업 관행을 중지시키기 위해 기존 법들을 적용하려 하자 크게 분개하며 심하게 반발했다. 실제로 이 CEO들 중 일부는 격분한 나머지 이 문제를 미국 연방 대법원까지 끌고 갔다.[12] 이들은 성가신 공무원들이 대법원에서 한 방 얻어맞으리라 확신했던 것이다.

이러한 접근 방식의 변화는—대체로 '무엇이든 허용된다'는 분위기가 지배적이던 시장에서 깐깐한 경찰들이 엄정한 법을 집행하는 시장으로의 변화—미국의 법과 경제가 구조적으로 변화하고 있음을 반영했다. 1930년대 즈음, 기본 원칙이 없으면 시장은 제대로 작동하지 않는다는 생각이 뿌리를 내리기 시작했다. 정부는—즉, 이 협력하는 사람들은—강력한 법안들을 통과시키고 집행함으로써 공평한 경쟁의 장을 마련할 수 있었다. 결과적으로, 소비자와 투자자, 상인, 영세농이 자신들의 경제적 미래를 만들어가기 위해 싸울 기회가 생길 터였다.

이 싸움을 곧장 권력의 중심으로

이 역사는 아주 오래된 과거에 대한 케케묵은 이야기처럼 들릴지도 모르지만 1930년대의 경제 전쟁은 상식을 벗어난 수준으로 치달은 2016년 정치의 계절에 쏟아진 공격만큼이나 맹렬했다. 그리고 이 초창기 경제 전쟁은 이 나라에 커다란 변화를 불러일으켰다. 이 과정에 마련된 토대를 기반으로 우리 경제법과 금융법이 발전했을 뿐 아니라 거의 반세기 동안 눈부신 번영을 이루었다.

경제가 서서히 개선되기 시작한 순간, 자신들이 누리는 권력이 도전을 받는다고 생각한 재계의 거물들은 이 나라가 나아가던 변화의 방향을 못마땅하게 여겼다. 신문 업계의 거물 윌리엄 랜돌프 허스트는 프랭클린 델러노 루스벨트를 "스탈린 델러노 루스벨트허스트는 루스벨트의 급진적인 세금 정책에 반발하며 공산주의적 발상이라고 비난하려는 의도에서 이렇게 불렀다"[13]라고 부르고는 자사의 기자들에게 전국에 배포되는 기사에 '뉴딜'이라는 용어를 '로딜Raw Deal 원래 부당한 처사라는 뜻으로 루스벨트의 뉴딜을 빈정거리기 위해 끌어온 이름'로 대체하라고[14] 강력히 권고했다. 백만장자들은 루스벨트의 "사회주의 정권"[15]에 대해 엄중히 경고했다. 시사주간지 『타임』[16]이 보도한 바에 따르면, "소위 상류층 사람들은 솔직히 말해 거의 예외 없이 프랭클린 루스벨트를 싫어한다". 그리고 어느 상류층 사람은 다음과 같이 의미심장한 말을 남겼다. "저 루스벨트라는 사람은 머리맡에 38구경 권총[17]을 숨겨둬야만 해."

우리 할머니는 루스벨트가 이 나라를 안전하게 만들었다고 믿었을

지도 모르지만 부자와 권력자들 사이에서는 루스벨트가 불러일으킨 변화에 대한 깊은 원망이 뭉게뭉게 피어오르고 있었다. 이처럼 경제적 계급 사이에 전선이 형성되기 시작했다.

1936년 6월, 루스벨트는 필라델피아에서 열린 민주당 전당대회에서 두 번째 대통령 후보 지명을 수락했다.[18] 10만 명의 인파가 펜실베이니아 대학의 프랭클린 필드 종합 경기장으로 몰려들었다. 대통령이 리무진을 타고 경기장에 들어서서 그라운드 주변을 크게 한 바퀴 돌자 귀청이 터질 듯한 환호가 쏟아졌다.

루스벨트는 이 순간을 분명 만끽하고 있었겠지만 그와 동시에 당면 과제에 대해서도 고심할 수밖에 없었을 것이다. 이제 곧 차에서 나와 무대 위로 올라가야 했기 때문이다. 소아마비에 걸린 지 15년이 된 루스벨트는 걸음을 걷는 것은 물론이고 심지어 제자리에 서 있는 것조차 고통스럽고 불안정했다. 그래서 소아마비를 앓는 모습을 대중에게 보이지 않기 위해 언제나 고심하곤 했다. 지금 이 임무는 한층 더 위험할 터였다. 비가 내리는 탓에 경기장 잔디가 미끄러웠기 때문이다.

대통령이 아들의 팔에 몸을 의지한 채 연단을 향해 천천히 걸음을 옮기자 사람들은 그 모습을 조금 더 자세히 보고 큰 소리로 행운을 빌어주기 위해 서로 밀쳐댔다. 그러다 대통령이 사람들과 부딪쳤고 그의 금속 다리 보호 기구가 젖혀지면서 쾅하고 넘어졌다. 그가 쓰러지면서 연설문 원고가 군중 속으로 날려갔다. 바닥에 주저앉은 루스벨트의 얼굴은 창백했고 몸은 떨렸으며 옷은 흙으로 더러워졌다.

잠시 충격적인 순간이 지나고 그의 보좌관들이 재빨리 그를 일으켜 세웠다. 경기장에 모여든 대부분의 사람은 무슨 일이 일어났는지 알지 못했지만 보좌관들은 크게 당황했다. 루스벨트는 즉시 상황을 추슬렀다.

"내 차림새를 좀 정리해주게." 그가 말했다.

몇 분 뒤 그는 연단 위에 올라서서 끝없이 이어지는 통증을 견디며 눈부시게 밝은 경기장 조명을 받고 서 있는 10만 명의 사람을 쳐다봤다. 환호성이 점점 커져 커다란 함성으로 변해가자 루스벨트는 손을 흔들며 미소를 지었다. 그러고 나서 권력층에 대한 공격을 시작했다. 루스벨트는 기업국가인 미국을 이끌어가는 "특권을 누리는 왕자들"이

필라델피아에 10만 명의 시민이 모여 루스벨트가 이 나라의
"경제적 왕족들"을 상대로 전쟁을 선포하는 연설을 들었다.

자 "경제적 왕족들"을 공개적으로 비판했다. 대중이 열광하기 시작하자 그는 전쟁을 선포했다. 바로, "결핍과 빈곤 그리고 경제적 침체에 대한 전쟁"이 아니라 "민주주의의 생존을 위한 전쟁"이었다.

4개월 뒤, 대통령 선거운동이 마지막 주에 접어들어서도 루스벨트는 여전히 공세를 늦추지 않았다. 선거일 전의 토요일에도 그는 그 자본가들에게 시선을 고정시킨 채 이렇게 선언했다. "그들은 이구동성으로 저를 미워하고 있습니다. 그리고 저는 그들의 증오를 환영합니다."[19]

그로부터 사흘 뒤, 그는 메인과 버몬트를 제외한 모든 주에서 압도적인 표를 얻어 대통령에 재선되었다.

규제가 효과를 거두다

제2차 세계대전의 발발로 대규모의 인적·물적 자원이 동원되어야만 했다. 전쟁에 총력을 기울이면서 수백만 명의 사람이 조국을 위해 싸워야 했고 그보다 더 많은 사람이 육군과 해군이 필요로 하는 장비와 보급품을 만들기 위해 일했다. 끔찍한 대량 학살과 파괴가 자행되었음에도 불구하고 이 전쟁은 새로운 지출을 부채질해서 경제에 변화를 가져왔다.

하지만 향후 수십 년 동안 미국의 경제 체제를 근본적으로 변화시킨 것은 정부의 역할에 대한 루스벨트의 새로운 비전이었다. 대공황에서 벗어나면서 미국의 대통령은 우리가 더 잘할 수 있다는 결론을 내렸고 실제로 우리는 그렇게 해냈다. 거의 반세기 동안 루스벨트의 새로운 생각은 민주당과 공화당을 막론하고 후임자들에게 커다란 영향을 미쳤다. 지도자들은 정부를 좀더 신중하게 이용해서 시장에 공평한 경쟁 분위기를 조성하고 안정감을 만들어냈다. 1970년대에 한 공화당 소속 대통령은 환경보호국Environmental Protection Agency과 소비자제품안전위원회Consumer Product Safety Commission를 설치해서 기업들이 강물에 산업 폐기물을 버리거나 결함을 감추고 위험한 제품을 판매하는 편법을 이용해 비용을 절감하는 일이 없도록 만들었다. 독점금지법이 집행되었고 영세 사업체는 뿌리를 내리고 성장할 기회를 얻었다. 미국은 월가에 경찰을 상주시킴으로써 대기업들의 고삐를 틀어쥐고 놓지 않았다.

그리고 중요한 것은 규제가 성공했다는 점이다.

전후 시대가 오면서 호황과 불황의 순환은 끝났다. 얼마간의 오르내림은 있었지만 1929년의 대공황 같지는 않았다. 그 대신, 새로운 금융 규제가 제자리를 잡고 나자 1930년대 중반 이후로 미국은 수십 년 동안 경제적으로 평온했다. 위기는 없었다. 식량 배급 줄도 없었다. 그리고 은행 문을 닫을 필요도 없었다.

하지만 우리 상황이 현상 유지에 머물지는 않았다. 해마다, 아니 10년마다 이 나라는 점점 더 부유해졌다. 1930년대 말 이후로 미국의 국내총생산GDP[20]도 꾸준히 증가했다.

무엇보다, 나라가 점차 부강해질수록 우리 가계도 한층 더 부유해졌다.[21] 모두는 아니지만 대부분이 더 나은 삶을 살게 되었다. 소득이 오른 것이다. 1947년, 전쟁으로 인해 노동력이 부족해지고 임금 상승이 허용되고 나자 중산층의 삶은 윤택해 보였다. 하지만 좋은 시절은 이제 막 시작되었을 뿐이었다. 물가 상승에 따라, 정규직으로 일하며 중간 소득을 올리는 남자의 수입은 1947년에서 1980년 사이에 65퍼센트 증가했을 것이다.[22] 그의 가족도 그 돈을 썼을 것이다. 다시 말해, 사업은 번성했고 기업의 수익은 크게 늘어났다. 중소기업들도 번창했다. 그리고 이 나라는 앞선 세대가 상상도 못 할 만큼 부유해졌다.

대공황을 겪은 지 겨우 20년밖에 흐르지 않은 1960년에 미국이 이뤄낸 경제 기적의 실체는 그 모습을 명확히 드러냈다. 우리는 세상에서 가장 위대한 중산층을 만들어냈던 것이다. 하늘은 환히 빛났고 우리 미래는 밝아 보였다.

기억에서 사라진 부자

하지만 분하고 억울한 마음은 몹시도 깊었다. 때로는 심각할 정도였다. 기업의 중역과 백만장자들은 점점 더 부유해졌지만 그들 중 일부에게는 거대 은행의 고삐를 틀어쥐고 대기업을 분리하는 루스벨트의 작업이 여전히 가슴속에 앙금으로 남았다. 마치 제왕의 신권이 신세계에서 CEO의 신권으로 탈바꿈된 것처럼 보인다. 민주적으로 선출된 정부에게 기업의 권리를 축소할 능력과 의지가 있다는 생각은 위협처럼 인식되었다. 그리고 그들은 위협을 달가워하지 않았다. 물론 그들은 이미 부자였지만 부를 축적하는 일은 여전히 군침이 흐르고 가슴 두근거리는 일이다. 심지어 더 부유해지는 게 더 좋다는 말이다. 부자가 축적할 수 있는 재산의 정도에는 한계가 없는 법이다. 게다가 어떤 종류의 정부 규제도 부자들에게 깊이 뿌리 내린 옳고 그름에 관한 개념들과, 강력한 대기업의 수장들에게 주어진 거부할 수 없는 특권들에 간섭하겠다는 뜻을 나타내지는 않았다.

1971년, 미국 상공회의소는 루이스 F. 파월 주니어라는 법인 고문 변호사를 채용해 비밀 메모를 작성하게 했다.[23] 파월이 33페이지짜리 보고서를 완성하자마자 미국의 대기업 대부분의 이익을 대변하는 국가 기관인 상공회의소는 이 자료를 정계의 실력자들에게 차례로 은밀하게 넘기기 시작했다. CEO 집단 입장에서 보면 이 메모는 짜릿한 것이었다. 파월은 아무것도 숨기지 않았다. 그는 자유 기업 제도 전체가 공격받고 있다고 강력히 주장했다. 그리고 엄청난 부자들이 전력을 다해 반격해야 한다고 요청했다.

파월은 예상 밖의 선동가였다.[24] 온화하고 신사적이며 언제나 예의 바른 사람처럼 보였기 때문이다. 대부분의 사람은 몸에 깊이 밴 그의 정중함에 대해 한마디씩 하곤 했다. 그는 자신의 뿌리가 버지니아라는 것을 대단히 자랑스러워했는데 그 점은 그의 부드럽고 느린 말씨에서 두드러지게 드러났다. 그리고 로버트 E. 리 장군을 맹목적으로 숭배했다. 키가 크고 마른 체형의 파월은 두꺼운 안경을 쓰고 구식 양복을 입었다. 하지만 그토록 기품 있는 태도를 갖추었으면서도 기업 고객들을 변호할 때면 결코 타협하지 않는 단호한 모습을 보였다.

파월은 미국에서 가장 큰 대기업 열두 곳 이상의 이사회에서 활약했고[25] 미국 경제계의 이익을 증진하는 데 가히 전설적인 공헌을 했다. 그가 담배 회사인 필립 모리스에서 한 작업 가운데에는 해당 기업의 연례 보고서에서 담배의 건강상의 이점을 홍보하도록 승인한 것도 포함된다. 그리고 담배의 안전성에 대한 업계의 주장에 충분한 신빙성을 부여하지 않았다는 이유로 언론을 비난했다. 그는 제너럴 모터스의 최고 변호사와 개인적으로 가까운 사이였는데, 디자인이 위험하고 제품에 결함이 있는 자동차에 관한 기사가 신문에 실리기 시작하자 그 기사들을—그리고 기사를 작성한 기자들을—불안한 마음으로 바라봤다. 그런 문제 제기는 기업국가 미국에 대한 사람들의 신뢰를 약화시키고 미국이 사회주의를 향한 미끄러운 비탈길에 들어서게 한다고 굳게 믿었다.

파월의 메모를 받은 사람들 중 상당수는 미국의 자유 기업 제도가 위험에 처했다는 그의 생각에 동의했지만 메모를 읽은 CEO들을 진짜로 자극한 것은 바로 파월이 제시한 행동 지침이었다.[26] 다음과 같은 그의 조언은 비현실적이었다. '맞서 싸워라! 사업, 정부, 정치, 그리고 법에 관한 미국의 관점을 개조하라. 보수적인 두뇌 집단에 자금을 지원하라. 기업이 대학 캠퍼스에 다시 관심을 갖게 만들어 젊은이들에게 영향을 미쳐라.' 여러 가지 실례를 차례로 들어가며 파월은 미국을 친기업적이고 규제가 거의 없는 정부로 되돌리고 싶다는 뜻을 명확히 밝혔다. 그는 이런 형태의 정부가 대공황이 닥치기 전에 이 나라를 대단히 효율적으로 이끌어왔다고 생각했기 때문이다.

기밀 메모
미국 자유 기업 제도에 대한 공격

수신: 유진 B. 시드노어 주니어   날짜: 1971년 8월 23일
미국 상공회의소
교육 위원회
의장

발신: 루이스 F. 파월 주니어

이 메모는 의장의 요구로 제출되었으며 8월 24일 미국 상공회의소에서 부스와 다른 사람들과 나눈 대화의 근거로 제시된다. 목적은 문제를 찾아내는 것이며 추가적인 고찰을 위해 행동 방안을 제의한다.

공격의 규모

사려 깊은 사람이라면 미국의 경제 제도가 광범위한 공격*을 받고 있다는 사실에 누구도 의문을 가질 수 없다. 이 공격은 범위, 강도, 활용된 기술, 그리고 가시성의 정도가 다양하다.

미국의 제도를 반대하고 사회주의나 다른 형식의 국가 통제주의를 선호한 사람은 언제나 있었다.

---

*'자유 기업 제도' '자본주의' '이익 분배 제도' 등 다양하게 부를 수 있다. 법의 지배를 받는 미국의 정치 제도인 민주주의 역시 공격을 받고 있다. 기업 제도를 약화시키고자 하는 위와 동일한 개인과 조직들이 공격하는 경우가 많다.

타자기로 작성된 파월 메모는 거대 기업들이 정치적 전쟁을 벌이는 방식을 바꾸었다.

대공황의 가장 암흑기에 루스벨트는 "경제 피라미드의 제일 바닥[27] 에 있는 잊힌 사람들"에게 희망을 안겨주었다. 조금도 비꼬는 기색 없 이 파월은 미국의 백만장자들에게 점잖은 태도로 이렇게 말했다. "입 법 과정과 정부 행위에 미치는 정치적 영향을 놓고 본다면 미국의 기 업체 간부는 정말로 '잊힌 사람'이라고 말해도 과언이 아닙니다."

부자들이 운을 잡지 못할 뿐이다.

계획: 정권을 넘겨받아라

파월이 상공회의소에 메모를 보내고 두 달 뒤에 닉슨 대통령은 그를 대법관으로 지명했다. 파월의 문서는 비밀에 부쳐지다가 파월의 대법 관 취임이 인준된 뒤에야 공개되었다. 하지만 그의 생각은 메모를 읽 은 백만장자와 CEO들에게 이미 하나의 자극제가 되어 불평은 그만하 고 행동을 시작하도록 유도했다. 부와 권력을 쥔 사람들은 그의 요구 를 두 팔 벌려 열광적으로 받아들였고 미국의 정치 풍토를 바꾸는 데 자신들의 엄청난 재산을 활용하기 시작했다.

이 같은 노력은 거의 곧바로 성과를 거두기 시작했다. 파월의 메모 가 사람들 사이에 퍼진 지 겨우 9년 뒤 기업 CEO들의 '비즈니스 자문 위원회Business Advisory Panel'[28]로부터 상당한 지지를 얻은 로널드 레이건 이 대통령으로 선출되었다.

레이건은 자유시장경제의 기치 아래 정권을 잡았고 '자유'와 '해방'

에 대한 요구가 빗발치는 가운데 커다란 성원을 받았다. 레이건의 정치적 행보는 거대 기업과 고위 간부들을 도우려는 의도를 명백히 드러냈지만 그 대변자들은 노동자들에게 거대 기업에 돌아가는 모든 혜택이 그들에게도 '낙수 효과'를 가져올 것이라고 약속했다. 레이건 정부의 경제 계획은 거의 반세기 전 대공황 시절에 프랭클린 루스벨트가 시행한 계획만큼이나 단순하고 포괄적이었다. 하지만 레이건의 계획은 루스벨트의 계획을 근본적으로 뒤엎은 것이었다.

제1단계는 경찰을 해고하는 작업이었다. 비단 메인 스트리트Main Street 자본을 생산하고 거래하고 관리하는 부문이 월가라면 상품을 생산하고 판매하고 공장을 건설하는 등의 실물 사업 부문을 메인 스트리트라 한다의 경찰만이 아니라 월가의 경찰들도 포함되었다. 점점 더 비굴한 자세를 취하던 의회[29]는 거대 금융 기관들의 요청을 이미 적극적으로 수용하고 있었지만 레이건이 선거에서 당선된 이후로 이 은행들은 훨씬 더 많은 재량을 얻었다. 일부 거대 기업을 감독해왔던 독점금지법은 이제 상당히 느슨해졌다.[30]

레이건 정부는 '규제 완화'라는 개념을 당당하게 받아들였다. 마치 금융 규제와 기업 규제가 예방하려고 한 부정한 행위들보다는 규제 자체가 미국인들이 당면한 가장 큰 문제라고 여기는 듯한 태도였다. 레이건의 관점에서 보면 소비자, 투자자, 혹은 소규모 경쟁사를 거대 기업의 조치로부터 보호하는 것보다는 거대 기업을 정부로부터 보호하는 것이 훨씬 더 중요했다. 폭발성 가스탱크, 발암성 화학물질로 오염된 상수도, 혹은 선천적 장애를 유발하는 약물 따위는 잊었다. 규제야말로 미국의 진정한 위험으로 선포되었다. 1980년대 이후로 '규제 완

리처드 닉슨 대통령이 새로 임명된 대법관 루이스 파월과 미소를 지은 채
악수를 나누는 모습을 대법관 윌리엄 렌퀴스트가 쳐다보고 있다.

화'는 모든 보수주의자의 신성한 교리, 즉 다음과 같은 뜻으로 해석될
수 있는 진언이 되었다. 기업국가 미국이 원하는 것은 무엇이든 적극
적으로 시행하게 허락하라는 말이다.

낙수경제로 인해 미국 경제에 새로운 접근 방식이 도입되었다. 정부
의 각종 정책 수단을 활용해 모든 미국인에게 공평한 경쟁의 길을 열
어주는 대신 정부는 상위 계층 사람들이 시장을 지배할 수 있도록 허
용하고, 로널드 레이건의 말을 인용하자면 "대대적이고 포괄적인 경제
발전"을 이루기 위해 "시장의 마술"[31]에 의존해야 한다는 것이었다.

이런, 마술의 시장이라니! 규칙도 규제도 필요 없고 그저 거대 기업
들을 신뢰하기만 하면 된다니!

지금 이 순간에도 트럼프 대통령은 우리가 매일같이 들어온 지겹고도 오래된 방안을 제시하고 있다. 그는 더 많은 일자리를 창출할 수 있도록 기업의 "고삐를 풀어주겠다"[32]고 약속한다. 무엇보다 규제를 줄여나가겠다는 것이다. 약속한 대로 그는 우리의 공기와 물을 보호하는 법안들과 맞서 싸우는 인물을 환경보호국 국장으로,[33] 우리 직장을 보호하는 법안들에 반대하는 인물[34]을 노동부 장관으로 임명했다.

　그렇다! 도널드 트럼프 내각을 보면 대통령은 규제 완화의 장점이 무궁무진하다고 생각하는 것이 분명하다. 실제로 트럼프는 이 포괄적인 방안을 미국을 다시 위대하게 만드는 것으로 연결시켰다. "우리는 세금 인하[35]를 항상 동반하는 규제들을 없애고 있습니다."

　거대 기업들이 원하는 것은 무엇이든 하게 하라. 그렇게 한들, 대체 잘못될 게 뭔가?

　기업이 보수주의 경제학을 열성적으로 지지한다는 것은 당연히 짐작했어야만 했다. 낙수경제론을 포용한다는 것은 부와 권력을 가진 사람들에게 더 많은 부와 권력을 손에 쥐어주기 위해 이 나라가 운영될 수 있도록 보장하는 뻔뻔한 술책에 불과했다.

　낙수경제론이란 개념은 더없이 나빴다. 하지만 여기에는 똑같이 사악한 개념이 하나 더 존재했다. 바로 정부가 적이라는 생각이었다. 루스벨트의 정책에 따라 연방정부가 수백만 명의 미국인을 위해 일하도록 만든 뒤부터 힘 있는 기업들은 기업이 아닌 정부가 적이라는 생각을 갖고 반발했다. 수많은 도움의 손길이 정부를 조롱했고 미국의 가련한 기업들은 희생자 역할을 맡았다.

정치사회적 운동이 다 그렇듯, 이 생각도 모종의 진실이 뒷받침해주지 않는 이상 확고히 뿌리 내릴 도리가 없었다. 그렇다면 사실을 직시해보자. 정부 법안 가운데 일부는 어리석기 짝이 없고 일부는 어리석은 방식으로 시행된다. 새 건물을 올리거나 새로운 사업을 벌이려다가 도중에 일련의 규정과 검사를 받고 옹졸한 관료주의에 맞부딪친 경험이 한 번이라도 있는 사람이라면 '작은 정부'를 약속하는 정치인과 손잡을 각오가 되어 있을 법하다.

하지만 연방정부 차원의 '규제 완화'를 외치는 것은 중소기업들이 가진 대다수의 문제를 사실상 해결하지 못했다. 일반적으로는 거대 기업들만이 이용할 수 있는 엄청난 부정 거래만 창출하고 말았다. 1999년에 글래스스티걸법의 핵심 조항을 폐지한 덕분에 소수의 거대 은행은 덩치를 한층 불릴 수 있었지만 그들과 경쟁하고자 발버둥치는 지방 은행들에는 그다지 도움이 되지 않았다. 위험성을 내포한 새 금융 상품들[36]을 규제하지 않기로 한 결정도 마찬가지다. 이 새로운 위험에 대해 정부가 간섭하지 않겠다는 태도를 취함으로써 거대 은행들의 이익은 크게 늘어난 반면 일반 가정들은 파산했다. 거대 기업에 대한 세금 우대 조치와 규제 완화는 대기업에는 도움이 되지만 다른 사람들에게는 전혀 도움이 되지 않는다.

지금까지 수십 년 동안 공화당 의원들은 중소기업에게 공화당이야말로 작은 정부를 표방하는 정당이라는 똑같은 말만 되풀이해왔다. 하지만 지키지 못할 약속만 남발하고 나서 대부분의 공약을 이행하지 못했다. 어쩌면 공화당이 나눠주려는 혜택의 상당수가 재벌들이 퍼담은 것이기 때문인지도 모른다.

공화당은 매력적인 약속들을 내뱉어놓고서는 대기업과 대부호들이 미국 경제를 자신들에게만 문이 열린 사탕 가게처럼 다루도록 허용하는 조작된 시스템을 건네주었다. 매사추세츠주 서머빌에서 작지만 근사한 식당을 운영하는 부부는 연방정부의 규제 완화를 통해 무엇을 얻게 될까? 아무것도 얻지 못한다. 이것이 바로 대다수의 미국 가정과 중소기업이 떠안은 현실이다.

경찰이 사기꾼들을 위해 일할 때

낙수경제론은 원초적인 힘으로 시작되었다. 권력을 가진 사람들이 훨씬 더 많은 권력을 휘두르기 위해 여러 방법을 고안했다는 말이다. 제재를 가하는 단속 기관이 적어지면서 대기업들은 오래도록 금기시되어왔던 영역에 발을 들여놓기 시작했다. 월가의 회사들이 그 방법을 제시했다. 오랫동안 그들은 1930년대부터 시행된 규제들로 인해 계속 안달난 상태였고 처음부터 맞서 싸워왔다. 하지만 그들은 이 싸움에서 한 번에 하나씩 승리를 거두기 시작했다. 거대 은행들은 고삐에서 해방되어 위험 부담을 잔뜩 끌어안았다. 그 위험 요소들이 수익과 수익성 모두를 향상시켰다. 놀랄 것도 없이 은행 간부들은 두둑한 급료를 챙겼고 상여금도 받았으며 이를 그다지 의아해하지도 않았다.

수익성이 크게 늘어나는 것은 코카인에 취하는 것과 다를 바 없었다. 그 상태가 지속되는 동안은 기분이 날아갈 듯 황홀하지만 잠재적으로는 치명적이다. 위험 요소는 언제나 되돌아와서 누군가를 물어뜯는 법이니까. CEO들은 그 사실을 알고 있었지만 자신들이 돈을 손에 넣고 빠져나갈 수 있다고, 이 마약이 계속 효과를 낼 거라고 기대했다. 그리고 모든 것이 무너져 내리면 투자자와 고객, 납세자를 포함해 다른 모든 사람이 빈털터리가 될 참이었다.

1980년대에 발생한 금융 스캔들은 사회에 경종을 울린 것으로 받아들여야 했다. 한때 주택담보대출을 전문적으로 취급하는 활기 없는 소비자 은행이었던 미국의 주택대부조합들은 1982년에 대대적으로 규제가 철폐되었다. 그러자 그들은 이내 성장하기 시작했고 점점 더 큰 대출금과 더 많은 신규 상품을 제공하게 되었다. 겨우 3년 만에 주택대부조합의 규모는 50퍼센트 증가했고[37] 투기꾼들은 마치 하나하나가 황금알을 낳는 거위라도 되는 양 조합을 사들이기 시작했다. 하지만 거품은 영원히 지속되지 않는 법이기에, 얼마 지나지 않아 별다른 규제를 받지 않고 고공비행을 하던 주택대부조합 상당수는 파산 지경에 이르렀다. 거품이 펑하고 터지자 전국 3200개의 주택대부조합 가운데 1000개 이상이 문을 닫았다. 그리고 실질적인 책임을 묻게 되면서 정부 단속 기관들이 수천 명 이상의 은행 간부를 형사 기소하게 되었다.[38]

주택대부조합들은 상대적으로 규모가 작았고 오랜 시간에 걸쳐 지역에 따라 문제가 발생했기 때문에 나라 경제 전체를 무너뜨리지는 않았다. 하지만 시스템이 계속 제 기능을 하고 예금자들이 더 이상 돈을 잃지 않게 만들기 위해서 미국 납세자들은 약 1320억 달러를 내놓았다. 무려 1320억을 말이다. 잠시만 멈춰 서서 그 돈이 얼마나 큰지 생각해보자. 마지막 주택대부조합이 문을 닫은[39] 1995년까지 연방정부가 교육, 직업 훈련, 퇴역 군인 수당, 사회복지사업, 대중교통 수단[40]에 투자한 비용을 모두 합친 것보다 더 많은 자금을 이 금융 기관들에 집중적으로 쏟아부었다.

이 시기쯤 됐으면 경고음이 사방에서 울려 퍼졌을 것이다. 사이렌이 날카롭게 울리고 종이 댕그랑댕그랑 울렸을 것이다. 상황은 분명히 이렇게 진행되었다. 첫째, 은행 규제 완화. 둘째, 은행의 위험 부담 감수. 셋째, 위기 발발. 넷째, 긴급 구제.

주택대부조합 스캔들은 단속 기관들과 의회에게 좀더 관심을 갖고 은행 규제를 강화했어야 했다는 커다란 비명이었을 것이다. 단속 기관들과 의회가 그렇게 했더라면 은행들이 나라 경제를 무너뜨리는 차기 문제가 발생하기도 전에 예방되었을 것이다. 하지만 정치인들은 그 이야기에 귀 기울일 마음이 없었다. (귓구멍이 돈으로 꽉 막혀 있으면 어떤 소리도 듣기 힘들지 않을까 싶다.) 은행들은, 특히 거대 은행들은 관리 감독을 조금만 더 줄여달라고 계속 졸라댔고 정치인들은 요구에 곧바로 응해주었다.

경제위기의 여파 속에서 정신을 차리기는커녕 거대 은행들은 기존 태도를 밀어붙였다. 그들이 목표로 삼은 것은 글래스스티걸법이었다. 따분한 은행 업무와 (그리고 당좌 예금과 보통 예금에 쌓인 모든 돈) 위험성 높은 금융 투기를 결합할 기회를 노리며 군침을 흘리던 은행들은 금융 제도의 기둥 가운데 하나를 무너뜨리기 위해 로비를 했다. 그러면서도 좋지 못한 결과에 대해서는 전혀 걱정하지 않았다. 그들은 설사 잘못되는 일이 생긴다 해도 정부가 개입해서 소액 예금자 전원을 확실히 보호해줄 거라고 계산했다. 그 과정에서 정부가 거대 은행들 역시 보호해주리라는 믿음도 있었다. 1980년대를 거쳐 1990년대로 들어서면서 보수를 많이 받는 로비스트들은 다양한 금융 규제를 적극적으로 공격했다. 시간이 흐르면서 그들은 은행과 월가의 거래를 분리하는 커다란 장벽에서 작은 벽돌을 하나씩 겨냥해 공격했고 은행 단속 기관들은 서서히 굴복하기를 반복했다. 1999년, 글래스스티걸법 중에서 여전히 남아 있던 소수의 조항이 폐지되었다.[41]

결과는 즉각 나타났다.[42] 대규모 은행들이 거대 은행으로 성장했고 거대 은행들은 괴물처럼 몸집을 불렸다. 1980년에는 미국에서 가장 큰 열 군데 은행이 시장의 3분의 1도 채 장악하지 못했지만 2000년에는 시장의 절반 이상을 잠식했으며 2005년에 그들이 차지한 몫은 거의 60퍼센트에 육박했다. 2008년에는 최대 은행 겨우 다섯 군데[43]가 시장의 40퍼센트를 통제했다. 일련의 과정을 겪으면서 은행 CEO들은 중세의 왕자들을 부끄럽게 만들 정도로 대범한 모습을 보였다.

그러면 한 가지 사례를 살펴보자. 1998년, 시티코프Citicorp 미국의 최대 금융 그룹으로 시티은행의 지주회사다가 거대 보험 회사와 합병하겠다고 결심했을 때 두 회사는 아주 사소한 어려움을 발견했다. 다름 아니라, 합병이 불법이라는 점이었다. 이처럼 은행과 비은행의 합병은 현존하는 글래스스티걸법 조항들과 1930년대 이후로 시행되어온 다른 은행법들을 위반하는 것이었다. 하지만 무엇 때문에 이 금융계의 왕자들이 겨우 연방법에 발목이 걸려 주춤하겠는가? 법이란 평범한 사람들이나 지키는 것이고 이 CEO들은 엄청난 책임을 진 인물이었다. 만약 두 회사가 결합한다면 역사상 가장 규모가 큰 합병이 될 터였다. 금융계의 두 거물은 잠시 심사숙고한 뒤 대단히 신중하고 대단히 공개적이면서 대단히 불법적인 방식으로 회사를 합병시켰다. 온순한 의회가 사후에 법을 바꾸리라고 확신한 것이다.[44]

우와, 그들의 생각이 옳았다. 고분고분한 의회가 그들이 원하는 것을 그대로 실현해주었다는 말이다. 글래스스티걸법이 폐지된 이후 1999년, 이 악명 높은 금융계는 한층 더 위험을 감수했고 한동안 한층 더 많은 수익을 올렸다.[45]

일부 공화당 의원이 지난 수십 년 동안 더 많은 규제에 서명한 것과 마찬가지로 이제 일부 민주당 의원은 규제를 완화하자는 시류에 열성적으로 편승했다. 빌 클린턴 대통령은 글래스스티걸법 폐지 법안에 서명하면서[46] 몇 마디 농담을 던졌다. 그러고 나서 "우리가 금융 기관을 운영하는 방식을 근본적이고 대단히 인상적으로 변화시키려는" 행동에 찬사를 보냈다. 그는 이 법안의 폐지를 위해 투쟁해왔고 이제 승리를 선언했다. "글래스스티걸법은 우리가 살고 있는 경제 환경에 더 이상 적합하지 않은 게 사실입니다." 그가 선견지명을 갖고 설명했듯이, 그 법안은 "은행들의 권력을 확장시키는 데" 일조할 것이었다.

의회와 은행 단속 기관들이 실패를 선언하고 거대 은행들 앞에서 죽은 척 지내고 있을 무렵 나는 매사추세츠주에서 지내면서 하버드 대학에서 강의하고 미국 경제의 또 다른 위험 징후에 대해 연구하고 있었다. 바로, 1990년대에 미국 가정의 부채가 계속 늘어가고 있다는 주제였다. 신용카드 회사들은 상품을 점점 더 복잡하게 만들었다. 지난 1981년에 한 페이지 반 정도 분량이었던 신용카드 이용약관[47]이 2000년대 초반에는 작은 글자가 촘촘히 적힌 30페이지 분량의 계약서로 변형되었다. 약관은 점점 더 모호한 법률 용어와 숨겨진 속임수, 기이한 회계 절차로 채워졌다. 결국 일부 국회의원이 관심을 갖게 되었다. 청문회가 열리는 동안 신용카드 회사의 간부들이 불려나와 도무지 이해할 수 없는 용어[48]를 설명하자 실소가 터져나왔다.

하지만 급하게 늘어나는 빚더미가 노동자들에게 미치는 영향은 재미있을 게 전혀 없었다. 은행과 신용카드 회사들은 가계를 상대로 도저히 감당할 수 없는 금액의 돈을 빌리게 부추기고 약자를 이용해먹는 계약서들은 사람들을 덫에 옭아매 수년 동안 믿기 어려운 액수의 수수료와 천문학적인 이자를 물게 만들었다. 신용카드는 마치 사탕처럼 손쉽게 손에 쥐어졌고 얼마 지나지 않아 카드 발행사들에게 수백억 달러의 이익[49]을 안겨주기 시작했다. 신문과 라디오에서는 사전 승인된 신용카드를 발급받은 아기, 강아지 혹은 고양이에 관한 마음 편하게 들을 수 있는 이야기들을 정기적으로 보도했다.

내가 연구를 하면서 찾아낸 숫자들은 너무 놀라운 것이어서 어떻게든 이 내용을 널리 퍼뜨릴 더 많은 방법을 알아내기 시작했다. 연설, 기사, 신문 논평, 인터뷰를 비롯해 그 외에도 내가 생각해낼 수 있는 것이라면 무엇이든 동원했다. 2005년 어느 날, 나는 전화 한 통을 받고 놀라운 질문을 들었다. 워싱턴의 통화감독국Office of the Comptroller of the Currency으로 와서 단속 기관들을 만나보겠냐는 제안이었다.

야호! 큰 권력을 휘두르는 은행 감독관이자 미국의 가장 큰 신용카드 발급발행사 대부분에게 그만두라고 말할 권한이 있는 경찰을 만나다니. 말도 안 돼. 수백만 가지 신용카드에서 각종 속임수와 함정을 제거할 수 있는 기관이라니. 우와, 정말 흥미롭겠는걸.

2월의 어느 흐린 날 나는 워싱턴으로 날아갔다. 난생처음 방문한 통화감독국 사무실은 외관이 매끈하고 현대적이었다. 감사관 대리인 줄리 윌리엄스는 로비에서 나를 맞이하면서 보안대를 통과해 오라고 손짓했다. 위층으로 올라간 우리는 몇 분간 그녀의 사무실을 구경했는데 우아하고 현대적인 가구로 장식되어 있었다. 이곳에는 못생긴 정부 표준 지급품은 하나도 없었다. 모든 게 근사하며 디자인이 잘되어 있다.

감사관 대리인 윌리엄스는—"줄리라고 부르세요"라고 말했다—키 크고 날씬한 몸매에 세련된 짧은 머리를 하고 우아한 캐시미어 재킷을 입고 있었다. 그녀는 아주 꼿꼿한 자세로 강렬한 눈빛을 보냈다. 목소리는 언제나 나지막했고 모든 단어를 신중하게 발음해서 최대한의 효과를 내려고 했다. 음절을 잘못 발음해 시장을 교란시키는 일은 결코 하지 않을 여성이 여기 있었다.

줄리는 나를 승강기로 데려간 다음 넓은 회의실로 안내했다. 그곳에서 통화감독국 경제 전문가와 은행 감독관들을 소개해주었다. 파워포인트가 보편화되기 전이었으므로 나는 슬라이더와 높이 매다는 프로젝터를 기반으로 프레젠테이션을 준비했다. 한 시간이 넘도록 신중하게 데이터를 검토했다. 첫째, 나는 수백만 미국 가정의 위치가 점점 더 불안정해지고 있다는 것을 입증했다. 그다음으로는 은행들이 돈을 빌려가는 수많은 사람을 속여 수익을 크게 늘리고 있다는 풍부한 증거를 제시했다. 학문적인 발표를 할 때조차 나는 상당히 흥분했다. 심지어 냉정한 정부 관료들이 가득 들어찬 회의실에서도 전혀 참지 않았다. 사기꾼은 사기꾼일 뿐이니까.

경제 전문가와 감독관들은 질문을 많이 던졌다. 그들은 꽤 열성적이고 생각이 깊었다. 나는 마지막 사람이 마지막 질문을 던질 때까지 그 자리에 남아 있었다. 마침내 슬라이드를 정리하자 진이 다 빠질 지경이어서 목이 몹시 말랐다.

나는 배낭을 가지러 줄리와 함께 그녀의 사무실로 돌아갔다. 승강기에 오르면서 그녀는 내가 신용카드 빚이 얼마나 심각한 문제를 양산하는가에 대해 "설득력 있는 주장"을 펼쳤다고 말해주었다.

나는 잠시 눈을 감았다. 그래, 이거야! 피곤함이 다 날아가버렸다. 이거야말로 내가 원하던 바였다. 수석 감사관이 문제가 있다는 사실을 인정하는 것 말이다! 나는 그녀가 통화감독국의 직원 수천 명 가운데 일부를 투입해 이 수상쩍은 관행을 조사하고 몇몇 약탈자에게 고삐를 채워주겠다는 확답을 들려주기를 초조한 마음으로 기다렸다. 그동안 데이터를 수집하느라 얼마나 열심히 노력했는데, 이제 이 자료들이 정책에 영향을 미치려던 참이었다. 나는 언제든 춤을 출 준비가 되어 있었다.

그러자 줄리가 슬며시 서글픈 미소를 지었다. 그리고 정말 유감이라고 말했다.

나는 잠시 기다렸지만 그녀가 더 이상 아무 말도 하지 않아서 이렇게 말했다. "어, 알겠어요. 정말 유감이에요. 하지만 당신이라면 멈출 수 있잖아요."

"멈춘다고요?" 그녀는 이런 생각을 한 번도 해본 적이 없다는 듯 움찔하며 뒤로 물러섰다. "우리가 왜 그래야 하죠?"

글쎄, 이건 잘못된 일이니까? 그리고 수백만 명의 사람이 다칠 테니까? 그리고 은행이 사람들을 속여서 수익을 올리는 것은 위험하니까? 마지막으로, 이런 종류의 금융 모험을 하다보면 대체로 은행과 경제 모두 비참한 결말을 맞게 되니까?

다시 한번 나는 그녀가 속한 통화감독국이 이 위험한 관행을 중지시킬 권력도 책임도 가지고 있다고 지적했다.

"아, 우린 그렇게 할 수 없어요." 그녀는 차분한 어조로 대답했다.

로비로 걸어가는 동안 나는 그녀를 밀어붙이기 시작했다. 이번이 나한테 마지막 기회일지도 모른다고 생각했던 것이다. 내가 말했다. "당신들은 당연히 할 수 있어요. 권한이 있고 책임도 있어요. 사람들의 인생을 크게 바꿀 능력이 있다고요." 나는 주장을 펴면서 목소리를 올렸다.

그녀가 빙그레 웃었다. "아니요, 아무래도 우린 그렇게 못 해요. 은행들이 좋아하지 않을 테니까요."

은행들이 좋아하지 않을 테니까.

뭐라고? 지금 장난하시는 거예요? 나는 방금 들은 말을 거의 믿을 수가 없었다. 부시 행정부가 그렇다는 것쯤은 알고 있었지만 그래도 설마 했는데! 은행들이 좋아하든 말든 누가 상관이나 한데? 당신들은 은행을 위해 일하는 게 아니야. 미국 국민을 위해 일하는 거라고. 사기를 당하고 있는 미국 국민을 위해서! 나는 어찌나 화가 나는지 손이 덜덜 떨렸다.

줄리는 결코 목소리를 높이지도 미소를 지우지도 않았다. 그 대신, 나를 데리고 로비를 가로지르며 작별 인사를 건넸다. 내가 알기로 그녀든 그 기관에 근무하는 어느 누구든 그날 내가 이야기한 문제에 관해 어떤 후속 조치도 취하지 않았다.

그리고 단언컨대 그들은 절대 나를 다시 초대하지 않을 것이었다.

하지만 일을 제대로 하지 않은 것은 비단 은행 감독 기관들만이 아니었다. 다른 정부 기관들도 '비겁함의 양상'이라는 제목이 붙을 법한 책에 실리려고 애쓰는 중이었다. 대단히 적극적인 감독관들을 내보내왔던 미국 증권거래위원회는 1980년대 들어 태도를 바꿔 거대 금융 회사들의 자체 감독을 허용하게 되었다. 내가 통화감독국에서 프레젠테이션을 하던 2005년 무렵 증권거래위원회는 스스로 무력한 기관이 되었다. 투자 은행들이 점점 더 많은 위험을 끌어안자 증권거래위원회는 자발적인 규제를 시행했다. 그러고 나서 의장은 은행들이 이 규제에 마음껏 응해도 좋고 무시해도 그만이라고 말했다.[50]

자발적인 규제? 맙소사, 토니 소프라노마피아의 이야기를 현실적으로 그린 미국 드라마 「소프라노스Sopranos」의 주인공가 자발적인 규제가 있는 세상에서 사는 모습을 상상할 수 있을까? 이처럼 긴 시간이 흐르고 나니 나는 증권거래위원회에 이렇게 외치고 싶다. "당신들은 대체 왜 그러는 거야? 원래 국민 편에 서야 하는 거잖아!" 하지만 그것이 바로 문제의 근원이었다. 증권거래위원회는 해당 기관의 임무가 투자 산업을 돕는 것이라는 규제 완화의 메시지를 찰떡같이 받아들인 것이다.

맙소사! 그들이 특정 산업을 위해 일하고 있었다니. 증권거래위원회의 무능함은 가히 전설이 되었다. 전 증권거래위원회 의장은 위원회의 집행부가 "손발이 묶여 있다"[51]고 설명했다. 위원회 직원들은 흔해빠진 낡은 폰지 사기 하나도 감지해낼 능력이 없었다—이런 종류의 사기는 1920년대 무렵부터 등장했고 월가의 가장 둔감한 경찰이라 해도 당연히 금세 냄새 맡을 수 있어야 했다. 경고가 여러 차례 반복되었지만 증권거래위원회는 미국 역사상 가장 큰 금융 사기인 버나드 메이도프Bernie Madoff 스캔들을 완전히 놓쳐버렸다. 음모가 드러난 이후에—이 사기는 몇 년 동안 지속되었고 심지어 몇십 년간 이어지기도 했다[52]—겨우 정신을 차렸지만 그때는 아무 소용이 없었고 그를 믿고 자신의 저금을 건네주었던 사람들은 170억 달러 이상을 잃었다.[53] 누가 보기에도 증권거래위원회는 작정하고 눈을 감아버린 것[54]으로 비춰졌다. 저널리스트 맷 타이비의 표현에 따르면[55], 증권거래위원회는 "어떻게 보면 부패한 것보다 더 나쁘게" 보였다. "딱 맞는 표현을 찾기가 정말 힘든데 '적극적으로 무지하다'는 말이 가장 가깝다."

이와 같은 시기에 독점금지법도 점차 유야무야되면서 정확히 레이건과 '아버지' 조지 부시 시대에 들어 시행 횟수는 급격히 줄어들었다. 그리고 나서 민주당 행정부 시절에 다시 증가했지만 수많은 시장에서 증가하는 합병 건수와 지배적인 기업들의 수를 따라잡기에는 턱없이 모자라는 수치였다. 예전에 독점금지법 위반 단속관이라고 알려졌던 정부 경찰들은 워싱턴의 새로운 좌우명을 받아들이는 다른 모든 사람과 마찬가지로 열의가 넘치는 듯 보였다. 대기업이 원하는 것은 무엇이든 하게 하자.

산업의 합병이 유행하기 시작했다. 시장들은 차례로 소수의 경쟁자에게 장악되었다.

· 2000년대 들어 미국 주요 항공사[56]의 숫자는 아홉 군데에서 네 군데로 줄어들었다. 여전히 버티고 있는 네 곳(아메리칸 항공사, 델타 항공사, 유나이티드 항공사, 사우스웨스트 항공사)은 이제 미국 내 항공 좌석의 80퍼센트[57] 이상을 점유한 상태다.

· 맥주 회사 두 곳[58]이 미국 맥주 시장의 70퍼센트 이상을 도맡고 있다.

· 거대 건강보험 회사 다섯 군데가 미국 건강보험 시장의 83퍼센트[59] 이상을 장악하고 있다.

· 약국 체인 세 곳(CVS, 월그린, 라이트 에이드)[60]이 이제 미국에 개업한 99퍼센트의 약국들을 관리하고 있다.

· 몬산토Monsanto 미주리주에 본사를 둔 다국적 생화학 제조업체[61]는 해마다 미국에서 재배된 콩의 약 93퍼센트와 옥수수의 80퍼센트에 대한 특허를 보유하고 있다.

· 대기업 네 곳이 미국 소고기 시장의 85퍼센트[62] 가까이를 운영하고 있다.

· 거대 회사 세 곳이 닭고기의 절반가량[63]을 생산하고 있다.

이 목록은 얼마든지 계속 써내려갈 수 있다.

이제 거대 기업들은 우리 삶의 많은 부분을 지배한다. 그렇다면 이 문제가 왜 중요할까? 소수의 대기업이 장악한다면 시장이 제대로 기능을 발휘하지 못하기 때문이다. 온전한 자유 기업 체제는, 시장이 경쟁 구도를 갖출 때 기업들이 우리와 거래하기 위해 각축을 벌이므로 더 낮은 가격, 더 나은 서비스, 새롭고 멋진 혁신적인 것들을 비롯해 수많은 이익을 챙길 수 있다는 생각을 기반으로 세워진다. 독점금지법은 시장이 튼튼해지는 데 도움이 된다.

산업이 통합되면서 미치는 영향은 어디서나 나타난다. 우선, 가격이 올라간다. 몬산토가 종자 생산을 마음대로 하고 있으므로 옥수수의 종자 가격이 2001년 이래로 135퍼센트 상승했다. 소규모 경쟁 업체들은 힘든 싸움에 직면했다. 예를 들어 크래프트 맥주 양조 회사들은 거대 맥주 기업들에 도전하면서 힘든 시간을 보내고 있다. 이와 같은 현상은 약국에서도 일어난다. 고기 독점은 모든 방향으로 악영향을 미친다. 소비자들은 비용을 더 많이 내고 농부들의 소득은 줄어들었으며 미국 최대 고기 생산 업체인 타이슨 푸드[64]의 이윤은 모든 기록을 경신하고 있다.

케이블 산업은 또 어떤가? 거대 케이블 회사들은 시장의 대부분을 통제하는 것을 선호한다. 그렇게 하면 가격을 올리고 질 낮은 상품을 내보내며 형편없는 서비스를 제공함으로써 이익을 크게 올릴 기회가 생기기 때문이다. 매사추세츠주의 경우, 세 마을 중 둘은[65] 케이블 공급업체가 하나밖에 없고 나머지 마을은 두 개 정도다. 그런 이유로 나는 컴캐스트와 타임워너의 합병을 반대했다[66]—동종업계 1위와 3위 기업들의 합병이었다(이 싸움에서는 우리가 승리를 거뒀다!). 만약 당신이 거대 기업을 운영하는 이라면, 시장을 분배하고 소비자들이 자비를 구할 때까지 요금을 청구하며 훨씬 더 높은 수익을 올릴 수 있는데 무엇 때문에 다른 회사와 경쟁하겠는가?

똑같은 이야기를 한 번 더 해야겠다. 규칙이 없는 시장은 소비자들에게 가치 있는 것을 제공하지 못하고 중소기업들에게 효율적으로 작용하지 못하지만 대기업들만큼은 진흙 속의 돼지처럼 행복하게 만들어준다.

경찰이 없어지고 다시 경제가 붕괴되다

시장의 규칙이 적어지고 경찰의 개입은 그보다 더 줄어들어야 한다고 굳건히 믿는 정치인들이 점점 더 많아지면서 정부의 역할은 빠르게 변화했다. 1980년대에 시작된 연방 경찰은—바로 시장을 정직하고 경쟁력 있는 곳으로 만들어야 할 의무가 있는 사람들—특히 금융업에서 발을 빼기 시작했다. 소심한 단속관, 소심한 조사관, 소심한 검사, 그리고 소심한 국회의원들 덕분에 정부가 공평한 경쟁의 장을 만들거나 한때 우리 경제를 휩쓸고 지나간 호황과 불황의 순환을 막는 데 거의 도움이 되지 못한다는 사실이 명확해졌다. 이 공무원들이 곁눈질을 하고 당황해서 우왕좌왕하는 사이에 수십억 달러의 거래가 이뤄졌다. 가령 기업들이 허위 모기지를 팔았고 소규모 경쟁 업체들은 박살났으며 사업체가 해외로 이전되었고 새로운 세금 사기가 고안되었을 뿐 아니라 장부는 재조작되어 손실액이 좀더 희망적으로 그럴듯하게 은폐되었다. 한편 공화당 지도자들은—거대 기업이 아니라—정부가 우리 경제에 무서운 위험을 가했다는 주장을 끊임없이 반복했다.

1930년대에 함께 얽혀 있던 여러 규제 조항은 수십 년이 지난 뒤 차례로 떨어져나갔다. 이제 남은 것은 국민을 거의 지켜주지 못하는 낡을 대로 낡아버린 법과 규제였다.

그리고 여기서 중요한 것은, 규제 완화가 정확히 우리가 예상하지 못했던 방식으로 작동했다는 점이다.

레이건이 선거에서 낙승을 거두기 전 거의 반세기 동안 은행과 규제 기관들이 모두 신봉한 금언은 "갚을 수 있는 방법을 아주 명확하게 입증하는 사람에게만 돈을 빌려주라"는 것이었다. 금융업이 그렇게 지루해진 데에는 이런 이유도 한몫했다. 그리고 그 덕분에 경제는 대단히 안정적이었다.

하지만 1980년대에 규제 기관들이 한눈을 팔기 시작하면서 거대 은행들은 신용카드가 잔뜩 들어가 있는 고위험 고수익의 포트폴리오를 구성하기 시작했다.[67] 그들은 작은 활자로 적은 세부 조항 속에 수많은 속임수와 함정을 묻어놓는 식으로 이윤을 증대시켰다.[68] 수수료가 차곡차곡 쌓이고 매매가 이뤄지고 한참 뒤에도 금리가 인상되도록 만들기 위해서였다. 가계는 파산으로 모든 것을 잃어가는 반면[69] 은행의 수익은 천정부지로 치솟았다. 한편 은행 규제 기관들은 그 중간에서 엉뚱한 곳으로 시선을 돌린 채, 강아지가 당신의 잔디에서 큰일을 보는데도 마치 그런 일은 일어나지 않았다는 양 행동하는 주인과 똑같은 표정을 지었다.

신용카드로 커다란 이익을 챙긴 지 10여 년이 지난 뒤 은행들은 훨씬 더 구미 당기는 생각을 떠올렸다. 신용카드는 이미 어린아이 장난처럼 하찮아졌으니 진짜 돈이 될 만한 목표를 정하고 주택담보대출 사업을 하면 어떨까?[70] 새롭고 훨씬 더 큰 병이기는 하지만 그 안에 담길 와인은 전과 같았다. 2000년대에 은행들은 주택담보대출 상품에 다양한 상환 일정, 각종 트리거 조항기한 이익 상실, 채무자의 신용 위험이 높아지는 경우에 금융 기관이 대출금을 만기 전에 회수하는 것을 말한다, 높은 수수료, 그리고 작은 활자의 세부 조항 속에 무수히 숨겨둔 놀라운 속임수를 잔뜩 채워넣어 아무 의심도 하지 않는 구매자들에게 판매했다. 일부 구매자가 상환일을 넘기면 은행은 2차 대출을 받게 만들어 새로운 수수료와 더 많은 곤란한 계약 조건을 추가한 뒤 게임을 완전히 다시 시작했다. 또다시 은행의 수익은 급격히 증가했고 규제 기관들은 옆으로 눈을 돌렸다.

월가도 이 거래에 끼어들고 싶어했다. 이번에는 금융 회사들이 여러 주택담보대출을 다발로 묶은 다음,[71] 이 묶음 상품을 퇴직연금제도, 지방자치단체, 그리고 다른 순진한 고객들에게 팔아넘겼다. 묶음 상품을 구입한 사람들은 안전하고 안정적인 투자 상품을 산다고 생각했다. 이 위험한 주택담보대출 상품에 숨겨진 위험에 대해서 전혀 몰랐기 때문이다. 그러면 은행 규제 기관들은 어땠을까? 이 문제를 일으키는 데 가장 중대한 역할을 했다.

거대 은행이 수익을 증진시킨 방법은 수없이 많겠지만 핵심은 바로 이것이다. 그들이 사람들을 속여서 돈을 벌었다는 점. 은행 규제 기관들은 이 사기 행각에 대해 알았고[72] 중지시킬 수도 있었지만 아무 조치도 취하지 않았다.

주택 거품이 터지고 누구도 재융자를 받지 못하게 되자 모든 계획이 와르르 무너져 내렸다. 그리고 갑작스러운 경기 호황이 대공황으로 이어진 것처럼 이번 경기 붕괴도 경제 전반을 뒤흔들었다. 2008년 금융위기 시절, 2600만 명 이상의 사람이 정규직을 구하지 못했다.[73] 900만 개 이상의 가정이 집을 잃었다.[74] 수십만 개의 사업체가 문을 닫았다.[75] 기업가 정신이 곤두박질치면서[76] 새로운 사업을 시작하는 미국인은 점점 더 줄어만 갔다. 대학생들[77]은 취업할 가능성이 제한적이거나 완전히 불가능한 상태로 졸업했고 대학에 가지 못한 사람들은 한층 더 암울한 미래[78]를 맞았다. 퇴직 연금은 폭락했다.[79] 그리고 이 경제위기로 인해 수천 명이 자살했다.[80]

전반적으로 말해, 2008년 금융위기는 미국 경제에 약 22조 달러[81]의 손실을 입혔고 도저히 계산할 수 없는 인간적 고통을 떠안겼다.

그런데도 아직 달라진 것이 없다. 설사 금융위기가 미국 경제를 석기 시대로 돌려보냈다 해도 공화당은 규제 완화라는 노래만 계속해서 불러왔다. 2010년, 어느 은행 친화적인 국회의원은 이렇게 선언했다. "워싱턴에는 은행이 규제되어야만 한다는 관점이 있지만 나는 워싱턴과 규제 기관들이 은행을 돕기 위해 존재한다고 생각한다."[82] 그렇다, 은행 규제 기관들은 은행을 위해 일했다. 그리고 그 과정에서 미국 경제를 거의 파탄으로 내몰았다.

금융 규제는 중요하다

그리고 내가 정말로 하고 싶은 말은, 규제가 중요하다는 것이다. 1790년대부터 1930년대까지는 금융 규제가 많지 않았고 경제는 약 20년을 주기로 호황과 불황을 거듭하며 흔들렸다. 은행이 크게 번성하기도 하고 처참하게 무너지기도 했다. 불황은 길고 힘들었다. 순찰 중인 경찰이 한 명도 없는 상태에서 불안을 느낀 투자자들은 여느 때라면 월가의 좋은 사업안에 투자를 했을 법했지만 이제는 돈을 손에 쥐고 놓지 않았다. 독점금지법이 없었기에 기업들은 몸집을 한층 더 불리기 시작했고 소비자와 소규모 경쟁사들을 함부로 다루었다.

프랭클린 루스벨트는 우리가 더 잘살 수 있다고 말하면서 이전에 한 번도 실행해본 적 없는 방식으로 거대 은행과 대기업들의 고삐를 틀어쥐었다. 정부는 시장을 정직하게 만들어나가는 데 좀더 적극적으로 참여했다. 시간이 흐르면서 우리는 힘을 모아 경제를 안정시키고

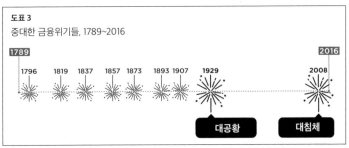

도표 3
중대한 금융위기들, 1789~2016

1789

1796 1819 1837 1857 1873 1893 1907 1929   2008   2016

대공황   대침체

대공황 이후로 금융 규제는 경제 붕괴를 막는 데 도움이 되었다.
규제가 폐지되자 뒤이어 불황이 시작되었다.

성장시켰다. 1980년대에 로널드 레이건은 그 흐름을 거꾸로 되돌렸다.
그는 정부가 적이라고 선언하고 규제망을 없애기 시작했다. 그리고 궁
극적으로 대공황 시대 이후로 가장 커다란 경제위기에 몰아넣고야 마
는 길로 미국을 인도했다.

위 도표에서 제시한 연대표는 중요한 내용을 모두 말해준다. 기본
적인 도로 규칙을 지키면 수십 년 동안 경제가 안정되지만 그 규칙들
이 흔들리면 우리는 엄청난 호황으로 가기도 하고 그보다 더 큰 불황
에 빠지기도 한다.

물론 이 퍼즐을 맞출 조각은 많이 남아 있고 나중에 이 부분에 대
해 조금 더 이야기할 생각이다. 하지만 지금은 사실을 직시할 때다. 우
리는 레이건 시대의 경제 정책이 저지른 치명적인 실수로 엄청난 대가
를 이미 치렀다. 그리고 이 커다란 교훈을 무시한다면 우리 나라는 결
국 훨씬 더 큰 대가를 치르고 말 것이다. 명확한 증거가 있는데도 엘
리트 정치인들 중 상당수는 과거에 실패한 방식을 고수하기로 결심한

듯하다. 공화당 출신의 대통령, 공화당의 지도부, 공화당 국회의원들은 똑같은 노래만 계속해서 불러댄다. 미국 경제를 발전시키기 위해서는 규제 기관들을 단단히 통제하고 거대 기업들이 원하는 바는 무엇이든 들어주라는 것이다.

나는 4년 동안 미국 상원의원으로 재직해왔고 잠결에도 그들의 말을 대부분 옮길 수 있을 정도로 공화당원들의 이야기를 열심히 들었다. 결국 그들 상당수는 로널드 레이건이 처음 미소 지으며 백악관에 입성하던 순간부터 노래하듯 외쳐온 몹시도 지루하고 비상식적인 주장을 나열하고 있다. 마치 지난 35년 동안 규제 완화를 한 적이 없고 2008년 경제위기가 우아한 비단 손수건 한 장으로 떨쳐버릴 수 있는 한낱 악몽에 불과한 것처럼 말이다.

도널드 트럼프는 오바마 대통령이 실시한 금융 규제를 폐지하고 싶다고 말하면서 공화당원들이 수십 년 동안 받아들인 낡아빠진 규제 완화 전략에 서명하는 것일 뿐이다. 심지어 도드프랭크 금융개혁법 2008년 금융위기의 재발을 막기 위해 발표한 법안으로 월가의 개혁과 소비자보호법을 주요 골자로 한다은 "은행가들이 제 기능을 하지 못하게 만들었다"[83]고 말했다. 글쎄, 은행가들이 과거에 자행하던 무모한 경영 방식을 고수하기 더 어렵게 만든 것만은 틀림없는 사실이다. 그게 가장 중요한 점이다! 뉴트 깅그리치 같은 공화당원들은 트럼프의 집권 기간이 "프랭클린 델러노 루스벨트"의 정부 "모델에서 탈피하기 위한 엄청난 노력을" 한 번 더 기울이는 시기라고 말한다.[84] 다음 위기가 찾아오면 깅그리치가 자산을 털어 은행을 긴급 구제할 계획인지 궁금하다.

내가 규제라면 뭐든 좋아하는 것은 아니지만—세상에 그런 사람은 없다—정부가 일련의 규칙을 정하고 시행할 때에만 해결할 수 있는 문제들도 있는 법이다. 그렇지 않으면 금융 사기, 독점금지법, 그리고 우리 경제를 무너뜨릴 권력을 가진 은행 산업과 어떻게 맞붙을 수 있겠는가? 한번 이렇게 생각해보면 어떨까? 만약 기업들이 사람을 속이거나 경쟁 업체들을 깔아뭉개거나 온갖 위험 부담을 잔뜩 끌어안아도 괜찮다면—그리고 고위 간부들이 그런 방향으로 기업을 이끌어나가며 자기 주머니를 채워도 괜찮다면—조만간 그들 중 한 명은 실행에 옮길 것이다. 그들 중 한 명이 속임수를 쓰고 나머지 사람 전부가 곤경에 처하고 나면 그 사기꾼을 따를 것인가 아니면 뒤처지고 말 것인가? 거대 은행의 CEO가 모두 고객을 속이는 주택담보대출 사업에 뛰어들고 싶었던 것은 아니겠지만 경쟁 업체들이 수억 달러의 수익을 긁어모으고 난 뒤로 이 관행은 거부하기가 결코 쉽지 않게 되었다.

이 거대하고 역동적이며 대단히 복잡한 경제는 시장이 제대로 기능하도록 만들기 위해서 몇 가지 기본적인 규제가 필요하다. 그리고 엄청난 차이를 만들어낼 수 있는 간단한 규칙 몇 가지를 떠올리기란 그리 어렵지 않다.

우선, 글래스스티걸법을 현대적으로 다듬어서 시행하고, 당좌 예금과 보통 예금처럼 평범하고 지루한 은행업과 월가에서 이뤄지는 말도 안 되는 위험천만한 일을 분리해야만 한다. 그렇다고 해서 당파에 따라 의견이 갈릴 필요는 없다. 21세기 글래스스티걸 법안의 공동 발의자[85]는 공화당의 2008년 대통령 후보인 존 매케인 상원의원이었다.

2016년에 도널드 트럼프는 이 생각에 찬성하는 선거운동을 펼쳤고 그의 주장에 따라 글래스스티걸 법안을 수용하는 것이 공화당의 정책 강령에 추가되었다.[86] 하지만 상원과 하원에 포진한 공화당의 지도부가 그런 유의 법안 추진을 거부했고 지금은 트럼프 대통령도 그와 정반대 노선을 걷는 경제 팀을 꾸렸다. 지금껏 누구도 어째서 거대 은행들이 국영 보험으로부터 이득을 취하는 동시에 월가에서 모험을 감행할 수 있었는지 정확히 설명하지 못한다. 하지만 은행의 로비스트들은 어떻게든 이 법안이 통과되지 못하게 막아왔다.

이렇게도 생각해볼 수 있다. 증권거래위원회는 월가를 위해 일하지 않는 지도자를 채용해야만 한다. 그리고 해당 기관이 실사를 나가서 법을 집행할 수 있도록 예산을 훨씬 더 높게 책정해야 한다. 증권거래위원회에도 진정한 용기를 보여준 훌륭한 위원들이 있었고 이 역시 당파를 초월해야 하는 문제다. 하지만 증권거래위원회를 책임지겠다고 나선 가장 최근의 후보는 월가를 정부의 규제로부터 적극적으로 보호하는 데 생애를 바친 인물이었다. 그가 오랫동안 자신을 풍요롭게 살게 만들어준 이들을 갑자기 엄격하게 대할 것이라 생각하는 사람이 있다면 그는 월가 사람들 사이의 친밀한 이해관계를 전혀 이해하지 못하는 것이다.

음, 그러면 여기에 알맞은 사례를 하나 살펴보자. 누구나 그렇듯이 CEO들도 법을 어기면 교도소에 가야 한다. 대법원의 돌 위에는 '법 앞의 평등'이라는 문구가 새겨져 있다. 그 뒤에 '기업 간부들은 예외'라는 문구가 덧붙여져 있지는 않다.

검사의 기개를 굳건히 만들고 독점금지법을 다시 한번 시행해보자. 소형 약국과 신생 항공사들은 물론이고 완전히 혁신적인 건강보험 방식도 세상에 뜻을 시험해볼 기회를 갖게 하자. 나는 정부가 대기업이 아니라 국민을 위해 일한다고 믿으며 정부가 어떤 기회도 놓치지 않는 경쟁을 권장해야 한다고 생각한다. 산업의 집중화 현상은 소비자들에게도 나쁠 뿐 아니라 혁신적인 사람들에게도 좋지 않다. 무엇보다 나쁜 것은, 상황이 정말 엉뚱한 방향으로 흘러가면 그로 인해 모든 사람이 위험에 처한다는 점이다.

이 각각의 제안에서 모든 사람이 내 의견에 동의하지는 않을 것이다. 하지만 일단 분명히 해둘 것은 미국이 경고를 받아왔다는 사실이다. 1차 경고는 1980년대의 저축대부조합 위기였고 2차 경고는 2008년 금융위기였다. 우리는 여기서 살아남았지만 마지막 금융 폭탄은 우리 경제를, 그리고 수천만의 미국 가계를 거의 멸망으로 몰아갈 뻔했다. 다시 한번 위기가 찾아온다면 우리는 이를 감당할 능력이 없다.

그리고 위험은 여전히 존재한다. 어느 일류 경제 문제 해설가가 최근에 지적한 바에 따르면, "2010년부터 거의 모든 대륙의 은행에서 커다란 스캔들이 터졌고 이유는 실로 다양했다. 불법 행위, 무능력, 현실 안주 등".[87] 2016년엔 유독—금융위기가 일어난 지 8년 뒤이자 더 엄격한 규제가 시행된 직후—세 곳의 주요 은행이 심각한 문제에 빠져들었다. 도이치 은행[88]이 장부상의 커다란 위험 요인을 은폐하자 국제통화기금IMF은 도이치 은행이 국제 금융 체계에 상당한 위협을 가했다고 평가했다. 웰스파고Wells Fargo 미국의 4대 상업 은행 중 하나는 200만 명 이상의 고객을 속이는 방식으로 주가를 부풀린 게 덜미를 잡혔다.[89] 그리고 시티그룹[90]은 변칙 거래로 부당 이익을 올리는 바람에 수억 달러의 벌금을 무는 데 합의했다.

그래도 은행들이 완전히 망하기에는 몸집이 여전히 지나치게 비대하다. 사실상 일부 은행은 그 어느 때보다 규모가 크고, 아니 너무 커서 조금의 실수도 용납할 수가 없다. 최근에 연방예금보험공사[91]는 웰스파고의 규모가 비대하고 경영이 지나치게 부실해서 설사 그 은행이 저 홀로 휘청거리더라도 나라의 경제 전체를 끌어내릴 소지가 있다고 발표했다—물론 긴급 구제를 하지 않은 경우를 말한다. 어느 기나긴 학술 논문에서 전 재무 장관과 경제학자가 은행에 관한 상당히 두툼한 금융 데이터를 분석했다. 두 사람이 내린 결론에 따르면, 2016년에 거대 은행들은 2008년 경제위기가 닥치기 직전보다 크게 안정적이지 않다.[92] 사실은 더 위험할지도 모른다고 한다. 금융위기는 오래전에 지나갔지만 금융 분야에는 경제를 위기로 몰아갈 기업이 여전히 많지 않을까? 맙소사. 우리의 규칙은 더 강화시켜야지 약화시켜서는 안 된다.

이 문제는 대단히 심각하다. 거대 은행들은 우리 모두를 위험에 빠뜨리고 있으며 이런 종류의 위험은 내 조부모 세대에게 익숙하다. 우리 주택을 빼앗아가고 직장을 잃어버리게 하며 저금을 모두 날려버릴 법한 위험이다. 제품 가격을 올리거나 경쟁 업체들을 깔아뭉개는 거대 기업들이 우리 경제를 폭파시키는 원인은 아닐지도 모르지만 천천히 오랫동안 쇠퇴하게 만들 수 있는 다양한 방식으로 우리를 쥐어짜는 것만은 사실이다. 우리는 이렇게 쇠퇴하고 나면 도저히 회복 불가능하다.

모든 문제가 악화되는 원인은, 거대 은행과 대기업들이 영업을 하는 세상이 매일 더 빨라지고 더 복잡해진다는 사실에 있다. 그리스나 홍콩의 채무 위기가 파장을 일으켜 오하이오주나 알래스카주의 작은 마을에 사는 사람들에게 영향을 미치기도 한다. 공화당원들은 못 본 척 고개를 돌리고 싶을 것이다. 아마 특별한 이유도 없이 더 작은 정부를 계속 요구할 듯하다. 그리고 대기업을 돕는 게 언제나 미국의 노동자 가정을 돕는 일이 된다고 주장할 성싶다. 하지만 이는 우리가 더 이상 감당할 수 없는 상상이다.

루스벨트가 옳았다. 우리는 더 잘해낼 수 있다. 우리는 총명하고 현실적인 사람들, 즉 우리가 실패를 향해 곧장 나아간다는 사실을 자각할 줄 아는 사람들을 필요로 한다. 그리고 정부 정책을 잘 찾아내고 은행보다 국민의 이익을 우선시하며 대재앙의 위험을 줄이기 위해 가능한 무슨 일이든 해낼 두려움을 모르는 공무원들을 필요로 한다.

내가 비 고모와 통화한 것은 고모가 돌아가시기 얼마 전인 1999년 말이었다. 아흔여덟 살의 고모는 건강이 조금씩 나빠지기 시작했지만 여전히 이야기하는 것을 좋아했다. 우리는 종종 전화 통화를 하며 이미 세상을 떠난 사람들을 추억했다. 삼촌과 고모들, 조부모님, 열두 살에 백혈병으로 죽은 꼬마 지미. 우리 가족 놀이에 등장하는 또 한 명의 구성원이라 할 만한 대공황도 아직 건재했다. 통화 중에 고모는 이렇게 말했다. "정말 힘든 시절이었어, 벳시. 그래도 이겨냈잖니."

그래, 대공황은 뼈를 깎는 고통이었지만 미국을 더 강하게 일으켜 세운 기회이기도 했다—바로 그걸 우리가 이룬 거다. 우리는 그때 더 나은 나라를 만들었고 지금은 더 나은 나라를 만들 가능성이 있다. 따라서 반드시 영리하게 굴어야만 한다. 상황이 달라지고 기업들이 사람을 속이거나 소규모 경쟁 업체를 눌러버릴 새로운 방법을 알아낸다 해도 우리는 맞서 싸울 수 있도록 규제 수단들을 변형시켜야만 한다. 하지만 가장 먼저 할 일은 그 도구들을 찾아서 활용하는 것이다.

정부는 우리의 적이 아니다. 국민을 위한 정부는 우리의 정치적 협력자다. 정부는—기업국가 미국이 아닌—모든 종류의 시장이 제대로 작동할 수 있도록 기본적인 규칙들을 시행할 방법을 제공한다. 그리고 루스벨트가 우리에게 보여주었듯이 시장은 부와 권력을 가진 사람들만을 위해 작용하도록 내버려두어서는 안 된다. 시장은 우리 모두를 위해 움직여야만 한다.

3 장

중산층의 형성과 붕괴

아이들이 어렸을 적에 나는 일요일 아침이면 대개 교회에 데리고 갔다. 도심에서 멀리 떨어진 곳에 자리한 우리 집 인근의 감리교회는 다소 자그마한 공간을 차지하고 있었다. 마치 아이가 그린 뾰족탑이 솟은 교회 그림처럼 보였다. 우선순위를 명확히 밝혀둔다는 표시로 목사님은 가을에 설교를 시작할 때면 언제나 교인들을 안심시킬 만한 중요한 말부터 먼저 꺼냈다. "안녕하세요. 오늘 미식축구는 12시 5분에 시작합니다. 마음 놓으세요. 11시 55분이면 여기서 나갈 수 있으니까요."

나는 가끔 교회에서 자질구레한 일을 돕기도 했다. 예를 들어 크리스마스 가장행렬에 참가한 목자들이 대열에서 벗어나지 않도록 길을 안내하는 것이었다. 하지만 대부분은 차를 몰고 교회로 가서 예배를 본 뒤 곧장 집으로 돌아왔다. 그러던 어느 일요일 아침, 목사님이 나를 슬며시 불러내더니 주일학교에서 5학년 반을 맡아 가르쳐달라는 부탁을 해왔다. 나는 깜짝 놀라고 말았다. 우리 아이들은 아직 많이 어렸고 나는 이제 막 법학과 교수가 된 참인 데다 5학년 학생들을 접할 기회가 전혀 없었기 때문이다. 게다가 직장에 나가고 아이들을 돌보느라 정신을 차리기도 힘든 지경이었다.

나는 목사님의 부탁을 정중하게 거절했다.

목사님은 나를 열심히 설득하더니 결국은 거의 빌다시피 했다. 그는 이렇게 말했다. "제발 부탁합니다. 다른 분들이 모두 거절했어요. 비상사태예요. 3개월 동안 선생님이 네 명이나 그만뒀습니다. 아이들이 굉장히 활동적이에요. 제발 이 일을 맡아주세요. 아이들에게 실제로 무언가를 가르칠 필요는 없습니다. 아무도 다치지만 않게 해주시면 돼요."

나는 별다른 의욕이 없이 교실에 들어갔고 2주가 지나도록 그 수준을 벗어나지 못했다. 남자아이들은 창문을 타고 넘어갔다. 미술 시간은 한 여자아이의 땋은 머리가 잘려나가고 한 남자아이의 셔츠에 커다란 구멍이 생기면서 끝이 났다. 어느 일요일, 아이 몇 명이 손이며 팔이며 얼굴 따위가 파랗게 염색된 채 교실에 남아 있었다(사연이 몹시 길다).

마침내 나는 45분짜리 미술 시간을 끝까지 진행하면 소란이 커질 뿐이라는 걸 알아차렸다. 어쩌면 단순 사고가 영구적인 신체 손상으로 이어질지도 모를 일이었다. 그래서 내가 가진 유일한 능력을 발휘하기로 마음먹었다. 바로, 아이들을 가르치는 것이었다.

법대생을 가르칠 줄 안다면 이 아이들을 가르치는 것도 당연히 가능할 것이라고 생각했다. 그렇지 않은가? 법을 가르칠 때 나는 소크라테스식 문답을 활용했다. 모든 학생에게 읽을거리를 미리 정해준 다음 강의를 하지 않고 질문을 던진다는 말이다. 이 방법이 잘 먹힐 경우,

내가 던진 질문에 자극을 받은 학생들은 자료를 좀더 자세히 검토하고 한층 더 어려운 내용을 이해할 수 있는 방법들을 고안하게 된다.

다음 일요일에 나는 성경에서 발췌한 이야기를 나누어준 다음 정말 어려운 질문을 몇 가지 던질 요량으로 아이들 모두에게 10분 동안 자료를 읽어보라고 시켰다. 몇몇 아이는 좀이 쑤시는지 몸을 꼼지락대며 다리를 뻗었지만 한 아이도 빠짐없이 이야기를 끝까지 읽어냈다. 그러고 나서 나는 수업을 시작했다.

"그러면 노아가 하나님의 목소리를 처음 들었을 때 기분은 어땠을까?"

아이들은 서로 조금 밀치기도 하고 꽤나 실없는 대답을 내놓기도 했다. "노아는 자기가 미치는 줄 알았어요!" "노아는 화성인이 말을 거는 줄 알았어요!" "노아는 귓속에 말하는 벌레가 있는 줄 알았어요!" 어쨌거나 아이들은 수업에 참여하기 시작했다. 아주 조금 나아진 정도였지만. 그리고 수업이 끝났을 때 교실에서 도망을 갔거나 심각하게 다친 아이는 아무도 없었다.

매주 일요일 우리는 한 가지 리듬에 젖어들었다. 이야기를 하나 읽고 수많은 질문을 던지는 것이다. 우리는 미술 시간을 포기하고 쿠키를 서로 나누기 시작했으며 홍수와 사자와 빵과 물고기에 대해 이야기했다. 그리고 두려움과 용기와 자비와 복수에 대해서도 의견을 나누었다.

어느 날, 우리는 자선과 기부에 대해 이야기했다. 성경에서 특정 이야기를 발췌하는 것보다는 5학년 아이들이 남에게 들려줄 자기만의 이야기가 있다는 사실이 더 중요했다. 아이들은 우리가 기부하는 이유에 대해 이야기하는 것을 좋아했다.

그러고 나면 내가 질문을 뒤바꿨다. "우리는 서로에게 어떤 의무를 지고 있을까? 우리가 주거나 주지 않겠다고 결심하는 것뿐만 아니라 모든 사람이 실천하겠다고 약속해야 하는 기본적인 것들은 무엇일까?"

아이들은 조금도 망설이지 않고 대답했다. 가장 먼저 생각해낸 것은 서로 상처주지 않는 것이었다. 그러고는 온갖 사례를 수북하게 쏟아내기 시작했다. 밀지 않기, 때리지 않기, 욕하지 않기, 남동생 음식에 코딱지 넣지 않기. (이건 정말 내가 생각도 못 해본 규칙이었다.) "하지만 그게 전부일까? 우리가 다른 사람에게 꼭 해야 할 다른 것은 없을까?"

그러자 다른 아이들보다 조금 덩치가 큰 제시가 나섰다. 이 튼튼한 아이는 벌써 나하고 키가 비슷할 정도였고 말썽을 주도할 때가 많았다. 토론이 벌어지는 내내 대체로 쭈뼛거리기만 하던 아이였기에 제시가 손을 들었을 때 나는 곧바로 다가갔다.

제시가 말했다. "누구에게나 차례가 돌아가게 해야 돼요."

미국식 거래

제시는 아마 운동장이나 놀이터의 규칙을—그가 짜증스레 여겨왔던 것들도 포함해서—생각하고 한 말이었겠지만 나는 그 아이의 대답이 마음에 들었다. 가능성. 기회. 호기. 다시 말해, 누구나 자기 차례를 갖는다는 말이다.

건국할 때부터 미국은 스스로를 기회의 땅이라고 분명히 밝혔다. 원래 기회란 새로운 나라로 건너가 자원을 개발하거나 같은 믿음을 가진 사람끼리 공동체를 형성하거나 서부로 이주해 정부에서 받은 땅을 일구고 살아갈 가능성을 얻는다는 뜻이었다. 20세기 들어, 교육을 받으면서 새로운 기회들이 만들어졌다. 미국의 공립학교 제도는 이민 가정을 사회 구성원으로 흡수하는 데 도움이 되었고 가난한 아이들에게 새로운 가능성을 열어주었다. 전국 각지에 국립대학이 세워져 열심히 노력한 사람이라면 누구에게나 교육을 받고 미래를 건설할 기회를 제공했다. 미국은 완벽하지는 않았지만 더 많은 사람에게 기회를 열어주고 있었으며 더욱 강하고 좀더 혁신적인 경제를 육성해갔다.

대공황 시기에 루스벨트는 미국 국민이 서로에게 져야 할 책임[1]의 크기를 늘렸다. 그는 미국 시민들에게 서로 돕자고 요구했다. 예컨대 고용보험, 노인들을 위한 사회보장제도, 과부와 고아들을 위한 원조, 그리고 시각장애인들에 대한 지원 등을 마련하자는 주장이었다. 수많은 사람이 이런 움직임을 자선사업이라고 설명했지만 사실은 그렇지 않았다. 자선이란 자유롭게 줄 수도 주지 않을 수도 있는 것이다. 어쩌면 지원이 곧 주어질지도 모르고 어쩌면 주어지지 않을지도 모른다는 말이다.

1930년대에 미국은 사회보장제도와 실업보험, 어려움에 처한 사람들을 구제하는 제도 등을 마련하면서 공동의 이익을 위한 새로운 사회적 합의[2]를 정하게 되었다. 정부를 통해 우리는 서로 힘을 모아 대규모 보험 제도를 만들었고 각자 여기에 세금의 형식으로 금전적인 기여를 했다. 우리는 도움의 손길이 필요할 때면 정부를 통해 서로에게 의지해 난관을 극복하는 데 힘을 보탰다. 우리 모두가 미국이라는 거대한 배에 함께 타고 있다는 것은 강력한 성명이었다. 부유하든 가난하든, 일자리가 있든 없든, 어리든 나이가 들었든 상관없었다.

이 진술의 밑바닥에 깔린 생각은 불행한 일이 닥친 사람들을 돕고 싶다는 열망에서 시작되었을 테지만 그보다 훨씬 더 많은 것을 포함했다. 사람들이 더 많은 기회를 접하게 만드는 데에도 도움이 되기 때문이다. 아니, 제시 같은 5학년생의 표현을 빌리면 누구에게나 자기 차례가 오는 법이다.

제2차 세계대전이 끝나자, 전쟁터에서 돌아오는 군인들에게 감사한 마음을 느낀 정부가 그들이 대학이나 기술학교에 들어가는 데 도움을 주기 위해 제대군인원호법GI Bill을 만들었다. 1950년대와 1960년대에[3] 연방정부는 다양한 규모의 대학에 훨씬 더 많은 자금을 쏟아부었다. 여기에는 교내 연구를 지원하거나 등록금을 낼 능력이 없는 학생들에게 돌아가는 학비 보조금과 학자금 대출 제도를 마련하는 방식이 두루 동원되었다. 뿐만 아니라 연방정부는 전국에 초등학교와 고등학교[4]를 새로 건립하는 데 수십억 달러를 쏟아붓기 시작했다. 그 효과는 즉각 나타났다.[5] 초등학교, 중등학교, 대학교에 들어가는 미국인의 수가 기하급수적으로 늘어났던 것이다.

정부는—아니, 우리 모두는—20세기 동안 사람들에게 더 많은 기회를 만들어주는 데 도움이 되는 다른 투자를 많이 했다. 우리는 도로, 다리, 댐, 에너지 등의 사회기반시설에 많은 돈을 투여했다. 그 지출의 목적도 기회를 만들어내는 것이었다. 전국 각지에서 대규모 프로젝트를 진행함으로써 루스벨트는 식량 배급 대열을 벗어나지 못하는 사람들에게 일자리를 제공했다. 하지만 대공황이 진정되어가고 제2차 세계대전으로 인해 노동력 부족 현상이 나타난 지 한참 지난 뒤에도 연방정부는 사회기반시설에 상당한 자금을 꾸준히 투자해 주간 고속도로 건설과 거대 댐 공사 같은 대규모 프로젝트들에 착수하는 한편 인도교와 작은 우체국 건물 건축 같은 비교적 소규모 프로젝트들도 진행했다.

사회기반시설에 대한 지출은 교육에 대한 투자와 비슷했다. 곧, 미래의 가능성을 내다본 투자였다. 누가 다음번에 좋은 사업 구상을 떠올릴지, 새로운 발명이 어디서 등장할지는 아무도 알지 못했다. 하지만 그것을 성공적인 사업으로 탈바꿈시키기 위해서는 혁신을 몰고 올 사람들에게 사회기반시설을 반드시 제공해야만 했다. 사업체를 가동시키기 위해서는 전기가, 상품을 시장으로 운송하기 위해서는 도로와 다리가, 그리고 근로자들이 매일 출퇴근을 하기 위해서는 대중교통수단이 필요했던 것이다. 이는 모두에게 혜택이 돌아가는 일이라고 암묵적으로 합의한 셈이었다. 도로와 발전소를 건설하는 일이라면 누구나 힘을 보태려 할 테고 그 뒤로 사업이 성장하면 투자자들에게는 이윤이, 노동자들에게는 더 나은 일자리가 생기기 때문이었다. 그렇다고 모든 사업 프로젝트가 성공을 거둔 것은 아니었다. 그런 일은 결코 일어나지 않았다. 하지만 사회기반시설에 투자하는 것은 언제나 시민 모두에게 더 많은 기회를 제공하는 데 도움이 된다.

이외에도 다른 형태의 공공 비용 지출이 전후 시대에 급격히 성장했다. 바로, 연구 부문에 대한 투자가 늘어난 것이다. 의학, 과학, 기술, 심리학, 사회과학 등 온갖 분야의 연구가 존중되었고 자금이 지원되었다. 정부 기관과 대학들은 대단히 야심찬 프로젝트에 매진하는 연구원들을 데려와 팀을 꾸렸다. 마치 탐험가와도 같았고, 이들이 탐구하는 미지의 영역에는 인간의 DNA처럼 가까운 것과 달처럼 아주 먼 것이 다 포함되었다.

이런 식으로 연구 투자에 몰두하는 것은 그 자체로 혁신적인 일이었다. 우리는 교육과 도로 및 다리에 오랫동안 투자해왔지만 이제 한층 더 대담해졌다. 즉, 미국은 새로운 생각에 투자했고 결과적으로 세상을 변화시켰다. 이 변화에는 지구 역사상 가장 위대한 기술적 업적들도 포함된다. 우리가 끊임없이 기회를 잡고 활용한 덕분에, 처음에는 기본적인 연구에 투자했지만[6] 결국 인터넷과 GPS, 인간 게놈 지도를 완성하는 결실을 맺었다.

대부분의 경우 우리는 어떤 구체적인 결과나 혜택이 생겨날지 명확히 알지 못한 채로 투자했다. 하지만 미국적 낙관주의의 중심에는 한 가지 믿음이 자리하고 있었다. 영리한 사람들이 어려운 문제를 연구하도록 우리가 돕는다면 이 과학자와 기술자와 발명가들이 새로운 생각을 체계적으로 정리해서 우리 자녀와 손주들이 정말로 놀라운 일[7]을 이룰 수 있도록 해준다는 것이었다. 그리고 모험가들의 나라에서는 그게 바로 기회의 정의였다.

내가 생각하기에 이것은 기본적인 미국식 계약이다. 악수로 협정 체결을 알리는 행위만큼이나 단순한 것이다. 우리는 누구나 세금을 내고 누구나 혜택을 받는다. 때로는 혜택이 그 즉시 주어지기도 하고 때로는 미래에 따라오기도 한다. 그리고 다음 세대를 위해 기회를 마련하는 데 일조하기도 한다. 이런 생각을 처음으로 말로 표현하려 했던 2011년에 나는 상원의원에 출마할까 고민하고 있었다. "혼자 힘으로 부자가 된 사람은 이 나라에 아무도 없다. 정말 한 명도 없다." 내가 말하고자 하는 것은, 성공하는 사람이라면 누구나 우리 모두가 투자한 것에서 얼마간 도움을 받는다는 사실이었다. 그리고 우리는 다음 세대도 기회를 가질 수 있도록 위와 같은 분야에 계속해서 투자하고 있다.

교육, 사회기반시설, 그리고 연구. 20세기 동안 이 세 분야에 투자한 덕분에 미국의 미래가 밝았던 것이다. 우리는 그 미래를 함께 다듬어 만들었다.

노동조합은 미국의 중산층 형성에 도움이 되었다

대공황이 시작되면서 수백만 명의 실업자가 일자리를 놓고 어쩔 수 없이 다투게 되었고 그중 대다수의 사람은 아무 일이나 닥치는 대로 하려 했다. 비 고모는 함께 일하던 여성 대부분이 해고되어 집으로 돌아가는 모습을 지켜봤다. 일자리 하나를 두고 수십 명, 심지어 수백 명의 사람이 줄을 늘어섰다. 당시 상황을 지켜본 상당수의 사람은 높은 실업률이 미국 노동조합의 종말을 알리는 조짐이라고 생각했다. 잠시 동안은 이 생각이 옳은 것처럼 보였다. 1920년대에 최고를 기록했던 노동조합원 수가 1933년에 접어들어 거의 절반으로 줄어들었다.[8]

하지만 루스벨트는 노동조합을 더 강화시켜야 미국의 가정들이 다시 일어서는 데 도움이 될 거라 생각했다. 대통령 첫 임기 동안, 노동조합에 단결권을 보장해주었을 뿐 아니라 노동자들이 선택하는 어떤 노조와도 기업이 선의로 협상에 임하게 하는 법안들을 거세게 밀어붙여 통과시켰다.[9] 그는 노동조합을 조직하거나 가입하고 싶어하는 노동자들을 보호했다. 고용주는 조합을 조직하려는 노동자들을 더 이상 협박하거나 해고할 수 없었다. 그리고 자신의 영향력을 발휘해서 이런 유명한 말을 남겼다. "만약 내가 공장 노동자라면 노조에 가입할 것이다."[10] 노동관계법이 완벽하지는 않았지만 기초를 다지는 역할을 했고 대통령이 이 문제에 열성적이라는 신호를 보냈다. 결과적으로 노동조합은 행동에 돌입했다. 그들은 조합원을 적극적으로 모집했으며 근로 조건을 개선하고 임금을 올리며 고용 안정을 도모하기 위해 파업에 들어갔다. 심각한 경제 불황이 한창이던 시기에 말이다.

놀랍게도 효과가 있었다.

노동조합은 서서히 힘을 얻어나갔고 조합원 숫자도 늘어나기 시작했다. 그 효과는 수백만의 조합원 가정이 체감하고 있었다. 놀랍게도,

수백만의 비조합원 가정에서도 동일한 경험을 했다. 노동조합들이 노동 인구의 경제적 조건을 변화시켰고 점점 커져가는 조직의 영향력을 이용해 모든 노동자에게 혜택을 안겼기 때문이다.

시간이 흐르면서 노동조합들은 다른 집단과 힘을 합쳐[11] 아동노동법, 연방 최저임금, 주 40시간제, 산업안전 수칙, 산재보험을 통과시켰다. 노동자들은 산재보험을 통과시키기 위해 적극적으로 로비를 펼쳤다. 이는 노동조합원들만이 아니라 모든 노동자를 위한 활동이었다. 지금까지의 활약상을 조합해보면, 노동조합은 미국 노동자와 미국 기업 사이의 사회적 계약을 다시 작성하는 데 일조했다.

노동조합원은 1930년대 말에 급격히 증가했고[12] 전후 기간에 계속 늘어났다. 1950년대 중반에는 전체 노동자의 3분의 1 이상이 조합원증을 소지했다. 비 고모는 오십대가 되어서야 결혼을 했고 고모부는 홀아비가 된 뒤로 작지만 깔끔한 집에서 꽤 괜찮은 연금을 받아 생활했다. 식육 통조림업자 조합에 30년간 가입한 덕분이었다. 스탠리 고모부의 손은 육중한 고기 전용 칼과 날카로운 식칼들이 사방에 널린 곳에서 장시간 교대 근무를 오랫동안 해오느라 상처투성이였고 등과 무릎은 완전히 망가진 상태였다. 하지만 고모부는 불평하는 법이라곤 없었다. 날씨가 추워져 손이 아플 때도 양손을 모아 비벼대면서 이렇게 말하곤 했다. "벳시, 직업이 있다는 건 좋은 일이었어. 좋은 노동조합이 있는 직업 말이다."

대공황이 한창이던 시절에 노동조합원이 늘어났다는 사실은 성공을 일구는 이상적인 방법에 대한 이 나라의 생각이 달라졌다는 것을

왼쪽부터 트래비스 고모부와 루시 고모, 비 고모, 스탠리 고모부가 차례로 서 있고 등 뒤로 좋은 조합에 가입된 직업 덕분에 구입한 깔끔한 작은 집이 보인다.

반영하기도 하고 그 생각에 영향을 미치기도 했다. 노동조합원이 된다는 것은 경제적 전략이기도 하지만 도덕적 헌신이기도 했다. 노동조합은 결속을 기반으로 번창한다. 즉, 사람들은 협동을 통해 더 큰 힘을 가질 뿐 아니라 공동 번영을 실천한다면 누구도 개인적 불운으로 고통받지 않는다는 개념이다.

노동조합이 힘을 얻어갈수록 노동자들의 영향력도 늘어만 갔고, 경제성장으로 창출된 부에서 더 많은 몫[13]을 차지하기 위해 그 영향력을 협상에 활용했다. 새로 창출된 수입 가운데 노조원들에게 돌아가는 몫은 당연히 증가했으며 비노조원에게 돌아갈 몫도 같이 늘어났다.

이 말을 다시 한번 유심히 들어보자. 더 많은 사람이 노동조합에 가입할수록 모든 노동자의 삶이 개선되었다.[14] 그렇다면 과연 얼마나 많이 나아졌을까? 노동경제학자들의 자세한 연구에 따르면, 노동조합은 비노조 노동자들의 임금과 복지수당을 28퍼센트가량 인상시켰다. 그러니 모든 노동자가 훨씬 더 잘살게 되었다고 말해도 좋을 듯싶다.

노동조합원 수가 급격히 늘어나기 시작한 지 수십 년이 지난 뒤에야 나는 노조의 힘이 무엇인지, 그리고 일부 기업이 노조를 저지하기 위해 얼마나 격렬히 싸우는지 조금 알게 되었다. 내 첫 남편 짐은 1970년대 수학 천재의 필수 요건을 두루 갖춘 인물이었다. 팔꿈치나 무릎 패치가 덧대진 옷을 입고 공상과학에 탐닉하며 컴퓨터에 집착하는 성격이었다는 말이다. 그는 대학을 졸업하고 곧바로 IBM[15]에 채용되었고 아폴로 우주 비행 임무에 배정되었다. 그의 일과는 스프레드시트를 자세히 살펴보고 버그를 찾아내서 잡는 것이었다. 한 가지 일화를 털어놓자면, 어느 날 저녁에 남편이 불쑥 집으로 돌아와서는 내가 조금 놀랄 만한 말을 건넸다. "관리자가 될 것 같아." 그는 절대 사람을 능숙하게 다루는 편이 아니었다. 하지만 그가 관리하는 대상이 다른 괴짜 컴퓨터 천재 프로그래머들일 테니 일이 잘 풀릴지도 몰랐다.

IBM은 그를 회사 소유의 특수 경영 학교로 곧바로 보냈다. 그는 귀가하면서 노트와 이야기를 한 보따리 지고 왔다. 회사가 관리자에 새로 뽑힌 사람들 전원에게 주입시킨 지시 사항 가운데 단연 최고는 "단숨에 규칙"이었다.

맞다. 나는 꽤 흥미를 느꼈다. 그래서 이렇게 물었다. "대체 '단숨에 규칙'이 뭔데?"

짐의 설명에 따르면, 점심을 먹는 중이든 남자 화장실에 있든 퇴근 후의 맥주집이든 시간을 불문하고 어떤 직원이 '노동조합'이라는 단어를 언급하면 관리자는 그 정보를 단숨에 바로 윗선의 상관에게 전달해야 했다. 한마디로 다시 말해, 이 사람을 즉시 보고하시오!

나는 이해가 가지 않았다. 왜 이것이 그토록 중요했을까?

마치 환히 보이는 핵심을 내가 놓쳐버렸다는 듯 짐이 한숨을 내쉬고는 나를 위해 분명히 설명해주었다. "IBM에서 내가 속한 부서는 노사 간 협정을 통해서 고용 조건을 정하지 않으니까. 우린 노조와는 아무 연관도 맺고 싶어하지 않으니까. 그리고 경영진이 노조에 관한 이야기가 조금이라도 오가는지 알아야 곧장 중지시킬 수 있으니까 그렇지."

내가 다소 충격을 받은 듯한 표정을 지은 모양이었는지 그가 서둘러 덧붙였다. 그는 이렇게 설명했다. "이건 좋은 일이야. 우린 노조가 필요 없거든. 그리고 우린 이런 방식으로 노조의 접근을 막아내고 있어. 노조 사람들이 같은 종류의 일을 하면서 받는 정확한 금액을 늘 예의 주시하다가 그것보다 2~3퍼센트 더 주는 거지. 모두한테 좋은 거야."

나는 짐에게 이렇게 쏘아붙였다. 어쩌면 내 목소리가 다소 날카롭게 들렸는지도 모르겠다. "잠깐만. 다른 사람들이 속한 노조가 최대한 좋은 임금 조건을 협상하려고 온갖 노력을 다했는데 자기네가 끼어들어서 IBM의 누구도 노조와 손잡지 못하게 만들었다는 거네. 도대체 그게 어떻게 모두에게 좋은 일이야?"

내 입장에서 보면, IBM이나 다른 회사의 노동자들로부터 회비를 받든 못 받든 관계없이 그 노동조합들은 봉급을 받는 모든 사람을 위해 임금을 끌어올리고 복리후생을 개선하기 위해 힘썼다.

정부는 대부분의 미국인을 위해 일했다

1930년대부터 1970년대에 이르기까지 미국은 기회 발굴에 의도적으로 투자해왔다. 미 정부는 수백만 명의 사람에게 더 많은 기회를 주기 위해 최선을 다했다. 아이들이 좋은 교육을 받을 기회, 노동자들이 경제적 안정을 일굴 기회, 노인들이 품위 있게 은퇴할 권리 말이다.

그중에서도 가장 좋은 부분은 바로 미래를 내다본 이 역동적인 투자가 효과를 거두었다는 점이다. 우리는 그 투자가 비단 상류층 사람들만이 아닌 국민 모두에게 효과를 거두도록 만들었다.

완벽한 것은 아니지만 거의 반세기 동안 국가 수입은 전반적으로 증가했다. 중위 노동자가 점점 더 잘살게 되었다. 임금은 대공황이 끝난 뒤부터 제2차 세계대전을 치르는 동안 급격히 상승했고 이후 수십 년간 계속 증가 추세였다. 앞서 언급했듯이 심지어 물가상승률에 맞춰 조정했을 뿐 아니라 대공황 시기의 낮은 임금과 제2차 세계대전의 영향을 감안한다고 해도, 아무리 그 모든 점을 다 고려한다 해도 1947년부터 1980년까지 소득 수준 한가운데에 있는 사람들의 임금은 약 65퍼센트 증가했다.[16]

GDP는 계속 증가했고, 국가가 점차 부유해지면서 그 혜택의 대부분을 받는 것은 부지런히 일하는 평범한 미국인들이었다. 1935년부터 1980년까지[17] 미국인의 90퍼센트가—상위 10퍼센트를 제외한 모든 사람이—전체 수입 증가의 70퍼센트를 차지했다. 물론 이상적인 것은 아니지만 미국인의 90퍼센트가 실질소득성장을 누린다는 것은 대단히 멋진 일이다—주택보조금이나 사회보장연금 같은 일종의 정부 재정 보조 프로그램은 여기에 포함되지 않는다. 우리가 이 나라를 부유하게 만들었던 거의 50년 동안은 거의 모든 사람이 조금이라도 혜택을 받았다.

나는 이 부분을 강조하고 싶다. 이는 약 1퍼센트 혹은 0.01퍼센트에 해당되는 최고소득층과 최저소득층에 대한 이야기가 아니다. 억만장자들에 관한 이야기도 아니다. 바로, 번영을 널리 공유하는 것에 관한 이야기다. 집과 세탁기를 구입하는 것, 저축은 잠시 미루고 자녀들이 대학을 졸업하도록 도와주는 것, 주택담보대출을 다 갚고 무사히 은퇴생활을 영위하는 것, 그리고 자녀들이 훨씬 더 나은 삶을 살 수 있도록 엄마 아빠가 열심히 노력했음을 이해하는 것에 관한 이야기다. 미국이라는 나라가 성취한 탁월한 업적은 바로 우리가 이룬 게 누구

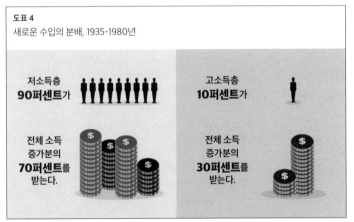

도표 4
새로운 수입의 분배, 1935-1980년

저소득층
90퍼센트가

고소득층
10퍼센트가

전체 소득
증가분의
70퍼센트를
받는다.

전체 소득
증가분의
30퍼센트를
받는다.

1930년부터 1980년까지 대부분의 미국인은 새로 발생한 수입을 나누어 가졌다.

나 누릴 수 있는 평범한 것이라는 사실이었다. 다시 말하면 수백, 수천, 아니 수만 가족이 견고하고 안정적인 삶을 누렸으며 더 많은 사람이 아직 그런 수준에 도달하지는 못했지만 자기 집을 갖고 안정적인 상태를 마련할 길을 볼 수 있었다. 우리는 연방 정책을 수립해서 중산층을 만들었고 그 중산층은 이 나라의 정체성이 되었다.

1935년부터 1980년까지 모든 소득 수준의 사람들의[18]—가난한 사람, 노동자 가정, 중산층 가정, 상위 중산층 가정, 부자들—삶이 점점 더 나아지고 있었다. 사실 최고소득층에 비해 저소득층과 중산층 가정의 수입이 더 빠르게 증가하는 추세였다.[19] 우리는 이 나라가 대부분의 미국인을 위해 일하도록 만들 수 있게끔 정책들을 설계했고 정확히 의도에 맞는 결과가 나왔다. 정말 놀라운 일이었다.

바로 이런 이유로 나는 희망을 품게 된다. 우리는 넋 놓고 앉아서 이렇게 말할 필요가 없다. "맙소사, 미국인 대다수의 소득을 크게 늘리려면 어떻게 해야 좋을지 모르겠네." 우리가 반중력 기계나 공상과학적인 놀라운 물건을 발명할 필요는 없다. 그런 물건을 만드는 게 가능하기나 한지 토론할 필요도 없다. 우리는 방법을 알고 있다. 이미 해본 경험이 있기 때문이다.

인종의 어두운 면

미국이 위대한 중산층을 형성시킨 과정이나 방법에 대한 이야기는—

그리고 우리는 미국에서 중산층이 차지하는 범위를 점점 더 넓히기 위한 작업을 착착 진행시켰다―내가 앞서 설명한 것처럼 간단하고 말끔하지 않다. 목표를 향해 가는 과정에서 수많은 장애에 부딪히고 뒷걸음질쳤다.

가장 냉혹한 실패 중 하나는 우리 나라가 모든 사람에게 동등한 기회를 제공하지 않는다는 것이었다. 성장의 책임은 널리 나누었지만 뉴딜 정책의 이익은 백인 가정에게 한아름 돌아갔고 백인 중산층을 형성하는 데 집중되었다. 예를 들어 흑인 노동자들이 주로 맡는 두 가지 직업은―농장 노동자와 가정용 허드레 일꾼―처음에만 해도 사회보장연금의 적용 대상이 아니었다.[20] 한 세기가 넘도록 이어진 체계적 인종차별에 지쳐버린 흑인들은 백인 가정의 경제 수준을 따라잡기 위해 안간힘을 썼다. 흑인과 백인의 빈부격차는 우리가 알고 있는 것만큼이나 오랫동안 지속되었으며―백인들은 최고소득층, 저소득층, 그리고 그 사이의 모든 경제 계급에 속하는 흑인들보다 꾸준히 더 많은 소득을 올려왔다―아직도 상당히 크다. 한편 여성과 유대인은 특정 직업과 특정 학교에서 다분히 의도적이고 공격적으로 거부당하는가 하면 남녀 동성애자들은 성적 취향을 꼭꼭 숨겨왔다.

하지만 균등한 기회 제공이란 머릿속에서 쉽사리 떨치기 힘든 생각이므로 미국은 그 꿈을 계속 확장시켰다. 1960년대와 1970년대 들어 인권운동이 뜨거운 열기를 얻으면서 모든 사람이 좋은 생활을 할 기회를 마땅히 누려야 한다는 믿음이 새로운 방향으로 자라나기 시작했다. 고용과 주택 공급, 교통 기관에서 차별을 금지하는 법안이 통과되었고 대법원은 학교에서 고의적인 차별을 금했다. 법 집행은 잠정적이었지만 새로 얻은 자유를 활용하려는 흑인들이 저항에 부딪히자 연방 정부가 모든 국민의 동등한 권리를 보호하는 데 점차 적극적으로 개입하게 되었다. 투표권 역시 흑인들의 정치적 영향력을 신장시켰다.

그 영향력은 꽤나 대단했다. 시간이 흐르면서 흑인 가정과 백인 가정 사이의 재정 격차는 줄어들기 시작했다. 1960년대 중반에서 1970년대까지 흑인과 백인의 빈부격차[21]가 30퍼센트 줄어들었다. 이는 단지 시작에 지나지 않았지만 실질적이고 의미 있는 발전이 있다는 뜻이기도 했다.

1935년부터 1980년까지는 대단히 활기찬 격동기였다. 변화가 쉽게 찾아오지 않았던 탓이다. 본래 변화란 그런 법이니까. 하지만 분명히 변화가 일어났고 미국이라는 나라는 한때 소외되었던 사람들을 더 많이 포용할 수 있는 더 많은 기회를 만들어야 한다는 생각을 서서히 넓혀갔다. 그리고 모든 사람에게 동등한 기회를 주는 것이 국가 정체성에서 더 필수적인 부분으로 자리매김하면서 우리는 그 어느 때보다 더 폭넓은 범위의 미국인들을 위해 경제적 안정을 공고히 했다. 수십 년 동안 정책은—즉, 우리가 함께 내린 결정들은—이 변화들을 공고히 하는 데 핵심적인 역할을 수행했다.

미국 이야기

성장하는 동안 나는 미국이 중산층에 투자한 혜택을 직접적으로 받았다.

나는 우리 집안에서 가장 어린 아이였다. 유아용 침대와 유아용 높은 의자를 치워버린 지 한참 뒤에 태어난 아기였으니 엄마가 (나는 엄마가 이렇게 이야기하는 걸 종종 들었다) "그런 일은 이제 없다고" 생각한 뒤에 나타난 뜻밖의 사건이었다.

나는 쾌활하고 힘이 넘치는 아이였다. 어린 시절 내내 반창고와 머큐로크롬이라는 주홍색 소독약을 덕지덕지 바르고 살았다. 일곱 살 때 처음 코뼈가 부러졌고 이론적으로 좀더 숙녀다워진다는 청소년기에 접어들기 직전에 스탠리 고모부와 부딪쳐서 다시 코뼈가 부러졌다.

우리 집은 오클라호마주 노먼에 자리했고 제2차 세계대전이 끝난 직후에 급하게 만들어진 작은 주택 가운데 하나였다. 거실 하나와 침실 두 개에, 여섯 식구가 드나들다보니 빌 틈이 없는 목욕탕이 하나 딸려 있었다. 세 명의 오빠는 차고를 개조한 공간에서 잠을 잤는데 바닥에 슬래브가 깔려 있어서 여름에는 시원했지만 겨울에는 발가락이 얼어붙을 정도로 차가웠다. 몇 년 뒤, 내가 주택금융에 관한 대학 강의를 준비하고 있을 때 아빠는 엄마와 함께 그 작은 집을 구입하기 위해 연방정부가 보장하는 대출을 받았다고 털어놓았다.

그 집은 윌슨 초등학교에서 열두 블록 떨어진 곳에 있었다. 오래된 빨간 벽돌 건물의 초등학교는 최근에 확장 공사를 해서 뒤편으로 신관이 붙어 있었다. 내가 그 학교를 얼마나 좋아했던지 심지어 지금까지도 2학년 때 쓰던 교실을 얼마든지 자세히 묘사할 수 있을 정도다. 교실에는 독서 그룹을 위한 의자들이 가지런히 놓였고 우리가 어떤 책을 읽었는지 기록하는 커다란 차트가 벽에 걸렸으며 1다임밖에 하지 않는 물리도록 단맛 나는 오렌지 음료가 있었다. 우리 교실은 환하고 쾌적했으며 잘 정돈되어 있어 평온했다. 그리고 리 선생님이 그 모든 것을 감독했다. 풍만한 가슴에 놀라울 정도로 거친 목소리와 튼튼한 신발을 신은 모습이 인상적인 여자 선생님이었다. 그 선생님이 부드럽고 포근하게 안아주기를 기다리는 것은 나만의 즐거움이었다.

1950년대에는 일하는 여성이 많지 않았고 기혼 여성은 특히 드물었다. 하지만 교사는 달랐다. 아니, 적어도 리 선생님은 그렇게 말했다. 2학년이 시작되던 가을, 선생님은 나를 부르더니 내가 마음만 먹으면 중요한 일을 할 수 있을 거라고 이야기했다. 정확한 시기는 기억나지 않지만 그해가 가기 전에 나는 리 선생님에게 가서 교사가 되고 싶다는 포부를 밝혔다. 선생님과 똑같은 학교 교사 말이다! 선생님은 옅지만 만족감이 묻어나는 미소를 지으면서 말했다. "그래, 벳시. 넌 할 수 있어."

그 뒤로 선생님은 나에게 옐로 버즈 독서 그룹의 지도를 맡겼다. 블루 버즈나 레드 버즈와 마찬가지로 책을 읽을 줄 모르는 아이들로 구성된 그룹이었다. 내가 교사석에 떡하니 버티고 있으면 열아홉 명의 아이가 나를 말굽 모양으로 둘러싼 자리에 앉아 큰 소리로 책을 읽었다. 아이들이 모르는 단어가 나오면 나는 끈기 있게 (내 태도가 그렇게 보였기를 바란다) 알려주었다. 두꺼운 안경을 쓴 한 아이가 서너 번의 시도 끝에 마침내 '함께'라는 단어를 알아봤을 때에는 광풍처럼 몰아치는 순수한 기쁨에 휩싸였다. 나야 당연히 그 단어를 읽을 줄 알았지만 이제 그 아이도 읽을 수 있게 되다니!

나는 구제불능이었다. 선생 노릇을 하기 위해 이웃집 아이들을 닦달해서 큰 소리로 책을 읽게 했다. 더 이상 아무도 응하지 않는 지경에 이르자 인형들을 줄 세워놓고 쓰러지지 않게 책으로 무릎을 눌러 고정시켰다.

어머니는 내가 교사가 되겠다는 생각 자체를 우습게 여겼다. 우리 가족 가운데 대학을 나온 사람이 한 명도 없는 탓도 있었지만, 가정을 꾸렸는데도 일하는 여성을 마뜩잖게 보기도 한 탓이었다. 직장에 다닌다는 건 운이 나빠서 남편과 자식이 없는 여성들에게나 해당되는 일이었다. 어머니는 내가 나이를 더 먹으면 그 생각을 포기하리라 생각했던 것 같다. 하지만 나는 그러지 않았다. 어머니는 내가 화장을 하거나 머리를 곱슬곱슬하게 마는 것처럼 "평범한 여자아이가 할 만한 행동"을 하지 않자 초조해했다. 잊을 만하면 나한테 독서 안경을 끼지 말라고 다시금 일러주기도 했다. 그러고는 노상 이렇게 말했다. "남자는 안경 낀 여자에게 절대 관심을 보이지 않는 법이야."

내가 청소년기에 접어들었을 무렵, 어머니는 내가 교사가 되고 싶다는 이야기를 할 때마다 무작정 대화에 끼어들어 내 대화 상대가 누구든 가리지 않고 이렇게 설명했다. "하지만 얘가 노처녀 교사가 되고 싶은 건 아니란다." (섬뜩한 배경 음악이 실제로 들리는 것 같지 않은

이 사진에는 내가 이끌던 독서 그룹의 일원들이 여기저기 앉아 있다. 내가 아이들에게 친절하게 대했기를 기대해본다. (나는 키 큰 아이들과 함께 뒷줄 중앙에 서 있다.)

가?) 그러고 나서는 나를 돌아보고 잠시 말을 멈추며 눈을 가늘게 떴다. "그렇지, 벳시?"

열일곱 살에 나는 장학금을 받아 대학으로 떠나면서 희망 전공란에 '교육'을 포함시켰다. 2년 뒤, 앞서 언급한 그 수학 천재 짐 워런이 치즈버거를 사준다고 불러내더니 나에게 청혼을 했다. 우리는 그로부터 8주도 안 되어 결혼을 했다.

정신 나간 이야기처럼 들린다는 것은 나도 안다. 내가 어쩌자고 청혼을 받아들였을까? 전액 장학금을 받는 대학생 신분에 아직은 졸업장도 교사 자격증도 따지 못했는데 말이다. 하지만 나는 조금도 망설이지 않고 대학을 중퇴한 뒤 짐과 결혼했다.

19년 동안 나는 여자가 할 수 있는 가장 좋고 가장 중요한 일이 '시

집을 잘 가는 것', 달리 말하면 '좋은 남자를 찾는 것'과 '어느 정도 경제적 안정을 꾀하는 것'이라는 교훈을 뼈에 새겨둔 모양이다. 그리고 그 19년 동안 내가 어딘가 부족한 사람이라는—말하자면 별로 예쁘지도 않고 남자를 꾈 재주도 없으며 남자들에게 나보다 잘났다는 확신을 안겨주는 데에는 확실히 소질이 없었다—메시지도 온몸으로 받아들였다. 내 마음 깊은 곳 어디선가 어떤 남자도 청혼해오지 않을 거라고 믿었던 것 같다. 짐이 결혼하겠냐고 물었을 때 나는 어찌나 충격을 받았던지 10억분의 1초도 걸리지 않아 긍정의 대답을 안겨주었다.

나는 결국은 아내가, 그리고 어쩌면 어머니도 될 작정이었다. 좋아서 하늘을 나는 듯한 기분이었다. 그러면 대학에 진학해서 교사가 되겠다는 계획은 어떻게 하고? 어머니는 그 계획이 시들해질 거라고 예견했고 이제 보니 어머니 말이 맞았던 모양이다.

짐과 결혼한 지 일주일 뒤에 나는 어느 사무실에서 임시직으로 일하기 시작했다. 대개는 전화를 받고 병가나 휴가를 낸 사람을 대신하는 임무였다. 나는 아직도 교사가 되면 어떨까 생각하는 중이었다. 그렇게 말하기는 했지만 실은 그런 일이 일어나지 않는다는 것을 알고 있다는 뜻이었다. 그러던 어느 날, 상사가 사무실에서 45분 거리에 커뮤터 칼리지가 있는 걸 아느냐고 내게 물었다. 나는 휴스턴 대학을 본 적도 없었지만 전화기를 들고 질문을 던지기 시작했다.

그날 밤, 나는 현관에 들어서는 짐에게 느닷없이 달려가 이렇게 말했다. "학교로 돌아갈 수 있을 것 같아. 학위를 딸 수 있을 거야."

우리의 재정 상태는 이미 빠듯했기에 내 이야기를 듣자마자 짐은 너무 빤한 말로 반대했다. "학비를 댈 돈이 없어."

하지만 나는 반론할 준비가 잘되어 있었다. "학비는 학기당 50달러밖에 안 해. 책값에 자동차 기름 값까지 더해도 내가 아르바이트로 충당할 수 있는 정도야."

그리고 나는 그대로 행동에 들어갔다. 휴스턴 대학의 주차장에 빽빽이 차를 대고 강의실로 달려갔다가 최대한 빨리 가정과 일터로 되돌아가는 다른 수천 명의 사람과 마찬가지로 나는 대학 학위를 받기위해 열심히 한 걸음씩 앞으로 내딛었다. 이번이 나의 기회였고 나는 필사적으로 이 기회를 최대한 활용했다.

1년 반이 지난 뒤, 짐은 휴스턴에서 뉴저지로 전근을 가게 되었고 우리는 노스이스트로 이주했다. 이번에는 나도 어떤 상황에 떠밀려 무언가를 포기하지는 않았다. 두 개의 통신 강좌를 신청해 학위를 끝마친 것이다. 마침내 대학 졸업장을 손에 넣은 나는 첫 번째 교사직을 구했다. 주로 특수 교육이 필요한 아이들을 가르치는 일이었다.

세상일은 다 그렇게 흘러가는 거였다. 문이 열리자 그 뒤로 또 다른 문이 있었다. 어밀리아가 태어난 뒤로 짐은 내가 정규직으로 일하지 않기를 바랐지만 2년 뒤에는 내가 학교로 돌아가는 데 찬성했다. 나는 교사 일을 무척 좋아했다. 지금은 또다시 방향을 바꾸기는 했지만 말이다. 내가 법에 대해 아는 것이라고는 텔레비전에서 배운 내용뿐이었다. 그래도 변호사로서 일하며 도움이 필요한 사람들을 변호하는 것은 꽤 근사하게 들렸다.

약간의 조사를 한 뒤 나는 럿거스 대학으로 향했다. 럿거스는 학기당 학비가 460달러인 공립 법대였다.[22] 난관은 통학 방법이었다. 정지 신호등과 어린이 보호구역이 여기저기 있고 교통이 혼잡한 도시들을 이리저리 누비며 장시간 운전을 해야만 했다. 그러다가 가을학기가 시작하기 두 달 전 주간 고속도로의 새 구간[23]이 개통되었다. 이 도로 덕분에 나는 뉴저지의 로커웨이에 있는 우리 집에서 뉴어크의 법대까지 단 25분 만에 빨리 이동할 수 있었다. 만약 고속도로와 사랑에 빠질 수만 있다면 나는 그 고속도로를 사랑했을 것이다.

매주 평일 아침, 나는 어린 어밀리아를 준비시켜서 어린이집에 데려다주고 낡은 폴크스바겐 비틀을 몰고 주간 도로를 탄 뒤 럿거스 대학으로 향했다. 학생들은 자기 대학을 "민중이 열광하는 로스쿨"이라고 자랑스럽게 불렀다. 민중의 대학이라. 내가 듣기에도 맞는 말이었다.

나는 취업이 전혀 불가능한 만삭의 몸으로 졸업했다. 한동안은 우리 집 거실에서 변호사 일을 했다. 고객이 찾아오면 장난감을 소파 밑으로 걸어차고는 차분하고 변호사다운 표정을 지으려 애썼다. 그러던 차에 내가 가장 좋아하는 일을 할 기회가 다시 한번 찾아왔다. 바로, 가르치는 것 말이다. 전화가 걸려왔고 이번에는 어린아이들이 아니라 20대의 법학도를 가르치는 일이었지만 나는 둘 다 똑같이 좋았다. 누군가를 새로운 발견의 순간으로 곧장 이끌어주겠다는 기대는—그리고 나서 그들이 도약하는 모습을 지켜보는 것은—언제나 흥분되는 것이었다. 심지어 지금도 나는 가르치는 것을 꿈꾼다.

나는 그야말로 열심히 공부하고 열심히 일했다. 하지만 내가 법학과 교수가 될 기회를 마련할 수 있었던 가장 큰 요인은 미국이 나 같

큰 아이들이든 어린아이들이든 나는 가르치는 게 무척 좋다.

은 아이들에게 투자했기 때문이며 이 사실은 결코 잊지 않았다. 종합하면, 미국은 괜찮은 주택단지와 좋은 공립학교, 최신 교통 시스템, 알맞은 학비의 주립대학을 만들었다. 미국 경제는 각계각층의 사람에게 좋은 일자리를 얻을 기회를 충분히 제공해주었다. 그리고 아무리 궤도를 벗어나더라도 자신을 잘 추스르고 일어서면 다시 기회를 얻을 수 있다는 강한 믿음이 도처에 깔려 있었다. 오늘까지도 나는 이 점에 대해 깊이 감사한다.

부자를 위한 감세

훗날 대법관이 된 루이스 파월은 1971년에 비밀 메모를 작성해 보수주의자와 거대 기업의 대표들에게 좀더 친기업적인 정책 시행을 위해 싸우라고 독려했다. 그 뒤로 공화당원들은 규제 완화가 기업과 개인의 재산을 늘리는 데 놀라운 역할을 할 것이라는 개념을 붙잡고 늘어졌다. 하지만 규제를 제한한다 해도 빵의 절반밖에 차지하지 못하는 셈이었으므로 기업들은 빵을 통째로 차지하고 싶었다. 그들이 내는 세금이 감면된다면 기업들은 돈을 더 많이 가져갈 터였다. 주주들에게 배당할 돈이 많아지고 임원들에게 지불할 돈이 많아질 뿐 아니라 다른 기업체를 인수할 돈이 많아지며 기업을 확장할 돈이 많아지는 것이다. 그러므로 이른바 낙수경제론의 핵심은 양면적인 접근법이었다. 경찰을 해고하는 것과 거대 기업 및 고소득층의 세금을 감면해주는 것, 이 두 가지다.

세금 감면은 마법적인 낙수경제론 공식의 핵심 요소였다. 1981년, 로널드 레이건 대통령은 대통령에 취임해 최고의 마법사가 되었다. 레이건과 수많은 중년 남자가 마술 지팡이를 휘둘러 미국 곳곳에 반짝이는 마법의 가루를 뿌리는 장면을 상상해보라. 마술 지팡이를 한 번 휘두를 때마다 기업들은 (그리고 백만장자와 억만장자들은) 재산을 늘릴 수 있었고 결과적으로—이제 정말 마법 같은 대목이 등장한다—다른 사람들도 모두 더 부유해질 것이다! 심지어 국가 부채도 줄어들 것이다. 부자들의 재산이 늘어나면 정부 역시 돈이 많아지기 때문이다. 실제로, 얼핏 자애롭게 보이는 이 마술 지팡이들은 소득과 정부의 총세입이 대단히 빨리 증가해서 모든 세금 감면으로 인한 적자가 메워질 것이라고 약속했다. 미래는 온통 무지개와 황금 항아리로 가득했다. 정말 마법처럼 말이다!

물론 이 마법의 행진 위에 데비 다우너미국의 인기 코미디 프로그램 SNL에 등장하는 가공의 인물로 늘 나쁜 소식과 부정적인 감정을 전달한다 같은 인물도 더러 나타났다. 레이건의 부통령이었던 조지 H. W. 부시도 여기에 대해 '부두 경제 정책'[24]이라는 명칭을 붙인 적이 있다. 그런 식의 세금 감면을 한다면 더 많은 돈을 챙긴 부자들을 제외한 어느 누구도 부유하게 만들지 못할 것이라고 걱정한 사람들도 있었다. 결국 면밀한 연구를—정부의 연구와 학계의 연구를—거듭한 끝에[25] 레이건의 감세 정책이 많은 사람의 예상과 한 치의 오차도 없이 일치했다는 게 입증되었다. 즉, 정부의 총세입이 줄어들었고 국가 부채는 늘어났다는 말이다.

당연히, 그 생각 전체는 정상이 아니었다. 마치 마리 앙투아네트가 굶주리는 프랑스 소작농들에게 자신이 케이크를 한 조각 더 먹을 때마다 그들의 형편이 더 나아지리라고 말하는 것이나 다를 바 없었다.

프랑스의 굶주린 소작농들은 그 말을 믿지 않았겠지만 레이건과 그의 경제 고문들은 이 괴상한 생각을 납득시키려고 계속 노력했고 결국 세금 감면은 새로운 종교가 되었다. 우선 한 가지 세금을 감면해주자 이런저런 감세가 줄을 이었다. 대통령 재임 시절 레이건은 전반적인 세율을 대폭 낮추되[26] 특히 고소득층의 세금을 줄여주었다. 그 결과, 노동자 가정에는 작은 혜택이, 거대 기업과 부자들에게는 거대한 혜택이 돌아갔다.

시간이 흐르면서 이 나쁜 생각은 한층 더 악화되었다. 전반적인 세금 감면을 요구하는 대신 (이런 식의 세금 감면은 다음에 제시하는 차트에서 나타난다) 기업들은 대상이 좀더 명확해지고 좀더 비밀스러운 감면을 요구하기 시작했다. 로비스트들은 대단히 구체적인 법의 허점을 궁리한 다음 말을 잘 듣는 의회의 친구들에게 팔아넘겼다. 세법이 점점 복잡해지면서 특정 혜택들이 특정 산업이나 심지어 특정 회사에만 적용되는 경우가 많아졌다. 무엇보다, 적어도 기업의 관점에서 보자면 이 조세법의 허점은 대단히 복잡하기 때문에 그 사실을 대중에게 계속해서 비밀로 할 수 있었다. 그리고 대중의 감독이 없었기에 세법을 바꾸기는 점점 쉬워졌다. 불가피하게 기업과 로비스트들은 더 탐욕스러워졌다.

세법의 일부 허점 덕분에 거대 기업들은 기존에 하던 일을 그대로 시행했다는 이유로 보상을 받기도 했다. 예컨대 골프장을 소유한 사람들은 환경 보전을 위해 의도적으로 마련한 공간이라는 이유를 들어 조세 탈루가 가능했다. (도널드 트럼프는[27] 이런 식의 세금 공제를 여러 차례 이용했다.) 나는 환경보호에 대대적으로 찬성하지만 근사한 골프장을 가지고 있다는 이유로 개발업자들에게 특별한 조세 혜택을 주는 것은 미친 짓이라고 본다.

세법의 몇 가지 허점 덕택에 기업들은 자국이 아니라 해외에 투자[28]했다는 이유로 혜택을 받았다. 심지어 어떤 세법의 허점을 이용하면, 법률을 위반했을 때 징벌적 손해배상금을 물었다는 이유로 세금 공제

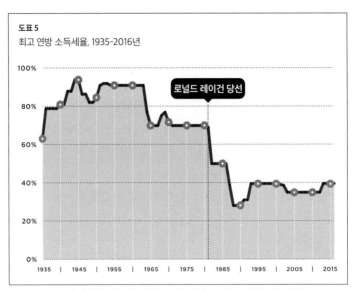

도표 5
최고 연방 소득세율, 1935-2016년

로널드 레이건 당선

레이건이 대통령으로 당선되고 나자 미국에서 가장 부유한 사람들의 재산은
계속 증가하게 되었다.

혜택을 받기도 했다. 2015년 『뉴욕타임스』의 보도에 따르면,[29] "2010
년 디프워터 호라이즌에서 발생한 기름 유출 사고로 11명이 사망하고
멕시코만에 원유를 흘려보냈다는 이유로 BP 석유 회사가 지불한 42
억 달러 가운데 80퍼센트 이상이 세금 공제 대상이었다". 이 문제에
대해 생각해보자. BP는 사람들을 죽이고 멕시코만을 거의 파괴할 뻔
했기 때문에 벌금을 물었지만 그 벌금은 세금 공제가 되었으니 자선
기부금이나 일반적인 사업 비용과 마찬가지인 셈이었다. 게다가 BP
는 이런 식의 보상을 누린 유일한 기업이 아니었다. 같은 기사에서 소
개한 내용에 의하면, "2013년 어느 날 JP모건체이스가 [기소를 피하기

위해] 130억 달러를 내고 법무부와 합의를 봤다고 발표했는데, 바로 그날 이 은행의 최고 재무책임자는 총액의 70억 달러가 공제될 것이라고 강조했다". 세상에, 미국 경제를 파탄으로 몰아갈 뻔한 사건을 일으켜 벌금을 내고도 그런 식으로 빠져나가다니.

다음번에 공화당원들이 단 하나의 세금도 1다임조차 올린 적이 없다고 자랑스럽게 언급한다면 누군가가 BP와 JP모건체이스의 중역들이 미소 짓고 있는 사진을 들고 나왔으면 좋겠다. 세법의 허점을 막지 않겠다는 결정은 멕시코만을 거의 파괴할 뻔한 회사와 나라 경제 붕괴에 일조한 회사에는 커다란 도움이 되었지만 다른 사람들에게는 전혀 그렇지 않았다.

세법의 허점을 찾으라는 이 수준 높은 게임은 또 다른 결과를 낳았다. 이 새로운 감세는 온갖 종류의 정교한 회계 기술과 복잡한 사업 계획을 고안하지도 못할뿐더러, 미국에서 몸값이 가장 비싼 세금 전문 변호사와 로비스트를 고용할 능력도 안 되는 사람들에게는 사실상 그림의 떡이었다. 지역 사업체, 중소기업, 그리고 로비에 투자하지 않은 산업들은 여기서 분명히 배제되었다. 이는 미국의 경제 제도를 조작하는 또 하나의 방법이었다.

이 불균형한 체계는 국제 조세법에서 적나라하게 드러난다. 대부분의 중소기업은 지역 은행이나 신용조합에 돈을 맡긴다. 현재 총 2조 3000억 달러를 해외에 보유하고 있는[30] 소수의 미국 대기업에는 해당되지 않는 이야기다. (전후 사정을 조금 설명하자면, 이 액수는 2013년 미국에서 신고된 기업들의 수익보다 많다.) 이 회사들은 대체 얼마를 모아둔 걸까? 글쎄, 조세피난처에 돈을 숨겨둔 기업들의 경우 평균 연방 소득세가 약 3퍼센트 정도다.[31]

수년간 영향력이 큰 수많은 기업 문제 해설가와 CEO들은—대부분 머리를 근사하게 다듬고 수제 양복을 입는다—경제 뉴스 프로그램에 등장해서 미국의 법인세율이 39퍼센트로 세계에서 가장 높은 곳 중 하나[32]라며 하소연을 늘어놓는다. 여기서 잠깐만 멈춰보자. 기업의 중역과 기업에 아첨하는 사람들이 언급하지 않은 것은 온갖 공제 항목, 예외 규정, 환급을 적용하고 난 뒤 기업의 평균 세율이 20퍼센트 정도라는 것이다.

그러면 도대체 어디서 미국의 법인세율을 다른 국가들과 비교해 순위를 매기는 걸까? 조세피난처와 비교하는 게 아니라 미국을 제외한 다른 선진국과 비교하면 어떨까? 아마 하위 25퍼센트와 비교해서 그럴 것이다. 사실상 일본과 캐나다, 영국을 비롯한 선진국의 4분의 3 가량은 미국보다 더 높은 법인세율을 부과한다.[33] 그래서 체이스의 CEO인 제이미 다이먼은 어느 인터뷰에서 도널드 트럼프에게 충고를 건네면서 이렇게 설명한다. "문제는 우리 세율이 여타 국가들에 비해 지나치게 높다는 겁니다."[34] 그가 심각하게 훼손된 정보를 들었는지도 모르고, 아니면 다소 구식이지만 능란하고 직접적인 로비를 통해 대통령에게 미국 주식회사의 법인세를 한 번 더 낮춰달라고 이야기하는 것뿐이다.

하지만 영업세를 인하해달라고 요구하는 무리가 정말로 이야기하고 싶어하지 않는 것은 기존의 흔해빠진 세금 포탈[35]이다. 사실 세법은 각종 예외와 공제 조항들로 복잡하게 얽혀 있어서 일부 대기업의 실제 연방 소득세율은 0이다. 잘못 들은 게 아니다. 39퍼센트도 아니고 20퍼센트도 아닌 0퍼센트가 맞다.

실제 사례를 알고 싶은가? 5년 동안[36] 버라이즌과 보잉, 제너럴 일렉트릭이 지불한 총 연방 소득세는 0원이었다. 『포춘』이 선정한 500대 기업에 들어가는 세 곳이 긁어모은 이익을 합치면 800억 달러에 육박하지만 실제로는 연방정부로부터 세금 환급을 받았다. 대단히 영악하지 않은가? 그들은 모든 연방 소득세를 기피했고 본질적으로 이런 행태를 묵인하는 보너스는 정부가 준 셈이다.

사회보장국이 불을 환히 켤 수 있게 돈을 내는 사람은 사실상 누구인가? 국방부의 연료비를 지불하는 사람은 누구인가? 미국의 주간 고속도로를 깔고 연구소들을 유지하도록 돈을 내는 사람은 누구인가? 미국 군대가 장비를 갖추고 퇴역 군인이 의료 혜택을 받을 수 있게 돈을 내는 사람은 누구인가? 그 무거운 짐이 점점 더 일반 가정과 중소기업의 몫으로 떨어지고 있다. 1950년대 초에는 기업들이 정부를 운영하는 데 필요한 돈의 3분의 1가량을 지불했다. 오늘날에는 기업의 부담률이 줄어드는 바람에 현재 기업은 전체 비용의 10분의 1 정도밖에 내지 않는다.[37]

여기에는 의문의 여지가 없다. "고소득층에게 세금을 감면하라"는 정신 나간 구호는 전혀 이치에 닿지 않는 것이었다. 하지만 거대 기업, 높은 보수를 받는 로비스트들, 그리고 마리 앙투아네트에게는 마법처럼 효과를 거두었다. 부자들을 더 부유하게 만드는 데 도움이 되었단 말이다.

폭탄은 많아지고 교과서는 줄어들고

부유한 기득권자들에게 케이크를 더 많이 주자는 말은 전혀 해롭지 않게 들리기도 하지만 실은 좀더 악의에 찬 게임이 한창 진행 중이었다. 이 게임에서 중요한 활동을 하는 사람 중 한 명은 미국 상공회의소의 전 수석 경제학자 그로버 노퀴스트였다. 이 세금 감면 게임의 가장 어두운 비밀이 드러난 것은 바로 그의 강압적인 전략 때문이었다.

1986년[38]에 로널드 레이건의 강력한 지지를 받은 공화당은 보수주의자들에게 "세금 인상에 반대한다"는 일종의 납세자 보호 서약을 요구한 것을 대대적으로 과시했다. 노퀴스트는 이 운동에 앞장선 최고의 사형집행인이 되었다. 이 서약에 서명하지 않은 공화당원이라면 누구든 쫓아낼 권력을 가진 집행자로서 그는 세금 감면이 어떻게든 경제를 성장시키고 모든 이에게 진수성찬을 차려줄 것이라고 약속하지는 않았다. 그의 서약에는 낙수 효과라는 되지도 않는 소리에 대해 빈말로나마 동의한다거나 어떻게든 미국이 도로 건설과 의학 연구에 필요한 자금을 조달할 것이라는 주장이 담겨 있지 않았다. 아니, 이 영리한 그로버가 그랬을 리 없다. 그는 그저 싸울 준비를 단단히 하고는 자신이 주장하는 감세의 목표는 정부 규모를 줄이고 또 줄여서 "욕조에서 익사시킬"[39] 수 있을 정도로 만드는 것이라고 설명했다.

그리고 그의 바람대로 상황이 전개되기 시작했다. 뭐, 어느 정도는 그렇다고 볼 수도 있다. 그렇다고 군대의 규모가 줄어들지는 않았다. 사실 국방비는 레이건의 재임 기간에 34퍼센트 인상되었다.[40] 그리고 사회보장제도 및 노인 의료보험 제도와 마찬가지로 이미 법으로 보장된 국방비 지출은 공화당의 힘이 미치지 않는 영역으로 남아 있었다. 하지만 의회에서 해마다 승인해야 했던 다른 지출은 전부 중대한 위기에 처했다[41]—교육과 사회기반시설, 연구에 관한 모든 지출 그리고 미국 가정에게 기회를 만들어주는 데 일조했던 모든 지출이 그 대상이었다.

수십 년 동안 미국이 기회를 만들기 위해 충실히 노력했다는 가장 명확한 증거는 정부가 교육의 기회를 무한정 확대하는 데 지속적인 노력을 기울여왔다는 점이다. 기저귀를 채 떼지도 못한 아이들을 위한 헤드 스타트Head Start 빈곤층의 미취학 아동을 대상으로 한 교육 제도 프로그램이 설립된 것부터 거의 모든 사람이 이용할 수 있는 주립·공립 대학 시스템이 증가하는 것에 이르기까지 우리는 좋은 교육이 기회의 문을 열어준다는 굳건한 믿음에 따라 살아가던 국가였다.

하지만 레이건 시절에 펼친 낙수 효과 정책으로 인해 미국의 최우선 과제에 변화가 생겼다. 군비 지출이 엄청나게 늘어난 동시에 학교 재정 지원은 15퍼센트 줄어들었다.[42] 폭탄은 많아지고 교과서는 줄어든 셈이었다. 게다가 정치인들이 정치적 대가를 전혀 지불하지 않아도 된다는 것을 알아낸 뒤로 예산 삭감은 계속되었다. 심지어 오바마 시절에도 연방정부의 교육 재정 지원은 엄청난 타격을 입었다. 2011년,

공화당은 연방정부의 채무 한계를 늘려서 전 세계 금융 시장이 완전한 혼란에 빠지지 않도록 막아주는 대신 예산 15퍼센트를 추가 삭감하자고 흥정했다.[43] (여러분이 그렇게 마음씨 좋은 애국자처럼 행동하시니 감사할 따름이네요!) 한편 개별 주들은 나름대로의 낙수 효과 정책을 펼쳤다. 2014년, 31개 주가 K-12 지원금미국의 초중등 교육을 위한 재정을 크게 삭감해[44] 2008년 경기 후퇴 이전 수준보다 더 낮게 책정했다.

기회가 크게 줄어든 것은 비단 어린아이들만이 아니었다. 대학생들의 전망도 크게 어두워졌다. 지난 30여 년 이상 현대 경제는 통화 하향 침투설에 성급하게 뛰어들었다가 학생들에게 비참한 결과만 안겨주고 말았다. 다음의 세 가지 현상이 동시에 벌어졌다.

· 고등학교 이상의 학력은 중산층에 진입하고 싶어하는[45] 모든 사람에게 점점 더 필수 요소가 되었다.
· 미국은 공립대학 학생 한 명당 지원금을 축소했고[46] 더 많은 비용을 학생들의 몫으로 돌려버렸다.
· 학자금 대출로 학생들의 부담을 덜어주기는커녕[47] 연방정부는 학자금 대출을 통해 이윤을 창출하자고 주장했다.

한 학기당 50달러의 등록금이 내 인생을 변화시켰다. 지금은 그런 선택권이 주어지는 학생들을 찾아볼 수 없다. 1970년에 내가 입학한 커뮤터 칼리지는 이제 주내에 거주하던 학생들에게 연간 1만312달러를 청구한다.[48] 이 정도면 그래도 대다수의 주립대학에 비해 저렴하다. (이해를 돕기 위해 설명을 덧붙이자면, 1970년에 내가 지불한 등록금 50달러는 2016년의 화폐 가치로 계산하면 300달러 정도 된다.) 가령 매사추세츠 로웰 대학[49]의 등록금은 주내 거주 학생의 경우 연간 1400달러를 넘어서는데 물론 이 액수에 책값이나 기숙사비 혹은 생활비 등은 전혀 포함되지 않는다. 다른 주 출신 학생들의 등록금은 위 액수의 두 배가 넘는다. 따라서 2015년 대학 졸업생의 70퍼센트 이상이 대학을 끝까지 마치기 위해 연방정부로부터 돈을 빌릴 수밖에 없었다는 사실도 크게 놀랍지 않다.[50] 그도 그럴 것이 그동안 누적된 학자금 대출의 총액이 1조4000억 달러에 달했기 때문이다.[51]

고급 기술 교육을 받고 싶은 사람들도 바람처럼 되기는 쉽지 않을 것이다. 수많은 기업이 잘 훈련된 노동자들을 간절히 필요로 한다. 제조업계만 해도 고급 기술 훈련을 받은 사람들에게 돌아가야 할 60만여 개의 일자리가 비어 있다.[52] 하지만 직업 교육, 기술 교육, 그리고 성인 교육에 주어지는 연방 자금 지원은 극히 적다.[53] 이런 유의 프로그램에 배정되는 자금은 교육부 예산의 3퍼센트 미만이다. 대개의 경우, 직업 기술 교육을 제공하는 지역 전문대학들의 정원이 너무 적다보니 수요가 넘쳐날 수밖에 없다.

커뮤니티 전문대학에서 제공하는 교육의 질 역시 천차만별이다. 어떤 커뮤니티 대학들은 대단히 훌륭한 직업 기술 프로그램을 제공한다. 하지만 이런 학교들은 기술 교육을 다른 프로그램에 비해 중요하게 여기지 않는 경우가 아주 많고 대개는 얼마나 많은 학생이 좋은 직장에 취직했는가보다 얼마나 많은 학생이 4년제 대학에 진학했는가를 성공의 판단 기준으로 삼곤 한다. 엎친 데 덮친 격으로 예산 삭감까지 이어지면서—나라 전역에서 그런 상황이 비일비재해왔다—직업 기술 프로그램이 예산 삭감 대상 1순위로 떠오르는 경우가 잦았으므로 더 많은 학생의 등록 기회가 박탈되었다.

최근 들어 연방정부는 일종의 인턴십 프로그램을 후원하려고 시도 했지만 다른 교육 방식에 비해서 마련할 수 있는 자리가 형편없이 적었다. 현재 특정 종류의 인턴십에 배정되는 연방 지원금은 학생 한 명 당 100~4000달러인 데 비해 2년제 공립대학에 등록한 학생들은 1인 당 1만1400달러다. 그리고 일부 커뮤니티 대학이 교육 프로그램을 확 대했지만 훌륭한 프로그램의 정원이 수요를 충족시킬 것이라고 기대 하는 사람은 아무도 없다.

일부 영리 목적의 대학은 기술 교육을 받고 싶어하는 학생들이 돈 벌이가 된다는 사실을 알아내기도 했다. 이들은 대부분 거창한 약속 을 내걸고 실질적인 교육은 전혀 하지 않는 방식으로 재정적 이익을 끌어올렸으며 결과적으로 학생들은 엄청난 빚더미에 눌린 채 밝지 않 은 취업 전망에 맞닥뜨리고 있다. 카이는 장래가 얼마나 밝은 사람이 었는지, 그리고 시애틀의 미술 학교에서 학생들이 성과는 낮았던 것을 기억하는가? 이 학생들은 잔혹한 다윈식 생존 경쟁 게임에서 패배한 이들이다. 오늘날 학생의 약 10퍼센트[54]가 영리 대학에 등록되어 있고 그 학생들은 전체 학자금 융자액의 20퍼센트가량에 서명한 상태[55]다. 바로 그 학생들은 준비 단계에서는 장래성이 대단하다는 이야기를 듣 지만 정작 필요한 교육은 받지 못하는 경우가 많았는데, 이제는 전체

학자금 대출 채무 불이행 사례의 40퍼센트 이상을 차지하고 있다.[56]

교육에 대한 투자가 실패한 것은 가장 추악한 형태의 낙수경제론이다. 고소득층의 세금을 내리고 그로 인해 연방정부 수입이 줄어들었으니 학자금 대출이 필요한 학생들에게 추가 대출을 강요함으로써 공백의 일부를 메우면 어떨까? 분명히 이 말은 미국을 자랑스럽게 만들어줄 계획처럼 들린다. 부유한 사람들과 거대 기업들이 한층 더 많은 재산을 모을 수 있도록 수백만 젊은이의 꿈과 기회를 으스러뜨리는 일이니까 말이다.

대체 어떤 나라가 그런 일을 한단 말인가?

정치인은 억만장자들 편이다

내가 정말로 속상한 점은 낙수 효과를 주장하는 공화당원들이 부자들을 더 부유하게 만드는 반면 나머지 사람은 모두 그냥 저버리는데, 그래놓고도 정치적 대가를 전혀 지불하지 않는다는 사실에 있다. 설사 그들은 이 문제를 무사히 넘길 수 있었는지 모르지만 나는 여전히 한 가지 중대한 의문을 떨치기 힘들다. 대체 어째서 이 나라의 선출직 공무원들은 수십억 달러 가치의 기업을 위해서는 세금 인하를 추진하면서 이제 막 출발선에 들어선 아이들이 내야 할 비용은 대폭 인상하고 싶어하는 걸까?

부분적으로는, 바로 돈 때문이다. 달리 말하면, 선거 기부금과 더 미묘한 형태의 금융 지원을 비롯해 미국 민주주의에서 마치 배경 음악처럼 깔려 있는 로비스트와 열렬한 지지자들이 펼치는 마케팅 캠페인 때문이다. (이와 관련된 사례는 다음 장에서 추가로 다루어보자.)

하지만 이런 재난이 발생한 원인을 설명해주는 더 심각하고 추악한 사실이 있다. 진짜 권력을 손에 쥔 사람들 대부분은 이 학생들에게 그저 무신경하다는 것이다.

로비스트를 고용해서 정치적 영향력을 휘두르는 사람은 자녀를 최고의 사립 유치원과 최고급 사립 고등학교에 보낼 능력이 되는 이와 동일 인물이다. 그들 중 일부는 6학년 반 교실에 42명의 아이가 있어도, 아이들 화장실의 타일이 벽에서 떨어져나가도 크게 놀라지 않는다. 그런 상황은 자기 자녀들이 다니는 학교에서는 결코 벌어지지 않기 때문이다. 그리고 비록 수백만 명의 아이에게 돌아갈 기회가 점점 줄어든다 해도 자기 자녀들에게는 수많은 기회가 보장된다는 것을 잘 알고 있다. 돈으로 살 수 있는 온갖 기회 말이다. 대다수의 사람에게는 자기 자녀가 부딪히는 실질적인 문제가 소수의 사람에게는 자기와 동떨어진 강 건너 불구경일 뿐이다.

그래서 2013년에 미국 상원의원으로 당선되었을 때 나는 깃발을 꽂기로 마음먹었다. 언제 어떤 식으로든, 이 나라의 교육 기회를 개선하려고 노력하다보면 반드시 부딪히는 몇 가지 커다란 어려움에 맞서기로 했다는 말이다. 공교롭게도 내 첫 번째 목표물은 연방정부가 학자금 대출을 이용해 벌어들이는 어마어마한 액수의 돈이었다.

내가 상원의원이 되고 얼마 지나지 않아, 교육 담당 상급 보좌관 한 명이 연방 예산 문서를 꼼꼼히 파헤쳤다. 꽤 복잡한 표현이 서류 깊숙이 파묻혀 있었다. 그 내용을 주의 깊게 분석해보니 학자금 대출이 미국 정부에 이익을 안겨준다는 주장인 듯했다. 우리는 조금 더 깊이 파고들었고 수많은 질문이 떠오르기 시작했다. 그러자 의회 예산국Congressional Budget Office의 추산에 따르면 연방정부가 학자금 대출 포트폴리오로 약 1740억 달러[57]를 벌어들인다는 사실을 이내 알게 되었다. 무려 1740억 달러다. 학교를 끝마치기 위해 돈을 빌려야 했던 수많은 젊은이를 착취해서 얻어낸 돈이다. 이런, 세상에!

내 생각을 밝히자면, 근본적으로 그 1740억 달러는 대학에 진학했지만 부모가 등록금을 지불할 능력이 없는 아이들에게 부가된 추가 세금이었다. 이는 그로버 노퀴스트가 중점을 둔 세금은 아니지만—그는 오랫동안 참아온 글로벌 기업과 부자들에게 모든 관심을 쏟아붓고 있었다—그래도 진짜 세금이나 다름없었다.

지난 1960년대에 정부는 중산층 자녀와 노동자 계층 자녀들에게 부유층 자녀들과 동일한 대학 진학 기회를 주기 위해 학자금 대출 프로그램을 만들었다. 그 학생들이 무임승차를 하지는 않았을 텐데—학자금 대출 조건에 따르면 학생들은 적당한 금액의 이자를 지불해야만 했다—어쨌든 적어도 기본적인 비용을 처리하기에 충분한 돈을 빌릴 수는 있었다. 당시에 정부는 이자를 받아서 모든 비용을 충당할 수는 없었고, 대신 미국인의 교육 기회를 확장해야 한다고 믿었기 때문에 납세자들이 낸 돈으로 학자금 대출에 보조금을 지원했다. 한번 이렇게 생각해보자. 아주 먼 옛날에는 정부가 학자금 대출에서 의도적으로 손해를 봤다고 말이다.

다시 한번 말하지만, 나는 개인적으로 이 정책에 감명받았다. 만 17세가 되어 대학을 향해 첫발을 내딛었을 때 나는 장학금과 더불어 대출 패키지를 제공받았다. 소액의 이자를 내야 했지만 대출 패키지의 나머지 비용은 미국의 납세자들이 지불하게 되어 있었다. 그렇게 해서 나의 대학생활이 시작되었고. 그리고 지금 나는 미국의 상원의원이 되었고 조만간 내가 표결에 들어갈 정부 예산에는 학생들을 이용해 얻어낸 수익도 포함되어 있을 것이다. 세상은 엉망으로 뒤집혀버렸다.

상원 의사당에 입성해 몇 주를 보내는 동안 기업 임원들이 무리 지어 내 사무실로 연이어 찾아들었다. 이들 중 한 명인 JP모건체이스의 CEO 제이미 다이먼은 황송하게도 공교육에서부터 무역 정책에 이르기까지 모든 분야에 관한 조언을 건넸다.

그런 행동을 한 사람이 다이먼 한 명만은 아니었다. 모기지 은행가 협회 회장과 CEO, 미국 은행가 협회 회장, 그리고 거대 헤지펀드사의 대표 몇 명이 몰려와 내 문을—그리고 다른 신입 상원의원 대부분의 문을—두드렸다. 은행가와 그들에게 고액의 보수를 받는 로비스트들은 새로운 꽃을 찾아 나선 벌들처럼 의회를 떼 지어 돌아다녔다.

이들은 경제 붕괴를 헤쳐나온 사람들이었고 지금은 다시 높은 자리에 올랐다. 대개의 경우 정부는 이들에게 관대한 도움의 손길을 내밀어왔다.[58] 가령 JP모건체이스는 연방정부로부터 구제금융 250억 달러를 받았고 뱅크오브아메리카는 450억 달러를 받았다. 이는 거대 기업들이 어떻게 중요한 사실을 거의 망각했는지 보여주는 확실한 신호였다. 하지만 이 이야기에서 결코 커다란 관심을 받지 못한 부분은, JP모건체이스와 뱅크오브아메리카를 비롯해 다른 거대 은행들이 부정한 지원금을 받았다는 것이다. 경제가 무너지는 동안 알 만한 투자자들이 필사적으로 달아났고 은행이 내일까지 살아남을지 아무도 장담하지 못할 때 연방준비제도가 앞에 나서서 그야말로 천문학적인 액수를 아주 조용히 빌려주었다. 그 총액은 무려 1조1000억 달러였다.[59] 그 액수를 정확히 가늠해볼 수 있도록 한 가지 정보를 알려주자면, 2009년 미국의 GDP[60]는 14조 달러를 조금 웃돌았다. 이 거대 은행들의 지불 능력을 유지시키기 위해서 우리는 국가 전체 경제의 8퍼센트에 해당되는 액수를 그들에게 지급한 것이다. 그러고서도—적어도 은행의 관점에서 보면—정부는 터무니없이 낮은 금리를 부과했다.

납세자들이 거대 은행들의 굶주린 입속에 돈을 퍼넣고 있던 순간, 바로 그 은행들은 전국의 중소기업 대출에서 손을 떼고 있었다.[61] 그 일은 연방정부의 지갑을 여는 사람들에게 중요해 보이지 않았다. 그들은 JP모건체이스와 뱅크오브아메리카 같은 부류에게 친절한 물주 노릇을 하는 데 정신이 팔린 나머지 거대 은행들이 그 돈을 어떻게 사용하는가에 대해 어려운 질문을 던지지 않는다는 말이다.

우리도 익히 알다시피 거대 은행들은 무사히 회생했다. 세상에, 그 은행들은 정말로 회복했다! 사실 2013년에 그들은 엄청난 수익을 올리는 중이었다. 그야말로 돈이 차고 넘쳤다. 돈 더미에서 굴러다닐 정도였다. 돈 속에서 헤엄도 칠 수 있었다. 그런데 이 거대 은행들은 이렇게 돈이 많은데도 불구하고 납세자들이 힘겹게 벌어들인 돈을 원하는 만큼

여전히 빌려갈 수 있었고 그런 특혜에 대해 고작 1퍼센트 미만의 이자만 지불했다.[62]

은행들이 1퍼센트의 금리라는 푼돈을 지불하는 동안 학생들은 학자금 대출에 대해 6퍼센트, 8퍼센트 혹은 그보다 더 높은 이자를 냈다. 나는 국회의사당 꼭대기로 기어올라가 킹콩처럼 경사면에 매달린 채 목청이 터지도록 소리 지르고 싶다. 불공평하다! 부당하다! 이 미친 짓을 지금 당장 멈춰라!

물론 그러진 못했다. 하지만 이 괴상한 불균형을 발견했을 때 나는 학자금 대출의 금리를 낮출 방법을 찾을 시기가 되었다는 결론을 곧장 내렸다. 그러고 나서 이렇게 생각했다. "정말로 근사하게 잘 포장해보자고. 학생들에게도 거대 은행들이 지불하는 것과 똑같은 정도의 이자만 청구하면 어떨까?"

나는 신입 상원의원이었다. 사무실을 배정받았고(실은 사무실 흉내를 낸 트레일러에 불과하지만) 가구 몇 점을 들였으며 얼마 지나지 않아 절반 정도의 직원을 채용했다. 그 무렵에는 예정에도 없었던 첫 번째 연설 또한 무사히 마친 뒤였다. 보스턴 마라톤 폭탄 테러가 발생한 직후에 한 연설에서 나는 온 마음을 다해 사망자를 기리고 부상자를 위로하며 그 끔찍한 날 도심에 닥쳐온 위기를 극복하는 데 도움을 준 영웅들에게 경의를 표했다.

'처녀 연설'을 마쳤다고 해도 여전히 신출내기에 불과한 나에게 수많은 사람은 충고를 아끼지 않았으며 상원에서 언제 어떤 법안을 처음으로 발의할 것인지에 관한 조언도 빠뜨리지 않았다. 이 현명한 조언자들

중 한 명이 말했다. "무난한 법안을 선택한다면 궁지에 빠지는 일은 결코 없을 겁니다." 혹은 이렇게 말하기도 했다. "잠시만요. 그렇게 서두를 필요는 없어요." 그리고 이런 조언도 건넸다. "아무도 화나게 만들지 마세요." 제일 마음에 들었던 조언은 이거였다. "우선 법안을 잘 이해해야 합니다. 누군가 질문을 던질지도 모르니까요." 세상에, 어찌나 핵심을 찌르던지!

하지만 나는 기다리고 싶지 않았다. 좋은 생각이 있었기에 곧장, 그야말로 당장 법안을 발의하고 싶었다. 내가 상원의원 자리를 이용해서 가장 먼저 하고 싶은 일은 대학 교육 비용을 줄이는 것이었다. 보좌관들과 함께 법안을 작성해서 상원 의사당으로 가져간 다음 자리에서 일어나 진심이 가득 담기기는 했지만 그리 흥미롭지는 않은 발언[63]을 했다.

나는 앞으로 어떤 상황이 벌어질지 확신하지 못했지만 그 발언이 열광적인 반응을 이끌어내기는 했다. 텔레비전 보도와 신문 기사, 인터넷 사설[64]이 쏟아져 나왔다. 그리고 청원이 줄을 이었다. 청원 참여 인원을 모두 합치면 거의 100만 명이 서명한 셈이었다. 단체가 조직되기 시작했으며 매사추세츠에서만 25개 대학[65]이 내 법안을 지지했다. 거대 은행들은 돈을 거의 내지 않는데 학생들은 그렇게 많은 돈을 지불해야 하는 이유를 알고 싶어하는 사람이 갑자기 많이 생겨났다.

이런 식의 입법 행위는 부유하고 힘 있는 수많은 은행가의 심기를 확실히 건드렸다. 은행가와 넉넉한 보수를 받는 로비스트들은 온갖 권위 있는 자료를 인용해서—때 지어 난동을 부리는 폭도 같은 학생들은 안 되지만—자신들이 그렇게 유리한 대출 금리를 얻어야 하는 이유를 설명할 수 있었다. 그들이 계속해서 내놓는 변명이란, 은행은 대출을 확실히 갚을 테지만 학생들은 그렇지 않다는 내용이었다. (그러므로 회수 불가능한 대출을 해결하기 위해 수수료를 청구한다는 논리였다.) 어쨌든 미국 정부는 이 모든 악성 부채를 발행하고 난 뒤 이익을 올리고 있었다. 은행 대출은 경제에 도움이 된다. (그러면 학생 대출은 도움이 되지 않는 것일까?) 학생들은 돈을 더 많이 지불할 능력이 있다. (정말로? 학생들이 JP모건체이스보다 더 많이 낼 수 있다고?) 어째서 은행들은 보조금을 얻는데 학생들은 대가를 지불해야만 했을까? 이 질문에 대해 제대로 된 답변을 요구하는 목소리가 커졌지만 미 정부는 기계적으로 변명만 늘어놓을 뿐 그 흐름을 쫓아가지 못했다.

학생들은 이 의문에 매달리고 큰 소리로 의견을 내기 시작했다. 입소

위스콘신 대학 매디슨 캠퍼스에서 시위대가 학자금 대출의 높은 이자에
항의하는 메시지를 전광판에 적어 들고 있다.

문이 퍼져나가면서 이 법안은 추진력을 얻었다. 다른 의원들도 그에 관해 내게 문의하기 시작했다. 민주당 상원 원내대표인 해리 리드는 내게 민주당 간부 회의에 참석해서 이 법안에 대해 설명하라고 요청했다.

하지만 얼마 지나지 않아 내 법안이 심각한 문제에 부딪혔다는 사실을 알게 되었다. 이 법안이 얼마나 많은 주목을 받았는지 혹은 얼마나 많은 민주당원이 흥미를 보였는지에 관계없이 어떤 성과도 보기 어려운 것은 굉장히 단순한 한 가지 이유에서였다. 이 법안을 위해 연방정부가 학자금 대출에서 얻는 이익을 반드시 포기해야만 한다면—공화당이든 민주당이든 관계없이—대다수 의원은 국회가 새로 발생한 예산의 구멍을 메울 만한 다른 수입원을 찾아내야 한다고 주장할 것이다. 그 말은 한두 가지 조세법의 허점을 메워야 한다는 뜻이며 그로버 노퀴스트와 그의 추종자들은 그것이 바로 세금 인상이라고 부르짖을 것이다. 공화당원들이 (그리고 다수의 민주당원이) 보기에 세금 인상의 기미가 보이는 조항은 무엇이든 간에 법안 전체를 망치는 것이었다.

따라서 나는 보좌관들과 함께 다른 형태의 법안도 준비해두었다. 마침내 우리는 기존 학자금 대출을 좀더 낮은 금리로 차환해주고자 하는 은행들의 금리를 3.9퍼센트로 결정했다. 은행은 은행대로 모든 대손금과 행정 비용, 자본 비용을 충당하면서도 한편 대다수의 학생이 감당할 이자 또한 낮춰주기 위해서였다. 게다가 우리는 국회가 단 한 가지 조세법의 허점을 메우자고 제안할 때 정부가 놓치게 될 이익도 벌충할 수 있다는 것을 깨달았다. 이 법안은 연간 100만 달러 이상의 수익을 올린 사람이라면 누구나 30퍼센트 이상의 세금을 내야 한다고 규정하기 때문이었다. 의회 예산국의 기록원에 따르면[66] 조세법을 조금만 바꾸면 학자금 대출 차환으로 발생하는 모든 손실액을 보상하고도 남는다고 했다.

나는 정부가 은행권에 제공하는 1퍼센트 미만의 금리가 학생들에게도 적용되도록 하는 법안을 작성할 방법을 찾지 못해 무척 화가 났다. 하지만 이 싸움을 함께 할 동맹을 찾아내는 일도 중요했기에 다른 의원들이 좋아할 만한 금리를 선택했다. 뿐만 아니라 2011년에 오바마 대통령이 제안했던 상환법을 골라냈다. 바로 워런 버핏이 지지했던 현명한 방법이었다. 법안 작성을 끝내고 나니 합리적인 사람이라면 도저히 거부하기 힘든 법안이라는 판단이 섰다.

물론 워싱턴이 '합리적인 사람들'로 가득한 장소는 결코 아니다. 2014년 6월, 민주당원들은 세부 사항을 다듬어 완성한 법안을 소개했고 그 즉시 공화당원들은 법안을 막고자 온 힘을 다해 필리버스터를 행사했다.

하지만 이제 전선이 형성되었고 이 전선은 대단한 가치를 지닌다. 사람들은 논쟁을 피할 방법이 없다. 법안이 상정되고 나자 상원의 민주당원들은 한 사람도 빠짐없이 이 싸움에 뛰어들었다. 무소속 상원의원들도 우리 진영으로 끌어들였으며 심지어 공화당에서도 세 표를 확보했다. 그리고 의회를 설득해 신규 학자금 대출의 금리를 조금이나마 인하시켰다. 이 무렵 우리는 목표에 거의 다다랐다. 몇 표만 더 얻어내면 말도 안되게 비싼 학자금 대출을 차환해줄 수 있을 터였다. 하지만 6월 11일에 공화당의 필리버스터가 시작되었고 법안 상정은 실패로 돌아갔다.[67]

2015년에 공화당이 상원을 장악하면서 학자금 대출 법안의 찬성표를 추가로 확보할 가능성은 완벽히 차단되었다. 나는 이 싸움에서 졌다는 생각을 결코 받아들일 수 없지만 지금 당장은 우리가 충분한 표를 확보할 때까지 참고 기다리는 수밖에 없다는 쓰라린 사실을 인정해야만 한다.

이 일이 어떻게 이처럼 어려울 수 있을까? 정부가 학자금 대출로 수익을 얻으면 안 된다는 것은 너무나 당연하다. 이론의 여지가 없다. 우리는 신규 학자금 대출의 금리를 인하하고 기존 학자금 대출을 차환해주어야 한다. 아니, 그 정도로 만족해서는 안 된다. 대학에 투자해서 차세대 아이들이 조금의 빚도 지지 않고 학교를 다닐 기회를 제공해야 한다. 카이를 덫에 빠뜨린 비열한 영리 추구 대학들에 대한 감독을 강화해야 한다. 기술 교육에 대한 투자를 확대해 사람들이 최첨단 기술을 꾸준히 배울 수 있게 해야 한다. 대학에 추가 지원을 해서 불리한 처지에 놓인 아이들이 학교에 진학하고 무사히 학업을 끝마치는 실질적인 결과를 보여주어야 한다. 더 많은 사람에게 기회를 열어주기 위해 우리가 할 수 있는 일은 수없이 많지만 공화당원들은 아주 작은 시도마저 꾸준히 방해해왔다.

학자금 대출의 금리를 인하하기 위한 노력은, 비록 자금을 투자하는 일이 단순한 계산의 문제이지만 그와 동시에 가치의 문제기도 하다는 사실을 새삼 일깨워준다. 어느 쪽이 우리에게 더없이 중요한 일일까? 거대 기업과 거부들에게 유리한 탈세 구멍에 돈을 대는 것? 아니면 교육에 투자하는 것? 이미 성공한 사람들에게 돈을 대는 것? 아니면 장래가 창창한 차세대 아이들에게 돈을 대는 것?

학자금 대출 법안의 투표가 시행되던 날 밤, 나는 캄캄한 방 안의 침대에 누워서 생각에 잠겼다. "이 나라에 대체 무슨 일이 일어난 걸까?" 상황이 얼마나 끔찍하게 돌아갔기에 민주적으로 선출된 공무원들이 학생은 함부로 대하면서 부자와 거대 기업에는 아부를 하는 걸까? 그런데도 학자금 대출 금리로 폭리를 취해 계속 막대한 이익을 올리겠다고 한 선출 공무원 모두는 왜 출신 지역 주민들의 분노를 사지 않은 걸까? '국민을 위한 정부'라는 말은 워싱턴 D.C.에서 판매하는 모든 기념품에 여전히 멋지게 인쇄되어 있지만 실질적인 효과는 더 이상 없는 것 같다.

이제 우리는 어떻게 해야 할까? 2014년과 2016년에 수많은 민주당원은 빚 없는 대학을 주장하며 공직에 출마했고 그 쟁점 덕분에 상원에서 새로운 의석을 몇 자리 확보할 수 있었다. 게다가 빚 없는 대학이라는 문구는 민주당의 핵심 당론에 포함되기도 했다. 하지만 미국의 새로운 대통령은 이 나라의 대학생들에게 과연 도움의 손길을 내밀까? 도널드 트럼프의 교육 정책을 보여주는 좋은 지표가 하나 있다. 취임선서를 하기 몇 주 전 그는 자기 소유의 영리 추구 대학을 상대로 제기된 집단 소송에서 2500만 달러를 지급하는 데 합의했다.[68] 미안하지만 나 같은 낙관주의자도 교육을 기대하는 학생들을 속여 장사를 해놓고 이제는 백악관을 차지한 남자에게서 한 줌의 희망을 발견하기란 어렵다.

성장을 제한하다

로널드 레이건이 백악관에 입성한 뒤로 공화당의 정통적인 신념은 점점
더 강해졌다. 우리 미래를 위한 사업 가운데 투자가 줄어든 부문은 비
단 교육만이 아니었다. 이 나라의 기반시설들—도로, 다리, 철로, 전력
망, 상수도를 비롯해 우리가 크게 관심을 기울이지는 않지만 삶을 이어
가기 위해서는 반드시 필요한 다른 모든 대상—역시 하나둘 차례로 타
격을 입었다. 해마다, 아니 수십 년 동안 새로운 시설을 건설하고 기존
시설을 유지하자는 두 가지 주장[69]이 모두 냉대받았다. 어느 경제학자
가 감가상각을 고려해 계산한 바에 따르면 현재 미국은 사회기반시설에
한 푼도 투자하지 않는다.[70] 그렇다보니 미국토목학회가 미국의 사회기
반시설에 D+ 등급[71]을 매긴 것도 그리 놀라운 일은 아니다.

기존의 사회기반시설을 제대로 유지하지 못하는 것은 미국의 거의 모
든 도시와 마을에서 벌어지는 현상인 듯하다. 미시간 플린트의 식수에
는 납이 침출되어 있고 미네소타에서는 다리가 붕괴되었으며 한때 보스
턴의 자랑이었던 대중교통 시스템은 너무 낡아서 눈이 많이 오면 운행
을 중지하는 형편이다.

다음 사진이 무엇인지 알아보겠는가? 다름 아니라, 2007년에 무너진
미네소타 고속도로 교량 사진이다. 나는 이 주간 고속도로의 다른 구역
을 운전할 때면 이따금 이 다리에 대해 생각한다. 어쩌다 우리는 정부
를 이토록 심하게 쪼들리게 만들어서 안전하고 작동이 잘되는 최신 도
로와 다리조차 갖지 못하는 지경에 이른 걸까?

미네소타의 교량이 무너지면서 13명이 사망했고 145명이 부상을 당했다.

사회기반시설에 투자하지 않으면 모든 곳이 피해를 입는다. 그 미네소타의 낡은 교량 위로 날마다 14만 대의 차량이 이동했다. 교량이 무너지면서 13명이 사망했고 145명이 부상을 당했다. 교량은 폐쇄되었고 운전자들은 1년이 넘도록[72] 다른 길을 이용해야 했다. 영세 사업체들[73]이 타격을 입었고 시민들이 직장을 잃었으며 교량이 속한 카운티는 재난 구조 기금을 신청했다. 교량 붕괴가 미친 경제적 영향은 몇 년에 걸쳐 그 지역을 뒤흔들었는데, 이는 그저 교량만의 문제가 아니었다.

사회기반시설은 굉장히 중요하다. 사회기반시설을 건설하고 유지하는 데 전력을 기울이지 않으면 교량이 무너지는 것처럼 엄청난 재난이나 도로가 움푹 패는 것과 같은 일상적인 불편을 자아내는 현상보다 더 심각한 일이 벌어진다. 청정에너지에 투자하지 않았기 때문에 오염된 공급 시스템이 유독 가스를 대기에 퍼뜨리고 낡은 전력망[74]은 폭풍과 해

수면 상승에 취약한 상태에 놓였다. 새로운 통신 시설에 투자하지 않았기 때문에 수많은 소도시와 시골지역이 상당수의 첨단 기술에 참여할 기회를 뒤늦게 쫓아가고 있다.[75] 미국에 있는 8만4000개의 댐과 제방을 유지하는 데[76] 투자하지 않았기 때문에 새크라멘토를 비롯한 13개 도시가 대규모 홍수[77] 피해를 입을 위기에 놓였고 악취를 풍기는 엄청난 해조류로 인해 사우스 플로리다 해변[78]이 폐쇄된다. 계획된 하수와 방수로 프로젝트에 투자하지 않았기 때문에 2016년에 발생한 엄청난 홍수로 루이지애나 배턴루지 인근에서 13명이 사망하고 수만 채의 집이 침수되었다.[79] 그리고 우리 모두가 기억하다시피 카트리나가 발생했다.

그런다고 해서 실제로 돈을 절약하는 것도 아니다. 통신 시설을 한번 살펴보라. 기본적인 인터넷 설비처럼 단순한 것도 좋다. 저렴하고 믿을 만한 인터넷 시설이 없다면 사업체를 운영하거나 가정이 그럭저럭 생활하는 것조차 상당히 힘겹다. 충분한 세제 수입을 확보하지 못한 대부분의 도시와 마을은 광섬유 케이블을 설치하고 인터넷 서비스를 제공하는 일을 민간 부문에 일임했다. 결국 그 결정은 우리에게 어떤 결과를 안겨주었나? 미국 도시의 인터넷 속도[80]는 세계의 다른 도시들에 비해 느린 편이지만 요금은 더 비싸다. 감세는 정부를 궁핍하게 만들어 기본시설들의 공급을 민간 기업에 넘겨줌으로써 소수의 사람만 비용 절감의 혜택을 누릴 뿐 나머지 대다수의 사람에게는 별 소용이 없다.

무엇보다 큰 문제는 미국이 사회기반시설을 건설하고 유지하는 데 실패함으로써 우리의 활력을 앗아가버렸다는 점이다. 단기적으로 사회기반시설에 투자를 하는 것은 효과적이다. 실질적인 사회기반시설 투자는—언제 완성될지 모르거나 선거 자금 기부자들에게 보상처럼 주어질 사업을 위한 가짜 감세 조치가 아니라—보수가 좋은 건실한 직업을 창출해 노동자들이 지역 경제에 소비할 수 있는 돈을 지급한다. 장기적으로 사회기반시설 투자는 노동자들에게 한층 더 중요한 혜택을 안겨준다. 사회기반시설에 대한 지출은 기업들이 바로 이곳 미국에서 더 쉽게 발전할 수 있도록 만들어주는 나라에 대한 집합적 투자이기 때문이다. 도로와 다리, 저렴하고 믿을 만한 에너지, 빠른 통신 시설, 잘 교육된 노동자들, 이 모든 투자가 좀더 유리한 사업 환경을 조성한다.

미래의 경제는 불확실한 부분이 많다. 우리는 전 세계를 상대로 경쟁하고 있고 정보량은 폭발적으로 늘어나고 있으며 기술혁명은 숨 막히는 속도로 이뤄지고 있다. 결국 누가 미래의 승자가 될 것인지는 아무도 확실히 알지 못한다—그리고 누가 패자가 될지 서로 두려워한다. 하지만 경쟁에 참여할 마음이 있다면 우리 경제의 구성단위에 반드시 투자해야만 한다.

우리와 경쟁하는 한 국가를 생각해보자. 중국은 사회기반시설에 GDP의 8.6퍼센트를 쏟아붓는다.[81] 이유가 뭘까? 중국은 기업과 국민이 글로벌 경제의 승자가 될 가능성이 더 높은 국가로 발돋움하고자 최선을 다하는 중이기 때문이다. 그러면 미국은 어떨까? 우리의 사회기반시설 지출은 GDP의 2.5퍼센트에 머무르고 있다. 몇 년 동안 그 수치는 요지부동이었다. 그렇게 계산하면 미국은 인도를 비롯해 대부분의 아시아 국가, 중동, 동유럽보다 뒤떨어진다. 사실 전 세계에서 미국보다 사회기반시설 지출이 적은 지역은 남아메리카밖에 없다. 남아메리카는 GDP

의 2.4퍼센트[82]로 미국보다 아주 조금 뒤처질 뿐이다.

미국은 세계의 어떤 지역보다 훨씬 더 앞서서 사회기반시설을 확충했지만 이를 유지하고 개선하지 않았기 때문에 결국 스스로 발목을 잡게된 셈이다. 미국 사회기반시설의 전반적인 상태[83]는 타이완을 가까스로 앞서고 독일과 스페인은 물론이며 일본에 비해서는 당연히 수준이 훨씬 뒤떨어진다.

우리의 미래에 투자하지 않는다니 얼마나 근시안적인 행태인가. 이는 앞으로 수십 년 동안 안대와 수갑을 차고 양쪽 신발 끈을 한데 묶은 채로 일자리와 자원, 시장을 놓고 경쟁할 계획을 세우는 것이나 다름없다. 이 계획은 전혀 친기업적이지 않다. 이 계획은 바보짓이다.

기본적인 사회기반시설의 투자를 늘린다면 우리의 일상생활은 물론이고 장기적인 전망을 변화시킬 것이다. 그러면 이런 투자는 우리에게 어떤 혜택을 안겨줄까? 바로 청정하고 비용 효율이 높으며 재생 가능한 에너지가 생긴다(그와 더불어 미국 경제가 더 이상 중동의 석유 재벌들에게 의존하지 않는다는 보너스도 얻는다. 하지만 이 이야기는 다음 기회에 나누기로 하자). 최고의 인터넷과 통신 시설이 확보된다. 최신 교통 시스템이 완비되어 직원들이 일터에 가고 고객들이 시장에 가며 상품이 어디로든 운송될 수 있다. 즉, 도로와 다리에 대한 투자가 이뤄진다는 의미이며 공항과 철도, 지하철과 자전거 길, 케이블 회선과 광섬유 시스템이 확보된다는 뜻이다. 사실을 직시해보자. 시종일관 소파에 가만히 앉아 있거나 교통 체증에 갇힌 채로 미래 경제를 건설할 수는 없기 때문이다. 게다가 정전으로 인터넷에 접속하지 못해서는 성공할 수도 없기 때문이다.

농부들은 밭을 일군다. 땅에 비료를 뿌리고 고랑을 판다. 돌을 파내고 나무 둥치를 뽑는다. 왜 그러는 걸까? 그렇게 해야 미래에 더 나은 결과를 얻을 수 있으니까. 다양성이 존재하는 거대한 국가의 사회기반시설도 이와 마찬가지다. 이런 식으로 우리는 좀더 생산적인 미래를 준비하는 것이다. 일등급 사회기반시설은 미국이 21세기 일자리 경쟁에서 상당히 유리한 고지를 점하게 해줄 것이다. 이와 반대로 사회기반시설이 무너져간다면 미래를 내다보는 기업의 새로운 투자에 걸림돌이 되고 새로운 회사가 성공적으로 진출하는 데 방해가 된다.

사회기반시설에 투자하지 않는다면 모든 미국인이 손을 잡고 이렇게 외치는 것이나 다름없다. "우리 함께 가난해집시다!"

우리는 새로운 발견에 대한 투자를 중지했는가?

감세는 연방 연구 지출도 축소시켰다. 이런 역설적 상황에 대해 생각해보자. 인간의 유전자를 변형하는 것에서부터 우주의 블랙홀을 탐사하는 것에 이르기까지 과학이 세상 모든 곳에서 새로운 지평을 열어가는 이 시기에 미국은 모든 과학 분야에 대한 투자를 줄이고 있다. 연방 예산 비율로 보면 1960년대 이후로 연방 연구 투자[84]는 절반 이상 삭감되었다.

고백하자면 나는 연구를 좋아한다. 연구 논문을 읽는 게 좋고 초록

색과 붉은색 빛을 내는 희귀 바다거북[85]을 발견한 과학자들의 기이한 연구를 동영상으로 보면서 짜릿한 흥분을 맛본다. 물론 누구나 나처럼 과학에 열정을 느끼지는 않겠지만 새로운 것을 시도하지 않는 고루한 사람들조차 정부가 연구에 투자하는 데에는 분명히 기뻐할 것이다. 영리한 재정 투자이기만 하다면 말이다. 암이나 표적 치료를 위한 새로운 테스트에 매진하려면 언제나 엄청난 비용이 들어간다. 한 가지 사례를 들어보자. 의학 연구에 1달러를 투자할 때마다 미국 경제는 2달러 20센트를 즉시 회수한다.[86] 장기적으로 보더라도 새로운 연구는 새로운 산업, 새로운 방법, 새로운 치료법, 새로운 사업으로 재탄생한다.

그러고 나면 이런 문제가 있다. 사회기반시설에 대한 지출과 마찬가지로 우리가 미국 내의 연구에 투자하지 않으면 다른 국가들이 앞다투어 투자에 나선다는 점이다. 그들은 이런 발견을—그리고 부수적인 사업활동과 특허 및 저작권, 그에 뒤따라 생겨나는 스타트업 회사들—미국에서 자기네 고국으로 옮겨가고 싶어한다.

얼마 전에 나는 오후 시간을 비워 매사추세츠 의과대학 학장들과 이야기를 나눴다. 그중에는 내가 정말로 좋아하는 사람이 있다. 그는 의학의 모든 면에 대해 열정적이다. 의학의 발전 덕분에 고작 몇 년 전만 해도 살아남지 못한 작은 아기들이 길고 충만한 삶을 살게 되었다는 이야기를 할 때면 그의 얼굴은 환히 빛난다. 그는 새로 개발된 정밀한 눈수술과 최신식 양안 균형 치료가 도입되어 어떻게 노인들이 자신과 배우자를 돌보고 세상과 다시 소통할 수 있게 되었는지 이야기하는 것을 좋아한다. 그는 의대생들과 자신의 의학적 연구, 의학의 미래를 위해 싸우는 행복한 전사다. 하지만 이날 그는 전혀 명랑해 보이지 않았다.

미간에는 주름이 깊게 패였고 목소리에서는 좌절감이 묻어났다. 그는 자신의 대학에 소속된 최고의 젊은 연구원 한 명을 지키기 위해 입찰 경쟁을 벌이는 중이었고 이 젊은 여성 연구원이 곧 경쟁 연구소로 가게 되었다며 걱정했다. 그가 자신의 연구원이 전 세계 수백만 명의 사람에게 영향을 미칠 만한 한 가지 난제를 어떤 새로운 방법으로 해결하려 하는지 설명한 뒤 나는 그 연구원이 어느 곳으로 가게 되었는지 물었다. 더 근사한 의과대학일까? 거물급 제약 회사일까? 아니면 한창 주가를 올리는 신생 의학 기술 회사일까?

모두 아니었다. 정답은 어느 외국으로 간다는 것이었다.

그리고 정말 화나는 부분은 따로 있었다. 그 연구원은 해당 국가에 가족이나 친지가 한 명도 없었고 그 나라 말도 할 줄 몰랐으며 전혀 떠나고 싶어하지 않는다는 것이었다. 그녀의 연구는 장래성이 밝기 때문에 그 일자리를 간곡히 제안한 정부 관리들은 이 투자가 성과를 낼 경우 자기네 나라에서 새로운 산업이 형성된다는 사실을 잘 알고 있었다. 따라서 그들은 열성적이고 재빠르게 영입 경쟁에 뛰어들었으며 그녀의 연구를 위해 아낌없이 지원하겠다고 약속했다. 넓은 실험실, 보조 연구원들, 장비, 자료 등 그녀가 필요로 하는 것이라면 무엇이든 제공하겠다는 것이다.

그 학장은 이 이야기를 하고 나서 단호하게 덧붙였다. "저는 경쟁이 안 됩니다."

오늘날 미국 국립보건원 연구 보조금의 최종 후보로 올라가는 열한 개의 연구 지원서 가운데 기금을 타내는 것은 겨우 두 개에 불과하다. 국립보건원은 훌륭한 연구 제안을 만성적인 자금 부족 탓에 보류하는 형편이다.[87] 생화학 연구원[88] 가운데 20퍼센트는 연구를 계속하기 위해 미국을 떠날까 고민하는 중이라고 시인한다. 전 세대의 젊은 연구원들이 모두 사라지거나 외국으로 가버릴 위기에 처해 있다고 해도 과언이 아니다.

일부 연구는 다른 나라로 넘어갈지 모르는 한편 현실적으로 꼭 필요한 연구의 상당수는 그저 완료되지 못하고 있다. 내가 신임 상원의원으로 자리를 잡은 지 얼마 되지 않아 상원의 보건·교육·노동·연금 위원회HELP가 국립 정신건강 연구소의 소장을 대상으로 청문회를 열었다. 나는 그에게 추가 지원금을 받으면 무엇을 할 수 있는지 물었고 그는 우리가 "혁명의 문턱에 서 있다"[89]고 설명했다. 그와 다른 학자들은 연구원들이 뇌의 가장 중요한 비밀을 알아내기 직전이라고 믿는다. 조금만 더 연구한다면 정신 질환과 알츠하이머, 자폐증, 파킨슨병, 헌팅턴병의 놀라운 새 치료법을 공개할 수 있다는 말이다. 하지만 문제는, 정부 지원이 없으면 이런 의학적 발견은 수년 혹은 수십 년 연기된다는 것이다.

그러면 이 치료하지 못한 질환이 개인에게 미치는 영향에 대해 생각해야 한다.

사람들은 워싱턴의 내 사무실에 자주 들른다. 매사추세츠 주민들이 집회나 출장, 휴가차 워싱턴에 왔다가 찾아오는 것이다. 봄방학을 맞은 학교의 단체 방문이나 가족 단위의 방문도 있다. 어떤 사람들은 개인적으로 크게 관심 가는 특정 사안에 대해 이야기하러 오기도 한다. 이를 테면 바다나 인신매매, 음악 교육 같은 문제다. 그런가 하면 어떤 이들은 그저 인사를 하고 싶다거나 자기 고향과 가깝다는 이유로 찾아온다.

시간이 되면 나는 하루를 비워 오픈 하우스를 열기도 한다. 그럴 때면 방문객이 줄을 선다. 그들은 나와 악수를 하고 특정 사안이나 자신에 관해 조금씩 이야기한다. 그러고 나면 대개 같이 사진을 찍는다. (꽤 잘나온 사진도 제법 있다.)

어느 오픈 하우스 날, 한 다정한 부부가 제일 앞줄에 손을 잡고 서 있었다. 남자는 몸매가 다부지고 키가 나와 비슷했으며 짧게 자른 머리에 흰머리가 듬성듬성 나 있었다. 내가 손을 내밀자 그는 활짝 웃었다. 진한 색 양복에 멋진 자주색 셔츠를 입고 같은 색 타이를 매고 있었지만 내 시선을 사로잡은 것은 그의 눈이었다.

그가 이야기를 시작했다. "안녕하세요, 의원님. 전 매사추세츠의 더글러스에서 온 마이크라고 합니다. 알츠하이머를 앓고 있습니다. 조기 발병이죠. 지금 쉰다섯이거든요. 조금 지나면 이 대화도 잊어버릴 겁니다. 전부 다 잊어버릴 테니까요. 의원님도. 제 아이들도. 제 아내도요."

아내가 조용히 서서 기다리는 동안 그는 잠시 말을 멈추고 적당한 표현을 찾았다.

마침내 그가 말했다. "제가 아는 모든 걸 빼앗길 겁니다."

그거면 충분했다. 나는 눈물이 차올랐고 잠깐 숨을 참았다. 세상의 어느 누가 그런 미래를 감당할 수 있을까? 잠시 동안 내가 사랑하는 사람들의 얼굴이 머릿속을 스쳐갔다. 손주들. 남편 브루스. 오빠들. 이미 세상을 떠난 사람도 모두 생각났다. 아빠. 엄마. 비 고모. 우리 가족이 사랑한 강아지 오티스. 이들을 잊어버린다면 나는 어떤 사람이겠는가?

내가 다시 정신을 차리고 말을 하기도 전에 마이크가 불쑥 덧붙였다. "전 앞으로 잊어버릴 테니 기억할 수 있는 지금 여기에 왔어요. 알츠하이머 연구를 위한 재정 지원 확대를 위해 싸워달라고 의원님께 부탁드리러 온 겁니다. 부탁드립니다. 전 잊어버릴 테니 의원님이 기억해주셔야 합니다."

나는 성가신 서류 작업을 염두에 둔 채 그 방에 들어갔고 다음 회의를 미리 생각하는 중이었지만 마이크를 만나면서 생각이 딱 멈췄다. 그의 이야기는 마치 내 늑골 사이를 찌르고 들어온 창과 같아서 워싱턴에서 우리가 하는 모든 일이 실재하는 사람들에게 중요하다는 사실을 새삼 떠올리게 했다. 도움을 요청할 계획은 전혀 없지만 지금 당장 도움이 절실한 사람들 말이다.

알츠하이머 연구 지원금을 부당하게 삭감하는 것이 얼마나 어리석은 일인지 잘 보여주는 완벽한 사례다. 2016년 한 해에만 미국은 알츠하이머 환자의 치료비로 2360억 달러를 들였다.[90] 2360억 달러는 단지 치료를 위해 쓰인 액수다. 그 돈을 다 들여도 질병의 진행은 단 하루도 늦추지 못했다. 그리고 우리는 해마다 천문학적인 금액을 계속 쏟아부을 것이다. 사실 이 액수는 점점 더 늘어날 테고 2050년에는 엄청나게 증가해서 알츠하이머로 인해 노인 의료보험 제도는 파산할지도 모른다.[91]

우리는 이 금융 쓰나미가 곧 밀려온다는 것을 알고 있으며 여전히 그 문제에 대해 뭔가 조치를 취할 시간이 있다. 그렇다면 국립보건원은 알츠하이머 연구 지원비로 얼마를 할당하고 있는가?[92] 2016년에 알츠하이

마이크와 셰릴 벨빌 부부. 매사추세츠 벨링햄에 마련한 그들의 새 보금자리 근방에서.

머 연구에 쓰인 비용은 알츠하이머 치료에 사용된 금액의 0.5퍼센트에
도 미치지 못했다. 국립보건원은 무정하지도 어리석지도 않다. 그저 충
분한 기금을 마련하지 못할 뿐이다. 발병 인구의 연령대와 진단 환자의
수가 증가하는데도 의회는 연구비를 계속 삭감하기만 한다. 국립보건원
의 의학 연구에 지원되는 재정 규모는 10년 전과 비교해 20퍼센트나 줄
어들었다.[93]

　게다가 시간을 다투는 의학적 문제로 알츠하이머 하나만 있는 것은

아니다. 학문적 돌파구를 열기 직전인 다른 질병들에 대해서도 생각해보자. 가령 당뇨병이나 심장 질환, 유방암, HIV 말이다. 생명을 위협하는 알레르기나 자폐증을 앓는 아이들에 대해 생각해보자. 질식할 때까지도 아무런 반응을 보이지 않는 신체에 갇혀버린 루게릭 환자들에 대해 생각해보자. 마약에 중독된 사람과 만성 통증에 시달리는 사람들에 대해서 생각해보자. 그리고 단 하나의 획기적인 의학적 발전이 어떻게 수십만 명의 사람에게 새로운 삶을 선사할 수 있는지 생각해보자.

나는 이 사태에 대해 몹시 화가 났다. 내 생각에는 우리 모두가 크게 화를 내야만 한다. 단지 의학 연구만이 아니다. 정부가 2016년 연구 예산을 1960년대 중반과 동일한 비율로 산정했다면 우리는 한 해에만 기초 연구에 1620억 달러[94]를 추가로 지원했을 것이다. 그 금액은 미국 국립보건원과 국립과학재단의 예산을 합친 액수의 다섯 배가 넘는다. 현재 지원금의 무려 다섯 배다. 산재한 문제들을 해결하기 위해 최선을 다할 과학자와 연구원을 추가로 더 채용할 수 있다고 생각해보라. 청정에너지나 질병에 잘 견디는 농작물, 저렴한 비용으로 바닷물을 신선한 식수로 바꿔주는 방법을 얼마나 더 개발하고 발전시킬 수 있었을지 상상이 가는가? 그리고 이 세 분야를 발전시킨다면 돈이 얼마나 많이 절약되고 인간이 얼마나 더 풍요로워지며 지구 환경이 얼마나 더 나아졌을지 생각해보라.

대다수의 미국인은 우리가 연구에 더 많은 돈을 투자해야 한다는 주장에 동의한다.[95] 국가적으로 힘을 모아 이 사안을 해결하지 못한다면 —혹시 해결하지 못한다면 적어도 기초 연구 투자에 할당되는 연방 예산을 조금이라도 늘려야 한다—우리가 진정 어떤 미래를 믿을 수 있겠는가?

2년 전, 나는 공화당원들과 낙수 이론을 견지하겠다는 그들의 결정이 연구 지원금에 어떤 영향을 미쳤는지 자세히 살펴봤다. 2014년의 중간 선거는 민주당에 대학살이나 다름없었고 이제 공화당은 상원과 하원 모두를 굳건히 장악하게 되었다. 공화당이 주요 상임위원회 위원장직을 독식하다시피 하고 당연히 투표 없이 어떤 법안들은 통과시키는 반면 어떤 법안들은 사장시킬지 결정한다는 뜻이었다. 2015년 초에 나는 학자금 대출 법안이 별다른 성과를 얻지 못한다는 것을 알게 되었지만 여전히 마음 졸이며 공화당이 다른 어떤 의견을 제시하고 우리가 어떻게 대처할 것인지 추이를 지켜봤다.

공화당 상원의원들의 입법 계획 윤곽이 드러나기 시작하면서 '의료 혁신'이 최우선 순위로 떠올랐다. 그 상황을 보고 나는 음치로 악명이 높긴 하지만 '성조기의 행진Yankee Doodle Boy'을 부르고 싶을 정도였다. 그리고 이렇게 생각했다. "이제야 나하고 비슷한 생각을 하네." 분명히 공화당의 법안은 과학자들에게 더 많은 자원을 확보해줄 기회를 마련할 터였다. 새로운 실험실에 자금이 지원되면 그 보답으로 새롭고 흥미로운 발명이 탄생할 테니까. 또는 그 법안이 정말 야심찬 프로젝트를 선택할지도 몰랐다. 예컨대 뇌 지도를 작성하는 브레인 이니셔티브에 자금을 지원한다든가 그해에 오바마 대통령이 발표한 정밀 의료 계획을 전적으로 지지하는 것이다. 세부 사항이 무엇이든 간에 '의료 혁신'은 연구에 더 많은 돈을 투자하겠다는 뜻임에 틀림없었다. 그렇지 않은가?

그런데 내 판단은 틀렸다. 알고 보니 공화당이 생각한 의료 혁신이란 전혀 다른 것이었다. 과학자나 실험실, 박사들에게 지급되는 신규 지원금은 없었다. 아무래도 공화당에게 '혁신'이란 "미국 식품의약국FDA을 약화시키고" "거대 제약 회사를 지원하겠다"는 뜻이었던 듯하다. 공화당의 새 법안이 21세기 치료법으로 불리는 이유는 결국 21세기 치료를 반대할 사람이 없기 때문이었을까? 하지만 상황이 악화되었을 때 그들은 그저 법안을 폐지하고 싶어했다.

이런 법안을 마련하려는 노력은 상원에서 시작되지는 않는다. 그보다는 여러 위원회를 통해 수많은 작업이 이뤄진다. 이번 경우에 나는 마침 알맞은 위원회인 보건·교육·노동·연금 위원회 소속이었다. 공화당 의원들이 향후 계획을 털어놓도록 강제할 기회를 잡은 것이었다. 나는 모든 청문회와 회의에 빠짐없이 참석해서 매번 이 안건을 거론하겠다고 결심했다. 그렇게 하면 상원에서 인기가 없어질지는 모르지만 그래도 뭔가 성과를 얻을 가능성이 있었다.

게다가 나는 뜻을 함께할 동지를 찾고 있었고 그 첫 단추는 워싱턴주의 패티 머리로, 같은 위원회 소속의 고위 민주당 의원이었다. 나는 패티에게 21세기 치료법에 더 많은 연구 자금을 지원하는 일을 우선시할 수 있겠는지 물었다. 그녀는 의료 연구를 오랫동안 지원해왔던 터라 그 자리에서 대답했다. "해봅시다!"

다음 몇 주 동안 나는 위원회의 다른 민주당 의원들과 한 명도 빠짐없이 이야기를 나눴고 그들이 국립보건원에 더 많은 자금을 지원하는 일에 엄청난 열의를 보인다는 사실을 금세 알게 되었다. 그것도 약간의 자금 증액이 아니라 엄청난 액수를 원하고 있었다. 내가 상원에서 가장 좋아하는 동료 중 한 명인 미네소타주의 앨 프랭컨 의원도 같은 위원회 소속이었다. 그는 나를 계속 자극했다. 내가 액수를 말할 때마다 그는 이렇게 말했다. "이봐요, 이건 큰 문젭니다. 더 많이 요구할 수는 없을까요?" 앨은 나와 정말 잘 맞는 남자다!

몇 달 동안 나는 공개 청문회든 사석에서든 가리지 않고 이 문제를 끊임없이 다뤘다. 열심히 들어주려는 사람이라면 누구에게든 이렇게 이야기했다. 의료 연구에 더 많은 자금을 지원해야 한다고. 나는 같은 말을 몇 번이고 무한정 반복했다.

내가 동원할 수 있는 방법이라면 모두 활용했다. 나는 공화당 의원 몇 명과도 의미 있는 대화를 나누었고 그들 모두가 국립보건원에 더 많은 자금을 지원해야 한다는 데 의견을 같이했다. 2015년 4월에 『뉴욕타임스』가 공화당 출신 하원의장 뉴트 깅그리치의 논평을 실었고 나는 글을 읽자마자 그에게 전화를 걸었다. 그는 국립보건원의 지원금을 두 배로 올려야 한다고 주장했고 나는 온갖 방법을 동원해 '환호'했다. 통화를 하는 동안 나는 그가 지원금 증액을 위해 나와 협력할 의향이 있는지 물었다.

나는 정보 청문회를 열었고 깅그리치 전 하원의장에게 프레젠테이션을 부탁했다. 그의 프레젠테이션은 훌륭했다. 그가 한 말 중 가장 좋은 구절[96]은 이랬다. "수많은 생명을 구하고 돈을 절약할 역사적 기회가 찾아왔는데도 연구 지원금이 줄어들도록 방관하는 것이야말로 이 도시에만 있는 특별한 어리석음입니다."

2015년 10월, 나는 보건·교육·노동·연금 위원회 위원장인 러마 알렉산더 의원에게 미팅을 요청했다.

약속한 날, 나는 의료보험 분야에서 가장 뛰어난 실력을 지닌 보좌관을 대동하고 위원장실로 건너갔다. 위원장실 방문은 처음이었기에 솔직히 말해 깜짝 놀라고 말았다. 정말이지 근사한 사무실이었다. 벽은 내가 한 번도 본 적 없는 온갖 종류의 물건과 각종 기념품으로 장식되어 있었다.[97] 장식품 아래에 붙은 설명을 읽어보니 모두가 위원장의 고향인 테네시주에서 가져온 것이었다. 성냥개비로 만든 바이올린, 낡은 도구들, '테네시 왈츠'의 악보 원본 등. 위원장의 책상 옆에는 그가 애지중지하는 소장품이 있었다. 바로 샘 휴스턴텍사스 독립전쟁을 지휘해 텍사스 공화국의 초대 대통령을 지낸 인물의 지팡이였다.

알렉산더 위원장은 나를 다정하게 맞아주었고 우리는 의례적으로 주고받아야 할 절차를 모두 따랐다. 그는 좋은 천이 씌워진 커다란 의자들 중 하나로 나를 안내했다. 그러고는 약간의 농담으로 대화를 시작했다. 그는 나에게 지팡이를 보여줬고 나는 찬사를 아끼지 않았다.

몇 분 뒤에 나는 동석한 의료보험 전문가를 소개했고 그 또한 자신의 의료보험 전문가를 소개했다. 우리는 마치 전통적인 결투에 임하는 것만 같았다.

나는 21세기 치료법을 위해 작성한 몇 가지 조항을 고려해준 위원장에게 감사 인사를 건넸다. 그는 나에게 "입안 과정에 그렇게 열심히 참여해줘서" 고맙다고 했다. 나는 그 말이 골칫거리를 비유하는 상원의원들 특유의 은어인지 궁금했지만 묻지 않아서 다행이라고 생각했다.

우리는 이내 상대의 성이 아닌 이름을 불렀다. "고맙습니다. 러마 의원님." 내가 말했다. "내가 고마워요, 엘리자베스 의원님." 그가 말했다.

그 이후의 대화는 조금씩 삐걱거리기 시작했다. 우리에게는 각자가 수용 가능한 마지노선이 있었다. 나는 실질적인 의료 혁신이란 오직 의료 연구 지원금을 증액할 때에만 가능하며 지금이야말로 적기라고 믿었다. 알렉산더 위원장은 신규 지원금을 요구하면 법안 자체가 사장되지나 않을까 걱정했다.

알렉산더 위원장은 인자하고 예의 바른 사람이었지만 법안을 보호하는 게 그의 임무였다. 반면 나는 연구 자금을 증액하기 위해 싸우는 것을 내 임무로 정해두었다. 사실상 나는 국립보건원에 추가 지원금을 할당하는 법안을 이미 제안한 적이 있었다. 그리고 미국 최대의 제약 회사들이 법을 어길 때마다 국립보건원의 지원금에 보탬이 될 수 있도록 추가 벌금을 내게 해야 한다고 생각했다. 그럴 경우 얼마나 많은 돈이 들어올까? 이 법안이 5년 전부터 시행되었다면 국립보건원은 해마다 거의 60억 달러의 추가 지원금을 받아 전국의 과학자와 대학, 연구실에 수천 가지 보조금을 지급했을 터였다.

알렉산더 위원장과 나는 아무 결론도 내지 못했다.

하지만 그는 21세기 치료법을 진심으로 통과시키고 싶어했다. 그래서 법안을 통과시킬 다른 방안을 찾으려 했다. 국립보건원에 추가 지원금을 주지 않는 방법 말이다. 2016년 봄, 그는 21세기 치료법을 굉장히 세분화했다. 다양한 민주당 의원들이 지지한 온건한 제안들을 수용했다.

이렇게 하나씩 작은 보상을 제공한다면 의료 연구 지원금을 증액하지 않고도 자신이 이 법안을 위원회에서 통과시킬 수 있도록 민주당 의원들이 충분한 지지를 보낼 것이라는 논리였다.

공정하게 말해 그가 덧붙인 조항 몇 가지는 꽤 만족스러웠다. 그는 내가 작성했던 유전자 프라이버시에 대한 조항을 포함시켰고 희귀 질환에 걸린 아이들에게 도움이 될 표적 치료법들에 대한 조항을 수용했다. 게다가 임상 시험에서 여성과 소수자를 더 많이 활용하고 이미 자금을 지원한 연구에서 더 많은 정보를 이끌어내자는 내용의, 내가 작성에 기여한 조항도 집어넣었다.

나는 이 조항 하나하나가 다 마음에 들었지만 연구 지원금을 증액하기 위한 싸움을 포기하지는 않았다. 그래서 대항책을 마련했다. 민주당 의원들과 연합해서 생명의학 혁신 기금을 창설해 향후 10년 동안 국립보건원의 연간 예산에 50억 달러[98]를 추가하자는 수정 조항을 만들었다. 공화당 의원들은 이 조항에 찬성하지 않았지만 민주당 의원 모두는 50억 달러에 찬성했다—그리고 앨 프랭컨 의원은 사재를 조금 출연하겠다고 약속했다. 결국 민주당 의원들은 뜻을 모았다. 국립보건원에 추가 자금을 지원하지 않는 이상 이 법안은 통과되지 않을 거라고.

얼마 지나지 않아 알렉산더 위원장은 길이 막혔다는 것을 깨달았다. 자기편을 들어주는 민주당 의원이 더 이상 없었기 때문이었다. 21세기 치료법의 최종 절충 단계[99]에서 그는 이 사안을 양보하며 상원에서 21세기 치료법을 통과시키려면 의료 연구 자금을 증액하는 방법밖에 없다는 것을 깨달았다고 말했다.

하지만 공화당 의원들은 여전히 지원금 증액에 반대했다. 오히려 법안을 통과시킬 만한 다른 방법을 모색했다. 내 생일인 6월 22일에 나는 별로 우호적이지 못한 선물을 받았다. 미국 연방 의회의 어느 신문에서 "공화당 의원들, '21세기 치료법'이 지연된 책임을 워런 의원에게 묻다"[100] 라는 제목을 단 기사를 게재한 것이다. 한 공화당 의원에 설명에 따르면 21세기 치료법이 "의료보험 제도 개선에 크게 기여할" 것이라고 했다. 그리고 그는 내가 이 중요한 기여를 방해하고 있다고 확신했다. 다른 의원도 내가 "초당파적인 위원회를 망치는 편파적인 사안을 찾아내는 데 혈안이 되어 있다"고 비난했다.

짐작건대 그들은 조금만 압박하면 내가 수그리고 들어가서 상황이 해결되리라고 생각했던 것 같다. 하지만 일은 그렇게 돌아가지 않았다.

2016년 선거에서 민주당 의원들은 같은 태도를 고수했다. 트럼프가 선출되고 공화당 의원들이 상원과 하원을 모두 장악하면서 갑자기 21세기 치료법은 빛의 속도로 통과되었다—적어도 의회를 기준으로 보면 그렇다는 말이다. 추수감사절 연휴 동안 대다수의 사람은 터키 고기를 먹었지만 하원의원들은 21세기 법안을 수정하면서 부적절한 내용을 잔뜩 채워넣었다.[101] 제약 회사들은 의사들에게 은밀하게 뇌물을 제공할 수 있게 되었다. 미치 매코널 의원의 정치헌금 기부자 한 명이 시장에 들여오고 싶어하는 몇 가지 재생 의약품이 좀더 수월하게 FDA의 승인을 받게 되었다. 그리고 거대 담배 회사 다섯 군데는 수많은 흡연 방지 프로그램의 지원금을 끊어버릴 것이었다. 나는 심한 충격을 받았다. 뇌물? 정치헌금 기부자 거래? 거대 담배 회사? 나는 하원이 선물 포장도 무상으로 제공하는지 궁금해질 지경이었다.

심지어 긍정적인 부분에도 덫이 숨겨져 있었다. "앞으로 자금을 지원하겠다"는 약속의 상당수도 지켜질지 미지수였지만 투자가 보장된 자금조차 상당히 제한적이었다. 예를 들면—언젠가, 아니 어쩌면 미래의 어느 시점에—마약 중독 치료에 4억 달러를 투자하겠다고 약속하기도 했다. 그 돈은 절실하게 필요했다. 사실상 그 돈의 열 배쯤 되는 금액이 간절히 필요했다. 나는 매사추세츠 전역에서 절망에 빠진 가족들을 만나봤다. 중독에 빠진 자녀를 잃은 어머니들과 어머니를 잃은 아이들이었다. 나는 사랑하는 사람이 눈앞에서 사라지고 전혀 낯선 모습으로 바뀔 것만 같다고 말하는 사람들과 이야기를 나눴다. 중독을 이겨낸 이들과 마약을 멀리하고 다른 중독자들도 자기와 똑같이 이겨낼 수 있도록 돕기 위해 날마다 투쟁한 사람들의 손을 잡아주었다. 그들 모두는, 할머니도 십대 청소년도 치료소가 얼마나 부족한지, 침대가 얼마나 부족한지, 도움이 얼마나 부족한지 설명했다.

마약은 누구든 위기로 몰아넣었다. 나이가 많든 적든, 재산이 많든 적든 관계없이 온갖 사람이 큰 타격을 입었다. 자금 지원은 한시가 급한 일이었다. 그 법안이 단순히 약속만 한 게 아니라 실질적인 지원금을 확보했다는 소식을 듣고 나는 매사추세츠 전역의 고통받는 가정에 미칠 영향을 생각하며 희망에 부풀었다. 하지만 얼마 지나지 않아 알게 되었듯이 세부 조항을 읽었어야만 했다. 21세기 치료법은 후임인 트럼프 정권이 정치적 꼼수를 쓸 빌미를 제공했다. 그들은 어느 주가 자금을 받을지 결정하게 되었다. 그리고 어느 주가 완전히 패배할지도 결정할 터였다. 그들은 자금을 자신들이 원하는 대로 분배할 전적인 권한을 쥐고 있었다.

도저히 믿을 수가 없었다. 나는 수정된 법안을 읽고 생각했다. 힐러리 클린턴에게 투표한 매사추세츠와 다른 모든 주에 행운이 깃들었으면 좋겠다고 말이다. 이들은 얼마만큼 불공정해질 수 있을까? 우리는 모두 치명적인 중독에 시달리는 사람, 죽어가는 사람, 가족이 완전히 해체된 사람들을 도울 필요가 있었다. 그런데 후임 정부는 정치적 술수로 그런 도움을 오염시키고자 했다.

부통령 조 바이든의 암 정복 프로젝트인 캔서 문 샷cancer moon shot에도 1억 달러가 배정되었다. 암 연구를 위해 얼마를 추가로 투자하든 반가운 일이지만 1억 달러는 국립보건원이 한 해 동안 암 연구에 투자하는 액수의 2퍼센트[102]에 불과하다. 암 연구에는 엄청난 비용이 들어가므로 1억 달러도 그리 대단한 투자는 아니다.

설상가상으로 21세기 치료법에 의거해 공화당은 기본적인 예산을 삭감할 수도 있었고 실제로 이듬해에 금액은 줄어들 참이었다.

이런 식의 교묘한 속임수 같은 자금 지원도 정말 실망스러웠지만 무엇보다 화나는 점은 수정 법안이 의료 연구 전반에 엄청난 좌절을 안겨준다는 것이다. 초기에 작성한 21세기 치료법의 초안들에서 수십억 달러의 신규 기금을 지원하겠다고 한 뒤 공화당은 지원금을 대폭 삭감했고 국립보건원의 신규 기금으로 총 3억 달러를 책정했다. 이는 민주당이 수정 조항에서 요구한 금액에 비하면 푼돈에 불과하다. 알츠하이머, 루게릭, 자폐증 연구를 확대하기 위한 지원금이 고작 이런 푼돈이라니.

이 병명들을 보노라니 마음이 무너진다.

이 법안에도 분명 좋은 부분은 있었고 오바마 대통령을 포함해 수많은 민주당원이 서명했다. 실제로 내 친구 몇 명은 이렇게 말하기도 했다. "이걸로 합시다. 도널드 트럼프가 대통령 취임선서를 하고 나면 상황은 악화되기만 할 테니까." 하지만 나는 서명하지 않았다. 그렇게 할 수가 없었다. 그래서 큰 목소리로 반대했다. 나는 연설을 하고 전화를 걸고 언론에 이야기하는 등 할 수 있는 모든 조치를 취했다. 여러 차례 실랑이를 벌여 공화당 의원들은 마침내 항복했고 의사들의 뇌물 관련 조항이 삭제되었다. 좋았어! 나는 애당초 그런 조항이 포함되었다는 사실도 믿기 어려웠지만 그래도 삭제가 됐으니 무척 기뻤다. 좋은 사람들이 1점을 올렸다!

그리고 가정에 좀더 밀접한, 긍정적인 영향을 미치는 변화가 한 가지 더 있었다. 다시 한번 상당한 실랑이를 벌이고 난 뒤 마약 치료 자금이 정해진 방식에 따라 배분되어 매사추세츠를 비롯해 모든 주에 공정하게 주어질 예정이었다. 즉, 마약으로 인한 위기로 고생하는 일부 가정이 도움을 받는다는 뜻이었다. 나는 이 자금이 여전히 많이 부족하다고 생각했다. 특히 50개 주에 고루 나눠줘야 했으니까. 하지만 적어도 고향 사람들을 마주보고 우리도 혜택을 볼 것이라고 말할 수는 있었다.

나는 한 가지 교훈을 얻었다. 때로 맞서 싸우는 것은 보람이 있다. 심지어 모든 사람이 포기하는 게 낫다고 말할 때조차. 여전히 그 법안에 찬성표를 던질 수는 없었지만 적어도 싸움을 통해 상황을 개선시켰다. 우리는 매사추세츠 전역을 휩쓸고 유행처럼 번진 마약과의 전쟁에서 약간의 도움을 얻을 것이었다. 12월에 21세기 치료법이 통과되어 법으로 확정되었다.

비록 연구를 위해 간절하게 필요한 만큼의 자금을 확보하지는 못했지만 나는 앞으로도 이 싸움을 이어나갈 것이다. 국립보건원과 국립과학재단의 지원금을 확보하기 위한 싸움도 계속할 것이다. 질병대책센터, 식품의약국, 항공우주국, 국방부의 연구를 위한 자금도 마찬가지다.

나에게 이 싸움은 미래를 건설하는 것이다. 이 싸움은 매사추세츠 더글러스의 마이크를 기억하기 위한 것이기도 하다. 마이크는 아내와 자녀를 기억하는 데 어려움을 겪기 시작했으니까.

노동자의 권력이 약화되다

낙수 효과를 기대하는 시기 동안, 온갖 감세가 이뤄지고 교육과 사회기반시설, 기초 연구 투자가 줄어드는 시기 동안 노동자들에게는 어떤 일이 일어났는가? 노동조합은 어디에 있었는가?

루이스 파월이 "맞서 싸우라"며 기업을 부추기던 1970년대에 노동조합은 경제적으로나 정치적으로 실질적인 권력을 지니고 있었다. 하지만 상황은 이제 달라질 참이었다.

대통령에 취임한 지 8개월 만에 로널드 레이건은 기업국가 미국을 위해 큰 성과를 올렸다. 당시에 항공 관제사들이 파업하는 사건이 일어났다. 그들은 공무원이었기 때문에 파업이 불법이었지만 짧은 기간의 불법 파업은 수십 년 동안 빈번하게 일어났다. 게다가 대통령 후보 시절에 레이건은 항공 관제사 노조에 지지 선언을 부탁하면서(마침내 지지를 얻어냈다) 그들의 열악한 근로 조건을 개선하겠다고 약속했다. 막상 대통령으로 당선되고 나자 레이건은 의리를 저버리고 항공 관제사 노조를 공격하는 쪽으로 순식간에 돌아섰다. 그들이 직면한 문제에 대한 어떤 협상이나 대화도 없었다. 대신 그는 노동자들에게 48시간 이내에 일터로 복귀하라고 말했다. 노동자 대부분이 일터로 돌아가지 않자 그는 즉시 그들을 해고했으며 평생 공무원이 되지 못하게 만들었다. 그 충격은 어마어마했다. 노동조합은 파산했고 항공 관제사 대부분은 개인적으로도 파산했다.

항공 관제사 노조가 산산이 부서지고 난 뒤로 노조원이든 아니든 관계없이 미국 노동자들의 형편은 모든 면에서 완전히 달라졌다.[103] 루스벨트가 노동자들에게 조합에 가입하라는 강력한 메시지를 보냈던 것과 마찬가지로 레이건은 기업국가 미국에 자기만의 확고한 메시지를 전달했다. 노동조합을 마음껏 사냥하는 시대가 열렸다는 것이다. 그들은 그의 뜻을 명확히 알아들었다.

그 뒤로 몇 년 동안 노동조합들은 엄청난 압력에 시달렸다. 자동화가 점차 확대되고 일자리가 해외로 넘어가면서 노조원 수는 꾸준히 줄어들었다. 스탠리 고모부도 조합원증을 가지고 있었지만 노동조합은 노동자의 3분의 1 정도밖에 대표하지 않았다. 오늘날 노조는 노동자의 약 11퍼센트[104]를 대표한다.

낙수 이론을 개진하는 정당이 수십 년 동안 노동조합을 집요하게 공격해온 것은 놀랄 일도 아니다. 노조원 수가 줄어들자 공화당은 공격을 배가했다. 예컨대 그들은 오바마 대통령의 노동부 차관 인준을 몇 달 동안 지연시켰고 노동자에 대한 정부의 보호를 중지시키겠다는 희망으로 차일피일하며 전국 노동 관계 위원회의 공석을 메우지 않았다. 그리고 이제 트럼프 대통령은 저임금 노동자들을 쥐어짜서 큰 재산을 축적하고 노동조합을—패스트푸드 노동자들에게 임금이나 질병 수당 협상의 기회를 준 노동조합들을—매도하는 인물을 노동부 장관으로 지명했다. 공화당은 노동조합들의 힘을 꺾기 위해 가능한 모든 수단을 계속 이용하고 있다.

이 사안을 두고 이미 전열은 양분되었으며 상황이 달라질 가능성도 없지만 우리는 이 싸움에서 가장 중요한 점을 최우선으로 삼아야 한다. 바로 공화당이 노동조합을 공격할 때 그들은 임금을 받고 일하는 모든 사람을 공격한 셈이라는 것이다. 이는 마치 수면 밑의 물살과도 같다. 사람들이 그 물살을 느끼는 데에는 다소 시간이 걸릴지 모르지만 시간이 흐르면서 이 공격의 여파로 모든 사람이 파산할 것이다. 그것이야말로 한 치의 의심도 제기할 필요가 없는 공화당의 계획이다. 노조원이든 아니든 관계없이 더 많은 노동자를 바닥으로 가라앉히려는 것이다.

지난가을 어느 생일 파티에서 나는 이 사실을 다시 한번 확인했다. 케이크의 촛불을 불고 선물을 열어본 뒤 대화 주제는 지역 정치로 흘러갔다. 차터 스쿨공공 기금으로 운영되는 혁신적이고 독립적인 성격의 학교에 근무하는 어느 멋진 젊은 여성 교사는 교원 노조가 임금 인상을 위해 싸우기를 바란다고 말했다. 심지어 임금 인상을 위해 파업을 해도 괜찮다는 것이었다. 나는 당황했다. 그래서 차터 스쿨에 노조가 있느냐고 물었다.

그녀는 웃으며 아니라고 대답했다. 사실 그녀가 사는 도시의 차터 스쿨들은 노조 결성이나 확대를 방해하는 것으로 유명했다.[105] "하지만 우리 학교는 노조에 가입한 교사들이 해당 학군에서 받는 금액과 같은 액수를 지급해요. 그리고 1만 달러의 보너스도 주죠. 그런 식으로 학교는 좋은 교사들을 골라내면서도 노동조합을 만들지 않는 거예요."

이제 케이크를 건네줄 차례다.

교사들의 노동조합은 공격받고 있다. 어떤 사람들은 교원 노조를 약화시키고 싶어하고 어떤 사람들은 아예 없애버리고 싶어한다. 나는 교원 노조가 사라지는 날이 그녀가 받는 1만 달러의 보너스도―그와 더불어 그녀가 당연히 여기는 다른 온갖 수당도―사라지는 날이라는 걸 이 명랑한 젊은 여성이 알고 있는지 궁금했다.

노동조합의 힘이 줄어들면서 우리 경제에는 미묘한 변화가 일어났다. 노조원 수가 줄어들면서 모든 노동자가 결국 손해를 입는다는 것이다. 노동조합이 비노조 노동자들에게 보태주는 28퍼센트의 임금 인상과 각종 수당은 실재하는 것이며 노조원 감소로 인해 중산층도 줄어들었다.

미국의 노동조합은 미국의 중산층을 형성하는 데 일조했다. 이제 공화당은 두 가지 모두를 파괴하는 데 힘쓰고 있다.

중산층을 파괴하다

1930년대부터 1970년대에 이르기까지 정부는 공평한 경쟁의 장을 적극적으로 마련하고 거대 기업과 거대 은행들을 주도적으로 통제했다. 1980년에 로널드 레이건은 정치적 역학에 변화를 가하면서 정부가 가장 무서운 적이라고 선언했다.

두 시기를 지나면서 미국은 두 가지 전혀 다른 정치적 방향으로 나아갔지만 경제는 꾸준히 발전을 거듭했다. 그리고 미국은 계속 부유해졌다—처음 40년 동안 더 엄격하게 규제하고 그다음 35년 동안은 규제를 폐지하면서 부를 쌓아나갔다. 처음에는 세금을 높였고 그다음에는 세금을 낮췄다. 세계대전과 냉전을 겪었고 물가 상승과 불경기를 경험했으며 국제 경쟁이 치열해지고 기술 혁신이 이뤄졌다. 인종 폭동과 페미니스트 혁명, 동성 결혼에 대한 첨예한 토론이 벌어졌다. 2008년에 금융위기가 닥쳤고 그 후로 경제는 다시 회복되었다. 이 모든 사건을 거치며 GDP는 비교적 꾸준히 상승했다. 달리 말해, 온갖 논쟁과 차이에도 불구하고 미국 경제는 지속적으로 잘 돌아갔다.

경제는 계속 유용하게 움직였다. 달라진 점은 미국 경제가 우호적으로 작용한 대상이다.

1935년부터 1980년까지 경제가 발전하면서 이룬 번영은 널리 공유되었다. 앞에서 미국의 90퍼센트가—상위 10퍼센트를 제외한 나머지 모두가—전체 소득 증가액의 70퍼센트를 차지했다고 말한 것을 기억하는가? 이와 더불어 제시한 도표도 다시 한번 살펴보라. 미국의 90퍼센트에게 주어진 금액을 보라. 약 반세기 동안 축적한 미국의 부에서 대다수의 사람이 그 혜택을 입었다.

낙수 이론은 분배 구조를 근본적으로 변화시켰다. 거대 기업과 백만장자들에게 세금을 물리고 그 돈의 일부를 활용해 아이들에게 기회를 만들어주는 대신, 부유하고 힘 있는 사람들이 더 많은 돈을 갖게 해주었다. 시간이 흐르면서 다른 모든 사람에게 돌아갈 기회는 줄어들기 시작했다.

1980년부터 2015년까지, 미국인의 90퍼센트가—상위 10퍼센트를 제외한 모든 사람이—분배의 혜택을 거의 받지 못했다. 단 1퍼센트도 얻지 못했다. 그렇다. 1980년 이후로 시장 소득 성장의 거의 100퍼센트가—세금 공제와 사회보장연금 같은 정부 이전을 하기 전에 개인이 벌어들인 소득이—상위 10퍼센트의 입에 모조리 들어갔던 것이다.[106] 좀더 단

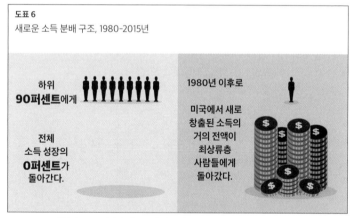

도표 6
새로운 소득 분배 구조, 1980-2015년

하위
90퍼센트에게

전체
소득 성장의
0퍼센트가
돌아간다.

1980년 이후로

미국에서 새로
창출된 소득의
거의 전액이
최상류층
사람들에게
돌아갔다.

1930년부터 1980년까지 대부분의 미국인은 새로 창출된 소득을 나누어 가졌다.

순히 말해, 10퍼센트가 거의 모든 것을 차지했고 90퍼센트는 본질적으로 아무것도 차지하지 못했다.

물론 정부 원조가 이 충격을 어느 정도 완화시키기는 해 식료품 구매권을 받을 자격에 속하는 미국인은 점차 늘어났다. 그리고 인구가 계속 노령화됨에 따라 더 많은 노인이 사회보장연금을 받았다. 하지만 기본 핵심은 여전히 유효하다. 90퍼센트의 미국인이 지난 35년 동안 창출된 신규 소득의 혜택을 단 1퍼센트도 받지 못했다는 것 말이다!

이 점을 분명히 밝혀둔다. 지나 같은 사람은 정부 원조를 구하지 않는다. 마이클은 가족을 돌보기 위해 밤낮으로 일하고도 추가 근무를 했으며 어떤 일자리도 마다하지 않고 달려들었다. 그리고 카이는 그저 시작할 기회를 얻고 싶어한다. 세 사람 모두 공화당이 주도한 낙수 정책(혹은 트리클 다운 정책)의 영향을 받은 세대에서 아무 혜택도 얻지 못한 90퍼센트에 해당된다.

그리고 미국 흑인 가정의 경우, 낙수 정책은 두 배의 재앙을 안겨주었다. 1960년대와 1970년대에 흑인과 백인의 빈부 격차가 어떻게 줄어들기 시작했는지 기억하는가? 레이건 정부 이후로 흑인 가정들은 다시 한번 엄청나게 뒤처졌다. 1984년부터 2013년까지 흑인 가정과 백인 가정의 빈부 격차는 세 배로 벌어졌다.[107] 물가상승률을 고려하면 1984년에 중위권 백인 가정은 중위권 흑인 가정보다 순자산을 8만3400달러 이상 더 축적했지만 2013년에 들어 이 차이는 24만5000달러로 벌어졌다.[108] 역사의 궤도를 틀어 평등을 향해 나아가기는 다 틀려버렸다.

낙수 이론이라는 거짓말

낙수 이론은 부자가 점점 더 부유해지고 마리 앙투아네트가 더 많은 케이크를 가지면 나머지 모든 사람이 혜택을 받게 될 것이라고 약속했다. 하지만 연구에 연구를 거듭한 결과 감세는 경제를 부흥시키지 못한다[109]는 것이 입증되었다. 국제통화기금과 루스벨트 연구소, 초당파적인 세금정책센터[110]가 시행한 신중하고 철저한 연구들도 위와 동일한 결론에 도달했다. 낙수 이론은 더 많은 일자리를 창출하지 못했다. 감세는 아이들에게 기회를 만들어주지 않았다. 단순히 약속이 깨진 게 아니었다. 그 약속은 산산이 부서져 가루가 되어 먼지로 변해버렸다.

낙수 이론은 거짓말이다. 하지만 로널드 레이건이 당선되고 37년이 지난 2017년에도 이 거짓말은 사라질 기미가 없다. 도널드 트럼프는 레이건이 추진한 미신 경제학을 전적으로 수용했다. 2016년 9월에 그가 선언한 바에 따르면 기업 감세는 "로널드 레이건 이래로[111] 처음 보는 일자리 창출원이 될 것이다". 트럼프는 낙수 이론이 완전한 허구임을 보여준 모든 자료와 분석을 무시할 수 있다고 믿는 게 분명하다. 이유가 뭘까? 트럼프가 사는 세상에서 사실은 전혀 중요하지 않기 때문이다. 일단 감세를 시행하고 나면 경제가 대단히 빠르게 성장해서 새로운 세제 수입이 감세로 손해 본 금액보다 더 많은 돈을 벌충해준다는 것을 자신의 황금빛 직감으로 아는 것이다. 그래서 내세운 것이 낙수 이론이라는 그 판에 박힌 거짓말이다.

낙수 이론에 대해 고집스러운 믿음을 가진 사람이 트럼프만은 아니다. 상원의 다수당 원내대표인 미치 매코널[112]도 트럼프와 비슷한 주장을 했고 하원의장 폴 라이언[113]도 이 생각에 맞장구를 치며 부자들을 위한 감세가 가난한 가정과 중산층 가정을 도와줄 "비밀 양념"이라고 했다. 아무래도 현재의 공화당 지도자들은 똑같은 노래책을 전달받은 모양이다.

바꿔 말하면, 로널드 레이건이 대선 공약을 내세우고 기껏해야 위험한 공상소설이라고 할 만한 경제 이론을 발표한 지 거의 40년이 지났는데도 낙수 이론은 여전히 공화당 지도부가 제공하는 최선책이다. 지금도 그들은 마술봉을 휘두르며 미국 전역에 반짝이는 마법의 가루를 뿌려대고 있다.

웃어넘기고 싶지만 이 문제는 치명적일 정도로 심각하다. 이 말도 안 되는 정책을 중단시키지 못한다면 결국 낙수 이론이 미국의 중산층을 모조리 쓸어버릴 것이다. 그리고 미국은 소작농들이 연회석에서 무심코 던져진 빵가루로 연명하는 동안 꼭대기에 자리한 소수의 경제 왕족에게 유리하게 운영되는 국가로 완전히 변질되고 말 것이다.

그렇다면 우리는 대공황이 일어났을 때 루스벨트가 시행한 정책을 모두 되풀이해야 한다는 뜻일까? 1950년대의 주간 고속도로 건설에 투자해야 하나? 1960년대의 달 착륙은 어떤가? 1970년대의 컴퓨터 기술은?

틀린 대답이기도 하고 맞는 대답이기도 하다.

틀린 대답이기도 하다는 말은, 과거와 동일한 프로젝트를 진행할 수는 없기 때문이다. 시대가 달라졌고 요구가 달라졌으니까. 달보다는 뇌가 새로운 지평이 될 가능성이 높다. 지구 온난화와 전 세계적인 멸종 위기는 투자 대상의 타당성을 평가할 때 우리가 하는 계산법을 모조리 변화시키도록 요구한다. 그리고 잠재적 투자 목록에 맞아떨어지지 않는 수많은 문제가 산재해 있다. 이를테면 일자리를 창출하는 무역 협정에서 교섭하는 방법이나 기그 경제고정된 형태의 고용보다 유연한 형태의 고용을 선호하는 경제에서 노사 협상을 재고하는 방법 등의 문제들이다.

따라서 틀린 대답이다. 예전부터 답습해온 흔해빠진 방식을 또 사용하지는 말자.

하지만 맞는 대답이기도 하다는 말은, 우리는 이미 성공을 이룬 사람들에게 세금을 걷어서 나머지 사람들에게도 기회를 준다는 생각으로 되돌아가야 하기 때문이다. 그렇다. 지금은 부자를 위한 감세가 모든 사람을 밝은 미래로 인도할 길을 열어준다는 생각을 그만둬야 할 때다. 그리고 그 거짓말을 버리면서 우리 아이들이 변변치 못한 교육밖에 받지 못해도 탄탄한 미래를 맞이할 수 있다는 불쾌한 생각 또한 버려야 한다. 사회기반시설이 쇠퇴하더라도 미국에서 기업은 번성할 것이라는 어리석은 관념을 폐기처분하라. 기초 연구에 투자하지 않더라도 혁신이 우리 경제를 꾸준히 이끌어가는 원동력이 될 것이라는 놀랍도록 근시안적인 사고방식을 깨끗이 버려라. 낙수 이론은 땅속에 깊이 파묻어버리고 이 장래성 없는 생각을 다시 한번 납득시키려 한 사람은 한 명도 남기지 말고 불러내 싸움을 청해야 한다.

정부는 우리가 모여서 기회를 마련할 방법을 제시하며, 기회는 언제나 교육과 사회기반시설, 연구가 중심이 될 때 생겨난다. 우리는 그 원칙을 양손에 꽉 쥐고 필사적으로 노력해야 한다. 미국의 중산층을 재건하기 위해서는 정말로 엄청난 노력과 대단히 영리한 생각이 요구되기 때문이다. 미래는 무서운 속도로 다가오고 있으며 우리는 노동자들을 약화시키는 정책을 더 이상 감당할 여력이 없다.

공화당원, 그들과 친분을 맺은 기업, 그리고 정치헌금을 기부하는 백만장자들은 자유시장을 믿는다고 말한다. 그들은 지지자들이 '개인적 자유'와 '법적 자유'를 부르짖게 만든다. 나는 그들이 정말 냉소적인지 자신들의 철학을 지나치게 신봉하게 된 것인지 잘 모르겠지만 감독하는 경찰이 없는 시장은 우리가 꿈꾸는 자유시장이 아니다. 경찰은 누구나 규칙을 반드시 준수하도록 만든다—그리고 그 규칙은 자유시장이 제대로 작동하는 데 대단히 중요한 역할을 한다.

이 진리는 어디에나 적용되지만 나는 금융 시장에서 아주 자세히 지켜봤다. 거대 은행들이 기본적인 규칙을 지키고 책임을 다하지 않았을 때 사람들이 엄청난 금전적 손해를 입었고 위험부담이 폭발적으로 증가했으며 시장이 파괴되었다. 그리고 성실하게 일하는 사람들은 큰 상처를 입었다. 그냥 사실일 뿐이다. 1929년에 명확했고 2008년에 다시 한 번 명확해진 사실 말이다.

나는 자유시장 경제를 대단히 옹호하는 입장이다. 경쟁이 미국 소비자들에게 엄청난 가치를 제공한다고 믿는다. 그런 이유로 시장을 계속 정직하게 만들어주는 규제가 있어야 한다고 믿기도 한다. 나는 아스피린을 구입하면서 제약 회사가 주요 성분을 베이킹소다로 대체해서 이윤을 증대하지는 않는지 궁금해하고 싶지 않다. 관리자들이 비용 절감을 목적으로 장비를 깨끗이 세척하지 않거나 바닥을 잘 닦지 않는 건 아닌지 의심하고 싶지도 않다. 그리고 그 회사 임원들이 경쟁자를 제거할 꼼수를 알아내서 가격을 올리지나 않을까 궁금해하고 싶지 않다. 나는 경쟁 시장을 믿지만 몇 가지 기본 규칙을 지키는 것이 시장의 경쟁력을 유지하는 핵심 방법이라는 것도 알고 있다.

우리 미래를 건설하는 것도 이와 마찬가지다. 정직한 시장을 만들고 교육과 사회기반시설, 연구에 투자하며 큰 성공을 거둔 사람들에게서 충분한 세제 수입을 확보한다면 우리는 학교와 도로와 다리를 건설해서 차세대 아이들에게도 크게 성공할 기회를 줄 수 있을 것이다.

이는 마술봉이나 마법의 가루, 혹은 얼토당토않은 경제 이론에 관한 문제가 아니다. 우리 가치관에 맞게 살아나가고 법과 규칙이 우리 믿음과 맞아떨어지게 만들자는 것이다. 수십 년 전에 내가 가르친 주일학교 학생 제시의 생각이 맞았다. 누구에게나 차례가 돌아가야 한다. 그것을 가능하게 만드는 것은 나머지 우리에게 달려 있다.

4 장

부자와 권력자는 자신들의 지배력을 강화한다

화요일과 목요일 1시에는 상원의원들이 모여 점심을 먹는다. 상원 본회의장에서 이어지는 넓은 복도를 사이에 두고 마주보는 커다란 두 개의 방문이 활짝 열린다. 두 곳 모두 금박이 입혀진 둥근 모양의 회반죽, 한때 상원을 이끌었던 남자들이 묘사된 거대한 그림들, 짙은 붉은색과 푸른색 무늬가 그려진 카펫, 높이 솟은 천장 등으로 화려하게 장식되어 있다. 둥근 식탁 위에는 하얀색 커다란 식탁보가 씌워져 있다. 그리고 마이크가 설치된 강연대가 맨 앞에 놓여 있다. 한 방에서는 민주당 의원끼리 만나고 다른 방에서는 공화당 의원끼리 만난다.

이 점심 회동을 통해 지도부는 현재 쟁점이 되고 있는 법안이나 최신의 절차적 전략을 설명할 기회를 갖는다. 또한 나머지 의원들이 불만을 호소할 기회이기도 하다—다른 당에 대해서는 큰 소리로, 자기 당에 대해서는 좀더 부드러운 어조로 이야기한다.

점심은 뷔페로 제공된다. 음식은 평범하지만 적어도 민주당 의원 쪽에는 눈에 띄는 메뉴가 있다. 네모로 작게 자른 붉은색 젤리가 항상 나오기 때문이다. 젤리를 볼 때마다 나는 흰머리의 어린이들이 각자 맡은 역할을 연기하는 근사한 초등학교에 붙잡혀 있는 듯한 막연한 느낌이

든다.

2014년 가을 내내 민주당 의원 점심 모임에는 이듬해 연방 지출 협상의 진행 상태에 대한 보고가 빠지지 않았다. 이 엄청난 법안에는 '크롬니버스cromnibus'라는 이름이 붙었는데, 현재의 재정 지원을 연장하는 방식과 (예산 계속 결의의) 여러 법률을 묶어 전체 예산을 수정하는 방식을 혼합한 형태(옴니버스)라는 뜻에서 만들어진 단어였다. 민주당의 협상 팀 대표는 여성 의원들 가운데 활동 경력이 가장 오래된 바버라 미컬스키였다. 그녀는 150센티미터가 채 안 되는 키에 아담한 몸집이었지만 의사당 복도를 지나다니는 그 누구보다 더 강인했다. 키가 30센티미터 더 크고 몸무게는 45킬로그램이 더 나가는 남자 의원들도 그녀에 대한 두려움을 감추지 못했다.

연방 지출 협상은 비공개로 진행되었고 크롬니버스의 세부 사항들은
—지금 총 분량은 1600쪽이 넘는다—외부에 알려지지 않았다. 연방 예산 책정 절차를 진행하면서 양당은 첨예하게 대립했다. 민주당은 총기 구매자 신원 조사와 식품 안전 검사에 더 많은 금액을 할당해야 한다고 생각한 반면[1], 공화당은 국세청과 환경보호국의 운영 예산을 더 삭감하고 싶어했다.[2] 이 전쟁은 계속됐다. 공화당은 자신들이 몹시 싫어했지만 뒤집는 데 필요한 투표수를 확보하지 못한 행정 조치들을 방해하려고 예산 절차를 이용했으나 아무 소용이 없었다. 예컨대 그들은 예산 절차를 이용해 대통령의 반이민 행정 명령[3]과 관련된 모든 행정 조치에 대한 재정 지원을 철회하려고 했다. 마리화나를 합법화하려는 워싱턴 D.C.의 움직임[4]을 방해하려는 시도처럼 연방 지출과 아무 관련이 없는 다른 법

안들도 협상에 들어가갔다.

2014년 12월 9일 화요일, 시간이 다 되어갈 무렵 미컬스키 의원이 자리에서 일어나 우리 모두가 듣고 싶어한 소식을 전달했다. 우리가 협상을 했고 상당히 좋은 조건이라는 내용이었다. 그녀는 최종안이 확정되었지만 정부의 재정 지원을 유지하는 내용의 단기 결의안을 통과시킬 필요가 있다고 설명했는데, 협상 팀은 이미 결승선을 통과한 것이었다. 이제 하원이 이 새로운 지출 법안을 통과시키고 표결에 부치기 위해 상원으로 넘기고 나면 오바마 대통령의 서명을 받는 절차로 이어질 터였다. 중요한 우선 사항들은 잘 지켜냈다. 열린 정부라는 기치는 유지될 것이었다. 모든 면에서 세상에 유익했다.

커다란 박수갈채 속에서 당시 민주당 원내대표인 네바다주의 해리 리드 의원은 미컬스키 의원과 협상 팀에게 찬사를 보냈다. 다른 의원 몇 명도 자리에서 일어나 각자의 우선 입법 사안에서 그녀와 협력했다며 감사 인사를 건넸다. 말하자면, 건강보험 개혁법을 위해 의료보험 거래소를 지원하는 작업이나 서부의 가뭄을 해결하는 일이었다.[5] 발언자들이 비슷한 이야기를 되풀이하자 듣고 있는 이들의 관심은 이내 시들해졌고 테이블마다 잡담을 하기 시작했다. 몇몇 사람은 젤리를 더 가져오려고 뷔페 테이블로 천천히 되돌아갔다.

연설이 서서히 마무리되자 대단히 진보적인 성향의 셰러드 브라운 오하이오 의원이 손을 들었다. 셰러드는 대체로 조용히 있다가 뭔가 흥미로운 이야깃거리가 있을 때만 발언을 하기에 사람들은 그의 말에 귀를 기울인다. 그는 다른 사람들이 그랬듯이 똑같은 찬사를 건네며 말문을 열었지만 금세 태세를 전환했다. 그가 말했다. "아주 좋은 소식처럼 들립니다만, 우리가 포기할 수밖에 없었던 게 뭡니까?" 방 안이 정적에 휩싸였다. 셰러드는 공화당의 우선 사안 몇 가지를 확인하고는 이 사안들이 어떻게 되었는지 물었다. 그런 다음 이렇게 덧붙였다. "그러면 도드프랭크 금융개혁법은 어떻게 됐나요? 수정된 부분은 전혀 없나요?"

갑자기 정신이 번쩍 들었다. 도드프랭크 법안? 2008년에 금융위기가 발생한 뒤 통과된 금융규제법? 소비자 금융 보호국, 일명 CFPB를 설립하게 만든 법? 나는 보좌관들과 함께 예산 절차를 매의 눈으로 지켜봤고 우리는 금융규제법에 어떤 공격이 들어와도 물리칠 수 있다고 생각했다. 셰러드가 걱정스러워하는 거라면 나도 걱정이 되었다.

늘 그렇듯이 미컬스키 의원은 우리가 마음에 들어하지 않는 것들을 받아들일 수밖에 없었지만 그녀는 민주당 점심 회동에서 다른 의원들, 아니 대개는 위원회 위원장들에게 세부 사항을 명확히 알리고 하나하나마다 승인을 받았다고 말했다. 그녀가 말하는 동안 내 심장은 차츰 평정을 잃더니 결국 미친 듯이 뛰기 시작했다. 나는 누구도 나와 상의하지 않고 소비자 금융 보호국에 관한 계약을 체결하지는 않을 거라고 꽤나 확신했다. 하지만 도드프랭크 법안에는 복잡한 부분이 산재해 있었고 이 법안을 심각하게 손상시킬 다른 기회들도 있었다—그리고 공화당 의원 및 그들과 친근한 은행가들은 언제나 그런 기회를 노리고 몰려들었다.

이제 삼엄한 경계 태세에 돌입한 나는 점심 회동이 끝나기도 전에 자리를 떴다. 마음이 어찌나 조급하던지 의사당 건물과 상원의원실 건물을 오가며 의원과 직원들을 실어나르는 작은 지하철을 가만히 기다릴 수가 없어서 걸어갔다. 나는 평소에도 빨리 걷는 편이지만 그때는 정말 허겁지겁 걸음을 옮겼다. 도드프랭크 법안은 2010년에 통과되어 감독하는 경찰 인원을 늘려서 거대 은행들이 또다시 경제를 무너뜨리지 못하도록 했다. 이 법안을 의회에서 통과시키려면 거친 싸움을 하는 수밖에 없었다. 금융 서비스업은 이 법안에 반대하는 로비활동을 하느라 하루에 100만 달러 이상을 뿌려댔다. 당시에 나는 여전히 교육계에 몸담고 있었지만 의회에서 일하면서 구제금융을 받는 은행들에게 모종의 책임을 요구하려고 노력하기도 했다. 하지만 나는 이미 좋은 사람들과 뜻을 같이한 터였고 우리는 풀뿌리 연합을 결성해 결국은 그 법안을 통과시키고자 피를 흘렸다(적어도 은유적인 의미에서는 그랬다). 최종안에는 긍정적인 부분도 있었는데—특히 소비자 금융 보호국을 설립한다는 조항들이 그랬다—예상했던 것보다는 그리 힘들진 않았다. 이 법안이 부여한 보호 조항을 줄이는 것은 짜증스러울 뿐 아니라 위험하기도 했다.

의회에 입성한 2013년부터 나는 상원 금융위원회 소속으로 활동해왔고 로비스트들이 도드프랭크 법안을 일부 수정하거나 전면적으로 철폐하기 위해 호시탐탐 기회를 엿본다는 것을 알고 있었다. 하지만 내가 상원의원이 된 지 2년 뒤 민주당 상원의원들은 방어선을 구축했다. 공화당 의원들이 격렬한 반응을 보였지만 우리는 굳건히 버텼고 금융 규제를 무효로 만들 법안이 상원에 제출된 적은 없었다. 그러면 공화당 의원들이 이 법안에 슬쩍 숨겨둔 항목은 무엇일까? 정말로 나쁜 내용이 나올까봐 나는 거의 뛰다시피 했다.

사무실 문을 쾅 밀어젖히고 들어서자 입법보좌관 존 도넨버그가 나를 기다리고 있었다. 존은 젊고 영리하며 시국에 상당히 밝았다. 게다가 다른 장점도 지니고 있었다. 보좌관의 정보망은 상원의원의 정보망보다 훨씬 더 나았던 것이다. 존은 이미 법안 사본을 확보했고 심도 있는 분석에 들어갔다.

존은 새로운 정보를 알려줄 참이었는데 그리 달가운 내용은 아니었다. 1600쪽이 넘는 분량의 예산 협상안에 숨겨진 몇 줄은 도드프랭크법안에 커다란 구멍을 낼 만한 내용이었다. 그렇다고 도드프랭크법이 시행되기 전으로 완전히 역행할 수는 없겠지만 한 가지 규칙을 정확히 조준해 이를 제거하려 했고 그 규칙이 제거되면 미국의 거대 은행 네 곳은 엄청난 혜택을 입게 될 터였다—그들을 제외한 누구에게도 득이 되지 않는 일이었다.

그러고 나서 존은 또 한 가지 소식을 알렸다. "도드프랭크 수정안을 누가 작성했는지 아십니까?"

"누군데?"

"시티그룹 로비스트들이요."

나는 어금니를 꽉 깨물었다.

공화당의 맹공격을 받는 규정은 금융 시스템의 안전만이 아니라 미국 경제 전체의 안전을 도모하기 위한 것이었다. 이 규정의 명칭은 '연방정부의 스와프 업체스와프 거래에서 딜러, 시장 조정자, 스와프 정기 거래자 등을 가리킨다 구제금융 지원 금지'였다. 달리 표현하면, 도드프랭크법의 이 조항은 연방예금보험공사가 보증한 은행들이 위험한 스와프 거래에 참여하지 못하게 막았다. 스와프 거래는 금융 시스템을 다시 한번 무너뜨리고 정부가 은행에 구제금융을 제공하도록 만들 가능성이 있었다. 『뉴욕타임스』가 설명했듯이 이런 종류의 거래는 "2008년 금융위기의 원흉"[6]이었다.

그리고 이제 시티그룹 로비스트들이 의회의 협상 담당자들에게 이 기본적인 보호 장치를 무너뜨리라고 종용했으며 나머지 의원들에게도 협조하라고 설득했다.

맙소사! 아무도 금융위기를 기억하지 못했던 걸까? 수백만 명이 직장을 잃은 것은? 수백만 가정이 집을 잃은 것은? 변기에 떠내려간 무려 22조 달러나 되는 돈은?

은행들이 기억하지 못한 이유는 기억하고 싶지 않았기 때문이다. 주된 목적이 이익 추구였기 때문이다. 스와프 거래는 대단히 복잡하지만 기본 원리는 무척 단순하다. 부분적으로는 리스크가 몹시 크기 때문에 스와프 거래는 잠재적 수익성도 굉장히 크다. 예측이 제대로 맞아떨어지기만 한다면 거대 은행들은 이 거래로 엄청난 돈을 벌어들일 텐데 도드프랭크법이 이를 막았다.

위험한 형태의 스와프 거래에 참여하지 못했기 때문에 지방 은행과 신용협동조합은 물론이고 심지어 10억 달러 규모의 지역 은행들은 이 규정에 영향을 받지 않았다. 게다가 지방 은행과 신용협동조합이 대마불사가 될 리는 없었다. 그러나 거대 은행들은 금융위기 이전에 했던 사업 운영 방식을 그대로 고수하고 싶어했다. 즉, 리스크가 높은 거래로는 수익을 얻는 동시에 지루한 일반 은행업에 대해서는 정부의 지급 보중을 받는 것이다. 1년 넘게 우리는 스와프 거래 규제를 무효로 되돌리려는 집요한 노력에 맞서 싸웠고 은행들은 이 싸움에서 승리를 거두지 못했다. 하지만 이제 시티그룹을 비롯해 JP모건체이스, 골드만삭스, 뱅크오브아메리카는 리스크가 큰 스와프 거래 규모를 약 10조 달러[8] 추가 확대하는 조항을 끼워넣었다—그리고 그 뒷받침은 모두 미국의 납세자들이 해야 했다.

이 네 곳의 은행은 더 많은 수익을 올리려는 자신들의 열정이 수백만 명의 납세자와 수백 개의 소규모 은행이 누려야 할 이익보다 더 중요하다고 믿었다. 그들은 자기네가 불러일으킨 위험에 대해 규제 기관과 경제학자들이 경고한 내용을 의회가 다시 한번 무시해버리기를 바랐다. 그리고 미국이 대공황 이래 최악의 경제위기를 겪은 것이 겨우 6년 전이라는 사실을 국민이 잊어버리기를 원했다. 물론 이 탐욕스러운 네 곳의 은행은 더 많은 것을 원했다—그리고 그들이 원하는 바를 얻어낼 방법을 마침내 찾아낸 것처럼 보였다.

만약 스와프 거래 확대 조항이 상원 금융위원회로 넘어갔다면 의회에서 통과되는 일은 결코 없었을 것이다. 이 법안의 내용이 공개되었더라면 대중은 감당할 수 없을 만큼 크게 분노했을 테고 크롬니버스는 입법을 추진하는 과정에서 중단되었을 것이다. 세상에! 2년 동안 내가 지켜본 바에 따르면, 하원은 도드프랭크법을 파기할 목적으로 여러 법안을 하나하나 차례로 통과시켰지만 상원의 의제에 포함되는 경우는 거의 없었다. 수많은 민주당 동료가 그 법안들의 치명성을 파악했기 때문이다. 그래서 시티그룹 로비스트들은 완벽한 작전을 생각해냈다. 스와프 거래 확대 조항을 엄청난 분량의 예산 법안 속에 파묻어두고 모든 표결이 완료될 때까지 누구도 이 상황을 알아차리거나 그 내용을 발견하지 못하기를 희망하는 것이다.

나는 너무 화가 나서 자리에 가만히 앉아 있을 수가 없었다. 책상 뒤로 돌아가며 독화살을 쏘듯 존에게 질문을 던져댔다. 이성적으로 판단하면 내가 불만을 터뜨리는 대상이 영 잘못됐다는 생각이 계속 들었다 —존은 우리 팀이었으니까. 하지만 우리가 도드프랭크법을 위해 투쟁하면서 벌여온 수많은 싸움이 아직도 너무나 생생히 떠올랐다.

나는 마침내 마음을 가라앉히고 숨을 깊이 들이쉬었다. 그러고 나서 우리에게 어떤 대책이 있는지 물었다. 존은 우리가 공격을 감행해 그 조항을 제거해보면 어떻겠냐는, 그리 승산 없는 아이디어를 내놓았다. 양당의 지도부가 법안을 승인했으니 경기 종료 직전에 마지막으로 조금의 변화라도 모색해보자는 뜻이었다. 물론 이 엄청난 로비 세력을 등에 업은 대단한 성과에는 비할 바가 못 되겠지만. 게다가 이 법안에 대한 첫 번째 표결은 상원이 아니라 하원에서 이뤄졌기에 우리 쪽에서 반대를 이끌어내는 것은 꽤나 어려웠을 것이다. 여기서 선택할 수 있는 유일한 대안은 가만있는 것이지만 나는 누구 앞에서도 가만있을 기분이 아니었다.

그래서 존과 나는 적절한 대상을 골라 전화를 걸었다. 우리는 하원의 민주당 의원들에게 전화를 걸어서 스와프 거래 확대 조항이 제거되지 않으면 예산 협상안에 반대해달라고 부탁했다. 전 하원의장이자 민주당 원내대표 낸시 펠로시에게 전화를 걸어 도움을 청했다. 받아들이기 쉽지 않은 요구였다. 민주당은 법안이 통과되기를 간절히 바랐기 때문이다. 정부에 자금을 조달하고 계속해서 열린 정부를 만들어가려면 법안 통과가 이뤄져야 했는데, 그럼에도 나는 그녀에게 그 진행을 좀 늦춰달라고 부탁했다. 낸시는 단호했고 그 조항을 제거하기 위해 애쓰겠다며 재빨리 동의했다. 이튿날인 수요일 오전에 나는 상원 본회의에 참석해서[9] 그 조항을 제거해달라고 하원에—특히 하원의 민주당 의원들에게—공개적으로 요청했다. 인터뷰[10]도 했고 지지자들에게 이메일도 보냈으며[11] 더 많은 사람에게 전화를 걸었을 뿐 아니라 페이스북과 트위터[12]를 통해 사안의 위급함을 알리기도 했다.

이 조항은 그 자체로도 무척 복잡할 뿐 아니라 대단히 복잡한 법안 속에 감춰져 있기도 했다. 그리고 이 시기는 금융위기가 일어난 지 6년이 지난 뒤였다. 시티그룹 로비스트들은 아무도 상관하지 않을 거라고 판단했을 터였다. 그들의 생각은 틀렸다—그것도 완전히 틀렸다.

온라인에는 각종 청원과 유튜브 영상이 흘러넘쳤고 연방정부 셧다운 시한이 가까워지자 하원의 수많은 민주당 의원이 현재의 예산 법안을 지지하지 못하겠다고 발표했다. 기자들이 의사당 복도에 진을 치고는 의원들의 얼굴에 마이크를 들이대며 어떻게 투표할 것인지 물었다. 대다수의 민주당 하원의원이 동참한 상태였기에 나는 목요일에 상원으로 돌아가 다시 한번 연설을 했다.[13] 이번에는 공화당 하원의원들에게 그 조항을 삭제해달라고 요청했다.

몇 시간 동안은 하원을 설득해 법안을 수정할 정도로 실질적인 압력을 가한 것처럼 보였다. 하지만 은행들은 결승선을 코앞에 두고 상품을 빼앗길 의향이 전혀 없었다. JP모건체이스의 CEO 제이미 다이먼[14]은 친분을 쌓은 의원들에게 직접 전화를 걸어 도와달라며 설득에 나섰다. 은행 로비스트들은 의회로 몰려가 언론에 성명을 발표하며 그 조항을 열성적으로 변호했다.[15] 목요일 밤 늦게 하원은 크롬니버스 법안에 대해 투표를 실시했고 이 법안은 찬성 219표 대 반대 206표로 가결되었다. 크롬니버스 완화 조항이 포함된 예산안 패키지는 통과되었다.

그리고 나서 공화당 하원의원들은 다음 행동에 돌입했다. 크리스마스 연휴 동안 휴정한 것이다. 정말 교묘한 수법이었다. 그들은 예산안 패키지를 통과시키고 의회를 닫은 뒤 집으로 가버린 것이다—자신이 선출된 주에 돌아가거나 휴가를 떠나는 식이었다.

교묘한 수법이라고 말한 이유는 그들이 문제를 상원에 떠넘겨버렸기 때문이다. 우리는 이 예산안 패키지를 하원에서 넘어온 형태 그대로—온갖 나쁜 조항이 포함된 대로—비준하고 대통령이 서명하도록 넘겨줄 수도 있었다. 혹은 법안을 수정해서 이 나라를 연방정부 셧다운 사태로 밀어넣을 수도 있었다.

우리는 연방정부 셧다운이 어떤 의미인지 잘 알고 있었다. 2013년에 공화당 상원의원 테드 크루즈는 오바마케어에 반대해 16일간의 셧다운을 주도했고 이 사태로 공무원들의 급여 지불이 중단되었으며 국립공원이 폐쇄되었고 어린이집은 문을 닫았다. 셧다운은 막강한 방위산업 청부업체와 영세 샌드위치 가게들에 비슷한 영향을 미쳤다. 정부가 폐쇄되면서 총 240억 달러의 피해액이 발생했고 25만 명의 실업자가 생겨났다.[16]

어쩌면 우리에게는 셧다운 사태를 피할 방법이 있었다. 만일 상원이 이 법안을 수정한다면 하원이 휴회기를 마치고 의회에 복귀할지도 모른다. 그저 가정일 뿐이지만, 그렇게만 된다면 하원을 설득해 크롬니버스의 상원 수정안을 통과시킬 수도 있을 것이다.

하지만 하원이 단 하루라도 휴회 상태를 유지한다면 치러야 할 대가는 엄청날 것이다. 결국 민주당엔 이런 싸움을 벌일 용기가 없었다. 계산이 나오지 않았다. 크롬니버스 법안을 중지시키려면 상원에서 41명의 찬성표를 얻어야 했는데 그 정도의 표가 나올 리 없었다. 크롬니버스는 통과되었고 스와프 거래 규제는 무효화되었으며 대통령은 거기에 서명했다.

나는 의회로 돌아가서 다시 한번 연설을 했다. 나는 이미 패배했고 그 사실을 알고 있었다. 젠장! 뉴스를 본 사람이라면 누구나 아는 사실이었다.

어쩌면 나는 굴욕감을 느꼈던 것 같고 의기소침해졌던 것도 같다. 하지만 연설을 준비하면서 내 혈관을 타고 지나간 것은 그런 감정이 아니었다. 나는 화가 났다. 미치도록 화가 났다. 미국의 4대 은행이 법률 수정을 명령했고 미국 의회는 그 지시를 따라 공손히 고개를 숙였다.

상원 회의장에서 나는 벌떡 일어섰다. 크게 숨을 들이쉬고 발언권을 요청한 뒤 이렇게 말했다.

도드프랭크 법안이 도입된 지 5년 만에 우리 의회의 통과를 목전에 둔 조항은 중산층에 아무 도움도 되지 못하고 지방 은행들에 전혀 도움이 안 되며 납세자들이 거대 은행들에 또다시 구제금융을 제공하게 되는 위험만 높일 뿐입니다.

최근 들어 도드프랭크법의 문제점을 놓고 많은 말이 오갔습니다. 도드프랭크법의 문제점에 대해 시티그룹에서 흘러나온 이야기도 많습니다.

그래서 시티그룹에서 제 이야기에 귀를 기울이는 분이 있다면 이렇게 말씀드리고 싶습니다. 그 의견에 전적으로 동의한다고요. 도드프랭크 법안은 완벽하지 않습니다. 이 법안은 당신들을 산산조각 냈어야 했습니다.

이것은 사실이다. 2008년 경제위기의 여파로 거대 은행들은—시티그룹과 JP모건체이스, 골드만삭스, 뱅크오브아메리카를 포함해 미국 납세자들에게 짜낸 돈으로 구제금융을 받은 은행들—마땅히 무너졌어야 했다. 그들은 너무 큰 위험을 불러일으켰다.[17] 그중 한 곳이라도 또 위기를 맞는다면 구제금융이 다시 한번 제공되어야 하거나 미국 경제 전체를 파멸시킬 위험이 있었다. 대차대조표 규모를 10조 달러 확대함으로써 이 은행들의 덩치를 한층 불려준 일은 대단히 경솔했다. 그 리스크는 납세자들이 고스란히 짊어지게 될 테니 특히 무모하다고 할 수 있었다. 그것이 바로 이 새로운 조항이 저지른 일이었다.

도드프랭크 법안에 난 구멍은 엄청난 손상을 입히는 것이어서 결국 4대 은행의 문제로 끝나지 않는다. 사실상 경제나 구제금융에 관한 것만이 아니다. 기존 법을 이런 식으로 공격하는 것은 결국 권력의 문제다. 결코 사과하지 않는 노골적인 날것의 권력 말이다. 한번 이렇게 생각해보자. 커다란 경제위기가 발생한 지 겨우 몇 년 만에 은행 로비스트들이 중요한 금융 규제에 구멍을 내는 조항을 작성했다. 그러고 나서 이 은행들은 이 조항을 의회에서 밀어붙였다.

소수의 거대 은행이 작곡을 했고 미국의 입법자들은 그 선율에 맞춰 춤을 췄다. 이제 납세자를 보호하고 은행의 리스크를 통제했던 조항이 산산조각 났다. 거대 은행들은 수익을 신장시킬 방법을 다시 한번 찾아냈고 미 국민은 다시금 패배자가 되었다.

이런 게임을 하는 것이 소수의 거대 은행만은 아니다. 거대 기업이나 억만장자가 호의, 특혜, 예외, 특별 거래, 추가 조항, 보조금, 빠져나갈 구멍, 그리고 온갖 종류의 정부 원조를 누리는 일은 몇 번이고 되풀이되었다. 각종 산업에서 거대 기업과 억만장자들은 정부를 설득해서 자신들에게 유리한 방향으로 시스템을 바꿨다. 결국 이 모든 혜택은 차곡차곡 쌓인다. 그리고 민주 정부의 방향을 틀어버리는 힘이 이제 나라 전체를 위협한다.

오래전 미국에서 독점금지법 위반 단속관들이 처음 활동을 시작했을 때에는 거대 기업들이 시장을 지배하는 힘보다는 이들이 정부를 장악하는 힘에 좀더 초점을 두었다. 1930년대에 대법관 루이스 브랜다이스는 이렇게 경고했다. "우리는 이 나라에서 민주주의를 지킬 수도 있고[18] 막대한 부가 소수에게 집중되도록 할 수도 있지만 두 가지 모두를 이룰 수는 없다." 이 막강한 기업의 합동을 무너뜨리는 싸움은 치열했지만 끝내 이긴 것은 민주주의였다. 그리고 거대 기업들은 결국 통제를 받았고 독자적인 규칙을 만드는 힘을 빼앗겼다.

2014년에 4대 은행은 자신들의 발언권이 워싱턴에서 가장 크다는 사실을 다시 한번 증명했다. 3년이 지난 지금은 상황이 훨씬 더 악화될 참이었다. 트럼프 대통령은 내각을 구성하면서 공익을 위해 헌신하는 이들을 지명하는 겉치레를 모두 벗어던졌다. 그 대신 특별한 혜택을 얻고 워싱턴에 입성하거나(내가 지금 주목하는 사람은 바로 렉스 웨인 틸러슨이다) 이해 상충의 해결을 거부한 억만장자들을 불러들였다(최근에 가장 대표적인 인물은 엘리자베스 디보스다). 이제 그들은 내부 실력자가 되어 통제력을 얻었다. 거대 기업들은 워싱턴을 지배하고 자신들에게 유리한 방향으로 시스템을 바꾼다. 이제 이 기업들이 엄청난 정치권력을 행사하기 때문에 우리는 추악한 진실을 더 이상 외면할 수가 없다. 거대 기업들이 자원을 결집시키면 정부를 제멋대로 주무를 때까지 이 나라를 인질로 잡아둘 수 있다.

탐욕스러운 돈벌이

거대 기업과 부유한 개인들은 다른 누구보다 워싱턴에 더 많은 영향력을 행사한다. 정치인들에게 재선을 위한 유세활동에 꼭 필요한 자금을 제공할 수 있기 때문이다. 최근의 선거운동에는 정말로 많은 돈이 들어간다. 텔레비전 광고, 라디오 프로그램 출연, 풀뿌리 조직 구성, 우편물 발송, 선거 사무소, 이동, 직원 채용, 옥외 광고판, 커피, 피자 등에 들어가는 모든 비용이 더해진다. 2016년의 경우, 상원의원 선거에서 승리한 후보들은 평균 1000만 달러 이상의 선거 자금을 모금했고[19] 선거운동을 돕기 위해 외부 단체들은 1000만 달러를 추가로 지출했다. 2016년 대통령 선거[20]에서 트럼프 진영은 9억3200만 달러의 선거 자금을 조달받았고 클린턴 진영은 14억 달러의 선거 후원금을 모았다. 부유한 기부자와 기업들이 자금의 부담을 짊어졌으므로 이제 자신들에게 유리한 활동 무대를 만들 수 있게 영향력을 발휘하기 좋은 위치를 차지한 셈이다.

부패의 악취가 풍기는 이 쟁점에서 트럼프는 자기 돈으로 선거 자금을 대겠다고 공언함으로써 문제를 교묘히 회피하려 했다. 하지만 이 맹세는 또 한 번의 공허한 약속에 불과했다. 자금 모금에 적극적으로 나서서 억만장자들로부터 엄청난 기부금을 긁어모았을 뿐 아니라[21] 기부자의 이름을 밝히지 않는 단체들의 지원도 받았기 때문이다.

돈은 마치 뱀처럼 정치계에 똬리를 튼다. 그리고 때로는 뱀처럼 느닷없이 물어뜯기도 한다. 나는 이런 장면을 아주 가까이에서 지켜봤다. 2016년 2월에 앤터닌 스캘리아 대법관이 사망했을 때 오바마 대통령은 대단히 존경받는 메릭 갈런드 판사를 후임으로 지명했다. 그보다 앞선 2010년에 상원에서 가장 오래 활동하고 누구보다 존경받는 공화당 의원 중 한 명인 오린 해치는 갈런드야말로 공화당과 민주당 모두가 지지할 만한 '공동 후보'[22]라고 선언했다. 하지만 6년 뒤 다수당 원내대표인 미치 매코널은 이 대통령이 지명한 사람은 누구든—자격 여부에 관계없이—상원의 지지를 받지 못할 거라고 신속하게 선언했다. 공화당 지도부는 차기 대통령이 취임할 때까지 이 자리를 공석으로 두고 싶었기 때문이다.

다수의 공화당 상원의원을 포함해 대부분은 스캘리아가 사망했다는 소식과 어떤 후보의 청문회도 열리지 않을 것이라는 신속한 발표에 충격을 받았다. 미국 역사상, 1년의 임기를 남겨둔 대통령이 대법관 공석을 채우지[23] 못하도록 방해한 양당 대표는 지금까지 한 명도 없었으며 헌법에 의거해 상원이 행사할 수 있는 '권고와 동의'의 권한을 전면적으로 거부할 의사를 내비친 적도 전혀 없었다. 이는 완전히 도를 넘어선 조치였기 때문에 대다수의 사람은 마치 발밑의 땅이 꺼진 듯한 느낌을 받았다—쉴 새 없이 다리를 움직이다 절벽에서 떨어지면서도 현실을 자각하지 못하는 와일 E. 코요테미국의 만화영화 「루니툰Looney Tunes」에서 달리기가 빠른 로드 러너를 잡으려고 정신없이 뛰어가는 캐릭터의 모습이 떠올랐다.

타당한 근거를 반드시 찾아내야 했던 사람들 중에는 공화당 상원의원 제리 모런도 있었다. 캔자스의 어느 소규모 모임에 참석한 그는 공화당이 갈런드 판사의 후보 지명을 거부한 이유에 대해 질문을 받았다. 모런은 하원에서 14년간 활동한 뒤 큰 표 차로 상원 의석을 차지한 노련한 의원이었다. 공화당의 지도부이기도 했지만 캔자스 의원으로서의 독립성도 소중히 여겼다. 그는 이렇게 즐겨 말하곤 한다. "워싱턴에서 받는 압박보다는 캔자스의 이익을 항상 우선으로 생각할 겁니다."[24] 선거운동 홈페이지에 들어가면 그의 핵심 신념이 강조되어 있다. 그중 하나를 소개하면 이렇다. "당신의 믿음에서 절대 한 발도 물러서지 마라."[25]

상원의원에 취임한 뒤로 나는 의료보험 예산 증액의 중요성과 기타 쟁점 사항에 대해 모런과 여러 차례 대화를 나눴는데 그는 언제나 정직하고 견실한 사람처럼 보였다. 그래서 그가 대법관 후보 지명을 방해하는 것은 부당하고 갈런드 판사의 청문회를 열어 표결에 부쳐야 한다고 주장했을 때에도 전혀 놀라지 않았다.

모런 의원은 오바마 대통령을 지지하지는 않았지만 정정당당하게 행동해야 한다고 믿었다. 모런은 다음과 같은 성명을 발표했다. "대통령이 제 기준에 부합하는 후보를 지명한 적은 과거에도 없었고 앞으로도 없을 겁니다. 그래도 정해진 절차는 진행되어야 합니다."[26]

모런의 선언이 공개된 지 얼마 지나지 않아 두 명의 억만장자 형제가 여기에 관심을 보였다. 찰스와 데이비드 코크 형제는 엄청난 부자이기도 했지만 엄청난 보수주의자이기도 했다. 그들은 자신의 정치적 의도를 적극적으로 밀어붙이는 데 주로 돈이라는 도구를 활용한다. 이 방법이 대단히 효과적인 이유는 두 사람에게 돈이 많기 때문이다. 두 사람은 화학, 석탄, 석유 등의 다양한 분야에 관심을 보인 덕에 해마다 1000억 달러가량[27]을 벌어들인다.

코크 형제는 모런의 성명에 대해 알게 되자 곧바로 막대한 자금을 이용해 마수를 뻗쳤다. 만약 모런이 입장을 즉시 선회하지 않으면 다음 예비선거에서 다른 공화당 후보를 경쟁자로 내세우고 우파에서 총공세를 펼치겠다는 것이었다.[28] 그러자 코크에게 자금 지원을 받는 단체들[29]이 모런의 사무실로 수만 통의 이메일을 보내왔고 그의 지역구 타운홀 미팅에서 전단을 돌렸다.

모런은 이 위협의 수준을 가늠해보고는 탄탄한 입지를 다져둔 캔자스 의원 자리가 위험하다는 것을 깨달았다. 깜짝 놀랄 만한 속도로 그는 자신의 의원직을 지켰다.[30]

사실상 두 남자는—아니, 두 억만장자는—막대한 자금을 쏟아붓겠다는 협박으로 미국 상원의원의 입장을 180도 바꾸게 했다. 이 형제가

찰스 코크와 함께 후원하는 어느 보수 단체 모임에 참석한 데이비드 코크.

얼마나 뻔뻔하게 나왔던지 모런 의원은 이들의 요구를 들어주느라 공개적으로 굴욕을 겪어야 했다. 어쩌면 그들은 단지 교훈을 확실히 알려주기 위해 모런을 굴복시켰는지도 모른다.

새로 민주당 상원 원내대표가 된 척 슈머는 다음 민주당 점심 회동에서 이 사건의 전말을 설명하면서 발언을 이렇게 마무리 지었다. "모런 의원이 안타까울 지경이었습니다."

잠시 침묵이 흐른 뒤 나는 방 뒤쪽에 마련된 내 자리에서 이렇게 외쳤다. "전 아닙니다!"

실제로도 전혀 안타깝지 않았다. 이런 식의 압력에 굴복한 사람에게 나는 거의 동정심을 느끼지 못한다. 만약 두 명의 억만장자에게 아첨을 해야 의석을 지킬 수 있다면 당당히 그만둘 것이다.

정치 자금은 다양한 경로로 흘러들어간다. 첫째, 자금을 모아 후보 진영에 전달하는 조직인 팩PAC 혹은 선거 진영에 직접 전달한다. 둘째, 한 후보를 당선시키거나 상대편 후보를 패배시키기 위해 유사 활동을 하는 조직인 슈퍼팩super PAC에 전달한다. 셋째, 기부자의 이름을 밝힐 필요 없이 돈을 받을 수 있는 단체에 전달한다. 넷째, 공개적으로 전달한다. 다섯째, 은밀하게 전달한다. 여섯째, 개인 돈을 준다. 일곱째, 기업의 돈을 준다. 여덟째, 여러 유령 회사를 거쳐 돈을 전달한다. 어떻게든 돈을 주면 된다. 아니, 더 중요한 점은 어떻게든 돈을 받는 것이다.

소액 기부는 돈으로 정치적 영향력을 산다는 악취를 풍기지 않고도 선거운동을 계속할 수 있게 해준다. 하지만 거액의 자금 유입은—특히 같은 목표를 지향하는 부자와 기업들로부터 흘러들어온 엄청난 액수의 돈은—속이 빤히 들여다보이는 뇌물 같다.

예를 들어 하원 금융 서비스 위원회에 배정되는 임무는 알짜배기로 평가된다. 금융업계를 위해 일하는 로비스트와 기업 임원 대부분이 하원 의원들에게 엄청난 선거 기부금을 뿌릴 가능성이 크기 때문이다. 물론 그런 이야기를 크게 떠들어댈 만큼 무신경한 사람은 없겠지만 금융 서비스업이 1년에 5억에 가까운 정치 기부금을 낸다면 그 금액의 상당 부분은—전부는 아니더라도 상당 부분은—그 돈을 받아가는 사람들이 은행업자를 지켜주는 데 사용될 것이라는 암묵적 합의를 이끌어낸다. 그러면 금융업을 돕는 데 가장 발 벗고 나선 사람들은 누구인가? 하원

금융 서비스 위원회 소속의 선출직 공무원들이 아니면 누구겠는가?

설사 금융 서비스업에 영향을 줄 만한 법안이 위원회의 의제로 상정되지 않더라도 기부금을 내면 위원회에 접근할 기회가 생긴다. 은행이나 금융 회사가 내는 거액의 기부금이 특별한 권한을 얻어내지는 않지만 그 회사의 로비스트들이 요구할 때마다 의원들을 만날 가능성은 훨씬 더 커진다는 뜻이다—두서너 번의 만남이 가능할 듯싶다. 또한 회사의 CEO가 해당 위원회 소속의 의원 한 명에게 개인적으로 연락해서 회사의 걱정거리에 대해 이야기하면 모두가 행복해진다는 뜻이기도 하다. 곧 선출직 공무원과 엄청난 돈을 가진 사람들이 끈끈한 유대관계를 쌓아간다는—크리스마스카드를 보내고 생일 축하 전화를 걸며 약속 없는 방문이 가능해진다—의미다.

코크 형제는 날 때부터 그런 정치적 견해를 가지고 있었을 법하다. 두 사람의 부유한 아버지가 창단 회원이었던 극단적 보수 단체 존 버치 협회John Birch Society는 정권 전반에 걸쳐 공산주의의 음모를 읽어냈고 1960년대 시민 평등권 운동을 비난했다. 코크 가문은 자신들의 사업과 관계없는 수많은 사안을 지지하기도 했는데 형사 사법제도 개혁과 동성 결혼이 여기에 포함된다.

어쨌든 돈의 흐름을 쫓아가보자. 코크 가문은 석유와 가스, 석탄으로 돈을 벌고 이 형제의 사업체는 화학과 광산, 금융으로 확장되어왔다. 파리기후변화협약, 깨끗한 공기에 대한 환경보호국의 규칙, 채광 규정, 근로자 안전 수칙, 해저 원유 탐사에 대해 생각해보자—자기네 사업체이기 때문에 코크 형제는 그런 문제들로부터 직접적으로 영향을 받는다. 그러는 한편, 낮은 세금과 작은 정부라는 이중 슬로건을 부르짖고 정부의 규제 체계를 약화시키고자 끊임없이 노력하는 것은 모두 더 많은 재산을 모으려는 끈질긴 투지의 일환이다. 그들은 자기네와 같은 억만장자들을 도울 만한 명분이 있으면 언제든 상당한 액수의 돈을 지원한다.[31]

모금을 위해서 선출직 공무원은 많은 시간을 투자해야 한다. 의회에서 의석을 얻고 지키는 싸움은 지속적인 군비 경쟁이다. 공직 재임자들은 잠재적인 적수보다 더 많은 돈을 모으기 위해 항상 노력하므로 상당수의 의원이 날마다 시간을 투자해 기부금을 얻고자 전화를 한다고 해도 그리 놀라운 일은 아니다. 사람에 따라 다르겠지만, 일반적으로 의원 후보와 현직 의원들이 자기 시간의 30~70퍼센트가량을 모금활동으로 보낸다고 해도 틀린 이야기는 아닐 것이다.[32] 한번 생각해보라. 이 공무원들이 주당 6일을 근무한다면 매주 2~4일 정도가 오로지 사람들에게 돈을 요구하는 데 소비되는 셈이다. 그러면 기부를 요청하는 전화나 만나자는 제안을 받는 사람은 도대체 누구이겠는가? 당연히 기부할 돈이 많은 사람이다.

2016년에 스티브 이즈리얼 하원의원[33]은 재선에 도전하지 않겠다고 발표했다. "저는 다시 콜센터에 앉아 후원금을 요청하는 전화를 또 걸어야 하는 생활은 하루도 더 못 할 것 같습니다." 뉴욕 의원은 그렇게 설명했다. 바로 이 남자가 민주당 하원 선거위원회 위원장으로서 선거 자금 모금을 주도했다는 사실을 가슴에 새겨두자. 코미디언 존 올리버가 진행한 어느 인터뷰에서 이즈리얼이 한 말을 빌리면, 모금이란 "일종의 고문인 것 같습니다". 이즈리얼이 모금 전화를 돌리는 게 어떤 일인지 설명하자—정말 무료한 콜센터에 앉아서 몇 시간 동안이나 기부자들에게 돈을 요구하는 것이다—다소 얼이 빠진 올리버는 이렇게 중얼거렸다. "세상에. 정말 우울하겠네요." 그러자 이즈리얼이 대답했다. "기부자들이 생각한 것과는 다르죠."[34] 그건 분명하다. 하지만 요즘 들어 대다수 하원 의원은 꾸준한 모금활동의 필요성에 크게 중점을 둔다.

수천 혹은 수백만 달러의 정치 자금을 내놓을 만한 부자들에게 몇 시간, 몇 주, 아니 몇 달 동안 전화를 걸어 이야기한 결과, 선출직 공무원이 돈을 준 사람들의 개인적 목표나 사업적 관심사에 도움이 되는 방향으로 투표한다는 것에는 의문의 여지가 없다. 사실 나는 억만장자 및 CEO들과 나눈 시간이 개인의 세계관을 실제로 바꾼다고 믿는다. 이런 식으로 생각해보자. 하원의원 후보는 제약 회사들이 17년 동안 지속적인 매출 증대를 이룰 것인지에 대해 걱정하는 사람들과 10만 달러의 간염 치료비[35]를 낼 능력이 없는 사람들 가운데 어느 쪽과 더 많은 시간을 보낼까? 상원의원은 월마트 투자자와 월마트 직원들 가운데 누구와 이야기하는 데 더 많은 시간을 투자할까? 정치적 우선순위는 논의할 필요가 있는 문제들이 무엇인지 지각하면서 설정되고 돈이야말로 지각을 형성시키는 강력한 요인이다.

돈이 없으면 선거운동은 털털거리는 소리를 내다가 결국 멈춰버리겠지만 온갖 모금의 대가는 과연 무엇일까? 나는 모금과 선거 기부금이 의정활동에 결코 방해가 되지 않도록 능력이 닿는 한 최선을 다하고 있으며 대부분의 동료 의원도 마찬가지다. 하지만 공직에 뜻을 둔 후보 개인의 의도 하나로 해결될 일은 아니다. 그보다는 적절하지 못한 우대책 및 과도한 구조적 문제들과 관련된 것이다.

소액 기부는 거액 기부자의 영향력을 약화시키는 데 도움이 된다. 2016년 대통령 선거에서 버니 샌더스는 1인당 평균 기부금이 27달러인 소액 기부자들을 통해 수억 달러를 모금했다.[36] 2012년 매사추세츠 상원의원 선거에서 나는 5달러와 10달러의 소액 기부를 통해 수백만 달러를 모금했고[37] 내 선거 진영에 들어온 기부금의 80퍼센트 이상이 50달러 미만[38]이었다. 다행히 소액 기부자들은 몇몇 중요한 선거운동에서 여전히 중추적 역할을 하고 있으며 누구를 지지하든 관계없이 나는 모든 소액 기부자에게 깊이 감사한다. 그들은 우리의 선거운동과 정치 시스템이 정직하게 작용할 수 있도록 돕는다. 하지만 현재 시스템에서는 누구도 선거운동을 그런 방향으로 이끌어가지 못한다.

더 많은 돈을 추구하는 외침이 끊임없이 울려퍼진다. 이 부정한 영향력은 어느 곳에서나 감지되며 워싱턴을 온갖 혜택의 판매처로 변질시키고 있다. 이 위험한 경향을 멈추기 위해 싸우지 않는다면 우리의 민주주의는 정치 쇼핑몰로 변모하고 말 것이다.

정치에서 돈을 뿌리째 뽑아내야 한다고 주장하는 책은 이미 수없이 집필되었다. 합리적인 제안도 많이 제시되었다. 이 움직임에 조금만 덧붙인다면, 지금이 비상사태라고 가능한 한 크게 소리 지르는 것이다. 우리는 이 돈에 미친 행동을 끝내기 위한 포괄적인 전략을 지금 당장 세우기 시작해야 한다. 헌법을 수정해서 정치 자금 유입을 무제한으로 허용한 대법원의 시티즌스 유나이티드 판결을 뒤집고 새로운 방식으로 선거 자금을 대며 정치 자금 지출 내역을 폭로하고 정부 계약업자들의 기부를 제한해야 한다—그렇게 해야만 이 더러운 사태가 깨끗이 청소될 것이다. 그때까지는 돈 문제를 가장 잘 다룰 줄 아는 정치인들이 워싱턴에서 가장 큰 세력을 차지할 것이고 공평한 경쟁의 장은 그들에게 표를 던진 사람들로부터 한층 더 멀어질 것이다.

로비스트 무리

이 부분은 농담으로 글을 시작하고 싶지만 생각나는 게 하나밖에 없다. 대통령 후보로서 도널드 트럼프는 당선된다면 "오물을 청소하고" 워싱턴의 로비스트들을 없애겠다고 약속했다. 하지만 당선되고 나자—짐작하다시피—인수위원회를 로비스트들로 재빨리 구성했다!

물론 재미는 없겠지만 이 이야기를 조금 더 해야겠다.

트럼프가 인수위원회의 인선을 발표했을 때 나는 사실상 이런 뜻을 담은 편지를 그에게 보냈다. "이보세요, 왜 그러세요?[39] 로비스트들을 전부 없앤다면서요!"

나와 똑같은 질문이 여러 곳에서 제기되자 그는 로비스트 전원을 해임하고 그 자리에 전직 로비스트들을 채워넣었다[40]—즉, 공식 로비활동 자격증을 막 반납한 사람들 말이다.

아직도 재미가 없는가? 그러면 다시 한번 설명해보자.

선거가 끝난 직후에 트럼프의 전 선거대책본부장[41] 코리 루언다우스키는—트럼프의 선거운동 기간에 로비스트들에게 대항한 사람이다—백악관에서 정확히 한 구역 떨어진 곳에서 로비활동에 필요한 장비를 갖췄다. 이런 움직임이 선거 구호와 어긋나지 않느냐는 질문을 받자 그는 이렇게 설명했다. "오물을 청소한다"고 말하고 워싱턴의 로비스트들을 비난하면서 트럼프는 실제 로비스트가 아닌 "고삐 풀려 날뛰는 관료제"를 비판했다는 것이다.

좋다. 이 이야기는 결코 재미있어지지 않을 것 같다. 하지만 워싱턴의 실상을 아주 조금 엿보게 해주는 듯하다. 기업과 엄청난 부자들은 로비스트를—셀 수 없이 엄청나게 많은 로비스트를—채용해서 자신들의 이익을 증진시킨다.

로비활동은 거대한 사업이다. 로비스트들은 고객의 요청을 들어달라고 의원들을 설득하면서 한 해에만 약 26억 달러를 번다.[42] 지금은 납세자들이 하원과 상원의 운영비로 지불하는 금액보다 기업들이 하원과 상원 의원에게 로비하느라 지출하는 비용이 훨씬 더 크다.[43] 마치 선출된 정부가 멋대로 행동하지 않도록 부유하고 힘 있는 사람들이 고용한 그림자 정부가 존재하는 것 같다.

미국 상공회의소를 기억하는가? 이는 루이스 파월에게 비밀 메모 작성을 의뢰한 조직이다. 그 문서는 가련하게 혹사당하는 기업 임원들을 단결시켜 미국 경제에서 더 큰 몫을 요구하라고 부추겼다. 음, 수십 년이 지나서 상공회의소는 이 무리의 지도자라는 특별한 위치를 차지하게 된다. 그 이름만 들으면 자연히 당신은 이 조직이 한 달에 한 번씩 지역 식당에 모여 점심을 먹는 영세 자영업자들로 구성되었을 거라고 추측하겠지만 절대 속지 마라. 상공회의소는 탄탄한 자금을 갖춘 거대 조직으로,[44] 워싱턴에서 엄청난 영향력을 휘두르고 수많은 부유한 기업을 더 부유하게 만들어주려고 불철주야 노력한다.

상공회의소는 백악관의 라파예트 광장과 마주한 거대한 회관에 자리하고 있다. 관광객이라면 그곳을 정부 기관으로 착각하기 쉽다. 이 조직은 "비록 나라 전체는 아니더라도[45] 수도에서 가장 역사적이고 값비싼 부동산 가운데 하나"를 소유하고 있다고 자랑한다. 이 건물은 1827~1841년 그리고 1845~1850년까지 두 번이나 매사추세츠 상원의원을 역임한 유명한 연설가 대니얼 웹스터[46]의 저택 부지에 터를 잡았다. 하지만 1920년대에 상공회의소는 그 건물을 부수고 대단히 웅장한 미

상공회의소 건물은 백악관 맞은편에 위치한다.

국 대법원 건물을 설계한 건축가를 고용했다. "조직의 권위 있는 사명을 잘 나타낼 수 있는"[47] 훨씬 더 크고 호화로운 건물을 짓고 싶었기 때문이다.

사명이라고? 그럴 리가! 상공회의소는 사업, 그것도 로비 사업을 한다. 그리고 회원들이 내는 회비와 특별한 금융 계약을 통해 수익을 창출한다. 그들이 제공하는 서비스는 우리 정부에 영향력을 미치는 것이다.

2011년 4월에 소비자 금융 보호국을 설립하면서 나는 상공회의소의 CEO를 만났다. 나는 건물 안으로 들어가면서 이 로비 사업이 강력한 대안 정부를 운영한다고 암시하는 듯한 과시적 요소를 상당히 많이 두르고 있다는 사실에 깜짝 놀랐다. 거대한 코린트식 기둥과 웅장한 입구, 높은 사무실 덕분에 상공회의소 CEO는 공원 맞은편에서 더 작은 사무실을 차지한 미국 대통령을 내려다볼 수 있다. 심지어 상공회의소는 그곳이 주권국가라는 인상을 강화하는 국기 홀도 있다—절대 농담이 아니다.

당시에 나는 이름도 없는 건물의 임대 공간에서 기관을 운영하는 신참내기 선출직 공무원에 불과했다. 내가 고개를 숙여 인사라도 해야 하는 것인지 의아해졌다. 아니라는 결론을 내렸지만, 상공회의소의 웅장한 사무실을 방문한 이들 가운데 나와 마찬가지 의문을 떠올린 사람이 얼마나 될지 정말 궁금했다.

상공회의소는 연방정부에 어떤 법안을 통과시키고 어떤 법안을 통과시키면 안 되는지 설명하면서 시간을 보낸다. 그곳에서 일하는 사람들의 시간에는 엄청나게 많은 돈이 든다. 2013년에 상공회의소와 그 회원

기업들은 대기업의 이익을 증진하기 위해 2억6000만 달러[48]를 모았다. 이는 1년 단위의 금액이고 로비스트들에게 충분한 보수를 계속 지급하고자 상공회의소는 해마다 계속해서 돈을 모았다. 백발을 자랑하는 톰 도너휴 미국 상공회의소 회장은 차분하게 설명했다. "우리는 이 장소를 운영하기 위해 일주일에 500만 달러를 모아야 합니다."[49]

이런 수준의 로비활동은 로비스트들에게 대단한 수익을 안겨준다. 도너휴 회장은 업계 최고 수준의 로비스트다. 몇 년 전에 그를 간략히 소개한 글을 보면, "그는 운전사가 모는 링컨차를 타고 시내를 돌아다니며 임대한 개인 제트기를 타고 전 세계를 누빈다".[50] 2014년에 그의 봉급은 600만 달러라고 보도되었는데 그 덕분에 그는 가장 많은 보수를 받는 동업자 조합 대표[51]가 되었다. 또한 그가 미국 대통령이 버는 금액의 15배를 더 벌어들인다는 뜻이기도 하다. 결국 워싱턴 전체에 영향력을 행사하는 것은 엄청난 책임이다.

상공회의소는 모든 회원에게 연회비를 받는다. 회원 중에는 소규모 기업도 많지만 거금을 내는 쪽은 거대 기업들이다. 그뿐만 아니라 가장 많은 액수에 기여하는 회원들에게는 한 가지 특별한 서비스가 제공한다. 비밀 로비활동을 해주는 것이다. 충분한 비용을 지불하면[52] 상공회의소는 기업으로부터 돈을 받고 나서 그 회사나 그 산업이 특정 법안에 영향력을 행사하는 데 지불한 액수에 관한 성가신 보도가 나돌지 않도록 하면서 정부에 로비활동을 한다.

담배 산업은 이 방법을 대단히 효과적으로 활용한다. 미국에서 담배가 생명을 앗아간다는—그리고 담배 회사들이 이 사실을 오랫동안 알면서도 대중에게 숨겨왔다는—사실이 밝혀졌기 때문에 담배 회사들은 사람들의 관심을 끌지 말아야 한다는 결정을 내렸다. 상공회의소는 합당한 대가를 받고 여기에 개입해서 그들의 더러운 일 처리를 대신한다. 예컨대 몇몇 외국에서 흡연 금지 법안을 통과[53]시키려고 시도했을 때 상공회의소가 적극적인 해외 로비활동에 나서서 그 움직임을 막았다. 그리고 FDA가 미국에서 아이들의 흡연을 방해할 만한 경고 문구 및 그림 개발 작업을 했을 때 상공회의소는 그 규제에 맞서 싸웠다.[54] 거대 담배 회사인 필립 모리스의 내부 메모에는 어떤 식으로 이 작전이 이뤄졌는지 설명되어 있다. 필립 모리스는 자신들이 "전면에 나서지 않는"[55] 대신 상공회의소가 활동할 것을 지시한다.

담배 회사, 건강보험 회사, 초대형 은행 등 상공회의소의 고객 명단은 길지만 전반적인 계획은 명료하다. 조직의 가치를 적극적으로 홍보하는 도너휴는 언젠가 『워싱턴 먼슬리』에서 상공회의소 회원들에게 "필요한 모든 법적 부인권"[56]을 주고 싶다고 말했다.

도너휴는 월가의 거대 은행들을 위해서도 일했다. 2008년 금융위기가 발생한 뒤 그는 대중이 구제금융에 대해 격분하고 하원이 금융 규제에 관해 대중으로부터 엄청난 압력을 받았을 때 상공회의소가 어떻게 "연합체를 구성하고 적극적으로 나서서 그들에게 도움을 주었는지" 자랑스레 묘사했다.

쉽게 설명해볼까? 상공회의소의 임무는 거대 기업들을 도와 아이들이 담배를 배우게 만들고 이기적인 주장을 납득시켜서 금융 규제를 수정하는 것이다—그리고 그들이 이 모든 임무를 원하는 만큼 요란하고 역겹게 수행하는 동안 기업 고객들은 눈에 띄지 않게 조용히 지낸다. 상공회의소가 그토록 많은 돈을 버는 것도 전혀 놀랍지 않다. 이런 서비스라면 값을 매기기 어려울 정도로 귀할 테니까.

상공회의소는 워싱턴이라는 밀림을 뛰어다니는 360킬로그램쯤 되는 고릴라이지만 이보다 덩치는 작더라도 똑같이 치명적인 동물 또한 많다. 수많은 기업은 개별적으로 로비스트를 고용하거나 업계를 위해 활동할 로비스트들을 공동 부담으로 채용한다—대체로 엄청난 결과를 낳는다. 기업들이 연간 수십억 달러를 로비에 투자하겠다는 집단 결정을 내리는 것은 본질적으로 단순한 사업적 결정일 때가 많다. 만약 연방 정부를 설득해서 회사에 호의를 베풀게 한다면 이 투자의 대가로 어떤 종류의 이익이 생길까? 한 연구에 따르면, 1달러의 로비 비용은 기업에 220달러의 이익을 안겨준다고 한다. 2만2000퍼센트[57]의 수익을 올리는 셈이다. 그리고 어느 투자 연구 회사는 자산에 비례해서 로비활동에 가장 많은 비용을 지출한 기업들의 재무 지표를 작성했다. 수치를 분석한 결과, 이 지표가 S&P500 지수를 연 11퍼센트 차이로 상회했음이 드러났다.[58]

하지만 이 쟁점을 부각시키기 위해 연구원들에게 의지할 필요는 없다. 로비스트들은 뇌물을 주고 정치권에 부정한 영향력을 행사하는 것을 전혀 부끄러워하지 않기 때문이다. 오히려 그들은 "본전을 뽑을 만한 가치"를 장점으로 만든다. 역대 가장 악명 높은 로비스트 중 한 명인 잭 에이브러모프[59]는 고객에게 받은 수수료로 수천만 달러를 긁어모았다. 2006년에는 일에 대한 열정에 떠밀려 결국 탈세, 사기, 공무원 뇌물 공

잭 에이브러모프(가운데)를 만난 레이건 대통령과 뇌물수수죄로
에이브러모프보다 먼저 교도소에 간 그로버 노퀴스트.

모의 죄목으로 교도소에 갔다. (공화당 하원의원 한 명을 포함해) 그와
엮여 들어간 다른 스무 명도 유죄 판결을 받았다. 교도소에서 석방된
뒤에 에이브러모프는 2만2000퍼센트의 투자 수익률에 대한 질문을 받
았다. 그는 뭐라고 대답했을까? "그렇게 적다니 놀랍군요."[60] 그는 그보
다 일을 더 잘했다고 확신했다.

노골적으로 말하면 로비활동은 세계 역사상 가장 수익성이 높은 투
자 전략 가운데 하나다. 따라서 이 사업은 당연히 번창한다.

로비스트들이 언제나 워싱턴을 장악한 것은 아니었다. 정치학 분야
의 상을 받은 1963년 연구[61]에서 세 명의 저자가 설명한 바에 따르면,

1950년대의 로비활동은 "자금이 부족했고 관리가 잘 되지 않았으며 의회와 긴밀한 관계를 맺지 못했고 기껏해야 미미한 효과를 냈을 뿐이었다". 이 연구의 저자들은 이렇게 덧붙였다. 로비활동에서 "교묘한 책략을 쓸 기회는 대단히 제한적이고 직원들의 능력은 평범하다. 그리고 관건은 의회의 표결에 영향을 미치는 것이 아니라 로비활동의 존립 자체를 가능케 할 고객과 기부자들을 찾아내는 것이다". 수많은 기업이 워싱턴에서 자기네 이익을 대변할 사람들을 고용해야 한다는 생각에 저항했다.[62]

시간이 흐르면서 이런 태도는 달라졌다. 기업들은 정부가 자신들에게 호의를 보이도록 설득하는 것이 수익 창출에 커다란 도움이 되며 로비스트들이 그 일을 해낼 적임자라는 것을 인정하기 시작했다. 예를 들면 제약 회사들은 노인 의료보험에 처방약 보험 혜택을 제공한다는 개념에 오랫동안 반대했다. 연방정부가 의약품 가격을 낮출 목적으로 대량 구매를 하지 않을까 두려웠기 때문이다. 하지만 로비 전문가 리 드럿먼이 설명하듯이 "2000년경에 산업 로비스트들은 훗날 노인 의료보험의 D파트를 구성한 내용을 제안하고 지지하자는 대담한 생각을 고안해냈다". 그러기 위해서는 연방정부가 가격 협상 없이 처방약 비용을 지불해야만 한다.[63] 그 조항은 제약 회사들에게 막대한 이익을 가져다준다—그리고 미국의 납세자들이 연간 250억 달러[64]의 비용을 지불하게 만든다.

정말 대담한 로비활동이 아닌가! 내 직감에 따르면, 제약 업계의 대안은 제약 업계가 자신들의 돈을 직접 인쇄할 수 있도록 재무부의 인쇄기 한 대를 넘겨달라고 미국 정부를 설득하는 것이었다.

미국 의회의 규모가 아무리 달라졌다고는 해도 로비 사업의 규모가 이 정도로 성장한 것은 도저히 이해가 되지 않는다. 물가상승률을 감안해 조정한 다음 도표를 한번 살펴보라.

로비활동은 골드러시19세기 중반에 캘리포니아에서 발견된 사금 때문에 사람들이 서로 몰려든 현상와 비슷하다. 소수의 탐사자가 의회에 영향을 끼치려고 시도한 끝에 노다지를 캐자 점점 더 많은 사람이 돈을 벌기 위해 나타났다는 말이다. 이제 워싱턴은 최근에 부자가 된 로비스트들과, 그들과 친분을 맺을 준비가 된 사람들로 넘쳐나는 신흥 도시다.

기업들이 정부를 강력히 설득하면 혜택이 생긴다는 것을 알아내고는

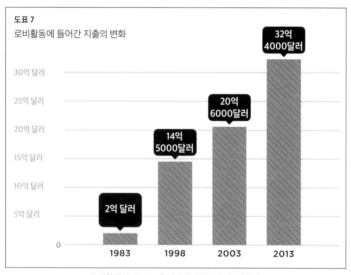

도표 7
로비활동에 들어간 지출의 변화

32억 4000달러

20억 6000달러

14억 5000달러

2억 달러

30억 달러
25억 달러
20억 달러
15억 달러
10억 달러
5억 달러
0

1983   1998   2003   2013

로비활동의 규모는 충격적인 수준으로 성장했다.

로비활동을 늘려가면서 로비스트들 사이의 균형은 무너졌다. 1950년대와 1960년대[65]에 대부분의 전문가는 기업보다 노동조합과 공공이익단체들이 국회에 훨씬 더 많은 영향력을 행사했다는 데 동의했다. 지금도 기업에 본거지를 두지 않은 로비스트들이 여전히 존재한다. 가령 환경운동 단체인 시에라 클럽은 로비스트들을 보유하고 있으며 수많은 노동조합도 마찬가지다. 하지만 정말로 크게 달라진 것은 기업들이 정부에 영향을 미치기 위해 사용하는 금액이었다. 한 전문가는 이 변화를 다음과 같이 계산했다. "노동조합과 공공이익단체가 함께 지출하는 로비활동의 비용[66] 1달러에 대해 거대 기업과 그 협회들은 지금 34달러를 지불한다. 로비활동에 가장 많은 돈을 지출하는 100개 단체 가운데 95개는 언제나 기업이다." 마치 기업 로비스트들이 번쩍이는 커다란 옥외 광고판을 길가에 연달아 세운 반면 다른 단체들은 손으로 제작한 포스터를 붙인 것과 같다. 물론 양쪽 다 지나가는 운전자들을 설득하고자 노력하고 있지만 한쪽이 다른 쪽에 비해 자신의 의사를 전달할 가능성이 훨씬 더 높다.

기업들이 원하는 것은 언제나 비슷해서 세금 우대나 규제 철폐 혹은 두 가지 모두다. 달리 표현해, 그들은 낙수 효과의 혜택을 얻고 싶지만 오직 자신들을 위해 만들어진 특별 주문형 혜택을 바란다. 자신들의 주장을 관철하는 데 지불할 수 있는—좀더 정확히 말해 투자할 수 있는—돈을 모조리 활용해 이 로비스트들은 경쟁의 장을 날마다 조금씩 변화시킨다.

복잡한 규제에 대해 생각해보자. 정부를 제외하면 과연 누가 수익을 내는 기업 관행을 금지시킬 요량으로 1000쪽 분량의 서류를 조사해서 한 줄도 빠짐없이 읽어보고 문장 하나를 수정할 자원과 기술을 가지고 있을까? 아주 조금만 달라져도 엄청난 허점을 만들어낼 수 있는 문단을 누가 찾아낼 것인가? 도대체 누구겠는가? 바로 거대 로비 회사에 고용된 거대 로펌의 파트너다. 로비활동이 효과적인 이유는 주요 산업이 일군의 로비스트를 채용하고 그 로비스트들이 모든 법률과 규정, 정부의 의견서를 찾아내는 데 엄청난 자원을 쏟아부을 수 있기 때문이다. 이런 작업은 정부가 재계에 유리한 방향으로 규칙을 변경하도록 만들 정보를 제공한다.

로비활동은 워싱턴의 입법 체계를 지나치게 왜곡한 나머지 의원들이 자기를 의회에 입성시켜준 국민과 친밀한 관계를 맺는 데 큰 어려움을 느낄 지경이다. 몇 년 전에 풍자 언론사 디 오니언은 다음과 같은 가상의 제목을 붙인 기사를 실었다.[67] "미국인은 워싱턴에서 이익을 얻기 위해 영향력이 큰 로비스트들을 채용한다." 이 짓궂은 제목 밑에는 막강한 영향력을 자랑하는 로펌 패튼 보그스에서 일하는 로비스트에 관한 기사가 있었다. 그는 "입법 절차에서 발언권"이 부족하다고 생각한 사람들에게 고용되어 그들의 이익을 대변했다.

하지만 진실이 코미디를 능가했다. 대정부 관계 전문가 협회[68]의—로비스트들을 위한 로비 단체의—부회장은 로비스트들이 평범한 유권자들의 설 자리를 없애지는 않는다고 주장했다. 그의 단언에 따르면 "평범한 유권자들이 동일한 영향력을 행사하는 방법은 '단체를 조직하거나' '전문가를 고용해 자신들의 주장이 정당하다고 입증하는 것'이다". 즉,

그 사람들이 로비스트를 고용하는 것이다.

내가 좋은 농담을 들었다고 생각하기 무섭게 로비스트가 그 농담을 홀랑 잡아챘다.

회전문 현상

2014년 11월 13일 목요일이었다. 나는 보스턴행 5시 30분 비행기를 타기 위해 레이건 국립공항을 질주하던 중이었다. 그때 재무부 장관 잭 루가 전화를 걸어왔다. "안토니오 바이스 건으로 전화 드렸습니다." 그가 말문을 열었다.

그 전날, 백악관은 바이스를 재무부 요직에 지명했다. 나는 게이트를 나서는 즉시 오바마 정권의 장관에게 이 인선은 큰 문제라고 말했다.

그러자 루 장관은 나를 전격적으로 설득하려는 태도를 취했다. "의원님도 바이스가 마음에 드실 겁니다." 그가 명랑한 목소리로 말했다. 그 순간 에스컬레이터 꼭대기에 다다른 바람에 나는 바로 뒷사람과 부딪쳤다. 나는 그에게 길을 막아서 미안하다고 사과하고는 지금 공공장소에 있다는 사실을 깊이 자각하면서 옆으로 비켜섰다.

안토니오 바이스. 그는 월가의 투자은행인 라자드에서 평생을 근무했다. 이런, 실수를 저질렀다. 정정해서 말하면 라자드는 월가의 투자은행이 아니다. 미국에 세금을 내지 않으려고 10년 전에 버뮤다로 공식 이전했으니까.[69] 실제로 바이스가 가장 최근에 유명해진 이유는 버거킹을

캐나다 회사로 탈바꿈시켜 미국에서 엄청난 액수의 세금을 내지 않도록 도와주는 110억 달러 규모의 '세금 바꿔치기tax inversion 다른 나라에 모회사를 설립해 기존 회사를 자회사로 만들어 유리한 세법을 적용받는 수법' 거래에서 중요한 역할을 했기 때문이다. 바이스는 20년간 경력을 쌓으면서 공직에 나간 적이 한 번도 없고, 버락 오바마가 밋 롬니를 비난한 이유와 상당히 비슷하게 일자리 삭감을 초래한 거래[70]를 했으며, 국내 경제 정책[71]보다 국제 합병 경험이 훨씬 더 많은 사람이었다. 그뿐만 아니라 루 장관이 재무부의 국내 경제 정책 담당 책임자로 앉히려는 사람이었다—더구나 그 자리는 도드프랭크 금융개혁안을 보호하는 일도 도맡아야 했다.

이 전화 통화에서 상원의원을 잘 구워삶아보겠노라는 태도를 취한 루 장관은 내가 자신의 전화를 받고 고마워하면서 최대한 공손한 태도를 취할 거라고 기대한 듯했다. 나는 걱정하는 부분을 차분하게 설명하려 노력했다. 하지만 대화를 주고받으면서 내 목소리는 점점 올라갔다. 에스컬레이터에서 내려 통화 내용이 다른 사람들에게 들리지 않을 만한 장소를 찾았다.

루 장관은 원래의 주장을 그대로 밀어붙였다. 마침내 나를 달래는 듯한 목소리로 이렇게 말했다. "아니에요. 그는 진보주의잡니다. 심지어 『파리리뷰』뉴욕에서 발행되는 문학잡지를 출간하기도 했는걸요."

"뭐라고요?"

그가 말했다. "아시죠. 그 문학잡지."

나는 큰 소리로 웃었다. 루 장관은 내가 정말 바보라고 진지하게 생각한 걸까? 어떤 사람이 시를 좋아한다는 이유만으로 설마 그 사람도 나처럼 중산층 소득이 정체되고 월가의 거대 은행을 규제하는 문제가 얼마나 중요한지 걱정할 것이라고 추측하겠는가? 마치 한 편의 코미디를 보는 듯했다. 시간이 갈수록 상황은 점점 더 이상해졌다.

마침 나는 공항의 외진 자리로 이동한 뒤였다. 사람이 거의 없는 여자 화장실 근처였다. 그래서 이제 전화기에 대고 목청껏 소리를 질렀다. 화장실에서 나오던 여자가 흘끗 돌아보다가 내가 벽을 마주보고 열띤 주장을 이어가는 걸 발견하고는 깜짝 놀랐다.

나는 루 장관에게 바이스야말로 재무부의 정책 담당 고위직에 전혀 어울리지 않는 인물이라고 설명했다. 어떤 상황인지 잘 알고 있었기에 행정부에는 주류를 대변할 목소리를 늘리고 월가를 대변할 목소리를 줄여야 한다고 말했다.

마침내 루 장관은 내가 자신의 선택을 지지할 생각이 없다고 이해한 듯했다. 그래서인지 바이스가 "몇몇 사람과 친숙해질" 때까지 나에게 입장 표명을 미뤄달라고 제안했다. 달리 말하면, 루 장관은 내가 적신호를 보내기 전에 자신이 지명자의 지지 세력을 구축하게 해달라는 뜻이었다.

"안 됩니다."

"뭐라고요?"

지난 몇 년 동안 나는 월가에서 정부로 혹은 정부에서 월가로 회전문을 넘나드는 사람을 한두 명 지켜본 게 아니었다. 어떤 이들은 자격이 충분했고 또 다른 이들은 자격이 부족했다. 대부분은 내가 상원에 합류하기 전에 이미 자리를 잡은 상태였고 나는 그들을 친절하게 대하려고 최선을 다했다. 그러던 차에 이 남자가 등장했다. 그가 월가에서 일하면서 회전문 양쪽에서 일하는 사람들과 친분을 쌓았다는 점을 제외하면 업무 관련 경력이 전혀 없다는 사실을 무시해야만 옳았을까?

더는 참을 수 없었다.

다시 한번 안 된다고 말했다.

루 장관은 기분이 상했다. 나도 마찬가지였다.

바이스가 지명된 뒤에[72] 블룸버그는 온라인 사이트를 통해 지난 2년 동안 라자드가 그에게 1540만 달러를 지급했다고 보도했다. 그게 전부가 아니었다. 더불어 밝혀진 바에 의하면, 라자드는 퇴직하는 바이스에게 '미확정 급여' 명목으로 2120만 달러를 추가로 지급하는 데 관대하게 동의했다. 아무리 좋게 생각해도 그가 경쟁 업체로 옮겨간다면 결코 지급되지 않을 급여였다. 하지만 라자드는 대단한 영향력을 행사하는 정부 고위직에서 일하고 싶은 임원을 위해 2120만 달러의 수표를 분명히 써줄 터였다. 그리고 그 자리는 라자드와 고객들에게 직접적인 영향을 미칠 정책들에 힘을 행사할 수 있었다.

이 사태의 심각성을 이해한 사람이 나 혼자만은 아니었다. 임원 보수 전문가 데이비드 슈밋[73]은 블룸버그 기자에게 무슨 이유로 라자드가 회사를 나가는 임원에게 수백만 달러의 선물을 주는지 설명했다. 기사에 따르면, 그런 회사는 "정책 결정에 영향력을 행사하기 위해 전직 직원의 호감을 사고 싶어할지도 모른다". 슈밋은 의견을 이어나갔다. "바이스가 공직생활을 마치고 돌아온다면 그 회사에 도움이 될 만한 상당히 흥미로운 이력이 생기는 셈입니다." 이런, 세상에!

회전문 현상을 간단히 설명하자면, 임원이 전 고용주에게 도움이 될 만한 정부의 요직으로 자리를 옮겼다가 공직생활이 끝나는 즉시 같은 고용주에게 유용한 정부의 인맥을 가지고 귀환하는 것이다.

그들과 관련 없는 우리 같은 사람들은 궁금해진다. 정확히 이 남자는 누구를 위해 일하는가? 납세자를 위해? 기업을 위해? 아니면 양측을 잘 섞은 비법과도 같은 존재를 위해?

루 장관은 내가 보인 반응에 당연히 충격을 받을 만했다. 결국 바이스는 정부와 월가 사이에 놓인 회전문을 통과하는 철새들의 행렬에 막 합류했다. 루 장관 자신도 그 회전문을 지나왔고 건너오는 길에 달콤한 보너스도 받았다. 2006년부터 2008년까지 그는 시티그룹에서 일했는데 경제위기 당시에 이 회사가 구제금융을 신청해서 받은 수표를 모두 합하면 거의 5000억 달러에 달했다—그다음 은행이 받은 액수보다 1400억 달러쯤 더 많았다.[74] 시티은행은 로비스트들을 동원해 도드프랭크 수정안을 작성하게 함으로써 그 법안에 구멍을 냈다.

시티그룹은 어떻게 그런 정치적 영향력을 얻었을까? 몇 가지 방법을 따져보자. 민주당 출신의 대통령들 밑에서 가장 최근에 일한 재무부 장관 네 명 가운데 셋은 시티그룹과 긴밀한 유대관계에 있었다. 네 번째 장관은 시티그룹의 CEO 자리를 제안받았지만 거절했다. 연방준비제도 부의장과 재무부 국제 업무 담당 차관은 모두 전 시티그룹 임원이었다. 미국 통상 대표와 부대표로 지명된 사람도 시티그룹 출신이었다.

잠깐, 이게 전부가 아니다. 백악관 국가경제위원회의 최근 위원장도 시티그룹 임원이었고 행정 관리 예산국의 최근 국장은 백악관을 떠난 즉시 시티그룹으로 갔다. 최상위층 인사들만 계산한 것이 이 정도다.

공화당은 독자적인 내부 금융 팀을 보유하고 있다. 헨리 폴슨은 조지 W. 부시의 재무부 장관으로 지명되었을 때 골드만삭스의 회장이자 CEO였고 부시 행정부에 합류하면서 골드만삭스의 임원들로 구성된 팀을 데려왔다. 사실 이 팀은 규모가 꽤 커서 다른 은행가들이 회사에 새로운 별명을 붙일 정도였다. 가번먼트삭스[75]라니, 정말 재미있는 별명이다.

정말 재미있지 않나? 한 가지 재미없는 점은 2008년에 경제가 무너졌을 때 사건의 원흉들이 바로 감시 임무를 충실히 수행해서 경제위기를 사전에 막았어야 할 인물들과 동일하다는 것이었다. 또한 그들은 바로 뒤돌아서 의회로 달려가 이 은행들이 지나치게 비대해졌기 때문에 의회는 7000억 달러의 구제금융을 제공해야 하는데, 만약 구제금융 제공에 동의하지 않으면 이들이 쓰러져 미국 경제 전체를 무너뜨릴 것이라고 이야기한 당사자들이기도 했다. 가번먼트삭스라니, 재미있기도 하지.

어떤 사람들은 회전문이 처음 돌아가면서 월가에서 워싱턴으로 들어오지만 어떤 사람들은 워싱턴에서 곧장 월가로 나가기도 한다. 버지니아주의 공화당 하원의원 에릭 캔터는 주 의회에 9년간 몸담았고 그 뒤로 거의 14년 동안 하원에서 일했다. 결국은 하원의 다수당 원내대표이자 당내 서열 2순위가 되었다. 2014년에 그가 예비선거에서 패배했을 때에는 그 충격이 엄청났다. 하지만 그 충격은 그가 새로운 자리에 오르면서 뚜렷이 누그러졌다. 선거에서 패하고 몇 주 만에 그는 어느 투자은행의 부회장으로 채용되어 총 340만 달러의 보수[76]를 받았던 것이다. 캔터는 금융업계의 경력이 전혀 없었지만 그 회사는 그가 "고객 개발에서 주도적 역할을 하고 고객들에게 전략적 문제에 관해 조언을"[77] 할 것이기 때문에 짭짤한 보수가 지급될 것이라고 말했다.

우와, 그 정도면 제법 직접적으로 말한 셈이었다. 새로 영입하는 사람에게 340만 달러의 급여를 제공한다는 협상이라면 완곡한 표현은 하지 않았을 것이다.

이 회전문은 야심찬 직원들에게도 효과적이다. 2015년에 공화당 하원의원 젭 헨설링은 큰 영향력을 발휘하는 하원 금융 서비스 위원회의 위원장이 되었는데 이 자리는 정치 기부금을 모금하고 싶어하는 의욕이 충만한 사람에게는 알짜배기다. 헨설링이 위원장 자리에 오른 지 몇 주 뒤에 수석 보좌관이 사표를 내고는 곧바로 월가에서 손꼽히는 산업 협회 중 하나인 미국금융위원회 소속의 로비스트가 되었다. 그의 새 고용주는 이번에 채용된 전직 보좌관이 헨설링의 '오른팔'[78]이라면서 회사 홈페이지에 자랑한다. 달리 말하면, 금융 분야를 통제하는 법을 작성할 때 가장 큰 역할을 하는 하원의원이 오랫동안 일한—그리고 지금은 월가의 보수를 받는—전 보좌관에게 계속 의지한다는 뜻이다.

위에서 소개한 것은 무수한 사례 중 겨우 두 가지에 불과하다. 의회에서 도드프랭크 법안을 놓고 논쟁했을 때 금융 회사에서 일하는 의원 혹은 의사당 직원 출신의 로비스트는 최소 125명[79]이었다. 이들 모두가 은행에서 원하는 규칙과 규제를 도모하기 위해 정부 인맥을 부당하게 이용했다.

물론 이 매끄럽게 돌아가는 회전문을 충분히 이용하는 게 거대 은행만은 아니다. 예컨대 학자금 대출 유동화를 전문으로 하는 샐리 매에서 분리된 내비엔트 대출 사업부[80]의 2015년 직원 명단에는 '회전문 통과 자'가 15명이나 포함되었다. 내비엔트는 전 의원 3명과 전 정부 기관 직원 2명, 전 의회 직원 10명을 채용했는데 이들은 모두 고용주에게 교육부 운영에 관한 내부 정보와 여전히 그곳에서 일하는 무수한 인맥을 제공했다.

물론 보스급의 기업은 보스급의 로비스트들을 필요로 하는 법이다. 2014년에 엑손모빌은 전직 상원의원 3명을—전 민주당의원 1명과 전 공화당의원 2명—채용한 다음 오직 이 기업 하나를 대신해 의회에서 로비활동을 펼쳤다. 이 석유와 가스 회사가 거느린 로비스트 집단[81]에는 전의원 26명, 전 백악관 직원 54명, 전 에너지부 직원 21명, 전 내무부 직원 10명이 포함되어 있었다. 맙소사! 이 정도 인원의 로비스트라면 야구팀 1개, 하키팀 4개, 농구팀 8개, 축구팀 3개를 만들어 내보내고도 스모 선수 몇 명이 충분히 남을 만한 수준이었다.

새로운 대통령이 입성하면서 회전문은 그 어느 때보다 더 빨리 돌아간다. 아니나 다를까, 2016년에 공화당이 백악관을 되찾고 도널드 트럼프가 인선을 시작하자마자 골드만삭스는 다시 한번 높이 날았다. 선거에서 승리를 거둔 지 며칠 만에 트럼프는 전 골드만삭스 은행가 스티븐 배넌을 수석 전략가로 임명했다. 세 개의 경제 분야 요직은—재무부 장관, 국가경제회의 의장, 수석 경제고문—골드만삭스 임원들에게 돌아갔다.

이 임원들이 이른바 정부를 위해 일하기 시작하면 골드만삭스와 투자 은행들을 대변해 어떤 일을 할지는 불 보듯 뻔하다. 인선이 발표된 직후 『블룸버그 비즈니스위크』가 게재한 기사에 따르면 골드만삭스의 임원들은 "다른 어떤 일류 은행보다 골드만삭스를 위기로 몰아넣었던 금융 규제를 원래 수준으로 되돌리는 데 앞장설 준비가 되어 있다".[82] 트럼프가 당선된 뒤로 골드만삭스의 주가는 31퍼센트 올랐고 가치 평가액은 5억 달러가량 늘어났다. 디즈니는 자리를 비켜라. 누군가의 표현처럼 이제 골드만삭스가 "세상에서 가장 행복한 장소"[83]로 알려졌으니까.

골드만삭스에서는 이 회전문이 얼마나 중요한지 『뉴욕타임스』에서 이렇게 보도할 정도다. "돈을 아무리 많이 모으더라도 정치권에서 이름을 알리기 전에는 골드만삭스의 진정한 스타가 아니라는 것이 은행 내부의 보편적인 견해다."[84]

골드만삭스의 우주의 지배자Master of the Universe 월가에서 신적인 존재로 군림하는 투자 은행가를 은유적으로 지칭하는 말들은 별처럼 반짝이는 이력서를 가지고 있겠지만 그들은 새로 맡은 임무에 얼마나 특별한 전문 지식을 적용할까? 그러면 한번 검토해보자. 2008년에 헨리 폴슨은 엄청난 규모의 부실자산 구제 프로그램을 운영할 사람이 필요했을 때 어디로 시선을 돌렸는가? 주택 금융 부문에서 오랜 경력을 쌓은 사람이었을까? 경제를 되살리기 위해서는 쓰러진 가정을 다시 일으켜 세우고 소비자 수요를 증진시키는 방법에 주력해야 한다는 것을 잘 이해한 사람이었을까? 미국의 경제 구조를 깊이 이해한 덕에 위험한 주택담보대출이 경제를 무너뜨릴 거라고 우리에게 경고하고 경종을 울린 사람이었을까? 모두 아니다. 『뉴욕타임스』는 폴슨 장관의 선택을 다음과 같이 예리하게 설명했다.[85]

폴슨 장관은 정부가 제안한 7000억 달러의 구제금융 기금을 감독할 인물이 필요해지자 다시 한번 골드만삭스 출신을 불러들여 35세의 전 투자은행가에게 이 중요한 직책을 맡겼다. 그는 재무부로 들어오기 전에 주택 금융 분야에서 일한 경험이 거의 없었다.

트럼프가 백악관에 입성하면서 새로운 골드만삭스 팀이 우리 정부를 인수하고 있다. 선거가 끝나자마자 트럼프는 헤지펀드 경영자 스티븐 므누신을 재무부 장관으로 지명[86]했다. 오래전에 므누신은 아버지의 뒤를 좇아 골드만삭스의 최고 경영진에 합류했으며 리스크가 큰 금융 수단을 판매해 초기에 돈을 벌었지만 이 상품은 2008년 금융위기에 결국 미국 경제를 무너뜨렸다. 그 뒤에는 320억 달러 가치의 은행을 운영해 '담보권 행사의 왕'이라는 별명을 얻었다. 므누신은 월가의 내부자일 뿐 아니라[87] 다른 사람들의 불행을 이용해 뻔뻔하게 재산을 착취한 실무 경영자였다.

월가의 경영자와 임원들이 모든 조직의 작동 방식에 대해 특별한 지식을 갖추고 있다고 주장하며 그들이 정부에서 맡은 일을 능수능란하게 해내리라는 생각은 금융위기로 인해 가면이 벗겨졌다. 폴슨과 므누신 같은 골드만삭스의 경영진은 기업에서 일한 경험이 있지만 2008년 경제위기를 불러일으킨 종류의 모기지 상품을 팔았다. 한때 요령 있는 경영자이자 꼼꼼한 전문가라는 평판을 얻었던 이들 경영자는 나중에 그 부정행위에 대해 아무것도 모른다고 주장했다. 그렇다면 그들의 전문 지식은 정확히 어떤 것이었나? 사람들을 속여서 수익을 올리는 것이었나? 납세자들에게 강제로 리스크를 떠넘기는 것? 아니면 자신의 은행 계좌를 불리는 것?

정말 구역질이 난다.

내 말을 오해하지 않길 바란다. 월가에서 쌓은 경력이 공직에서 일할 자격을 박탈해서는 안 된다. 의회 감독위원회를 만들어 재무부의 부실 자산 구제 프로그램 운영 상태를 검토했을 때 나는 금융계에서 경력을 쌓은 사람들을 불러들였다. 소비자 금융 보호국을 설립했을 때에는 월가의 전문가들을 팀원으로 받았다. 그들은 좋은 사람이었고 그들이 한 일을 고맙게 생각했다. 하지만 그들은 월가가 아닌 다른 분야의 경험도 있었다. 그리고 월가의 문화에 깊이 빠져본 적 없는 동료들과 더불어 일 했으며 사람들을 속이는 데 기반을 둔 사업 모델에 상당히 회의적인 반응을 보이는 동료들과 일했다.

월가의 경험이 실격 사유가 되어서는 안 되겠지만 그 경험만으로 정부에서 일할 자격을 갖췄다고 볼 수도 없다. 스티븐 므누신은 월가의 오랜 친구들과 관계없이 티끌만큼이라도 독립적인 결정을 내릴 수 있다고 입증하기 위해 무엇을 했는가? 그가 월가의 거인들에게 맞설 용기가 있다는 증거는 어디에 있는가? 미국 전역의 주택 소유자와 소액 저축자, 학생, 투자자의 이익을 위해 미국 재무부를 운영하는 데 필요한 경험과 판단력을 갖췄다는 내용이 그의 이력서 어느 줄에 있는가?

이런 질문들에 긍정적인 대답을 하지 못하면서도 어째서 우리는 이 나라의 경제 부문 요직을 그에게 넘기려 할까? 좀더 중요한 점은, 우리 는 불과 8~9년 전에 경제를 완전히 무너뜨린 장본인들에게 왜 이 나라 전체의 경제 체계를 넘겨주어야 하는 걸까? 전적으로 어리석은 생각이다.

이처럼 중요한 직책을 오로지 수익을 올리는 데 주력하는 문화적 타성에 젖은 이들에게 전부 맡기는 것은 전혀 말이 되지 않는다. 최고위 공직자 중 몇 사람만이라도 지지부진한 수입과 시장 투명성, 미국의 일자리 증가를 방해하는 무역 협정 같은 문제에 매달려본 경험이 있는 이들이어야 한다—이는 정부 관리들이 반드시 고민해야 할 쟁점이다. 회전문은 책임자 자리에 올라서는 안 되는 사람들에게 자리를 마련해주고 나머지 미국인을 위해 경제력을 강화시켜줄 수 있는 이들을 몰아낸다.

월가의 경영자들이 워싱턴으로 굴러들어가 정부를 장악하기 시작하자 선출직 공무원과 젊은 정부 직원들은 모두 다음 정부에서 자기 미래가 어떻게 될지 생각하기 시작한다. 의회가 로비 회사와 산업계의 '2군'으로 알려진 데에는 그만한 이유가 있다. 하지만 솔직히 말해보자. 이 나라의 수도에서 운영되는 '팀'의 대부분은 잘해야 혼합된 충성심혹은 분열된 충성심이란 서로 적대하는 두 집단에 충성하려는 감정으로 여기서는 민주당 지지자와 공화당 지지자가 한 팀에 같이 있기 때문에 생긴다을 지니고 있으며 어쩐 일인지 엄청나게 많은 사람이 팀은 결코 나아질 리 없다거나 그냥 '현재 상황이 그렇다'는 생각을 받아들였다.

아니, 두번 다시는 안 된다. 공화당이든 민주당이든 아무리 많은 사람이 이게 현실이라고 나에게 말해도 상관없다. 나는 이 부도덕한 상황을 지켜보며 아무 문제없다고 말하지 않을 것이다. 미국인은 돈을 벌 계획을 세우는 이들을 위한 훈련소보다 더 훌륭한 정부를 가질 자격이 있다.

기업 경영자들이 전부 운영한다

때로 기업의 CEO들은 고급 사무실과 경영진 전용 화장실의 안락함을 포기하지 않고도 정부의 실권을 틀어쥔다.

의회에 입성하고 몇 달 뒤에 나는 마이클 프로먼을 만났다. 그는 정부와 월가 사이에 놓인 회전문을 이미 여러 번 지나다녔다. 2008년에 금융위기가 발생했을 때 그는 시티그룹의 고위 간부였고 시티그룹은 부실자산 구제 프로그램을 통해 터무니없이 많은 액수의 구제금융을 받았다. 바로 그 시기에 프로먼은 오바마 정부의 경제 팀 구성을 직접 돕고 있었다[88]—시티그룹의 자기 사무실에 있는 자기 책상에서 말이다. 시티그룹을 다시 떠난 상태였던 그는 2013년 6월에 백악관의 고위 공직자가 되어 행정부에 돌아왔다. 그는 미국 무역대표부의 대표직을 막 수락하려던 참이었고, 이는 그가 미국 협상 팀을 이끌어 무역 협정에 관여한다는 뜻이었다. 그는 협상가들에게 긴밀히 의견을 전달하며 무역 협정의 세부 사항을 정하는 방법에 대해 상담해줄 '고문들'로 구성된 팀의 도움을 받을 터였다.

무역은 미국인 모두와 관련되어 있다. 물론 다국적 기업은 직접적인 영향을 받겠지만 더 큰 회사에 부품을 팔거나 서비스를 제공하고 싶어하는 소기업들도 마찬가지다. 다국적 기업들과 경쟁하기를 바라는 스타트업 회사라면 모두 무역 협정으로부터 영향을 받을 것이다. 베트남의 식물 재배자나 아르헨티나의 농장주와 경쟁하는 농부라면 모두 영향을 받을 것이다. 만약 미성년 노동이나 재소자 노동을 통해 미국의 근로자에 비해 값싼 노동력이 공급된다면 노동도 영향을 받는 셈이다. 그리고 무역 협정은 환경 규제가 없는 나라로 회사를 옮기고 그곳에서 사업을 넓히는 것이 더 쉬워지며 더 이익이 되도록 만든다. 그러면 모든 사람이 그 영향력을 느낄 것이다. 관련 사례는 얼마든지 계속 들 수 있지만 핵심은 무역이 미국의 거의 모든 사람에게 대단히 중요하다는 것이다.

미국의 무역 협정을 주도하는 사람들의 조력자가 누구인지는 대단히 중요한 문제이기에 나는 가장 먼저 프로먼에게 이렇게 물었다. 무역 고문 팀에는 어떤 사람들이 들어갔나요?

프로먼은 내 사무실에 들어오기도 전에 이미 내가 걱정하는 바를 이해하고 있었던 터라 질문을 듣는 즉시 나를 안심시켰다. 절반 정도는 기업을 대표하고 나머지 절반은 노동자와 다른 비영리 단체를 대표한다고 말이다.

"정말인가요? 절반씩 구성되었다고요?"

"네. 물론이죠. 확실합니다."

그가 자리를 뜨고 나서 나는 고문 팀의 실제 명단을 입수하고 그들의 소속이 어디인지 알아내는 게 얼마나 어려운지 보좌관에게 물었다. 그러자 수고는 좀 해야겠지만 명단은 공개되어 있다는 대답이 돌아왔다. 그래서 우리는 조사를 시작했는데, 우리 계산은 프로먼의 말과 서로 맞지 않았다—비슷하지도 않았다.

실제로 프로먼이 확인해준 지 8개월 뒤에 『워싱턴포스트』가 발표한 분석[89]에 따르면 기업 경영자와 산업 로비스트들이 고문단의 85퍼센트를 차지했다. 그리고 그 밖의 사람들이—노동자, 환경운동가, 인권운동가, 영세농 등―나머지 15퍼센트를 구성했다. 28개 노동단체 가운데 절반 이상이 무역 협정에서 이익을 챙길 가능성이 높은 기업을 위해 일하지 않는 고문을 한 명도 보유하지 않았다. 단 한 명도.

이런 무역 협정은 비공개로 협상이 진행된다. 따라서 협상 테이블에 누가 앉는가는 중요한 문제다. 나는 이 상황을 이렇게 판단했다. 부정절차에 부정 결과라고 말이다.

시카고 교외에 살다가 집을 빼앗긴 남자, 마이클 스미스를 떠올려보자. 그는 이 나라의 무역 정책에 영향을 받지 않을 것처럼 보였다. 그 문제가 마이클과 대체 무슨 관계가 있겠는가? DHL에서 실직하고 은행이집에 담보권을 행사한 뒤로 그는 안정적인 일자리를 계속 찾아다녔다. 좋은 추천서도 받고 결심도 단단했다―막내딸 애슐리가 고등학교를 졸업하게 해주겠노라고 결심했으며 내 집 마련을 다시 하겠다고 결심했을 뿐 아니라 미국 중산층이라는 위치를 되찾겠다고 결심했다.

2011년 말경에 그에게는 변화가 일어났다. 제과 회사인 내비스코의 공장에서 괜찮은 일자리를 구했던 것이다. 그 무렵 그는 오십대였지만 밤 11시부터 아침 7시까지 일하는 야간 근무조에 배정되어 밤새도록 오레오 쿠키 사이에 크림을 바르고 벨비타 비스킷을 포장하면서 경영진에게 고마운 마음을 가졌으며 최대한 열심히 일했다.

마침내 그는 주간 근무조에 진출했다. 그 일은 정말로 마음에 들었다. 그는 이렇게 설명한다. "아내가 벨비타를 정말 좋아하거든요. 제가그 비스킷을 만든다니 뿌듯했어요! 어느 비스킷을 제가 만들었는지도실제로 알았고요." 그는 공장에서 그 과자를 시식하는 것도 좋아했을까? "세상에, 그럼요!"

그는 근무 시간을 가리지 않고 힘닿는 대로 무조건 일했고 기회가 생길 때마다 추가 근무를 했다. 압류당한 집을 뒤돌아보며 새 직장에서 일한 지 3년이 된 2014년에 다시 주택담보대출을 신청할 자격이 생겼다. 마이클과 재닛 부부는 예전 집에서 15킬로미터쯤 떨어진 곳에 새 보금자리를 구했다. 애슐리는 대학에 들어갔고 마이클은 새 진입로를 만들었으며 다시금 미국의 중산층 가정에 편입한 기분이었다.

내비스코 공장은 돈을 잘 벌었고 2015년에 내비스코의 모회사인 몬델리즈는 300억 달러의 매출을 올렸다.[90] 마이클은 세상 모든 곳의 사람들이 벨비타 비스킷을 좋아하는 것처럼 보여서 무척 기뻤다. 그리고 스스로 "미국 문화의 일부"라고 부르는 오레오를 만드는 데 일조한 것이 자랑스러웠다.

실제로 내비스코 제품의 수요가 늘어나면서 회사 확장에 투자하는 게 맞는다는 생각이 점점 더 확실해졌다. 내비스코와 모회사는 큰 기회를 발견하고는 모든 수단을 총동원했다. 1990년대에는 시카고를 떠나지 않는 기업을 위한 장려금으로 9000만 달러를 받았다.[91] 그 덕분에 매출이 늘었고 2013년부터 2015년까지 몬델리즈는 세금 환급과 조세 체계의 허점을 철저히 이용해 평균 연방 세금을 대폭 낮췄다. 2015년에 이 기업의 세율은 소득의 7.5퍼센트[92]로 마이클이 낸 세율보다 훨씬 더 낮은 수준이었다.

하지만 회사의 모든 비용을 면밀히 들여다본 뒤에 내비스코와 모회사는 멕시코에 공장을 지으면[93] 연간 4600만 달러가 절약된다는 계산

마이클과 재닛 스미스 부부.

을 얻었다. 미국의 무역 협정 때문에 멕시코에서 오레오를 만들어 미국으로 수송하면 비용이 훨씬 더 적게 들었다. 그러면 시카고에는 이것이 무슨 의미였을까? 2016년 3월에 이 회사는 마이클을 비롯해 600여 명의 시카고 노동자에게 해고 통지서를 건넸다.

　수없이 많은 정부 관리, 전문가, 학자, 대단히 현학적인 시사 평론가들은 미국 시장을 열어야 GDP가 증가한다고 지적한다. 즉, 판매자들이 더 많은 수익을 올리고 주주들이 더 부자가 된다는 뜻이다. 물론 그중에 관대한 사람들은 마이클과 실직한 동료들의 취업 재교육에 필요한 돈을 기꺼이 조금은 보태줄지도 모른다. 하지만 기본 전제는 거대 다국적 기업에 유익한 일이 전능한 GDP에도 도움이 된다는 것이다.

저 높은 곳에서 미국 경제를 지켜보는 다수의 경제학자는 분명히 동의할 것이다. 사람이 '인원수'로, 공장이 '설비'로 표시되는 스프레드시트를 뚫어지게 들여다보는 경영자들도 마찬가지다. 하지만 마이클은 GDP로 주택담보대출을 지불하는 게 아니다. GDP로는 건강보험료를 내지도 못한다. GDP를 먹을 수도 없다. 마이클에게는 좋은 직장이 필요하지만 내비스코도 미국 무역 협정 팀도 마이클이나 그의 가정, 그의 집을 걱정하지 않는다.

진심으로 분노를 불러일으키는 것은 무역을 옹호하는 대부분의 사람이 보이는 태도로, 마치 무역 협정에 반대하는 이들이 열매의 과즙을 내고 옷감을 짜며 날다람쥐를 먹는 중세의 난쟁이나 거인이라도 되는 양 취급하는 것이다. 하지만 잘못된 무역 협정의 대안이 모든 무역을 중지시키는 것은 아니다. 나쁜 무역 협정의 대안은 소수의 기업 경영자와 거대 투자자들만이 아니라 모든 사람에게 도움이 되는 무역 협정이다.

놀라운 일은 아니겠지만, 무역 협정은 대단히 복잡하다. 수많은 세부 조항이 빼곡히 적힌 아주 긴 계약서와 비슷하다. 여기에는 해당 국가들이 할 일과 하지 않을 일에 대한 온갖 종류의 약속이 들어가지만—마찬가지로 전혀 놀랄 필요 없이—모든 국가가 이 약속을 따르는 것은 아니다. 우리가 맺은 무역 협정의 세부 내용을 꼼꼼히 살펴보면 다음과 같은 조항이 있다. 만약 한 다국적 기업이 판단하기에 한 국가가 계약서에 명시된 약속을 이행하지 않았다면 그 기업은 기업 변호사로 구성된 중재 패널을 찾아가서 신속한 판단을 받을 수 있다. 이때 기업이 승리하면 해당 정부에 즉각적인 보상을 요구할 수 있다. 이의를 제기할 수도 없고 아무 조치도 취할 수 없으며 곧장 지불해야 한다. 하지만 그 국가가 무역 협정의 다른 조건을 위반한다면 어떻게 될까? 가령 회사에 재소자 노동의 이용을 금지시키거나 유독성 폐기물을 강에 버리지 못하게 하는 조항이라면? 노동자나 환경단체가 위와 똑같이 신속한 결정을 내리는 중재 패널에게 찾아갈 수 있을까? 그렇게 못 한다. 그들은 각자의 정부에 가서 국제 법원에 소송을 제기해달라고 사정해야 한다. 그런 일이 어떻게 진행됐는지 궁금하다면 철강 노동자들에게 물어보라. 단 한 가지 제품에 대해 철강 노동자 조합은 무역법 위반에 대해 여러 차례 소송을 제기했고 정부가 얼마나 지지부진하게 움직이는지 지켜봤다. 그러는 사이에 7000명의 노동자가 직장을 잃었고 일자리가 사라졌으며 지역 회사들은 도산 위기로 내몰렸다. 물론 노동조합은 끈질기게 버텼고 마침내 승리했지만 철강노조 대표 리오 제라드는 이렇게 진술했다.[94] "철강 산업의 상당 부분이 결코 회복되지 못할 겁니다."

그런 이유로 미국 무역 대표에게 누가 조언을 하는가는 중요한 문제다. 현재 무역 협정은 거대 기업의 편을 들고 있다. 거대 기업들이 협정서 작성을 도왔기 때문이다. 하지만 만약 협상 테이블에 앉은 사람들의 25퍼센트만이 기업으로 구성되고 나머지 75퍼센트를 노동조합, 소규모 자영업자, 비노조 근로자 단체, 환경운동가들이 채웠다면 어땠을까? 다른 나라에서 너무나 자주 이용하는 저임금 노동과 재소자 노동, 미성년 노동 때문에 우리 근로자들은 여전히 꼼짝도 못하고 있을까? 결코 그럴 리 없다. 노동자 대표가 협상 테이블에서 꽤 많은 자리를 차지했더라면 분명히 무역 협정은 지금과 전혀 다르게 이뤄졌을 테고 체결된 약속도 노동자들을 지지할 상당한 힘을 지녔을 것이다.

미국 경제가 더 많은 미국인에게 좀더 효율적으로 작용하도록 만드는 무역 정책이 실제로 있다면 우리가 할 수 있는 일은 훨씬 더 많다. 만약 해외에 투자하는 기업보다 미국에 투자한 기업들의 미국 시장 접근성이 더 좋았다면 미국에 투자할 가능성이 더 커지고 미국 노동자들에 대한 수요도 훨씬 더 커질 것이다. 만약 해외로 이전한 기업들이 외국에서 벌어들인 수입에 더 높은 세금을 내고 그 세제 수입이 미국에 다시 투자된다면, 그런 무역 협정의 이익은 더 많은 미국 중산층 가정에 돌아갈 수 있다. 단지 기업들에 더 많은 세금을 내라고 요구하자는 이야기가 아니다. 오히려 무역에서 발생한 수익의 일부를 미국 산업에 투자하고 재생 가능한 저비용 에너지나 최신 사회기반시설, 더 나은 교육 같은 일에 많은 돈을 쓰자는 말이다. 그런 종류의 투자가 이뤄진다면 더 많고 더 탄력적이며 더 고도로 숙련된 노동력이 이곳 미국에서 형성될 것이다.

무역이 모든 미국인에게 더 효과적으로 작용하게 만드는 방법은 무수하지만, 무역 대표 고문의 85퍼센트가 기업의 이익과 자회사의 보너스밖에 신경 쓰지 않는다면 그런 일은 일어나지 않는다. 그리고 기업들이 외국의 노동자들에게 낮은 임금을 지불하기보다 미국의 노동자들에게 투자할 수 있도록 정부가 장려하지 않는다면 그런 일은 일어나지 않는다. 거대 기업들에 대단히 유리한 무역 협정이 미국의 중산층 가정들에는 거의 유리하지 않다.

그러면 내비스코 사례로 다시 돌아가보자. 내비스코는 무역을 통해 마이클이나 다른 미국 노동자가 혜택을 보도록 만드는 방법에는 전혀 관심이 없었다. 미국인들이 오레오와 벨비타 비스킷을 비롯해 여타 유명한 제품을 점점 더 많이 먹게 되자 내비스코는 피츠버그와 필라델피아, 휴스턴의 공장들을 폐쇄했다.[95] 일리노이의 나일스와 세인트엘모에 있는 공장들과 캘리포니아의 부에나파크에 있는 공장의 문을 닫았다. 이들은 미국의 공장을 닫아걸고 일당 12달러에 멕시코 노동자들을 채용했다. 그래서 수익이 얼마나 늘었는가는 의심할 여지도 없다.

그러니 GDP가 계속 상승했다고 한들 누가 신경이나 쓰겠는가?

마이클은 마음이 쓰인다. 그는 크게 배신당한 기분이 든다. 자신도 '내비스코 가족'이었고 지금도 그렇게 부른다. 그는 열심히 일했고 필요한 것이라면 무엇이든 했다. 그런데 이제 일자리가 멕시코로 넘어가고 말았으니 그는 내비스코의 해고에 반대하는 싸움에 진심으로 몸을 던졌다.

그가 속한 노조는 멕시코산 내비스코 제품의 불매운동[96]을 시작했다. "제품 설명을 확인하세요." 이것은 불매운동의 가장 중요한 메시지가 되었다. "내비스코의 제품 포장지에 '멕시코산'이라는 글자가 보이면 구매하지 마세요." 마이클은 기자들과 이야기했고 동영상에 출연했으며 미국 전역을 돌아다니면서 불매운동을 널리 알렸다—불매운동을 홍보하고 기업의 움직임에 맞서기 위해 할 수 있는 모든 일은 다 했다. 마이클은 행동주의자가 되고 싶은 마음이 전혀 없었다. 그저 일을 하고 싶었을 뿐이다. 그는 내비스코의 일터가 시카고로 되돌아올 것이라는 희망을 계속 품고 있다. 그리고 다시 한번 일자리를 찾아서 곳곳을 살펴보며 주택담보대출금을 계속 내지 못할까 걱정한다.

한편, 몬델리즈의 CEO는 아주 잘 지내고 있다. 그녀는 비용 절감에 집중[97]하면서 유명해졌다. 그런 노력 덕분에 연간 약 2000만 달러를 긁어모았다.[98]

마이클과 몬델리즈의 CEO는 대체로 잘 지내고 있다.

은밀한 비밀

비누와 고양이 사료를 판매하는 데 이용할 수 있는 기술은 정말 나쁜 정책을 파는 데에도 똑같이 이용 가능하다. 하지만 비누와 고양이 사료의 경우, 적어도 누가 돈을 내는지는 안다—그리고 우리에게 지갑을 계속 잘 지키라고 상기시켜준다. 하지만 거대 기업에 우호적인 정치적 환경을 조성하려는 목적을 가진 광고는 그렇지 않다.

좋다. 솔직히 인정하면 나는 그런 광고 중 하나에 등장했고 그 광고는 솔직히 이상했다. 어떻게 된 일인지 뒷이야기를 알려주고 싶다.

2008년 금융위기를 벗어나면서 나는 앞서 언급한 소비자 기관—소비자 금융 보호국—을 정부에서 설립해야 한다고 주장했고 도드프랭크 법안이 통과되자 이 기관이 생겨났다. 기관의 임무는 단순했다. 미국 가정이 주택담보대출과 신용카드 같은 금융 계약에서 속임수를 당하지 않게 하는 것이다. 지금까지 이 기관은 100만 건 이상의 고발을 다뤘고 거대 은행들이 미국 가정을 속여서 얻은 약 120억 달러를 돌려주게 만들었다.[99] 2016년, 웰스파고가 수백만 개의 가짜 계좌를 만들어 수익을 늘리려다 들켰을 때 이 회사에 1억8500만 달러의 벌금[100]을 물린 것도 소비자 금융 보호국이었다.

거대 은행들 입장에서는 소비자 금융 보호국이 제대로 작동하는 것이 문제다. 미국의 가정은 전보다 형편이 나아졌다—120억 달러만큼 나아졌다. 그리고 금융기관들의 형편은 조금 나빠졌다—120억 달러만큼 나빠졌다. 사실 이 소비자 기관이 끼친 진짜 영향력은 그보다 더 대단하다. 적어도 소수의 금융기관이 지금 경찰 당국이 감독한다는 사실을 알아차리고 사람들을 속여서 수익을 올리는 방법은 더 이상 쓰지 않기로 결심했기 때문이다.

일부 은행은 소비자 금융 보호국을 참을지 모르지만 월가의 금융업자 상당수는 끔찍이도 싫어해서 그 기관에 대항하는 로비활동에 엄청난 돈을 쏟아붓는다. 여기서 미국 행동 네트워크American Action Network를 살펴보자.

미국 행동 네트워크는 몇 년 전에 민주당이 성 범죄자들에게 비아그라를 주려 한다는[101] 이상한 비난을 한 적이 있다. 이번에는 소비자 금융 보호국이 공산주의자들의 음모라고 주장하는 텔레비전 광고[102]에 수백만 달러를 지불했다. 그리고 이 대목에서 내가 등장한다. 이 광고를 보면 마오쩌둥식의 플래카드에 내 사진을 넣어 로봇처럼 보이는 노동자로 가득한 홀 위에 걸어두었다. "마오쩌둥과 내"가 하나로 이어지는 순간이었다.

소비자 금융 보호국에 반대하는 광고에서 발췌.
나를 마오쩌둥 주석처럼 취급할 작정이라면 제발 사진이라도 좀 나은 걸 사용해줬으면 좋겠다.

어쨌거나 나머지 플래카드에 인쇄된 얼굴은 드라마 「오피스The Office」에 등장하는 사람과 비슷해 보이지만 그는 아니다. 바로 소비자 기관을 운영하는 리처드 코드레이다. 그리고 그는 내가 만나본 가장 유능하고 정직한 공무원 중 한 사람이다. 소비자 금융 보호국 운영에 더 이상 참여하지 못하게 되었을 때 나는 가슴이 무너질 듯 아팠지만 리처드가 맡은 일을 얼마나 잘해낼지 생각할 때마다 미소가 번진다.

그러면 이 미국 행동 네트워크는 대체 뭘까? 그리고 리처드와 나의 괴상한 사진들을 이용해서 미국인에게 공화당의 위협에 대한 경각심을 심어주는 광고에서 그들이 주장하는 것은 정확히 무엇이었을까?

미국 행동 네트워크 이사회에는 헤지펀드 경영자, 벤처캐피털 경영자, 학자금 대출 회사에서 일하는 공인된 로비스트 2명이 포함되어 있다.[103] 그리고 광고가 진행되는 시간에 이 학자금 대출 회사는 소비자 금융 보호국의 조사를 받고 있었다. 자연히 그런 내용은 광고에 언급되지 않았다.

만약 은행과 학자금 대출 회사들이 소비자 금융 보호국을 싫어한다면 그들에게도 그렇게 말할 권리는 분명히 있다. 그리고 조사를 받게 되면서 그들이 소비자 기관을 한층 더 싫어하게 된다면 그렇게 말하는 것도 괜찮다. 한번 해보시지! 하지만 그 정보를 누구나 볼 수 있는 공개된 장소에 게재하는 것은 어떨까?

이 모든 사태가 짜증스러운 이유는 미국 행동 네트워크가 '사회복지를 도모'하는 데 돈을 쓰는 이상 비과세 단체로 여겨지기 때문이다. 게다가 소비자 금융 보호국을 반대하는 광고는 '사회적 복지'[104]로 여겨질 법하다. 즉, 소비자 금융 보호국의 조사를 받는 기업이 비밀 자금[105] 한 뭉치를 비영리 단체에 쏟아붓고 로비스트들을 합류시키고 나서 소비자 금융 보호국을 공격하는 광고가 진행되는 모습을 지켜볼 수 있다는 뜻이다. 한편 이 조직은 비영리 단체라는 이유로 납세자들이 특별히 너그럽게 봐줄 것이다.

그 문제에 대해 생각해보자. 미국의 세법이 어찌나 복잡한지, 속임을 당해서 경찰이 금융기관을 감독하게 만들고 싶은 소비자들도 소비자 기관을 공격하는 내용의 어리석은 광고를 게재하는 단체에 보조금을 지급할 수밖에 없다. 지역 은행과 소유주 및 신용조합 회원들은—다른 사람들을 속이는 사업을 하지 않는 이들은—이 광고에 보조금을 주는 셈이다. 학자금 대출 회사로부터 사기를 당한 학생들이 이런 광고에 보조금을 지급한다. 젠장! 리처드 코드레이와 나도 이 광고에 보조금을 주고 있다. 미친 소리처럼 들린다는 것은 알지만 워싱턴은 이 정도로 미쳐 있다.

그러나 미국 행동 네트워크 같은 회사를 지지하는 사람들이 반길 만한 내용이 하나 더 있다. 그런 기업 기부와 밀실 대화는 비밀이 유지된다는 것이다. 나는 언론의 자유에 대찬성이고 언론의 자유는 의견을 공개적으로 교환하는 것이다. 은밀한 자금 지원을 받은 발언은 평가하기가 훨씬 더 어렵다. 게다가 은밀한 자금 지원을 받은 발언의 경우, 발언 주체와 돈의 출처가 거대 기업이라면 설립자들이 상상한 자유로운 생각의 장은 형성되지 않는다.

미국 행동 네트워크 같은 집단과 그 이사들은—이들 중 일부는 자신들이 공격하는 기관으로부터 적극적인 조사를 받는 회사에서 일하지 않을지도 모른다—그들이 지금 하는 행동을 할 법적 권리가 있다. 하지만 그것이 공정한 경쟁의 장이고 모든 사람으로부터 그런 이야기를 들을 것처럼 가장하지 마라. 왜냐하면 그렇지 않으니까. 주택담보대출이나 학자금 대출을 계약하면서 사기를 당한 사람들은 모두 강력한 소비자 기관의 존재가 얼마나 중요한지 알리는 광고라도 내고 싶을지 모르지만 그들 대다수는 정치 광고 게임에 뛰어들 돈이 없다. 어쩔 수 없이 그들이 하고 싶은 이야기는 다른 전략을 취할 것이다.

기업들은 자신들의 캠페인 광고가 풀뿌리 집단에서, 실존하는 사람들의 손에서 나온다고 생각하게 만들고 싶어서 비영리 단체를 꾸려 선

전 도구로 활용한다. 사실상 기업의 비영리 사업은 또 하나의 속임수일 뿐이다. 거대 회사는 소비자 친화적이거나 풀뿌리 운동을 통해 조직된 것처럼 들리는 단체를 설립하지만 이 단체는 기업의 입장[106]을 밀어붙인다. 가짜 풀뿌리 운동은 아주 흔해서 고유한 이름까지 붙여졌다. 바로 인조 잔디 운동이다. 그들의 광고는 값비싸게 제작될 때가 많고 배우가 등장해 가족농이나 관심 있는 의사들의 흉내를 내기도 한다. 이 배우들은 당분이 있는 음료, 살충제, 의료 과실 소송 규제의 혜택에 대해 설명한다. 어느 기자가 말했듯이[107] "유권자들은 광고에 수백만 달러를 후원한 사람들의 정체를 쉽게 파악하지 못하겠지만 기업국가 미국의 각계 명사가—탄산음료의 제왕 코카콜라, 농업계의 거물 몬산토, 의료 과실의 보증인 더 닥터스 컴퍼니—이들 속에 있다."

일부 기업은 전혀 다른 방법을 쓴다. 국방 예산이 의회의 두 위원회를 힘겹게 통과했을 때 무기 제조 업체들은 워싱턴 D.C. 곳곳에—의사당 신문들, 지하철, 지역 라디오 등—뿌려질 광고에 수천만 달러를 쏟아부었다.[108] 『워싱턴포스트』는 이렇게 설명했다. "광고는 수많은 사람에게 노출되지만 목표 대상은 소수에 불과하다. 가장 규모가 큰 방위 계약 두 건이 곧 체결될 상황에서 목표 대상은 수십억 달러의 연방 방위비를 어떻게 사용할 것인지 결정하는 사람 수백 명이다—경우에 따라서는 수십 명이다." 혹은 미국 석유협회가 2012년 광고비로 8550만 달러를 지출하는 동안 키스톤 XL 파이프라인 프로젝트가 검토되고 있다는 점을 생각해보자.[109] 수십억 달러가 걸린 상황에서—수십억 달러의 기업 이익—이 정책에 영향을 미칠 법한 소수의 사람이 볼 광고에 수천만 달러를 지출하는 것은 좋은 투자처럼 보인다. 미국 국민은 평등한 기회를 얻지 못한다는 점이 무척 안타깝다.

그 모든 기업의 돈은 하나의 영향력을 더 발휘한다. 즉, 광고를 대량으로 사들이면 동일한 기업들에 관해 보도할 수도 있다. 최근의 한 논문[110]은 미국 신문이 광고를 싣는 고객들에 관해 보도할 때 광고비의 영향을 받는지 살펴봤다. 연구원들은 1999년부터 2012년 사이에 발행된 신문을 표본으로 삼아 광고 구매와 뉴스 보도를 모두 분석했다. 그리고 광고비를 받으면 해당 광고를 구매한 기업들에 관해 좀더 긍정적인 뉴스 보도를 할 때가 많다고 결론지었다. 과연 기업은 자신의 불법 행위가 비교적 가볍게 보도되기를 바랄까, 아니면 새로운 시 조례에 반대하는 캠페인이 잘 홍보되기를 바랄까? 우선, 지역 언론 매체에 두툼한 수표부터 써주자.

이 만화로 인해 릭 프라이데이는 해고되었다.

33개 카운티의 2만4000 가정에서 구독하는 아이오와의 신문 『팜뉴스Farm News』는 2016년에 이런 주장을 대단히 진지한 만화에 담아냈다. 릭 프라이데이는 농부이자 21년 동안 『팜뉴스』의 시사만평을 그린 만화가다. 하지만 거대 농업 기업들을 날카롭게 풍자한 뒤로 그의 만화는 느닷없이 중단되었다. 나는 이 만화가 상당히 점잖다고 생각했지만 어느 종묘 회사가 광고 계약을 철회하면서 항의하자 『팜뉴스』는 만화가를 해고했다.[111]

릭 프라이데이의 사연은 신문에 실렸지만 수많은 만화가와 칼럼니스트, 기자, 편집자들이 강인하고 공정하며 정직해야 한다는 참혹한 교훈을 얻었으리라는 것은—다만 돈을 내는 광고주들이 화가 난 경우는 제외해야 한다—누구나 짐작할 수 있다.

돈이 있으면 크게 말할 수 있다. 나머지 사람들은 모두 들리지 않게 속삭인다.

청부 전문가

너무 많은 정치인이 뇌물에 넘어가는 것처럼 보이고 로비스트들이 단순히 청부 살인업자들이라면 워싱턴에 아직도 믿을 사람이 남아 있을까?

전문가들을 데려오자.

나는 전문가를 좋아한다. 연구하고 새로운 생각을 떠올리고 이론을 시험하며 사회적 통념에 기꺼이 대항하는 사람들을 좋아한다. 비록 때로 조금 별나긴 하지만 데이터 세상에서 살아가는 사람들을 좋아한다. 심지어 보수적인 성향의 전문가도 대부분 좋아한다. 그러다보니 당연히 나는 대학에서 많은 시간을 보냈다.

학계는 전문가들의 보금자리를 오랫동안 제공해왔지만 최근 들어서는 워싱턴도 그들의 마음을 사로잡게 되었다. 이 나라의 수도는 미국의 정책 의제를 형성할 목적으로 수십 명의 전문가를 고용해 보고서와 연구, 증거를 무수히 생산하는 싱크탱크로 미어터진다.

이 싱크탱크 가운데 가장 오래되고 가장 명성이 높은 곳은 브루킹스 연구소다. 설립된 지 100년이 넘은 이 연구소의 공식 임무는 "질 높은 독립적 연구를 하고 그 연구에 기반을 두어 혁신적이며 실용적인 의견을 제공하는 것이다". 대단히 인상적으로 들리지 않는가? 나는 그렇게 확신했고 그런 이유로 2015년 7월에 명망 높은 브루킹스 연구소의 로버트 리탄이 투자 고문들에 관한 상원 청문회에서 증인으로 나선 것을 기쁘게 지켜봤다.

쟁점은 뇌물이었다. 물론 뇌물을 받은 사람들은 뇌물이 아니라 다른 이름으로 불렀지만 그 게임은 이런 식으로 진행되었다. 투자 자문 산업은 방대하며 여러 해 동안 (비록 전부는 아니지만) 일부 투자 자문은 퇴직자들이 더 비싼 연금에 가입하고 다른 투자를 하게 만든 대가로 '상'을 받아온 것이다.[112] 그들이 받은 상에는 근사한 리조트에서 보내는 휴가, 고급 자동차, '슈퍼볼 우승 반지 모양의 반지', 그리고 평범하고 고전적 방식인 현금 지급이 포함되었다. 마침내 노동부는 이런 상 때문에 미국 소비자들이 연간 약 170억 달러[113]를 지불했고 여러 해 동안 그들은

LIVE
3:40 pm ET

RETIREMENT ADVISER REGULATIONS
ROBERT LITAN
Brookings Institution
Non-Resident Senior Fellow

C-SPAN3
c-span.org

IR. LITAN

청문회에서 증언할 때 로버트 리탄 박사는 대단히 명망 높은 브루킹스 연구소의
비상임 선임 연구원으로 소개되었다.

이런 관행을 철폐하는 법안을 통과시키려 노력했지만 업계가 이를 물리
쳐왔다는 사실을 알아냈다.

2015년에 노동부는 투자 자문 산업을 청소할 엄격한 새 규제를 고안
해냈지만 자문과 그 고용주들이 다시 한번 맞서 싸웠다. 물론 그들이
강력히 맞서야 할 이유는 많았다—아니, 170억 가지 이유는 됐을 것이
다. 당연히 공화당 의원들은 업계 편에 섰다. 노동부에 압력을 가해 물
러서게 만들고자 그들은 이 규정안에 관한 청문회를 열었다.

의회 청문회에 참석한 대부분의 증인처럼 리탄 박사도 서면으로 작
성된 증언을 미리 제출했다. 그는 자신이 시행한 연구에서 상당히 놀라
운 결론에 이르렀다고 설명했다. 뇌물을 금지하면 실제로 소비자들에게
800억 달러[114]의 손해를 입힐 수 있다는 말이었다. 맙소사! 이 훌륭한 자

격을 갖춘 전문가의 기본적인 주장은, 만약 투자 자문들이 사람들을 나쁜 상품에 가입하도록 몰아가지 않았다면 소비자들이 돈을 잃었으리라는 것이었다.

아니, 잠깐만! 리탄의 주장은 백악관의 경제 자문 위원회와 노동부가 준비한 연구를 비롯해 독립적인 상호 심사 학술 논문들과는 정확히 반대되는 내용이었다.[115] 게다가 그의 결론은 상식적으로 말이 되지 않았다. 대체 어떻게 뇌물이 소비자들에게 유익할 수 있겠는가? 뭔가 수상한 냄새가 났다.

나중에 알고 보니, 정말로 심각하고도 고약한 문제가 있었다. 나는 리탄이 준비한 증언을 읽다가 다음과 같은 지루한 주석을 발견했다. "이 연구의 자금은 전 세계에 투자 서비스를 제공하는 캐피털 그룹이 댔다." 캐피털 그룹은 새 규제를 공공연하게 반대했지만 리탄은 독립적인 전문가로 증언하라는 요구를 받았다. 그는 자신을 청부 살인업자라고 설명하지 않았다. 대신 청문회장에서 브루킹스 연구소의 '비상임 선임 연구원'으로 소개되었고 청문회 통지서에서 그 직함으로 불렸다.

청문회가 끝나고 나는 몇 가지 후속 질문을 한 끝에 캐피털 그룹이 리탄의 보고서에 8만5000달러를 지불했다는 사실을 알아냈다. 그뿐만이 아니었다. 이 투자 회사의 경영진은 보고서가 공개되기 전에 '피드백'과 '편집 의견'을 제공함으로써 리탄의 문서 준비를 "도왔다".

또 시작이군, 하는 생각이 들었다—헛소리를 그치게 할 때가 되었던 것이다. 나는 브루킹스 연구소 소장에게 급히 메일을 써서[116] 평판 좋은 싱크탱크와, 정치적 사안을 개진하기 위해 금융 서비스 산업이 매수한 연구 사이에 어떤 관계가 있는지 물었다. (물론 나는 이 상황을 전부 설명하면서 훨씬 더 정중한 표현을 쓰긴 했지만 누구도 핵심을 놓치지는 않았으리라 생각한다.)

『워싱턴포스트』가 내 불만을 알아차리자[117] 다른 언론도 그 뒤를 따랐다. 어느 시사 평론가는 리탄의 연구가 "너무나 설득력 없는 엉터리"[118]였고 그의 보고서는 훌륭한 연구의 표준 절차인 다른 전문가들의 검토를 받지 않았다고[119] 지적했다. 심지어 브루킹스 연구소도 계속 잠자코 있지만은 않았다. 브루킹스의 다른 유명한 연구원은 리탄의 이름을 딱 집어 말하지는 않았지만 투자 자문 산업이 어떻게 의회에 영향력을 미치려 했는지 설명하면서 특정한 이익집단들이 "그 규정안의 신빙성을 떨어뜨리기 위한 연구에 자금을 댔다"[120]고 언급했다.

리탄의 연구는 대단히 불확실해 보였지만 그 연구에 의문을 표했다는 이유만으로 무수한 비수가 나에게 날아들었다. 나는 "매카시즘"[121] "위협" 혹은 나와 "전혀 다른 관점을 잠재우려 한다"[122]는 비난을 받았다. 우와! 내가 확실히 신경을 건드린 모양이었다. 투자 자문 산업에 유리한 연구에 누가 자금을 지원했느냐고 그냥 물어보기만 했던 건데 나는 수많은 사람을 화나게 만들었다. 어쩌면 사전 검열을 마친 아주 우호적인 보고와 증언, 논평을 해줄 전문가를 찾는 기업 후원자와, 그런 거래에 기꺼이 서명하려는 전문가들이 구축한 아주 아늑한—그리고 수익성이 매우 좋은—관계를 무너뜨리겠다고 내가 위협한 셈이었나보다. 만일 그렇다면, 내가 꼬치꼬치 캐물었을 때 그런 관계를 맺은 양측의 수많은 사람이 불쾌해한 것도 그리 놀라운 일은 아니었다. 그렇다면 그들은 무슨 이유로 불쾌했을까? 만일 워싱턴에서 통과된 '전문가 보고서' 중 일부에 대해 상원의원들이 조금 더 의심하게 된다면 수많은 청부 전문가가 손해를 보고 수많은 기업은 영향력을 잃어버릴 가능성이 커진다.

투자 자문 산업에 대한 논쟁이 진짜 고약한 사건으로 이어지자 결국 로버트 리탄은 브루킹스 연구소를 떠났고 브루킹스는 이해 상충에 관한 규정[123]을 수정했다.

내가 전문가들과 벌인 논쟁은 빙산의 일각으로 취급할 수준도 못 된다. 심지어 슬러시에 들어간 작은 얼음 조각만도 못하다. 내가 소위 전문가라는 이들에 대한 정보를 알아낸 이유는 그의 증언에서 수상한 내용을 우연히 접하고 계속 질문을 던진 끝에 돈이 지급되고 편집에 관여할 권리가 주어졌다는 사실을 알아냈기 때문이다. 하지만 의회에서 증언할 사람이 연구 자금을 누구에게 받았는지 또는 그들이 연구 내용에 어떤 영향력을 행사했는지 밝히는 것이 일반적인 요건은 아니다. 그런 요건은 없다. 이 사람들이 청문회장으로 오는 길에 돈이 가득 담긴 수레를 타고 왔더라도 진지한 증언에 귀를 기울이는 의원들은 그 사실을 전혀 몰랐을 것이다—그리고 일부는 알았더라도 전혀 신경 쓰지 않았을 것이다.

그래도 날조된 전문가 의견과 편향된 연구는 의회 청문회에서 활용되지 않는다. 기업들은 언제나 이런 유의 얄팍한 수법을 이용해 입법, 규제 기관의 규칙 제정, 그리고 소송에 영향을 미치려 한다. 로버트 리탄의 연구는 한 가지 목표를 지녔다. 투자 자문들에게 보상을 주는 것에 관한 노동부의 신인의무 규정투자 자문업자는 모든 면에서 고객의 이익을 최우선으로 여겨야 한다는 법을 번복하고 산업의 뇌물 징수가 계속 가능하게 만드는 것이다. 하지만 이는 널리 퍼진 관행의 한 가지 사례에 불과하다.

이런 식으로 대가를 받고 시행되는 연구는 조금 부풀려서 언론에 보도되는 경우가 많다. 가짜 연구의 요약본이 홍보 전문가들로부터 잘 속는 기자들에게 넘어가면 마치 복음이라도 되는 양 뉴스에 등장한다. 이연구는 광고에서 이용되기도 하고—배우들이 농부와 의사처럼 연기한다는 이야기 기억나는가?—사설란에 등장하기도 하며 로비스트들이 뿌리는 '자료표'에 실리기도 한다. 시간이 흐르면 '연구'가 진실처럼 받아들여지고 논문의 저자들은 돈을 받으면 무엇이든 증명할 준비가 된 상비군에서 기꺼이 활동한다.

일부 청부 전문가는 고등교육 기관에서 활약하는 사람들이다. 명성 높은 대학들의 숨 막히는 분위기 속에서 발표된 논문은 이들의 성취가 대단하다고 알려주는 지표다. 하지만 이 논문들은 신문이나 유명한 잡지에 실리지 않는다. 중요한—정말로 중요한—논문은 학술지에 등장하는데, 이는 교수, 대학원생, 연구원을 (그리고 때로는 저자의 어머니를) 제외하면 실제로 읽는 사람이 없는 대단히 전문적인 출판물이다. 이런 학술지에 소개되는 것은 논문 저자의 경력을 발전시키는 데 중요한 역할을 하므로 학계에서는 "발행하거나 소멸되거나"라고 표현할 정도다.

학술지에 실리는 논문들은 학문적 객관성을 보증하는 특징을 보인다—전문 용어, 수많은 인용, 다수의 통계치 등. 이런 논문은 그 자체로 흰 실험실 가운을 입은 것이나 다름없다. 어떤 학술지들은 연구 자금을 어디서 받았는지 완벽하게 밝히라고 요구하지만 기업들이 학술지와 거기에 실리는 연구 모두에 영향력을 미치기 위해 어떻게 후원금을 이용하는지는 많은 사람이 보지 못하게 숨겨버린다. 그리고 호의적인 연구가 발행되고 나면 그 연구에 자금을 제공한 기업들은 의회나 법원에 로비를 할 때마다 그 내용을 널리 유포한다.

한 가지 사례를 들어보자. 2006년에 『뉴잉글랜드 의학 학술지』에 실린 한 논문은 세 가지 당뇨병 치료약을 비교했다. 논문에 따르면, 글락소스미스클라인이 생산한 당뇨병 약 아반디아가 가장 좋은 효과를 보였다. 우와! 글락소스미스클라인은 이 연구 결과를 도처에 홍보했지만 이 논문을 작성한 11명의 저자가 그 회사에서 월급을 받았다는 사실은 언급하지 않았다. 설상가상으로 높은 보수를 받는 저자들이 몇 년 뒤 비참할 정도로 분명해지는 중요한 사실의 증거를 하나같이 누락했다는 것이 밝혀졌다. 바로 아반디아가 심장마비 위험을 크게 증가시킨다는 점이었다. 이 약품이 시장에서 회수되기 전에 8만 3000건의 심장마비와 사망[124]에 영향을 미쳤을 것으로 추정되었다.

그렇다면 이번에 들려줄 끔찍한 이야기는 어떨까? 어느 날 점심을 먹으면서 셸던 화이트하우스 상원의원은 납이 함유된 페인트를 판매한 기업을 고소한 이야기를 내게 들려줬다. 당시에 로드아일랜드주 법무부 장관이었던 그는 일부 페인트 제조사가 페인트에서 나온 납 분진에 아이들이 중독되고 있다는 사실을 알아낸 뒤에도 해당 제품을 오랫동안 계속 판매해왔다는 증거를 발견했다. 배심원도 화이트하우스의 판단에 동의했고 제조사들은 일반 가정에서 납 페인트를 회수하라는 명령을 받았다.

하지만 페인트 회사들은 포기하지 않았다. 그들은 주 대법원에 항소했고 어느 학술지에 실린 한 편의 논문을 부분적인 근거로 삼아 배심원의 평결을 뒤집었다. 그렇게 특이한 사례는 아니다. 유죄 판결이 번복되는 일은 더러 있으며 법정에서는 복잡한 법적 쟁점을 다룰 때 법학 학술지에 실린 논문을 종종 인용한다. 하지만 화이트하우스가 나중에 알아낸 바에 따르면,[125] 대법원이 의존한 "독립적인 전문가의 논문"은 사실 "납이 든 페인트를 파는 회사의 돈을 받는 자문이 소송 중간에 심어둔 보고서"에 불과했다. 모든 내용은 비밀이었다—이 모두가 아이들을 중독시켰다고 배심원이 판단한 기업들을 구제하기 위해서였다.

법원의 명령 덕분에 페인트 회사들은 문제를 해결하기 위해 거액의 돈을 들일 필요가 없었다. 엄마가 창문을 올리거나 내릴 때마다 떨어져 나가는 납 분진을 갓난아기가 계속 들이마실지도 모른다. 그 아기가 자라 아장아장 걷게 되면 벽 아랫부분의 널빤지에서 벗겨진 환한 색깔의 페인트를 조금씩 먹을지도 모른다. 그리고 페인트 제조사의 CEO는 다음 분기 수익이 다시 0.1퍼센트 오른다는 소식을 듣고 기분 좋게 잠을 청할 것이다.

사기꾼 전문가들은 모두를 위험에 빠뜨린다. 지구의 날씨 변화를 부인하는 사람들을 생각해보라. 분명히 말해, 이 전문가들은 거짓말을 할 때마다 우리 모두를 심각한 위험에 몰아넣는다. 우리가 기존에 알고 있는 생활이 불가능해질 정도로 지구의 기후는 변화하고 있기 때문이다. 이 사안은 대단히 복잡해서 학자들은 방대한 자료를 해석하면서 생기는 어려움과 날마다 씨름하고 있다. 하지만 기본적인 증거는 명확하다. 기후학자의 97퍼센트는 기후변화가 일어난다는 데 동의한다.[126] 미국 소아과학회는 지구 온난화가 아이들의 건강을 위협한다고 이미 경고했으며[127] 미국 폐협회American Lung Association는 "수백만 명의 사람이 기후변화 때문에 건강에 더 큰 위험을 겪는다"[128]는 결론을 내렸다.

그리고 나서 두 번째 충격이 찾아온다. 사람들이 기후변화에 영향을 미친다는 것이다.[129] 환경을 오염시키는 발전소와 자동차가 뿜어내는 배기가스, 숲 개발 등이 지구에 재앙을 안겨줄 법한 변화를 가속화한다. 여기에 동의하는 과학적 의견도 압도적으로 많다.

이 엄청난 문제의 해결책은—다행히 몇 가지 방법이 있다—수많은 사람을 꽤 불편하게 만들지도 모르고 대부분의 경우 그들은 심각한 혼란을 야기할 것이다. 하지만 공해를 유발하는 거대 기업들이 고통스러워하는 부분은 돈과 관련되어 있다. 이 해결책의 상당수는 막대한 비용을 요하기 때문이다. 따라서 이 회사들은 어려운 과제를 마주한 상태다. 전력원을 다른 것으로 대체하고 사업 모델에 변화를 가하며 환경에 영향을 미치는 요인을 줄이기 위해 가능한 모든 노력을 다 해야 한다. 또는 좀더 간단하고 한결 저렴한 방법을 선택할 수도 있다. '전문가들'을 찾아서 돈을 주고 문제가 없다고 말하게 하는 것이다.

억만장자 코크 형제라면 어떤 선택을 할까?[130] 한 가지 힌트를 준다면, 다양한 분야의 복합체인 그들의 사업은 미국의 공기와 물을 가장 많이 오염시키고 온실가스를 가장 많이 발생시키는 요인들 중 하나이기도 하다. 따라서 (무엇보다) 그들이 정부 전문가들을 잔뜩 불러와 대변인 노릇을 할 수 있도록 홍보 훈련을 시킨 것도 그리 놀라운 일은 아니다. 그들은 가짜 사설을 쓰도록 자금을 제공했고 가짜 학술 논문에 비용을 댔으며[131] 훨씬 더 많은 사기꾼 전문가[132]를 지원하기 위해 우호적인 싱크탱크에 막대한 자금을 밀어넣었다.

코크 형제와 그들의 기업은 기후변화의 존재를 부인하는 단체들에 8800만 달러 이상을 쏟아부었다—말하자면, 공식적으로 인정하는 액수가 8800만 달러다.[133] 2006년부터 코크 형제는 기후변화를 부인하는 단체에 공공연하게 추적할 수 있는 기부금을 거의 제공하지 않았다. 하지만 그 뒤로는 불분명한 비영리 단체를 통한 비밀 기부금이 엄청나게 증가했다. 어느 연구는 2003년부터 2010년까지 기후변화를 부인하는 단체에 제공된 5만5800만 달러의 비밀 기부금을 찾아냈다.[134] 삐뚤어진 가치관으로 본다면, 완벽하게 이해가 간다. 누군가가 위법적인 일을 한다면 뭐하러 온 세상이 다 알게 하겠는가?

한때 기후변화를 부인하는 사람들이 기후변화의 원인이 아니라고 주장하는 탄원서를 작성했고 여기에 서명한 과학자는 3만1000명으로 알려졌다. 우와, 3만1000명의 과학자라니 엄청나게 많은 인원 아닌가? 그런데 한 가지 문제가 있다. 서명한 사람들의 99.9퍼센트[135]가 진짜 기후학자가 아니라는 것이다. 이 청원에 서명한 사람들은 컴퓨터 공학자, 기계공학자, 의사 등이었다. 이 어려운 학문을 제대로 이해한 진짜 기후학자는 극소수에 불과했다. 기후변화를 부인하는 사람들이 이룬 한 가지 공로는 인정해야 한다. 이들은 사기꾼 전문가들을 완전히 새로운 수준으로 이용했으니까.

97퍼센트의 기후학자들이 기후변화가 실제로 일어난다고 믿는다는 사실은 잊어버려라. 넉넉한 자금을 지원받는 기후변화 부인론자들은 어떤 합의도 존재하지 않는다는 공상만 반복할 뿐이고 그로 인해 반신반의하는 사람들이 불가피하게 생겨난다. 그저 약간의 불신 정도가 아니다. 기후변화가 대단히 심각한 문제라고 여기는 미국인은 고작 33퍼센트에 불과하다.[136] 코크 형제 및 다른 사람들은 무슨 이유로 여론을 형성하려고 그렇게 애쓰는 걸까? 대중이 조치를 취해달라고 요구할 필요성을 느끼지 못한다면 아무 조치도 일어나지 않기 때문이다. 기후변화는 사람들이 지금껏 직면한 가장 어려운 문제인지도 모르고, 우리 정부와 다른 나라 정부들이 엄청난 노력을 기울일 때에만 해결 가능하다. 그러나 대중이 기후변화가 사실이라고 확신하지 못한다면, 기후변화가 우리의 존속을 실제로 위협한다는 생각을 받아들이지 못한다면, 정부가 재빨리 조치를 취해야 한다는 인식은 생기지 않는다. 최악의 오염원들을 막거나 석유 회사의 감세 혜택을 줄이거나 대체 에너지원을 개발하기 위해 노력하지 않겠다는 정치인들이 계속 선출될 수 있다. 그리고 환경 규칙과 안전 규칙을 시행하지 않는 규제 기관들도—약 480만 배럴의 석유가 멕시코만으로 유출된 사건을 기억하는가?[137]—무임승차를 한다.

여기서 핵심은, 기후가 변하고 있으므로 우리도 달라져야 한다는 것이다. 이 문제를 해결하기 위해서는 새로운 기술과 새로운 법, 대대적인 경제적 변화가 반드시 요구된다. 하지만 공기와 물과 땅을 더럽혀서 수익을 올리는 기업들은 변화를 원치 않는다. 그들은 어떤 엄격한 법안도 통과시킬 필요가 없다. 자신들의 사업에 손해를 끼칠 만한 변화를 적절히 방어하고 그런 노력을 막아내면 된다. 기후변화 부인론자들의 목표는 사회를 정체시키고 마비시키는 것이다―현상 유지를 위해 만세 삼창이라도 부를 태세다! 똑같은 상태가 오랫동안 유지될수록 미래에 대해 생각하지 않은 채 구멍 뚫기, 내다 버리기, 분출하기 등으로 막대한 돈을 더 오랫동안 벌어들일 수 있다.

현실을 직시해보자. 이 문제를 해결하기는 어려울 것이다. 이 어려움을 극복하려면 우리는 최고의 것들을 제공해야 한다―최고의 생각, 최고의 노력, 최고의 결단력. 그리고 전 세계인이 행동에 나서야 한다. 즉, 전혀 다른 시간대에 살고 있는 나라들이 협력해서 힘든 결정을 내려야 한다는 뜻이다. 이는 상황이 가장 좋을 때조차 대단히 어려운 외교적 문제다. 2016년 파리기후변화협약이 시사하듯이, 우리는 조금씩 앞으로 나아가는 중이지만 문제는 계속 가속화되고 있으므로 아직까지 상상조차 해보지 못한 해결책이 요구될 것이다.

기후변화가 제기한 어려운 질문들의 정답이 무엇인지는 모르겠다. 그러나 이것 하나는 분명히 안다. 지금 당장 기후 문제에 더 많은 노력을 기울여야 한다는 점이다. 우리는 이 말도 안 되게 어려운 문제를 해결할 방법을 모조리 찾아봐야 한다. "하하하, 기업 이익을 보호해야죠!"라는 돌림노래는 그런 방법에 해당되지 않는다. 사기꾼 전문가들을 고용하는 것도 좋은 방법이 아니다. 트럼프 대통령이 말했듯이 기후변화를 중국인이 만들어낸 "속임수"라고 부르는 것도[138] 정답은 아니다. 뉴스 프로그램에 얼굴을 내밀고 자신들의 의견이 "더 균형 잡힌 시각"을 제공하는 데 유용한 척하는 가짜 과학자들이 아니라, 진짜 과학자들에게 배워야 한다.

　나는 과학을 믿는다. 사안의 종류에 관계없이 우리는 최고의 학자들로부터 우리가 직면한 문제를 해결하는 방법에 관한 최고의 의견과 최고의 증거를 받을 필요가 있다. 하지만 기후변화의 경우, 정신을 좀먹는 돈의 영향을 받아서 과학과 과학자의 연구를 불신하게 된다면 우리는 사람이 결코 회복하지 못할 상처를 자신에게 입히는 셈이다.

중립성을 잃어버린 법정

미국의 사법 체계는 돈 많고 힘 있는 사람들의 영향력으로부터 벗어나 독립적으로 존재해야 한다. 수많은 법정에서 판사들은 소송 당사자들로부터 멀찌감치 떨어진 곳에 앉는다. 문자 그대로, 칸막이 뒤에 높이 올린 판사석에 자리한다. 그들은 판사의 임무가 얼마나 엄숙한지 잘 표현하고, 자신들 앞에 서서 유리한 판결을 내려달라고 요청하는 사람들과 구별하기 위해 법복을 입는다. 그리고 정의의 여신에 대한 대부분의 묘사처럼 그녀는 손에 든 저울을 어느 쪽으로도 기울이지 않고 공평무사한 판단을 내린다는 뜻에서 눈가리개를 하고 있다. 미국인은 여신상이 진정한 정의의 화신이라고 생각한다.

　그러므로 대다수의 사람이 법정에는 거액의 돈 또한 들어설 자리가 없다고 믿는다 해도 놀랄 일은 아니다. 판사와 법정이 깨끗한 정부를 지키려는 마지막 저항 거점일까?

뭐, 어느 정도는 그런 셈이다.

판사는 공직에 출마하지 않는다―아니, 적어도 연방 판사는 공직에 나가지 않는다. 하지만 일부 주 판사들은 몇 년에 한 번씩 재선에 나서야 하며 선거운동 자금을 요청하고 이를 받아들이기 시작하는 순간 대부분 거물 기업 후원자들의 환심을 사려 한다. 타락의 길에 들어선 걸 환영합니다! 그러나 판사들이 공직에 출마하지 않는다 해도 부유하고 힘 있는 사람들은 여전히 주위를 맴돌며 법적 분쟁의 결과에 영향력을 행사할 방법을 찾아다닌다.

이유는 굉장히 단순하다. 입맛에 딱 맞는 법안을 작성하기 위한 싸움에서 패배한―믿기 어렵겠지만 때로 이런 일도 일어난다― 기업이나 산업은 법정에서 새로운 법이나 규제를 뒤집으려 할 수 있다. 얼마든지 많은 돈을 지불할 수 있는 사람들에게 법정은 두 번째 기회를 제공한다. 규제 기관에서 당신의 산업을 감독하기 위해 승인한 새로운 규칙이 마음에 들지 않는가? 소송을 걸어라. 그러면 판사가 규칙을 무너뜨려줄지도 모른다. 소송 결과가 마음에 들지 않는가? 판결을 뒤집기 위해 다시 싸워라. 이번에는 고등법원의 판사가 제1심 법원의 판결을 기각할지도 모른다.

법정은 소송을 제기하거나 변호를 맡은 법조인들에게 귀를 기울이지만 변호사들의 법정 의견서―말 그대로 "법정의 친구"인 서류―에 의견을 제시하는 문외한들의 목소리도 무시하지 않는다. 다시 한번 말하지만, 거대 기업의 오랜 친구인 상공회의소가 주역을 담당한다. 수십 년 동안 상공회의소는 거대 기업에 도움이 되는 소송에 영향력을 행사하려고 노력해왔다. 이들은 법정의견서를 제출하고 기업 고객이 승리해야 한다고 법정을 설득하기 위해 한바탕 변론을 펼쳐야 한다.

이런, 상공회의소는 지금까지 성공적이었다. 대법원에 법정의견서를 제출하면서 상공회의소의 승률은 꾸준히 높아져왔다.

그러면 기업의 이익에 부합하는 승리를 안겨준 대법관들은 누구인가? 보수적인 대법관과 경제학자, 데이터 분석에 특화된 정치학자가 그 질문에 흥미를 느끼고 수십 년 동안의 대법원 판결을 분석해봤다. 그들이 알아낸 바에 따르면, 2012년 말에 5명의 보수적인 대법관은(새뮤얼 앨리토, 앤서니 케네디, 존 로버츠, 앤터닌 스캘리아, 클래런스 토머

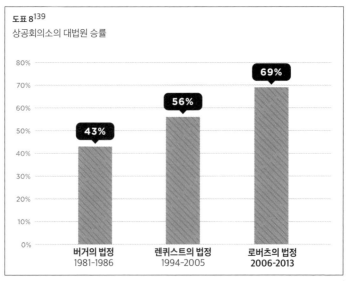

도표 8[139]
상공회의소의 대법원 승률

상공회의소의 대법원 승소 회수가 점점 더 많아진다.

스)[140] 50년 동안 활동한 판사들 가운데 친기업적 성향이 가장 강한 10명에 포함되었다. 사실 앨리토 대법관과 로버츠 연방 대법원장이 친기업 성향 판사 순위에서 각각 1등과 2등을 차지했다.

대법원의 최근 판결들은 소수 기업이나 한두 개의 산업에 도움이 되지 않았다. 그 5명의 대법관은 시티즌스 유나이티드 판결을 뒤집었고, 그로 인해 기업들의 무제한 선거 자금 지원[141]을 허락해달라는 요청은 쇄도했다. 바로 그 5명의 대법관은 노동자들이 인종이나 성별을 이유로 차별받았을 때 고용주에게 소송을 제기할 수 있는 경우를 제한했다.[142] 그 5명의 판사는 세련되고 돈 많은 기업들이 자신들에게 사기당하고 상처 입은 피해자들의 소송 제기를 더 쉽게 막을 수 있도록 만들었다.[143] 그리고 그 5명의 대법관은 거대 기업들이 스타트업 회사, 고용인, 소비자들을 상대로 싸울 때 기업들에 유리한 판결을 연달아 내렸다.[144] 이와 유사한 사례를 소개하자면 얼마든지 할 수 있지만 핵심은 매우 명쾌하다. 이 나라의 가장 높은 법원을 기업 친화적인 판사로 가득 채운 결과는 어마어마하다. 그리고 궁극적으로 그들은 우리의 민주주의를 근간부터 뒤흔들 가능성이 있다.

법정을 자신들에게 유리한 방향으로 몰고 가는 기업 친화적 성향의 단체는 상공회의소 하나만 있는 게 아니다. 몇몇 단체는 가능성 있는 사건을 찾아내고 소송 당사자가 될 가능성이 큰 사람들과 연락하며 선불로 일류 법률 상담을 마련하는 데 특화되어 있다.[145] 요점은 승소 확률이 가장 높은 사건을 판사 앞으로 가져가는 것이다. 이렇게 엄선한 사건들을 진행하면서 이 단체들은 고액의 비용을 은밀하게 지불할 기업 고객들에게 유리한 판결이 나도록 돕는다.

기업국가 미국에서는 사법 체계에 영향을 미치려고 시도하는 장소가 단지 법정으로만 제한되지 않는다. 방법이야 무수해서, 예를 들어 판사에게는 비용을 전혀 청구하지 않고 근사하고 은밀한 행사에 초대할 수도 있다.[146] 어떤 행사에서 판사들은 와인과 음식을 마음껏 즐겼고 골프, 낚시, 마사지를 비롯해 여러 향응을 무료로 대접받기도 했다. 대개의 경우 판사들의 유일한 의무는 기업 친화적인 관점을 제시할 세미나에 한두 번 참석하는 것이다. 4년이란 기간에 찰스 G. 코크 자선재단과 상공회의소 같은 단체는 물론이고 엑손모빌과 파이자 같은 다국적 기업들은 돈을 들여 185명여의 연방 판사가 100번 이상의 값비싼 공짜 여행에 동참하게 만들었다. 일부 기업은 훗날 관련 산업에 영향을 미칠 사건을 주재할 법한 판사들을 위한 세미나를 후원하기도 했다.

코크 형제는 오랜 시간을 들여 이런 영향력의 토대를 마련했다. 2008년에 그들은 누구보다도 대법관 스캘리아와 토머스를 위해 팜 스프링스에서 열린 정치 행사[147]에 자금을 제공했다. 스캘리아 대법관과 토머스 대법관은 나중에 악명 높은 시티즌스 유나이티드 사건을 심리했으며, 코크 형제에게 후원을 받은 몇몇 단체는 시티즌스 유나이티드를 지지하고 투명성을 반대할 의원들을 선출하는 데 힘을 보탤 요량으로 수억 달러를 기부했다. 일부 변호 단체는 부당한 일이라고 외치며 이 대법관들이 그런 정치 모임에 참석했기 때문에 일종의 금권정치에 관련된 재판에서 스스로 물러났어야 한다고 주장했지만 그들의 불평은 누구 하나 귓등으로도 듣지 않았다. 스캘리아와 토머스가 찬성표를 던지지 않았더라면 시티즌스 유나이티드는 전혀 다른 방향의 결론이 내려졌을 것이다. 하지만 대법관들은 그런 불평을 무시해버렸고 시티즌스 유나이티드는 이제 구속력을 갖는 법이다.

한 번의 공짜 향응이 판사의 견해에 어떻게 영향을 미쳤는지는 모르지만 그 패턴에는 오해의 여지가 없다. 가령 스캘리아 대법관은 한 단체의 후원만으로 추측건대 21회의 여행을 했다.[148] 2014년에만 거의 2주에 한 번씩 하와이와 스위스, 아일랜드 같은 장소로 23회 이상 여행을 다녀온 것으로 추정되었다[149]—여행 비용은 부자나 그들이 후원하는 단체가 지불했다. 스캘리아 대법관은 특히 이를 좋아했는데 사냥감에 슬며시 다가가는 동안 당면하는 도전을 마음에 들어했다. 어느 인터뷰에서 칠면조 사냥 경험에 대해 이야기하면서 그는 이렇게 말했다. "기회는 한 번뿐입니다.[150] 놓치면 하루를 다 망치는 거죠."

사실 사망한 날 밤[151]에 스캘리아는 겨우 1년 전 대법원에서 재판을 받은 적이 있던 10억 달러 회사의 주인이 소유한 텍사스 전용 목장을 방문하던 중이었다. 그보다 더 이른 시각에는[152] 여러 차례 영화 촬영지가 되었던 경치 좋은 장소로 메추라기 사냥을 나가기도 했다.

2016년 초에 스캘리아 대법관이 사망하자 상원 다수당 원내대표인 미치 매코널은 즉시 성명을 발표했다. 공화당이 장악한 상원은 오바마 대통령이 어떤 대법관 후보를 지명하더라도 고려할 생각이 없다는 것이었다. 앞서 언급했듯이, 코크 형제는 그를 뒷받침하기 위한 방편으로 공화당 상원의원 제리 모건을 강압했다. 그에게 입장을 바꿔 매코널의 결정을 지지하라고 촉구한 것이다. 코크 형제는 여기서 그치지 않았다. 중소

기업들을 대표한다고 주장하는 한 단체가[153]—그러면서 코크 형제 덕분에 수백만 달러를 벌어들인다—갑자기 끼어들어 오바마 대통령의 지명 후보 메릭 갈런드를 적극적으로 공격했다.[154] 코크 형제가 지지한 다른 단체[155]는 대법원의 공석을 채우려 한다는 이유로 민주당 상원의원들을 공격하는 광고를 방영하는 데 200만 달러를 들였다. 전례 없고 대단히 위험한 술책이었지만 매코널과 코크 형제로서는 그만한 가치를 지니는 도박이었다. 스캘리아는 선거가 실시되는 연도에 사망했고 그들은 공화당 대통령이 후임자를 지명할 수도 있다는 가능성을 계속 열어두고 싶어했다.

몇 달 뒤 도널드 트럼프가 공화당의 대통령 후보가 되었다. 그해 가을에 선거운동을 하면서 그는 대법원의 공석을 "스캘리아 대법관 같은" 사람으로 채우겠다고 약속했다.[156] 그리고 나서 당연히 트럼프가 선거에서 승리했다. 도박이 위험했던 만큼 판돈도 크게 딴 것이다!

과연 법정은 거대 기업과 억만장자들의 영향력으로부터 우리를 구해줄 것인가? 우리는 언제나 그런 희망을 품을 수 있다. 하지만 이 문제를 냉정하게 살펴보자. 희망은 중요한 이해관계가 걸린 싸움에서 부유하고 힘 있는 사람들을 이기지 못할 것이다. 특히 그 사람들이 정의의 여신이 눈가리개를 벗어던지고 드레스를 추켜올리며 그들의 사업적 이해를 섹시하게 곁눈질하기를 원한다면 말이다.

억만장자들의 세계

돈은 정치의 모든 면에 영향력을 행사한다. 그리고 어디에나 존재하기 때문에 돈이 모든 개념을 변화시켰다는 통렬한 진실을 직시하고 받아들이는 것은 거의 불가능하다.

이런 맹목성을 잘 보여주는 최근 사례는 내 신경을 제대로 건드렸다. 2016년 봄에 억만장자 마이클 블룸버그는 미시간 대학에서 수만 명의 학생과 가족이 지켜보는 가운데 졸업식 연설을 하기 위해 연단에 올랐다. 날씨는 맑았고 무대는 온갖 꽃과 깃발로 장식되어 있었다. 한편 대통령 선거운동은 한껏 달아올랐다. 검정 벨벳과 황금색 술로 장식된 낭창하게 늘어지는 검은 가운을 화려하게 차려입은 블룸버그는 "당파성의 불꽃에 기름을 붓는" 사람들을 비난할 기회를 잡았고 공화당 민주당 할 것 없이 모두 선동적이라고 몰아세웠다.

나는 그 졸업식에 참석하지는 않았지만 이튿날 아침 그의 연설에 대한 기사를 읽으면서 이렇게 생각했다. "대단하군! 양측 모두 잘못했다는 건 맞는 말이야. 블룸버그, 본때를 보여주라고!"

그러고 나서 그는 대단히 구체적인 사례들을 언급했다.[157] 우리가 겪는 문제들에 대해 "불법 체류 중인 멕시코인과 이슬람교도들"을 탓했다는 이유로 공화당을 꾸짖었으며 우리의 문제들이 "부자와 월가" 탓이라고 주장한 민주당에 잔소리를 퍼부어댔다.

잠깐. 어어, 잠깐만 기다려요. 지금 농담하자는 건가? 정말로 마이클 블룸버그는 두 정당이 도긴개긴이라고 주장했다고? 그는 "불법 체류 중

마이클 블룸버그가 미시간 대학 졸업식에서 연설을 하는 장면.

인 멕시코인과 이슬람교도들"과 "부자와 월가"가 자신들에게 가해진 공격에 맞서 싸우기로 결심한다면 양당이 비슷한 방식으로 언론에 접근할 거라고 믿는 걸까? 정치 기부금을 내고 기업을 대변하는 로비스트들을 채용해 정치인들에게 영향력을 행사하려 할 때 양당이 지출하는 비용이 비슷하다고 믿는 걸까? 그는 양당이 비슷한 금액을 들인—기자와 주필들이 관심을 기울일 만한—언론 매체 광고를 낸다고 믿는 걸까? 그는 양당이 자신들의 관점에 찬성할 우호적인 '전문가들'을 모집하는 장기 전략을 추구했다고 믿는 걸까? 그는 양당이 자기편 사람들을 정부 요직에 밀어넣을 기회를 동등하게 얻는다고—그리고 누가 친구인지 기억하게 만들려고 그들이 공직에 있는 기간에 수백만 달러를 지급한다고—믿는 걸까? 그리고 정말 우리가 그렇게 행동하는 거라면, 그는 경제를 무너뜨리고 미국 가정에 총 22조 달러의 손해를 입힌 것도 양당에게 똑같은 책임이 있다고 믿는 걸까? 대안적인 억만장자의 세계인가? 하지만 이곳 지구에서는 그렇지 않다

블룸버그의 연설은 논쟁을 불러일으켰지만 대학 캠퍼스에 안전한 공간이 필요한지에 대한 발언만이 여기에 해당됐다. ("끔찍한 생각이다." 이 나라의 문제를 멕시코인과 이슬람교도들 탓으로 돌린 것이나 그 문제를 월가와 억만장자들 탓으로 돌린 것이나 서로 엇비슷하다는 내용의 발언은 아무 주목도 받지 못했다. 전혀! 마이클 블룸버그의 관점에서 보면 그와 부자 친구들은 이슬람교도나 불법 이민자들과 똑같이 비난받는다. 그는 모두 책임 전가일 뿐이라고 결론지었다. 피차일반이라는 것이다. 그리고 그는 잘 빠져나갔다. 값비싼 캐비어나 먹으면서 말이다.)

이 이야기는 전혀 해롭지 않아 보이겠지만 나를 엄청나게 불안하게 만든다. 마이클 블룸버그가 나쁜 사람이기 때문이 아니다. 사실 나는 그를 만난 적도 없지만 그에 관한 기사를 읽고 추측해보면 좋은 일을 많이 하려고 애쓴 꽤 점잖은 사람인 것 같다. 내가 불안해지는 이유는 그 이야기가 두 가지 근원적인 진실을 상기시키기 때문이다. 첫째, 경쟁의 장은 공평하지 않다. 둘째, 정상에 있는 사람들은 그것을 알아차리지도 못한다.

어떤 관점으로 보는지는 대단히 중요하다. 관점이 중요한 이유는 엄청난 부자가 다음과 같이 생각할 수 있기 때문이다. "나는 가난한 사람들에게 기부해. 그리고 내 앞에 줄 선 사람을 절대 떠밀지 않아."—엄청

난 부자가 행여나 실제로 줄을 서기나 한다면 말이다—"그러니까 난 좋은 사람이야."

그리고 그 가운데에 위험이 있다. 자신이 좋은 사람이라는 기준은 아무 소용이 없다.

물론 자신의 경제적 이익을 올리는 것과 아무 상관없는 좋은 목적에 돈을 지불하는 부자들도 존재한다. 그렇다고 해서 부유한 사람들이 더 많은 돈을 갖기 위해 돈을 쓴다고 해서 나쁜 사람이 되는 것은 아니다. 그저 합리적으로 행동하고 있을 뿐이다. 그리고 가장 좁은 의미에서 합리적으로 행동하고 있을 때 그들은 돈을 이용해 정부로부터 호의를 산다. 하지만 정부의 호의를 살 때 그들은 나머지 사람들이 가진 것을 빼앗는다. 그리고 엄청나게 부유한 사람들이 (혹은 부유한 기업들이) 충분한 호의를 사면 경제와 정치 시스템 전체가 그들에게 유리한 방향으로 기울기 시작한다. 만약 미국인이 이런 사태를 오래도록 방치한다면 부유하고 힘 있는 사람들이 엄청난 액수의 돈을 이용해서 정부에 커다란 영향력을 행사하다가 결국은 민주주의 자체를 무너뜨리는 시기가 닥칠 것이다. 이 나라의 운영 체계에서는 한 사람을 대신해서 투표가 우리 각자에게 동등한 발언권을 부여하는데 우리는 이제 과두제 국가로 나아가고 있다. 이 나라에서는 힘 있는 소수가 정부로 하여금 자신들에게 이익이 되도록 움직이게 한다.

회전문과 선거 기부금, 로비활동과 청부살인 전문가. 여기서 나는 종합적이고 포괄적인 폭로성 글을 쓰지 못했고 생각할 수 있는 사례를 전부 나열하지도 못했다. 사실은 작은 손전등을 흔들어 커다란 어둠의 공간을 비추지도 못했다. 하지만 부유하고 힘 있는 사람들이 우리의 민주주의를 장악하는 데 필요한 무기고를 잘 정비해두었다는—그리고 이미 무기고를 대단히 효율적으로 활용하고 있다는—사실을 입증하기 위해 최선을 다했다.

억만장자 대통령이 등장한다.

도널드 트럼프는 자신이 모든 면을 고려해 일하는 법을 잘 아는 사람이라고 설명한다. 그리고 정부가 모든 면을 고려해 일하도록 만드는 방법을 안다고 말한다. 실제로 그런 경험이 많았다고 말한다.

그는 사실을 말하고 있다. 2013년에 트럼프는 플로리다주 법무부 장관의 재선운동에 2만5000달러를 기부했다.[158] 이틀 뒤, 지역의 불만을 무릅쓰고 그 법무부 장관은 트럼프 재단의 대학이 벌인 사기 행각을 조사하지 않겠다고 발표했다. 여기서 끝이 아니다. 트럼프는 그 법무부 장관에게 2만5000달러의 기부금을 주기 위해 자신의 개인 주머니나 트럼프 대학의 주머니는 물론이고 다른 사업체의 주머니에도 손을 뻗지 않았다. 단 한 곳도 손대지 않았다. 그는 자신이 운영하는 자선재단에서 불법적으로 돈을 꺼내 그대로 법무부 장관에게 건넸다.

모든 면을 고려해서 일한다고? 제발, 그 남자를 좀 믿어주자. 그는 모든 일이 엄청난 부자에게 훨씬 더 유리하게 돌아가도록 만드는 데 명수다. 사람들을 속여서 이익을 올리는 방법을 알아내는 데 왕이고 정부 관리들에게 특별한 거래를 얻어내는 데 황제이며 자신의 실수에 대해 다른 사람이 대가를 치르게 만드는 데 왕자다. 그리고 이제 연방정부를 운영한다.

트럼프는 이와 똑같은 방법을 반영하는 생각이 비슷한 사람들로 팀을 구성했다. 이 사람들은 모든 면을 고려해서 일하는 방법을 안다―아니, 적어도 자신을 위해 그런 면을 활용하는 방법을 안다. 월가 출신의 재무부 장관은 골드만삭스가 미국 경제를 날려버릴 무기를 제작하는 데 일조하면서 엄청난 재산을 긁어모았고 경제위기를 정면으로 맞은 주택 소유자들에게 (때로는 불법적으로) 담보권을 행사하면서 다시 막대한 재산을 챙겼다. 월가 출신의 상무부 장관은 만성적인 위험이 도사린 광산[159] 한 곳에서 발생한 폭발 사고로 12명의 광부가 사망했을 때 회사를 쥐어짜 모든 돈이 자신에게 넘어오게 만든 유명한 이력의 소유자다. 패스트푸드 회사의 CEO 출신인 노동부 장관은 최저임금 노동자를 쥐어짜고[160] 실제 근무 시간보다 훨씬 더 조금 일한 것처럼 계산해 임금을 지불하는 방식으로 큰돈을 벌었다. 교육부 장관은 공교육을 민영화하기 위해 수백만 달러를 기부했고 가족과 함께 돈을 기부했을 때 다음과 같이 투박하게 말했다. "우리는 투자에 대한 수익을 기대하고 있습니다."[161] 주권국가와도 같은 거대 정유 회사의 CEO 출신인 국무부 장관은 블라디미르 푸틴의 환심을 사서[162] 기업의 수익을 증대시켰다(그리고 자신이 받을 보너스를 인상시켰다).

트럼프와 내각은 모두 수십억 달러의 재산을 잘 통제한다. 이제 정부를 운영하고 있으므로 그들은―공직에 있는 동안이든 회전문을 지나가고 난 뒤든―수십억 달러를 수백억 달러, 수천억 달러, 아니 그 이상으로 부풀릴 잠재력을 지니고 있다.

트럼프 입장에서 보면, 무슨 이유로 돈을 벌기 위해 기다려야만 할까? 그는 이미 이렇게 말했다. "대통령은 이해 상충이 생길 리 없습니다."[163] 그러므로 공직자로서 하는 일과 더 많은 개인 재산을 챙기기 위해 하는 일을 구분할 필요가 없다. 예를 들어 대통령에 당선된 뒤에 그는 자신의 세금 기록 공개를 다시 거부했다.[164] 미국인은 그의 재정적 이해관계에 관한 진실을 결코 알아내지 못할 것이고 그가 러시아에 큰 신세를 졌는지 중동에서 떼돈을 벌고 있는지 절대 알지 못한다는 뜻이다—이런 사항은 그가 대통령으로서 내릴 결정에 큰 영향을 미칠 수 있다. 그뿐만 아니라 여러 사업체의 소유권을 포기하지 않기로 했다. 그리고 자신이 백악관에 머무는 동안 아들들이 회사를 운영할 것이라고 말했다—무슨 뜻인지 척하면 척이다. 윤리 전문가들이 이 태도를 비난한 것은 놀랍지 않다. 미국을 다시 위대하게 만들겠다고? 당연하겠지! 트럼프 주식회사에 유용한 것이 미국에도 유용하니까!

정부의 수단이란, 법을 집행하고 규칙을 정하고 계약을 성사시키며 분쟁을 일으켜 외국을 침공해 친구들을 돕는 능력이다. 이 모든 수단은 정부가 단 한 사람을 위해 일하게 만드는 데 평생을 바친 남자의 손에 들어갔다. 그 단 한 사람은 바로 자신이다. 돈이 정부에—우리 정부에, 바로 우리가 소유한 정부에—미치는 영향력은 극한의 순간까지 시험될 것이다.

5 장

격변의 순간

2016년 10월 24일은 뉴잉글랜드가 명성을 떨친 그 영광스러운 시절의 어느 하루였다. 뉴햄프셔주 맨체스터의 대학 캠퍼스는 엽서 속 사진처럼 완벽해 보였다—완만하게 경사진 언덕 위에 오래된 벽돌 건물이 서 있는 모습 말이다. 하늘은 푸르렀고 나무는 붉은색과 황금색 단풍을 자랑했으며 내가 걸친 산뜻한 붉은 재킷도 그만큼 멋졌다.

세인트안셀름 대학의 가이젤 도서관 안쪽에서 나는 클린턴 장관이 도착하기를 기다리고 있었다. 건물 안으로 들어오는 것을 허락받은 사람은 얼마 되지 않아서 대학 총장, 민주당 차기 주지사 후보, 의원 선거에 출마한 여성 2명, 주 민주당 의장, 그리고 1년 동안 엉덩이에 불이 나게 열심히 일한 지원봉사자 몇 명뿐이었다.

매기 하산과—뉴햄프셔 주지사로서 공화당의 현직 상원의원에게 도전하는 대단히 힘든 임무를 맡았다—나는 거실처럼 꾸며진 커다란 협실에 있었다. 그녀는 통화 중이었는데 어떤 정치적 싸움에 휩쓸린 모양이었다. 나는 그녀가 주지사로서 모든 임무를 충실히 수행하는 동시에 상원의원 선거에도 출마했으니 정말 힘들겠다고 생각했다.

나는 의자에 앉았다가 금세 다시 일어나서 방 안을 서성였다. 창밖을 내다봤더니 여기서 꽤나 가까운 거리의 야외무대 앞에 사람들이 잔뜩 모여 있었다. 마치 미식축구를 구경하러 온 사람들 같았다. 잔뜩 기분이 들떠서 금방이라도 좋아하는 팀을 응원할 기세였다. 좋은 일이었다. 하지만 여기 모인 군중과 다른 사람들은 힐러리와 매기가 뉴햄프셔를 짊어지고 나가도 충분하다고 생각할까? 선거가 코앞에 닥친 다른 주들은 어떨까?

나는 팽팽한 긴장감 때문에 더 의욕적으로 움직이고 있었다. 지난 몇 달 동안 몸무게는 4킬로그램 가까이 줄었다—2012년 상원의원 선거에 출마했을 때도 비슷한 정도로 살이 빠졌었다. 나는 여러 지역을 순회하면서 클린턴과 민주당 상원의원 후보들에게 지지를 보냈다. 그 와중에 도저히 잊지 못할 사건들을 겪기도 했다. 버니가 덴버에서 열린 힐러리 지지 집회에 자신과 같이 참석하자고 권했던 것이다. (그때의 기분을 달리 설명할 방법이 없다. 버니는 놀라운 사람이었다. 열정적이고 영리하며 완전히 헌신적이었다. 우리가 그토록 오랫동안 친하게 지내온 이유가 새삼 떠올랐다.) 나는 농구장이든 건물 뒤 베란다든 작은 트럭 짐칸이든 가리지 않고 찾아다녔다. 사람들에게 포옹과 키스, 악수를 받았고 땀을 흘리거나 심지어 땅에서 번쩍 들어올려지기도 했다. 잠도 부족했다. 순회 유세를 따라다니고 상원의 청문회와 표결 상황을 빈틈없이 파악하다보면 하루 24시간, 주 7일을 꼬박 써도 부족할 지경이었다. 하지만 나는 정말 괜찮았다. 민주당 후보들이 결승선에서 커다란 승리를 맛보는 데 일조할 수만 있다면 결승 테이프를 끊을 때까지 멈추지 않을 작정이었다. 이 선거가 얼마나 중요한지 잘 알고 있었기 때문이다. 그리고 결전이 코앞에 닥쳐왔다는 것도 잘 알았다.

힐러리는 일찍 도착했다. 건강하고 평온하며 침착해 보였다. 선거일까지 겨우 보름밖에 남지 않았지만[1] 그녀는 여론조사에서 확실히 앞선 것처럼 보였다. 국무부 장관 시절에 사용하던 개인 이메일 서버에 관한 논란은 다소 가라앉은 듯했다. 그녀는 마지막 토론을 썩 잘해냈다며 즐거운 기색을 감추지 않았다. 힐러리의 선거참모가 내게 다가와, 도널드 트럼프가 그녀를 "정말 고약한 여자"라고 부른 것에 대해 집회에서 한마디 해달라고 부탁했다. 나는 그러겠노라고 약속했다.

힐러리는 도서관에서 기념사진 촬영을 하고 지역 후보들과 환담을 나눴다. 그러고 나서 나와 함께 작은 방으로 이동해 단둘이 이야기를 했다.

대화 주제는 정책과 정치였다. 정책에 대해 조금 더 이야기하고 정치에 대해서도 의견을 더 교환했다. 그녀는 싱긋 웃고는 여론조사 결과가 좋아 보인다고 말했다.

제발, 나도 그렇게만 되기를 바랐다. 우리가 함께 무엇을 이룰 수 있는지, 대중의 지지를 어떻게 다질지, 의회에 어떻게 압력을 가할지, 그리고 비록 의회는 교착 상태에 빠져 있었지만 어떻게 정부 기관들을 잘 다뤄서 변화를 이끌어낼지에 대해 내겐 좋은 계획이 많았다.

나는 그 계획들과 그것을 진전시킬 방법에 대해 오랫동안 고민해왔다. 힐러리 진영에는 나와 똑같은 방향으로 일을 추진하고 싶어하는 사람들도 있었고 그렇지 않은 사람들도 있었다. 하지만 그런 이유로 내가 잠 못 드는 것은 아니었다. 바로, 불안해서였다. 불안감이 뼛속 깊이 스며들어서였다. 도널드 트럼프가 승리하면 어떻게 하지? 그가 이 나라 대통령이 되면 어떻게 하지? 나는 여론조사 요원들이 모르는 중요한 무언가를 알고 있거나 대단한 투시력으로 미래를 내다봤기 때문에 걱정한 것이 아니다. 아니다. 실은 너무 많은 것이 걸려 있었기 때문에 걱정스러웠다.

오랫동안 공화당과 민주당은 상당한 차이를 보여왔지만 이렇지는 않았다. 루스벨트 대통령 이후로 등장한 공화당 대통령 중에 처음 세 명은—아이젠하워와 닉슨, 포드—나라를 통치하는 것에 대한 기본적인 접근법이 트루먼과 케네디, 존슨 같은 민주당 대통령들과 대체로 일치했다. 그들의 관점에서 통치란 폭넓은 번영을 이뤄내는 힘으로, 산업을 규제하고 미래를 위한 기회를 늘려나가야 하는 것이었다. 수십 년 동안 대통령들은 전임 대통령이 시작한 정책을 잘 수행해냈다—소속 정당이 서로 다를 때도 마찬가지였다. 가령 아이젠하워는 사회보장제도를 확대하고 뉴딜정책을 지지함으로써 루스벨트와 트루먼의 발자취를 따랐다.

1980년대에 레이건이 낙수 효과를 도입했을 때 일부 민주당원은 이에 반대했지만 다수의 민주당원은 대통령의 감세와 규제 완화 정책 추진에 힘을 실어주었다. 예컨대 빌 클린턴은 글래스스티걸법을 폐지했고 오바마는 사회보장 혜택을 삭감하는 '그랜드 바겐grand bargain'을 시도했다[2]—물론 양당은 끝내 타협하지 못했다.

하지만 이번 선거는 달랐다. 트럼프의 비전은 매우 강력한 보수주의 철학과 같았다. 낙수 효과, 규제 완화 및 세금 삭감을 확고히 추진했을 뿐 아니라 모두 극단적인 수준이었고 어디든 지독한 편견이 깊이 배어 있었다. 그는 거대 기업과 억만장자들의 여러 요구 사항을 들어줬다—환경보호국을 약화시키고[3] 금융 규제를 완화하며[4] 작업장 안전 검사를 축소하고[5] 건강보험 개혁법을 철폐할 뿐 아니라[6] 고소득층의 감세 폭을 더 확대하라는[7] 내용이었다. 그런 다음에는 이 나라의 중산층을 집요하게 갉아먹는 모든 요인을, 평범한 사람을 위해 최선을 다하겠다는 약속으로 시작해서 그렇게 끝맺는 겉만 번지르르한 거짓말 보따리로 덮어버렸다.

물론 트럼프는 공화당의 전통적인 관점 몇몇을 거부했다. 기존의 무역 협정과 새로 제안된 무역 협정을 비판했고 월가에 세금을 물리겠다고 주장했으며 새로운 버전의 글래스스티걸법을 도입해 상업은행과 투자은행을 분리하겠다고 말했다. 그런데 세부 사항은 하나도 제시하지 않고[8] 모순되는 주장만 잔뜩 늘어놓았다. 최대한 긍정적으로 판단하자면 그는 레이건과 낙수 효과 신봉자들이 장려한 아이디어를 모두 받아들여 커다란 성공을 거두고 싶어했다.

하지만 35년 동안이나 낙수 효과라는 헛소리에 시달린 미국의 중산층은 진작 어려운 상황에 처했고 수많은 사람에게 주어질 기회는 이미 말라버렸다. 트럼프는 모든 사람을 세게 때려 쓰러뜨리고 이 나라를 영원히 변화시킨 원흉일 것이다.

도널드 트럼프와 그가 선택한 극우파 부통령 후보가 공화당의 지명자가 되자 나는 싸울 준비가 되었다—모든 걸 걸고 더 이상 망설이지 않기로 했다. 힐러리 클린턴은 좀더 공정한 경쟁의 장을 만들어줄 가능성, 더 많은 아이에게 기회를 다시 마련해줄 가능성이 컸다. 트럼프는 희망의 마지막 흔적마저 뭉개버리기로 결심한 듯했다.

우리는 집회에 참석하기 위해 밖으로 나갔고 나는 다음과 같은 생각을 멈출 수 없었다. 우리는 이 싸움에서 이겨야 한다고. 제발, 제발, 제발! 반드시 해야 할 일이 있으니 제발 우리에게 기회를 주세요.

태양은 밝게 빛났다. 힐러리와 매기와 나는 활기찬 집회를 기대하는 마음에서 모두 밝은 색 옷을 입었다. 나뭇잎이 바람결에 살랑살랑 춤을 췄고 그 작은 그림자 덕분에 모든 것이 활기차고 생기 있어 보였다. 모여든 사람들을 반갑게 맞으러 가는 길에 우리는 오래된 벽돌 건물들을 지나쳤는데, 건물 창가에서는 학생들이 다닥다닥 붙어선 채로 우리를 응원했다.

나는 계단을 껑충껑충 뛰어 임시 무대로 올라가서 손을 흔들며 소리를 질렀다. 무대 앞에 펼쳐진 드넓은 잔디밭은 환호하는 수천 명의 군중으로 빼곡히 메워져 있었다. 사람들의 얼굴이 보였는데 그중에는 과거 내 상원의원 선거본부에서 자원봉사를 했다가 지금은 도움을 주기 위해 이곳 뉴햄프셔로 온 사람이 몇 명 있었다. 어떤 면에서 정치 집회란—특히 이런 장소에서 열리는 집회는—마치 19세기의 한 장면처럼 느껴진다.

하지만 잔뜩 늘어선 텔레비전 카메라와 촬영용 조명등(태양이 밝게 빛나는 시간임에도 엄청난 수의 조명이 무대를 비췄다), 음향 증폭기는 이 행사가 21세기에 단단히 뿌리내리고 있음을 분명히 알려주었

2016 대선 직전에 열린 뉴햄프셔 집회는 활기가 넘쳐났다.

다. 게다가 19세기라면 세 여성이—한 명은 대통령 후보, 한 명은 미국 상원의원 후보, 나머지 한 명은 그저 돕기 위해 인근 주에서 건너온 상원의원—무대 위에 올랐을 리 없다. 세상은 변하고 있었고 우리세 사람은 청중에 섞여 있는 모든 어린 소녀, 자매, 아주머니, 할머니들을 바라보면서 우리의 발전을 자축하고 서로를 응원하는 영광스러운 기회를 얻었다는 사실을 깨달았다.

힐러리를 소개하면서 나는 그녀가 평생을 바쳐 해온 일에 대해 이야기했고 그녀가 반드시 대통령으로 뽑혀야 하는 이유를 설득력 있게 주장했다. 그러고 나서 그녀의 적수를 맹렬히 공격했다. 나는 트럼프 대학이 학생들을 어떻게 속였는지, 그가 어떻게 라틴계 사람들을 강간범이라 하고 흑인들을 폭력배라 불렀는지 이야기했을 뿐 아니라 그가 어떻게 이슬람교도들을 비방했는지도 이야기했다. 청중의 목소리는 더 커졌고 내 목소리 역시 그랬다.

이 밝고 화창한 날 수천 명의 여성과 소녀에게—그리고 남편과 아버지, 친구들에게—연설하면서 나는 그들 모두에게 내 입장을 분명히 밝히려고 최선을 다했다. 마이크에 몸을 기울이고 다음과 같이 말했다.

도널드 트럼프는 이 나라에 사는 사람 절반 이상을 존중할 줄 모릅니다—도저히 불가능합니다.

그는 자신에게 돈이 많기 때문에 여성들을 살찐 돼지와 멍청한 여자라고 불러도 된다고 생각합니다.

그는 자신이 유명인이기 때문에 여성들의 몸에 순위를 매겨도 된다고 생각합니다.

그는 자신이 입안에 민트 사탕을 잔뜩 물고 있으니 손에 잡히는 여성은 누구든 강제로 추행할 수 있다고 생각합니다.

엄청난 야유와 고함이 터져나왔지만 나는 소리가 잦아들 때까지 기다리지 않고 연설을 이어나갔다.

도널드 트럼프, 당신에게 알려주고 싶은 게 있습니다. 여자들은 당신 같은 남자라면 신물이 납니다. 그리고 고약한 여자들은 당신 같은 남자들에게 학을 뗍니다.

그러니 이 점을 알아두세요, 도널드! 고약한 여자들은 강합니다. 고약한 여자들은 영리합니다. 그리고 고약한 여자들은 투표를 합니다. 11월 8일에 우리 고약한 여자들은 당신을 우리 삶에서 영원히 몰아내기 위해 고약한 발을 내딛어 고약한 투표를 할 겁니다.

폭발적인 반응이 쏟아졌다. 웃음과 고함, 박수, 휘파람. 강인함과 확고한 결속력을 보여준 것이다. 수많은 사람의 손이 하늘로 떠올랐다. 우리는 트럼프가 준 모욕을 그에게 곧장 되던져주었다. 우리는 힘이 있었다!

무대 위의 세 여성과 청중 속의 모든 소녀 및 여성들은 무엇이든 해내겠다는 의욕에 넘쳤고 바로 지금 이 자리에서 미국의 미래를 이야기할 기회를 얻었다. 나는 상원의원이 되기 오래전부터 하던 것과 똑같은 주장을 펼쳤다. 나는 힐러리와 나 같은 여성들에게 기회를 줬던 미국에 대해 이야기했다—힐러리는 공장 노동자의 손녀이고 나는 잡역부의 딸이다. 그것이 바로 기회의 나라 미국이었다.

우리는 그런 미국을 믿습니다. 그것이 우리가 싸워서 얻으려는 미국입니다.

우리는 믿지만 걱정스럽습니다—그 기회들이 스르르 빠져나가고 있어서 걱정스럽습니다. 사실 수많은 미국인이 걱정하고 있습니다—걱정하고 분노합니다. 워싱턴이 고소득층을 위해 일하면서 다른 사람들은 모두 모른 척 버려둘 때가 너무 많아서 분노합니다.

나는 최선을 다해 설명했다. 중요한 것은 우리 가치관, 우리 믿음, 우리가 매일 일어나서 최대한 열심히 일하는 이유라고. 중요한 것은 빚 없는 대학 교육과 확장된 사회보장제도라고. 중요한 것은 과학과 기후변화라고. 그리고 더 나은 것을 만들어내기 위해 함께 투자할 수 있는 능력이라고. 결론에 다다르자 가장 큰 환호가 쏟아졌다.

우리는 백만장자와 억만장자, 거대 기업이 선거와 정치인을 돈으로 살 수 없어야 한다고 믿습니다. 기업은 국민이 아닙니다. 우리는 시티즌스 유나이티드 판결을 뒤집고 민주주의를 국민에게 되돌려줄 겁니다.

내 연설이 모든 청중의 마음과 이어진 것처럼 보였다. 이 아름다운 날, 내 메시지는 전적으로 옳다고 느껴졌다.

힐러리가 연설을 하고 엄청난 환호를 받은 뒤 우리는 무대를 내려와 청중 속으로 들어갔다. 사진 촬영과 미소, 포옹이 쏟아졌다. 사진을 더 많이 찍고 사람들의 함성은 더 커졌다. "우리가 역사를 만들 겁니다!"

25분 뒤에 나는 애정을 담아 블루 바머라는 별명을 붙인 밝은 파란색 SUV를 타고 주 경계선을 넘었다. 일찍 투표소에 가라고 사람들을 독려하고자 매사추세츠주 로렌스로 되돌아가는 길이었다. 군중이 몰려드는 대규모 집회는 마치 단거리 달리기 같다—결승선에 도달할 때까지 혼신의 힘을 다해야 하기 때문이다. 나는 기진맥진한 채로 차에 탔지만 아직도 숨이 가빴고 뉴햄프셔의 청중이 보여준 기이한 열기가 여전히 느껴졌다. 온갖 환호에도 불구하고 상황이 얼마나 위급한지 제대로 알리지 못했을까봐 여전히 걱정스러웠다.

걱정은 여전히 내 뼛속까지 깊이 스며들어 있었다.

선거 출마 포기

개인적으로 2016년은 2013년 초에 출발했다.[9] 그때 사람들이 대통령 선거에 출마할 계획이 있는지 묻기 시작했으니까.

뭐라고?

내가 선출직 공무원이 된 건 겨우 몇 주 전이었다. 그 전에는 연방 기관을 설립하면서 1년을 보냈다. 내 입장에서는 아주 간단히 대답하고 넘겨버릴 만한 질문이었다. 미국의 대통령이 되겠다고 나서는 사람이라면[10] 그보다는 경험이 많아야 한다고 생각했다.

게다가 나는 새로 시작한 상원의원 일이 마음에 들었다. 학자금 대출, 의료 연구 자금 지원, 금융 규제, 사회보장제도 같은 문제에서 뭔가 변화를 일으킬 기회를 만들려고 날마다 뼈 빠지게 노력하던 중이었다. 나는 매사추세츠에서 매일 사람들을—예컨대 보조금 문제로 곤란을 겪는 퇴역 군인이나 모기지 회사로부터 아직도 속고 있는 주택 소유자들—도와줄 방법을 모색하고 있었다. 나는 서서히 감을 잡았고 여기저기서 서광이 비치기 시작했다. 적어도 작은 성공은 거둘 것 같다고 천천히 믿기 시작했다. 나는 사람을 속이는 영리 추구 대학들을 엄중히 단속하기 위해 열심히 일했다. 거대 은행들이 법을 어기면 더 많은 책임을 지워야 한다고 촉구했다. 연금저축을 보호하기 위해 할 수 있는 모든 조치를 취하고 있었다. 물론 다소 어리석게 들릴 수도 있고 근사한 헤드라인을 붙일 사안이 아니라는 것도 잘 알고 있었다. 하지만 상관없었다. 이 문제들을 진전시키기 위해 싸운다면 지나나 마이클, 카이 같은 사람들을 위한 변화를 만들어줄 수 있을 터였다.

그것이 내가 해야 할 일로 느껴졌고 겨우 티끌만 한 변화밖에 만들어내지 못하더라도 내가 정말로 좋아하는 일이었다. 나는 의료 연구 자금을 늘리고 지방 병원을 보호하는 노인 의료보험 배상 규정을 개선하기 위해서라면 기꺼이 공화당에 압력을 행사할 기회를 잡을 생각이었다. 학자금 대출 이자를 낮추고 기본적인 사회기반시설에 대한 투자를 진작시키기 위해 일하고 싶은 마음이 간절했다. 이런 공공 투자가 필요하다고 믿기 때문에 얼마든지 공정하게 싸울 작정이었다. 그리고 매사추세츠 주민들이 자신들을 위해 싸워달라고 나를 선택한 것에 감사했다.

그런데도 내가 대통령 선거에 출마할 것이라는 언론의 추측이 무성하게 나돌았다. 나를 이 사람 저 사람과 대결시키는 형태의 여론조사도 여러 차례 이뤄졌다. "그녀의 생각을 안다"고 주장한 익명의 사람들이 내 미래를 추측하기도 했다. (아니, 정말로?) 나는 다른 주들에서 열리는 저녁 식사, 축제, 가두행진, 피크닉 등에 초대되었다—심지어 파이 먹기 대회에도 초대받았다. 모두 즐겁게 들리는 행사였지만 그냥 파이 먹기로 끝나지 않을까봐 걱정스러웠다.

2015년 1월, "워런을 잡으려는" 행사들이 우후죽순처럼 생겨났다. 정말 좋은 사람들이 후원하는 활동이었고 그들의 의도가 정말 선하다는 것도 잘 알았지만 마음이 동하지 않았다. 나는 상원의원의 임무를 배우고 싶었다. 이 일이 좋았다―소방차를 구입할 자금을 마련하는 것부터 영리 추구 대학들의 사기를 막는 것까지 모두. 실제로 나는 그 일을 진심으로 좋아했고 그 마음은 지금도 그대로다.

어느 늦은 밤, 나는 브루스에게 내가 대통령 선거에 출마해야 한다고 생각하는지 물었다. 우리는 케임브리지의 우리 집 2층에 있는 침실의 작은 소파에 앉아 있었다. 나와 함께 텔레비전을 보고 있던 그가 전원을 껐다. 우리는 어둑한 방 안에 몇 분 동안 앉아 있었다. 조금 피곤하기도 하고 조금 안락하기도 해서 곧바로 일어서지 못했다. 방은 서늘하다 못해 추울 지경이었다. 나는 커다랗고 보송보송한 붉은 담요를 덮고 그에게 몸을 기댄 상태였다.

내가 침묵을 깨고 질문을 던지자 그는 자세를 바꿔 나에게 팔을 둘렀다. 나는 그가 무슨 말부터 할지 알았다. 그가 말했다. "당신이 하고 싶은 일이라면 뭐든 하면 좋겠어. 내가 곁에 있을게."

내가 말했다. "에이, 당신이 그렇게 말할 줄 알았어. 하지만 내가 알고 싶은 건 그게 아니야. 내가 출마해야 한다고 당신이 생각하는지 알고 싶어."

브루스는 한참 동안 잠자코 있었다. 그러더니 숨을 깊게 들이쉬고는 나를 더 꼭 안았다. "당신이 출마해야 하는지는 모르겠어. 크게 신경 쓰는 일이 많다는 건 알아. 그리고 때로 싸울 수밖에 없다는 것도 알지. 그냥 당신은 그런 사람이니까. 하지만 이런 선거는 꽤 끔찍해 보여. 상원의원 선거만 해도 힘들었는데 대통령 출마는 더하겠지. 훨씬 더 나쁠 거야."

이는 누군가를 사랑하는 감정의 재미있는 특징 중 하나다. 상대의 상처가 자신의 상처보다 더 아프다는 것이다. 나는 2012년 상원의원 선거의 고통스러운 점들을 상당 부분 잊었다. 아기를 낳는 것과 비슷했다. 당시에는 끔찍하게 힘들었지만 일단 그 시간이 지나고 나면 둘째 아이를 품에 안게 된다. 힘들었던 기억은 뇌의 어느 먼 곳으로 치워버린 것이다. 그런데 브루스는 그 부분들이 나를 힘들게 했다는 사실을 아직도 기억하고 있었다.

그리고 나 역시 선거가 브루스에게 고통스러웠다는 사실을 잊지 않았다. 그에게는 내가 조롱당하고 욕먹는 모습을 지켜보는 것이 힘들었다. 우리 아이들이 정치적 공격에 휩쓸려가는 것도, 그의 여동생과 나의 오빠들이 걱정하는 것도 지켜보기 힘들었다.

그에게 물었다. "내가 출마해도 당신은 괜찮겠어?"

브루스는 그렇다고 대답했고 나는 어둠 속에서 가만히 웃었다. 나는 그의 말을 믿지 않았지만 그래도 올바른 대답이었다.

그리고 내가 내릴 올바른 대답이 무엇인지도 알고 있었다. 브루스와 이야기하고 큰 소리로 질문을 던지는 동안 그 대답은 정해졌다. 나는 느긋한 마음으로—상원의원의 임무를—가능한 한 철저하고 효과적으로 계속하고 싶었다.

그래서 그렇게 했다.

위험

매주 화요일 아침 9시 상원의 민주당 지도부는 회동을 갖는다. 같은 날 몇 시간 뒤에 점심 회동이 열리는 근사한 방을 그대로 사용하는데도 겨우 몇 명의 의원만 참석하기 때문에 방은 항상 텅 빈 듯한 느낌이 든다. 이 회동은 이번 법안과 새로운 전략뿐 아니라 그 주에 다뤄야 할 시급한 안건이라면 뭐든 간에 내가 이야기해볼 수 있는 기회다. 하지만 선거 기간에는 항상 대통령 선거에 관한 이야기로 그 시간이 채워진다.

예비선거 기간에 나는 대화에서 조금 소외되어 있었다. 누구나 아는 사실이듯이, 상원 지도부가 모두 힐러리를 호되게 비난했지만 나는 중립을 유지했다. 2015년 11월, 민주당 여성 상원의원 모두가 샌더스 대신 클린턴을 지지하는 공개 행사에 참석했지만 나는 같이 가지 않았다. 그 후 몇 달 동안 민주당 의원들은 차례로 클린턴 진영에 합류했지만 나는 빠졌다. 사람들은 힐러리 진영으로 들어오라고 나한테 다소 압력을 가했다—실제로는 엄청난 압박을 넣었다. 하지만 나는 노선을 바꾸지 않았고 맡은 일을 묵묵히 계속했다.

예비선거 기간에 힐러리와 버니는 중요한 사안을—금융 규제, 건강보험, 감당할 수 있는 수준의 대학 교육비 등—놓고 토론했다. 깊이 있는 토론이었다. 덕분에 우리 당은 전보다 더 활기가 넘쳤고 민주당 정권을 4년 연장시켜 이루고 싶은 성과에 관한 어려운 질문들이 어쩔 수 없이 표면화되었다. 그리고 이 토론은 두 명의 영리하고 능력 있는 사람 사이에서 벌어졌고 두 사람 다 공화당이 제시하는 어떤 후보보다 훨씬 더 훌륭했다. 나는 누구도 공개적으로 지지하지 않았다. 두 후보 중 한 명을 깎아내리거나 토론의 어떤 부분도 방해하고 싶지 않았기 때문이다.

그에 비해 공화당의 예비선거는 굉장히 이상하게 흘러갔다. 우선, 후보군이 엄청났다. 공화당의 토론을 볼 때마다 나는 자격 부족으로 쫓겨나는 후보가 나와도 놀라지 않을 것만 같았다. 대화는 기이한 맹세와 비정상적인 주장으로 채워졌다. 누가 세금을 가장 많이 낮출 것인지, 누가 레이건과 가장 비슷한지, 누가 오리 사냥을 같이 하기 제일 좋은 친구인지 등의 주제였다. 날마다 극심한 편견에 대한 노골적인 호소가 쌓여갔다. 그리고 어떤 일이 벌어지든 상관없이, 국가의 경사나 지역의 참사도 상관없이 날마다 모든 언론 매체에서 도널드 트럼프에 관한 뉴스를 한 꼭지 이상 다뤘다.

가망 없을 것만 같던 트럼프의 선거운동은 순회 유세를 펼치는 동안 불이 붙었다. 그의 터무니없는 행동에 대한 기사도 점점 많아졌다. 공개적인 싸움, 야한 농담 그리고 대규모 집회에 끝없는 관심이 쏟아졌다. 심지어 공화당 지도부는 트럼프를 공공연하게 적대시했고 언론은 대단히 비판적인 태도를 보였지만 그래도 기자들이 엄청난 양의 기사를 통해 그에게 공짜 홍보 기회를 계속 주는 것만큼은 분명했다. 이 놀라운 구경거리를 지켜보면서 다수의 민주당 의원은 능글맞게 웃어댔다. 아는 것은 쥐뿔도 없는 데다 하루가 멀다 하고 정책 방침을 바꾸는 이 결혼을 세 번 한 남자는 자신이 차기 미국 대통령이 된다고 믿을 만큼 심각한 망상에 사로잡혀 있으니까.

그해 겨울과 봄에 민주당 지도부의 아침 회동에서 의원들은 민주당이 "그 정신 나간 멍청이"를 적수로 맞을 정도로 운이 좋은지 몹시 궁금해했다. 그리고 그에 관해 어떤 말을 할까 고심하는 모든 공화당 의원에 대해 이야기했다. 그중 상당수는 말을 더듬거나 혀를 씹기도 했다. 대개 우리 측은 소리 내어 웃지 않으려고 기를 썼다.

민주당만 그런 게 아니었다. 모든 부류의 사람이 다 그랬다. 진지한 사람, 아는 게 많은 사람, 영리한 사람 등등 대부분이 트럼프를 비웃었다. 그 남자는 농담거리였다!

하지만 2016년 초에 불안해할 이유가 많아졌다. 트럼프의 편견어린 말과 경제 문제에 대한 거짓말이 인기를 얻었다. 그는 사람들의 극히 현실적인 걱정에 대해 이야기하고 그에 관해 무모한 약속을 했다. 그는 지나 같은 사람이 느낀 분노를 불러냈고 그 문제의 해결책에 대해 거짓말을 했다. 그는 매력 없는 로널드 레이건이었다. 레이건은 중산층이 더 많이 원한다는 것을 이해했기에 부자들에게 주는 혜택에 대해 거짓 변명을 만들어냈다. 트럼프는 굳이 변명조차 할 마음이 없었다. 그저 손을 흔들며 이렇게 말했다. "내가 미국을 다시 위대하게 만들겠습니다!" 그러고 나서 그는 이 나라에서 일어나는 모든 잘못된 일이 멕시코인과 이슬람교도들, 오바마 대통령 탓이라고 비난했다.

그리고 그의 승리는 계속됐다.

일단 그가 공화당 후보가 되는 것이 분명해지자 나는 그의 트위터를 주시하기 시작했다. (세상에, 정말 못났다. 인종차별이나 하는 괴물이 SNS에 140자로 뱉어내는 말이나 쫓아다니다니.)

공화당 예비선거에서 경쟁자들이 그를 끌어내리려고 몇 번이나 시도했지만 그들은 마치 작은 벌레처럼 납작하게 얻어맞았다. 공화당 경선에서 초기에 앞서가던 경쟁자를 "허약한 젭"이라 부르고 경선 끝까지 살아남은 경쟁자를 "꼬마 마르코"라고 놀린 뒤에 트럼프는 감히 자기를 방해한 사람은 누구든 사악한 방법으로 무너뜨릴 수 있다는 것을 입증했다.

그래서 나는 트위터 계정을 열고 그에게 어깃장을 놓았다.

솔직히 말해 @realDonaldTrump는 패배자다. 그가 실패한 사업을 전부 세어봐라. 트럼프 대학 사건처럼 그가 사람들을 어떻게 속였는지 봐라.

2016년 3월 21일 오후 12시 19분

우리의 공방전이 시작되었다. 나는 트럼프의 호텔과 골프장을 건설해준 성실한 노동자들을 그가 속였다고 트윗을 날렸다. 내가 언급한 내용은 그의 약자 괴롭히기, 여성 공격, 인종차별, 뻔히 보이는 자아도취 증상 등이었다. 첫 번째 폭풍 트윗에서는 경고를 보내려고 최선을 다했다. 이 남자는 위험하다고, 그리고 그는 미국의 대통령이 될 수도 있다고.

Elizabeth Warren ✓
@elizabethforma

🐦 Follow

하지만 @realDonaldTrump가 다른 모든 곳에서 패배자였다고 이번 선거에서도 진다는 뜻은 아니다.

2016년 3월 21일 오후 12시 21분

Elizabeth Warren ✓
@elizabethforma

🐦 Follow

역사상 최악의 독재자들도 대부분 처음에는 패배자였다. 그리고 @realDonaldTrump는 심각한 위협이다.

2016년 3월 21일 오후 12시 22분

나는 언제나 같은 주제로 그를 계속 쫓아다녔다. 그가 인종차별주의자에 약자나 괴롭히는 사람이며 그의 경제 정책이나 외교 방침을 신뢰하지 못하겠다는 것이었다.

Elizabeth Warren ✓
@elizabethforma

🐦 Follow

그가 현재 장악하고 있는 정당의 지도자들보다 KKK의 지도자들이 @realDonaldTrump에게 더 열광한다.

2016년 5월 3일 오후 10시 47분

Elizabeth Warren ✓
@elizabethforma

🐦 Follow

@realDonaldTrump는 지지자들에게 폭동을 선동하고 푸틴을 찬양하며 "독재자로 불러도 태연하다".

2016년 5월 3일 오후 10시 48분

트럼프가 알아차렸다.

어느 날 내가 손자인 애티커스와 함께 라이트닝 매퀸디즈니와 픽사의 만화영화 「카Cars」 시리즈의 주인공으로 레이싱 자동차 퍼즐을 맞추고 있는데 전화기가 울렸다. 트럼프가 반응을 보인 것이다. 그는 나한테 붙일 별명을 생각해냈다. 처음에는 '구피'였고 나중에는 '포카혼타스'라는 별명도 덧붙였다. 그는 우리 가족이 오빠들과 나에게 아메리카 원주민의 혈통을 이었다고[11] 말했던 내용을 공격하면 내 입을 다물게 할 수 있을 거라 생각했다. 시도는 좋았지만 뜻대로 되지는 않았다. 그는 허세를 부리거나 협박하는 것도 가능했겠지만 마땅히 할 수 있는 게 없었다. 트럼프 대학, 그의 파산, 푸틴, KKK에 대해 전혀 반응을 보이지 않았다.

이쯤에서 그가 현명한 사람이었다면 내 총알을 맞지 않도록 피하기로 마음먹었을 것이다. 나는 공격을 늘려야 할 때가 되었다고 생각했다.

> **Elizabeth Warren** ✔
> @elizabethforma
>
> **Follow**
>
> "구피"@realDonaldTrump? "최상의 표현들"을 알고 있다는 남자가 쓰기엔 꽤 지루한 별명이다. 시시하다!
>
> 2016년 5월 6일 오후 8시 36분

> **Elizabeth Warren** ✔
> @elizabethforma
>
> **Follow**
>
> @realDonaldTrump는 미국에 대한 위험한 비전을 주제로 정직하게 대화할 줄 모르기 때문에 모욕과 거짓말을 내뱉는다.
>
> 2016년 5월 6일 오후 8시 41분

Elizabeth Warren ✔
@elizabethforma

🐦 Follow

그러나 중요한 건 이거다. 못된 놈이랑 싸우려면 모욕을 당하고 도 망치는 게 아니라, 물러서지 않고 자기 입장을 지켜야 한다는 것.

2016년 5월 6일 오후 8시43분

페이스북 게시글, 스티븐 콜버트 인터뷰, 『보스턴글로브』 시사 논평, 동영상 등 나는 모든 방법을 시도했다. 트럼프가 전 미스 유니버스 한 명에게 수치심을 안겨주려 했을 때 내가 끼어들어 그가 정말 신경 쓰 는 부분과, 그런 점으로 보아 그가 어떤 대통령이 될 것인지 좀더 실질 적으로 지적했다.

Elizabeth Warren ✔
@elizabethforma

🐦 Follow

@realDonaldTrump는 이런 문제 때문에 밤잠을 설치는가? 여성 을 뚱보나 못난이, 창녀라고 부르는 새롭고 흥미로운 방법을 생각 하느라고?

2016년 9월 30일 오후 5시 04분

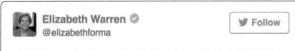

Elizabeth Warren ✔
@elizabethforma

🐦 Follow

빚에 쪼들리는 학생들이나 사회보장연금으로 고생하는 노인들을 돕는 방법에 대해서는 새벽 3시에 트윗하지 마라, @realDonaldTrump.

2016년 9월 30일 오후 5시 05분

Elizabeth Warren ✓
@elizabethforma

노동자들을 위한 일자리 창출이나 월가에 책임을 물을 방법에 관해서
도 새벽 3시에 트윗하지 마라, @realDonaldTrump.

2016년 9월 30일 오후 5시 07분

Elizabeth Warren ✓
@elizabethforma

아니야, @realDonaldTrump. 야밤에 당신이 머리를 계속 굴리는
유일한 이유는 다음에 할 인종차별적이고 성차별적인 트윗과 메스
꺼운 거짓말 때문이지.

2016년 9월 30일 오후 5시 09분

Elizabeth Warren ✓
@elizabethforma

새벽 3시에 여성들을 모욕하는 게 대통령이 되는 자격이라고 생각하
는 예민한 깡패는 미국을 이해하지 못하고 지도자로 적합하지 않다.

2016년 9월 30일 오후 5시 10분

트럼프는 계속해서 나에게 반격을 가하며 몇 번이고 시시한 별명을
지어줬다. 하지만 그보다 더한 말은 떠올리지 못하는 모양이었다. (안
됐다!)

나의 폭풍 트윗은 언론의 관심을 받기 시작했다. 어떤 사람들은 좋
아했고 또 다른 사람들은 질겁했다. 친구 한 명이 자신의 친구에게 받
은 이메일을 나에게 보내왔다. "우리 상원의원은 도널드 트럼프와 진
흙탕을 뒹굴면서 대체 뭘 하는 거야?"

정말 그랬다. 나는 그녀가 어떤 기분인지 이해가 갔다. 하지만 트럼프는 대통령 자리에 앉을 가능성이 있었고 그 폭풍 트윗과 페이스북 게시글은 수많은 사람의 관심을 살 수 있었다—어느 순간, 약 4600만 명의 사람이 SNS 공방전을 따라다녔다. 나는 트윗과 게시글을 올리고 상대를 이리저리 찔러보는 것만으로 수백만 명의 사람에게 다가갈 기회가 생긴다면 그렇게 해야 한다고 생각했다. 그중에는 도널드 트럼프가 자기가 고용한 노동자와 학생들을 속였다는 사실을 이번에 처음 알게 된 사람도 더러 있을 것이다. 그리고 그중에서 도널드 트럼프가 자신들을 위해 싸우지 않는다고 결론을 내릴 사람도 더러 나올 것이다.

어쩌면, 그냥 어쩌면, 트럼프가 말싸움에서 천하무적이라는 인식을 바꾸는 데 내가 일조할 수도 있었다. 트럼프는 도를 넘어선 트윗이 뉴스가 된다는 걸 일찌감치 파악하고 있었다. 이제 이야기의 줄거리는 달라졌다. 누군가가 도널드 트럼프를 약 올리고 그에게 맞받아칠 방법을 찾아냈다고 말이다.

그리고 @realDonaldTrump로 알려진 열기구를 저격하고 내가 치를 대가가 총알을 몇 방 맞아야 하는 것이라면, 받아들이겠다. 나는 총격을 계속할 작정이었다.[12]

남 탓하기

민주당의 지명을 받은 뒤 힐러리는 7월에 열릴 민주당 전당대회에서 나한테 연설을 해달라고 부탁했다. 나는 그렇게 하겠다고 대답하고는 곧바로 연설문 작성에 돌입했다. 노동자들이 어떻게 비난받았는지 이야기할 기회를 원하던 차에 이번에 그 메시지를 트럼프 진영에 뿌리내린 인종차별의 어두운 이면과 묶고 싶었다.

상원에 있는 한 친구가 선거 기간이 절정에 달했을 때 어느 식당에 갔다가 겪은 일을 내게 말해준 적이 있다. 식사가 끝나 그릇이 치워지고 커피 잔이 다시 채워진 뒤 식당 종업원은 어떤 손님이 내 친구를 알아봤고 민주당 상원의원이라는 사실을 알았다며 잠시 정치 이야기를 하고 싶어한다고 전했다. "괜찮으실까요?"

"그럼요." 상원의원이 대답했다.

한 남자가 걸어와서 악수를 하고 자기소개를 했다. 그는 싱긋 미소를 짓고는 자신이 트럼프 지지자라고 설명했다. 두 사람은 잠시 대화를 나눴고 그 남자는 정말 하고 싶었던 이야기를 꺼냈다. 그가 트럼프를 지지하는 이유는 힐러리가 승리했을 때 일어날 결과 때문이었다. "저는 태닝 숍에 가면 제일 진한 색으로 뿌려달라고 요구해야 합니다. 지금 출세할 수 있는 건 그 사람들뿐이니까요."

내 생각대로였다. 그렇게, 무심한 인종차별이 공개적으로 튀어나왔다. 그 남자는 소리를 지르지도 침을 뱉지도 않았지만 그의 말은 분노와 증오로 가득했다. 친한 친구끼리 맥주를 마시던 상황이 아니라, 미국 상원의원과 더없이 예의 바른 대화를 나누던 중에 나온 말이었다. 그의 말은 모두 확실한 근거를 지녀서 이 남자가 출세할 수 없는 이유는 그들이 좋은 기회를 모두 차지할 것이기 때문이었다.

인종차별주의는 미국에서 새로운 이슈가 아니다.

전혀 새롭지 않다—누구도 그 문제에 관해 나에게 강의를 들을 필요는 없다. 대부분의 사람은 이 사안에서 옳고 그름을 판별했고 대체로 선택을 했다. 물론 나도 그랬다.

미국의 정치사와 경제사는 여러 편견으로 점철되어 있다—아일랜드인, 흑인, 아시아인, 유대인, 슬로바키아인, 아메리카 원주민, 라틴아메리카인, 독일인, 푸에르토리코인, 여자, 게이, 레즈비언, 트랜스젠더 등. 나열하자면 한도 끝도 없다. 시대도 고르고 장소도 고르고 편견도 골라야 한다. 정말 오래된 이야기니까.

여러 세대를 거치면서 어떤 편견은 사라졌지만 다른 편견들은 그대로 남았다. 그리고 그 증오를 활용할 준비가 된 정치인들은 언제나 존재했다. 1958년에 온건파인 조지 월리스는 앨라배마 주지사 선거에 출마해서 KKK에 반대하는 연설을 하고 전미유색인종지위향상협회 NAACP의 지지를 받았다. 그리고 선거에서 패배했다.

훗날 보좌관에게 털어놓은 바에 따르면, 그는 상대편 후보에게 "깜둥이 때문에 밀렸다월리스는 '수적으로 밀리다'라는 뜻의 outnumbered를 써야 했지만 number 대신에 이제 금기어인 nigger를 넣어 사전에는 없는 단어 outniggered로 바꿔 표현했다. 따라서 원서에도 outniggered로 적혀 있다."[13] 그리고 이런 상황을 다시 허용할 생각은 없었다. 몇 년 뒤 주지사로 당선되었을 때 그는 취임 연설 중에 이렇게 선언했다. "지금은 분리 정책을 믿습니다. 내일도, 아니 영원히 분리 정책을 지지합니다."[14] 그는 가장 중요한 유권자 집단에 직접 호소한 것이다—바로, 그의 백인 유권자 집단에게.

몇 년 뒤 리처드 닉슨은 남부에서 공화당 지지표를 묶어두기 위해 인종차별을 노골적으로 이용한 '남부 전략'으로 그 뒤를 이었다. 공화당은 차차 언어를 순화했으며 '주의 권리' 같은 암호를 사용하고 '복지 제도'를 공격하기 시작했다.

2005년 즈음, 공화당의 인종차별을 노골적으로 이용한 선거 전략은 너무 많아서 공화당 전국위원회 위원장이 흑인들과의 관계를 바로잡을 목적으로 사과 순회를 시작했다. 2012년에 공화당이 어이없이 패배하고 나자 당 지도부는 세밀한 분석을 거쳐 한 가지 결론에 이르렀다. 당의 메시지를 수정해 이민자, 라틴아메리카인, 흑인, LGBTQ 공동체를 포용하지 않으면, 그리고 여성을 받아들이는 방법을 크게 개선하지 않으면 불행한 결말을 맞게 된다는 것이었다.

분석 보고서는 상당히 구체적이었다.[15] "우리는 포괄적인 이민개혁법을 받아들이고 옹호해야 한다. 그렇지 않으면 우리 당이 호소할 곳은 계속 줄어들어 결국 핵심 선거구밖에 남지 않을 것이다." 이 경고의 뜻은 명백했다. "우리는 모든 유권자를 환영하고 받아들이는 당이 되어야 한다."

하지만 도널드 트럼프의 관점은 전혀 달랐다. 2013년 3월, 공화당의 보고서가 공개된 날[16] 그는 이런 트윗을 날렸다. "@RNC는 무의식적으로 죽음을 바라는 건가?"[17]

전문가들은 그의 발언을 억만장자 유명인의 절규라고 일축했다. 하지만 2015년에 트럼프는 수많은 사람이 모인 공화당 예비경선에서 온갖 종류의 편견을 노골적으로 자극해[18] 관심을 끌었다. 그는 멕시코계 미국인의 특징이 강간범이자 범죄자라고 묘사했으며 아프리카계 미국인을 깡패라 부르고 이슬람교도를 테러리스트라 통칭하며 여성을 경멸하는 식으로 자신을 부각시켰다. 그가 나를 포카혼타스라고 불렀을 때, 자신이 오랫동안 모욕하고 공격했으며[19] 선거운동 기간에 자신을 적극적으로 반대한 아메리카 원주민들을 존중하려는 의도에서 그 말을 꺼낸 것은 분명 아니었다.

트럼프는 경제적인 염려를 한층 더 부추겨 추종자들을 끌어당겼고 계속해서 각종 편견을 뿌려댔다. 그의 충동질로 인해 추종자들의 열렬한 지지는 집회와 온라인, 심지어 길거리에서조차 위협적인 힘으로 변모했다. 그를 옹호하는 사람 대다수는 인종차별을 웃어넘기고는 모두가 속으로 생각하는 것을 트럼프가 소리 내어 말했을 뿐이라고 주장했다.

2016년 2월, KKK의 전 지도자로 전국에 알려진 데이비드 듀크가 트럼프를 공개 지지했다.[20] 선거운동이 끝나기 전에 트럼프는 KKK의 주요 신문 1면[21]을 장식하며 그들의 지지를 받았다.

나는 이렇게 외치고 싶었다. 이건 KKK라고! 백인 우월주의, 사적인 교수형 집행, 십자가 불태우기—기억나는가? KKK는 자신들과 같은 뜻을 지닌 남자를 지지했고 트럼프는 수줍은 미소로 화답했다. 나는 '비상시에는 유리창을 깨시오'라는 문구가 적힌 상자를 찾고 싶었다. 미국이 실질적인 위험에 처했다고 믿었기 때문이다.

그러다 정말 심장이 멎을 만큼 놀라운 일이 생겼다. 트럼프 선거 진영이 내세운 "우리와 그들의 대결"이라는 서사가 이미 너무 확실히 자리를 잡았기에 KKK의 지지는 급물살을 탄 이 나라의 정치적 강에 아무런 파문을 일으키지 못했다.

심지어 트럼프와 같은 편인 공화당원들도 그가 선을 넘었다고 생각했다. 전 공화당 전국위원회 의장 마이클 스틸의 표현을 빌리면,[22] 트럼프는 "인종차별에 빠지기 쉬운 부분, 그 좌절감, 미국의 삶에서 분노하기 쉬운 부분을 포착해서 그것을 말로 표현했다".

존 매케인은 트럼프의 행동과 "여성을 비하하는 발언, 성폭행을 자랑하는 태도로 인해 조건부로나마 그의 출마를 계속 지지할 수가 없다고 말했다".[23]

공화당의 선거전략가 칼 로브는 트럼프를 "완벽한 멍청이"인 동시에 "품위 없고 분열을 초래하는" 사람이라고 불렀다.[24] (세상에, 내가 이런 말을 하고 싶어질 거라고 누가 짐작이나 했을까. 아자, 아자, 칼!) 심지어 온화한 밋 롬니도 트럼프를 "협잡꾼, 사기꾼"이라고 불렀다.[25] 우와!

지금까지 고작 공화당원만 소개했는데도 이 정도다.

트럼프를 비난하는 사람들의 합창 소리가 점점 커지자 그의 핵심 지지자들은 한층 더 열성적으로 그를 방어했다. 이 선거 운동은 진짜 공포로 변해가고 있었다.

과거에는, 미국에서 잘못된 일이 일어나면 모두 힘없는 사람들을 탓하는 게 당연하다고 믿었고 그 믿음은 꼭 지금 같은 시기마다, 즉 미국인이 분노하고 미래를 걱정하는 시기마다 다시 힘을 얻었다. 인종 간의 증오, 종교적 편견, 이민자나 여성 혹은 게이에 대한 공격 등 '타자'에 대한 공포를 부추기는 것은 가장 오래된 수법이다. 무엇이든 격정이 생기면 해결책은 타자, 곧 다른 집단에 죄를 전가하는 것이다—
그러면 우리는 문제를 실제로 고쳐줄 변화를 결코 요구하지 않는다는
뜻이다.

그것이 바로 내가 민주당 전당대회에서 이야기한 분할 정복 전략
이다.

오하이오의 백인 노동자들이 노스캐롤라이나의 흑인 노동자나 플로리
다의 라틴아메리카 노동자들과 대립한다면 실제로 누구의 이익일까?

누가 이익을 보느냐고? 정확히 누가 이익을 보는지 알려주겠다.

우리가 서로에게 등을 돌리면 은행가들이 우리 경제를 월가에 유리하
게 움직일 수 있다. 우리가 이민자들을 공격하는 데 에너지를 소모하
면 정유 회사들이 청정에너지에서 손을 떼려 할 수 있다. 우리가 식료
품 구매권을 조금이라도 더 받은 게 누구냐고 서로 다툰다면 거대 기업
들이 마지막 남은 좋은 일자리를 해외로 보내버릴 수 있다.

우리가 서로에게 등을 돌리면 부자들이 자신들을 위해 더 많은 세금
우대책을 통과시킬 수 있다. 그러면 우리는 학교를 지원하거나 고속도
로를 재건설하거나 자녀의 미래에 투자하기에 충분한 돈을 결코 벌지
못한다.

누가 정말로 이익을 볼까? 바로, 처음부터 시스템을 조작한 장본인

들이다. 미국인이 분열되면 월가와 다국적 기업, 인종 공격을 일삼는 사기꾼이 워싱턴에서 직면해야 할 반대가 훨씬 더 줄어든다.

웰스파고 식의 책임지기

대통령 선거가 시작됐지만, 초가을에 너무 엄청나고 너무 뻔뻔한 스캔들 소식이 나라에 알려졌고 모든 사람이 잠시 멈춰 섰다가 급히 숨을 들이켠 것 같았다. 확실히 나는 그랬다.

그 일이 일어난 것은 9월 8일로, 전당대회가 끝나고 대통령 토론이 시작되기 전에 잠시 쉬어가는 기간이었다. 하지만 이제 의회는 다시 회기가 시작되었고 나는 워싱턴으로 돌아왔다. 그날의 기온은 섭씨 32도를 넘나들었고 워싱턴의 습지에서는 마치 모든 공기가 뭔가 더 빽빽하고 더 원초적인 것으로 대체되어버린 듯했다. 나는 책상 앞에 앉아 있다가 에어컨을 더 세게 틀자마자 뉴스 속보를 봤다. 소비자 금융 보호국과 다른 규제 기관들은 미국의 최대 은행 웰스파고가 고객을 속인 대가로 1억8500만 달러의 벌금[26]을 내는 데 동의했다고 발표했다. 조사 결과에 따르면, 은행 직원들은 고객의 이름으로 유령 계좌를 개설하고 오랫동안 그 계좌에 수수료를 부과해왔다.

2008년 금융위기 이후로 웰스파고는 불법 담보권 행사로 인한 대규모 분쟁[27]을 해결한 전적이 있었다. 지금은 고객을 속여 이익을 짜내다 다시 한번 덜미를 붙잡혔다.

나는 이런 생각밖에 들지 않았다. "이 사람들은 하나도 변하지 않았구나."

이 사기는 마치 '사기의 완전 해설서' 같은 책에서 찢어낸 것 같았다. 웰스파고 직원들은 여기저기에 추가 수수료를 부과한 게 아니었다. 아무도 요구하지 않은 신규 계좌를 개설했던 것이다. 웰스파고의 신용카드 고객들에겐 존재하는 줄도 몰랐던 여러 개의 당좌예금 계좌가 생겼다(당좌예금 계좌 수수료도 지불했다). 더 많은 매출과 수익을 창출하기 위해 은행 직원들은 서류를 조작했고 수수료를 부과했으며 고객의 돈을 계좌 간에 이동시켰다. 한두 번 한 게 아니었다. 오랫동안 수천 번을 반복해서 해왔던 일이다.

맙소사! 이번에는 누군가 정말로 해고될 것이다. 그럴까? 그렇겠지?

글쎄, 해고되는 사람은 분명 있었지만 책임자들이 해고된 것은 아니었다. 오히려 웰스파고는 5000명이 넘는 평사원을 해고했는데[28] 대다수가 시간당 12달러를 버는 사람들이었다.

그들은 최고 임원은 단 한 명도 해고하지 않았다. 단 한 명도!

잠깐만, 분명하게 짚고 넘어가자. 웰스파고의 관점에서 보면, 수천 명의 직원은 자발적으로 고객을 속이고 수익을 증진시키며 그 과정에서 수많은 법을 어기기 시작했다—그런데 경영진 중에는 이에 관해 조금이라도 아는 사람이 아무도 없었거나, 어떤 식으로든 책임져야 할 사람이 없었다. 한 명도 없다고? 아주 조금의 책임도 없다고?

이 이야기에서 한층 더 믿기 어려운 내용은 CEO가 유령 계좌에 관해 아는 게 실제로 많았다는 것이다.

웰스파고가 투자자와 주식 분석가들에게 제시한 마케팅 포인트 중 하나는 자기들이 "교차 판매"의 귀재라는 것이었다. 그 말은 웰스파고의 고객은 모두 웰스를 너무 좋아해서 당좌예금, 저축예금 계좌, 신용카드 계좌를 개설하고도 저축예금 계좌를 추가로 개설하고 또 개설했다는 뜻이었다. 투자자들이 이 주장을 마음에 들어한 이유는 다음과 같은 의미가 있었기 때문이다. (1)웰스파고는 개인 고객 사업 부문을 잘 운영하고 있을 것이다. (2)웰스파고의 미래 수익성은 보증되었다. 우와, 신난다!

웰스파고의 CEO 존 스텀프는 마치 시계처럼 정확히 석 달에 한 번씩 월가의 회사들과 통화하면서 신규 계좌를 놀라울 정도로 많이 개설했다고 이야기하고 자기 은행이 교차 판매의 귀재라며 겸손하게 선언했다. 그가 이렇게 행동하자 은행의 주가는 계속 상승했고 더불어 그의 개인 보너스와 주식 옵션도 늘어났다.

웰스파고는 위대한 미국의 성공 신화였다—단지 거짓말이어서 문제였을 뿐.

이 거짓말과 사기는 오랫동안 지속되었다. 이 무렵 고객을 속이는 비열한 사고방식, 무슨 수를 쓰더라도 수익을 올리겠다는 역겨운 태도는 이 은행의 기본 구조 속으로 깊이 침윤되었다.

2008년의 금융위기와 구제금융을 겪은 뒤 웰스파고는 되살아났다. 2016년에 웰스파고의 시장 가치는 2500억 달러 이상이었다.[29] 이 은행은 돈 속에서 그저 평범한 수영을 한 게 아니었다. 돈의 바다에서 배영과 횡영, 크롤 영법을 모두 구사했다.

아무래도 법을—고객의 이름으로 서류 위조를 하지 말라든가 이익을 늘리려고 유령 계좌를 개설하지 말라는 아주 기본적인 수준의 법이라도—지킨다는 생각은 미국의 최대 은행에서는 단지 선택의 문제였던 모양이다. 모든 일이 잘 돌아갔다. 소비자 금융 보호국과 연방 은행 감독 기관들이 조사를 시작하기 직전까지는 말이다.

그다음에는 무슨 일이 벌어졌을까? 소비자 기관이 결과를 발표할 무렵, 웰스파고의 경영 팀은 이날이 올 줄 몇 달 전부터 알고 있었다.[30] 웰스파고의 경영진은 은행이 지불할 정확한 액수와 고객들에게 변상하기 위해 반드시 취해야 할 조치에 관해 이미 반년 가까운 시간 동안 규제 기관들과 협상을 벌여왔다. 마침내 뉴스가 터지자 그들은 홍보팀을 통해 대언론 공식 발표 성명을 준비했다.

CEO 존 스텀프는 이 사건이 며칠 혹은 길어도 몇 주만 지나면 큰 피해 없이 소멸될 비교적 작은 폭풍이라고 추측했을 것이다. 결국 이나라는 어마어마한 관심을 끌고 있는 대통령 선거판의 격전이 한창이었으니 은행의 스캔들은 더 이상 헤드라인을 장식할 만한 건수가 아니었다. 스텀프는 그 이후에 터져나온 소식을 보고 분명히 안심했다. 웰스파고의 가치는 하락했지만[31] 속이 뒤틀릴 정도는 아니었다.

웰스파고의 CEO가 크게 걱정하지 않은 데에는 한두 가지 이유가 더 있었다. 첫째는 역사였다. 거대 은행들은 2008년 금융위기를 야기해놓고도 납세자들이 낸 돈으로 구제금융을 받았다—아무 조건도 없이 말이다. 그렇다면 정중한 취급을 받지 못할 이유가 없지 않겠는가? 웰스파고는 금융위기 전에는 대마불사였고 지금은 그 덩치가 훨씬 더 커졌다. 어쩌면 이번에는 조금 더 정중한 대우를 받을 수도 있을 터였다.

게다가 웰스파고의 CEO는 숨겨둔 비장의 무기였다. 존 스텀프는 전형적인 모습으로 그 자리에 나선 듯했다. 그는 매력적인 미소와 은발 머리에 값비싼 맞춤 정장을 입었다. 스캔들이 터졌을 무렵 그는 팔에 붕대를 감고 있어서 어떤 끔찍한 사고가 있었느냐는 질문을 받았다. (그와 동행한 사람들은 그가 손주들과 놀아주다가[32] 손을 다쳤다고 말했다.) 그리고 이제 그는 격전을 치를 자세를 갖췄다. 철저히 지도를 받고 가볍게 화장도 하고 나서야 모든 뉴스 프로그램과 비즈니스 방송국을 대상으로 인터뷰할 시간을 마련했다.

언론에 이야기할 때 차분하고 침착한 태도를 보인 스텀프는 똑같은 논점을 몇 번이고 다시 말했다. 모든 돈을 변제했고 유령 계좌에 대해 책임질 사람들은 해고했으며 무엇보다 웰스파고가 자체적으로 세운 높은 기준에 부합하지 못해서 무척 유감이라고 했다. 그만의 특유한 행동은 인터뷰어의 눈을 똑바로 바라보며 엄숙한 어조로 이렇게 말하는 것이었다. "제 책임입니다."[33]

스텀프는 하마터면 내 가슴이 훈훈해질 만큼 잘해냈다. 하마터면 말이다.

어쩌면 사건의 전모는 빨리 망각으로 사라졌을 텐데, 그만 스캔들이 터지자마자 주 금융위원회가 청문회 일정을 잡아버렸다.

금융위기가 발생했을 때 나는 상원의원이 아니었지만 웰스파고의 사기 행각을 지켜보고 있으려니 정말 머리를 쥐어뜯고 싶은 기분이었다. 웰스파고의 CEO는 2008년에 거대 은행들이 탐욕과 무모함으로 경제를 침몰시키는 데 일조한 장본인 중 한 명이었다. 이제 그들이 돌아와서 미국 국민에게 다시 사기를 치고 있었다. 이번 수법은 평범하고 오래된 거짓말과 속임수였다. 노래는 같은데 춤이 달라졌다고나 할까? 무엇보다, 우리는 "CEO들을 위한 무료" 기차에 다시 올라탈 것처럼 보였다. 잠깐, 내가 공짜라고 말했나? 내 말은 "CEO들에게 수백만 달러를 보상해주고 아무 책임도 묻지 말기" 기차라는 뜻이다.

부분적으로는 그래서 내 기분이 여전히 나쁜 것이었다. 2008년 금융위기가 닥쳐올 때까지 이 사람들은 투자자들의 돈과 고객의 신뢰, 납세자들의 보증으로 도박을 했다. 그들은 도박을 했고 좋은 결과를 얻을 때마다 자기 주머니를 두둑이 채웠다. 그러고 나서 상황이 끔찍하게 변하고 투자자들이 수백만 달러를 잃고 고객들이 사기를 당했을 때도 CEO와 고위 간부들은 자기 주머니를 계속 불리면서 내내 미소를 지었다. 이제 우리는 똑같은 일을 반복하려는 중이었다—스텀프가 직장과 보너스, 봉급을 지키고 계속 웃을 수 있게 내버려둘 모양이었다.

그게 사실이라면 실제로 달라지는 건 하나도 없다. 모든 CEO는 은행의 주가를 올리기 위해 필요한 조치는 무엇이든 취할 강력한 동기를 지니고 있다. 그 방법이 아무리 사람들을 속이는 것이라 해도.

나는 상원 금융위원회에서 활동했고 청문회에서 스텀프에게 묻고 싶은 질문이 무척 많았다. 하지만 일반적으로 상원의원들은 청문회에서 5분이라는 시간 제약을 받는다. 적어도 그것이 공식적인 규칙이었기에 곧바로 끼어들어서 핵심으로 빨리 들어가는 것이 중요했다.

청문회에서 나는 스텀프의 책임에 관한 발언을 그대로 옮기면서 질문을 시작했다. 제대로 책임지고 있다는 것을 보여주기 위해 무엇을 했느냐고 그를 몰아붙였다. 다음과 같이 말하는 데 2분 조금 넘게 걸렸다.

아직 사임하지 않으셨군요. 개인 수입은 단 한 푼도 반납하지 않으셨습니다. 최고 임원은 한 명도 해고하지 않으셨고요. 오히려 '책임이다'라는 말을, 자신들을 보호해줄 비싼 홍보 회사를 고용할 돈도 없는 하급 직원들에게 비난을 퍼붓는다는 뜻으로 정의하셨더군요. 그야말로 비겁한 리더십입니다.

웰스파고의 CEO 존 스텀프가 의회에서 증언하면서[34] 자신이 책임을 졌지만 일자리와 보너스는 유지할 거라고 설명하고 있다.

나는 공격을 몇 번 더 했고 위원회의 다른 상원의원 몇 명도 마찬 가지였다. 아직 아무 진전이 없던 이야기가 갑자기 입소문을 탔다. 청 문회가 완전히 끝나기 전에 웰스파고 CEO의 반대 심문이 온라인에서 6000만 뷰 이상을 기록했고 웰스파고의 '비겁한 리더십'이 끊임없이 뉴스에서 논의되었다. 심지어 일부 보수적인 방송국도 이 대립 상황을 다뤘다. 뉴스의 헤드라인은 비슷했다.[35] "충격 보도. 엘리자베스 워런, 우리 모두가 동의할 수 있는 사안을 이야기하다."

결과적으로 그 청문회는 중요했다—적어도 조금은 말이다. 스텀프 는 결국 사임했다. 보너스도 포기했다. 그리고 규제 기관들과 사법부 에는 그가 무엇을 언제 알았는지 조사해달라는 요청이 들어갔다.[36]

이 청문회는 웰스파고에도 조금은 중요했다.[37] 웰스파고가 직원들 을, 특히 회사가 강요한 일을 정확히 수행했다는 이유로 해고당한 직 원들을 어떻게 다뤘는가에 대해 노동부의 조사가 시작되었기 때문이 다. 브로커들을 단속하는 사설 조직 FINRA도 조사를 시작했다. 사 법부와 증권거래위원회, 수많은 주 법무부 장관도 마찬가지였다. 이제 시작이었다.

이 모든 사태에서 내가 얻은 교훈은 뭘까? 정부가 중요하다는 것 이다.

상원에 입성해서 벽돌담과 몇 번이나 충돌하고 그 충격으로 여러 차례 두통이 찾아오는 것 같은 기분이 드는 날이면 나는 책상 앞에 앉 아 숨을 깊게 들이쉬고는 이렇게 자문한다. "이봐, 네가 여기 와서 조 금이라도 변화를 만들어냈어?"

웰스파고의 CEO에게 힘든 질문을 던졌던 때와 비슷한 날이면 대답은 명쾌하다. 그럼, 변화를 일으켰지.

은행들을 다시 풀어주다

웰스파고 스캔들이 한창일 때 수많은 공화당 의원이 줄을 서서 그 은행을 저격하려 했다. 그들은 은행이 고객을 속였다는 사실을 알고 나서 충격을 받았고 그 사실을 조금도 받아들이려 하지 않았다. 그래, 그렇겠지.

공화당 의원들은 카메라 앞에서는 맹렬히 비판을 퍼부었지만 그와 동시에 금융 규제를 완화하고 소비자 금융 보호국을 저지하겠다는 계획을 세우고 있었다.[38] 그리고 선거운동이 거의 끝나가는 지금 도널드 트럼프는 월가의 공화당원들과 똑같은 전술을 택해서 이 끔찍하기 그지없는 금융 규제를 중단시키자고 요구했다.

이런 일이 실제로 일어났을까? 지난 2008년에 금융 규제 기관들은 운전대를 붙잡은 채 잠을 잤다. (설상가상으로 차바퀴에 기름을 둘러서 은행들은 원하는 모든 것을 얻을 수 있었다.) 하지만 2016년에는 소비자 금융 보호국이 감독 역할을 맡았다. 그들은 조사를 실시했고 벌금을 부과했으며 청문회를 열었다. 2010년에 내가 출범을 도왔던 신생 기관이 이제는 노련해졌다. 소비자 기관은 가장 중요한 금융 규제 기관인 통화감독국과 함께 웰스파고를 기소하고 벌금을 부과하는

데 앞장섰다.[39]

달리 말하면, 규제 기관들이 맡은 일을 하고 있었다. 완벽하지도 않고 쉽지도 않았지만 그들은 각자 맡은 바 임무를 수행했다. 그리고 웰스파고가 한 손에는 절도에 필요한 도구를, 다른 한 손에는 훔친 물건을 들고 대중의 관심을 받고 있는 이때에 공화당 의원들이 감독관을 해고하려 했다. 몇 달 전, 막강한 힘을 자랑하는 하원 금융서비스 위원회 위원장인 젭 헨설링은 소비자 금융 보호국을 축소하자고 요구하기 시작했고[40] 웰스파고 스캔들이 터지자 조금도 망설이지 않았다. 그는 소비자 금융 보호국을 비판하고[41] 리처드 코드레이 국장이 위원회 청문회에 출석해서 사기 사건에 대해 증언하는 것을 거부했다. 그의 메시지는 명확했다. 악당은 정부 규제 기관이지 거대 은행이 아니라는 것이다.

이 이야기가 유난히 실망스러운 이유는 이 사기꾼들을 체포하기가 대단히 어렵기 때문이다. 날마다 발생하는 것도 아닌 데다 마법으로 발생하는 것도 분명히 아니다. 은행과 기업은 쓸 돈이 훨씬 더 많으므로 사람들의 임금을 올려주고 더 놓은 사무실을 제공하며 최신 기술을 보유할 수 있다. 이 거대 기업들은 정직하지 못한 일을 할 때 흔적을 지운다. 흔적을 지우는 데 도가 텄다. 그들은 장부를 복잡하게 꾸며서 이해하기 거의 불가능하도록 만들고자 변호사와 회계사를 잔뜩 고용할 수 있다. 사실 웰스파고 음모는 꽤 단순한 구조이지만 음모를 실행하는 것은 엄청난 규모의 일이었다.

공화당 의원들이 경찰을 해고해야 한다고 주장하는 것은 전형적인 낙수 이론이지만, 가장 요란하고 명확한 표현이므로 그들은 정부가 거대 은행들이 속이려는 국민을 위해서가 아니라 거대 은행들을 위해 일해야 한다고 믿는다. 여기서 끝이 아니다. 비록 규제도 중요하고 기본적인 책임도 중요하지만 공화당 의원들은 기업들이 법을 어길 때 CEO나 다른 임원들에게 책임을 물리고 싶어하지 않는다.

한 가지 사례를 들어보겠다. 2016년에 의회는 형사법을 개정하자는 초당적인 법안에 몇 년 동안 공을 들여왔다. 이 법안이 형사법의 잘못된 부분을 모조리 고치지는 않겠지만 이로운 일도 더러 할 것이다. 예를 들면 가벼운 마약 사범의 형을 줄일 수 있는 판사의 재량권을 키워주는 것이다. 법안 작성이 거의 완료되었을 때 공화당 의원들이 수정안을 끼워넣었는데,[42] 수정안에 따르면 회사가 저지른 범죄로 회사 임원을 기소하는 것이 극히 어려워졌다. 그것은 거래였다. 비폭력적인 마약 범죄로 오랫동안 수감되었던 사람 중 일부를 도와주는 대가로 공화당 의원들은 기업 임원들에게 광범위한 면책특권을 인정하는 조항을 넣자고 주장했다. 민주당 의원들은 망설이다가 거부했는데 이를 계기로 결국 법안 전체가 결렬되었다.

정말인가? 고객을 속인 임원들에게 책임을 지우는 것의 문제는 그런 일이 너무 많다는 것인가? 이따금 나는 세상에서 제일 정신 나간 장소에서 일하고 있다는 생각이 든다.

은행 CEO들에게 개인적으로 책임을 묻는 것이 복수는 아니다. 물론 거짓말이나 위조된 문서 때문에 집을 잃어버린 사람 가운데 몇몇은 책임 있는 임원들을 조금 고통스럽게 하고 싶어할 것 같다. 책임을 요구하는 이유는 그런 사태가 다시는 일어나지 않게 하기 위해서다. 만약 책임자들이 속임수를 써야 자신과 회사를 위해 더 많은 돈을 벌 수 있다면 속임수를 쓸 사람도 더러 있을 것이다. 그들이 개인적으로 처벌받을 필요가 없고 모든 벌금을 투자자들이 지불하거나 세금 우대 조치로 탕감받는다면, 속임수를 쓸 사람은 더 많을 것이다. 만약 다른 사람이 모두 속임수를 쓰고도 무사히 빠져나간다면 점점 더 많은 사람이 남을 속일 것이다. 은행가들은—다른 모든 사람과 마찬가지로— 강한 동기를 따라 움직이고 우리는 약간의 규칙과 그 규칙을 집행할 경찰이 필요하다.

절대 오해하지 마라. 단지 거대 은행들만이 문제는 아니다. 지도자들이 규칙을 회피할 수 있다고 생각하는 기업과, 다른 사람은 책임지겠지만 자신은 피할 수 있다고 생각하는 CEO가 문제다. 속임수는 어떤 경제에서도 암적인 존재이기 때문에 그저 공정함이 문제가 되는 것도 아니다. 때로는 경제 시스템 전체를 무너뜨릴 수도 있는데, 바로 2008년에 그런 일이 벌어졌다. 그리고 때로는 생계를 꾸리고 경제적인 안정을 이루고자 노력하는 수백만 가정의 힘과 활기를 계속 앗아간다. 만약 속임수가 지속되도록 허용한다면 부정하게 조작된 시스템은 공정하게 바로잡히지 않을 것이다.

웰스파고 청문회가 열리기 전에 은행에서 "책임"은 관리자들이 정해준 할당량을 채우려고 노력하는 시간제 노동자를 5000명 이상 해고한다는 뜻이었다. 청문회 이후—웰스파고의 CEO가 사임하고 보너스를 포기한 뒤—우리는 책임에 대한 새로운 근거를 얻었다. 차기 CEO

는 제이미 다이먼이 어떤 방법을 활용해서 JP모건체이스가 수십억 달러의 벌금을 부담하도록 만들었는지에 대해 생각하지 않을 것 같다. 오히려 그 CEO는 일자리를 잃고 비겁한 지도자라는 명칭으로 유튜브에서 파란을 일으킨 존 스텀프를 기억할 것이다.

웰스파고 청문회에서 좋지 못한 결과를 얻은 뒤 생각해보니, 우리는 경찰 해고에 맞서 싸우기 좋은 입장이었다. 나는 나쁠 게 없다고 생각했다. 빛과 진실의 편이 1점을 올렸다.

하지만 그때는 9월이었다. 10월에도 나는 기분이 꽤 좋았다. 힐러리 클린턴, 매기 하산과 함께 뉴햄프셔의 대학 캠퍼스에 모인 사람들의 사기를 북돋워주었던 그 아름다운 오후에는 특히 그랬다. 그날 느낀 불안감은 절대 사라지지 않았지만 나는 조심스럽게 낙관했다. 11월이 오면 우리는 공정함과 책임과 미국의 노동자 가정을 위해 굳세게 싸울 사람을 새로운 대통령으로 선출할 것이라고.

그리고 나서 도널드 트럼프가 백악관을 차지하기 위한 선거에서 승리했다.

다음 날

선거 다음 날 아침, 나는 잠에서 일찍 깼다. 음, 잠이 깬 것 같은데 충분이 잠을 잤는지는 잘 모르겠다. 지난밤은 비참했으니까.

나는 눈을 깜빡이고 손으로 비비면서 이메일을 확인했다. 수북이 쌓인 메일 가운데 한 보좌관이 보내온 것도 있었다. 『뉴욕타임스』에서 전화가 왔었다는 내용이었다. 지난 며칠 동안 나는 신문에 시사 논평을 써 보냈고 주필들은 목요일자 신문에 논평 실을 자리를 아직 비워두고 있었다. 하지만 이제 그들은 내가 어제 보낸 원고를 조금 수정해야 한다고 생각했다.

수정이라고? 나는 웃음이 크게 터질 정도로 기분이 끔찍했다. 내가 썼던 원고는 힐러리 클린턴의 승리를 기정사실로 여기고 작업한 것이었다. 내가 생각하는 이 선거의 목표를 요약해놓은 글이었다고 할까. 즉, 극심한 편견을 거부하고 레이건 식의 경찰 해고 및 부자 감세 정책들을 종식시키자는 것이다. 또한 클린턴 대통령 당선자를 강하게 압박하면서 우리 정부가 미국의 국민을 위해 일하게 만들어달라고, 상류층 사람들만이 아니라 모든 사람을 위해 움직이게 해달라고 주장했다.

수정이라고? 당연히, 이 원고는 수정할 필요가 있었다. 어쩌면 다음과 같은 두 단어의 논평으로 바꿀까 하는 생각도 들었다—이런 젠장.

아무래도 클린턴이 유권자들의 가정을 위해 가장 헌신적으로 싸울 것이라고 믿은 사람들이 부족했었나보다. 일반 득표에서 클린턴이 트럼프보다 수백만 표를 더 받았지만 대통령 선거인단을 흔들기에 충분한 수준은 아니었다. 개표 결과상 중요한 곳에서, 미국이 실직과 기회 감소로 크게 타격을 입었던 곳에서 일은 우리 편의 계획대로 진행되지 않았다.

창피해 죽겠다.

아침을 먹으면서 나는 지난 몇 달 동안 만났던 사람들을 떠올리며 생각에 잠겼다. 그러자 마치 내가 문을 열어주기라도 한 것처럼 온갖 기억이 점점 더 빠르게 밀려들었다. 여러 얼굴이 머릿속을 스쳐 지나 갔다. 충격적인 금액의 빚에 허덕거리던 학생. 실직당한 노동자들. 십대 흑인 청소년 아이 둘이 걸어서 돌아오는 하굣길의 안전을 걱정하던 어느 엄마. 주유소를 관리하느라 일주일에 6일을 2교대로 일하고 시간외 근무수당도 받지 못하던 어느 가장—그렇게 일해도 그는 가족을 가난에서 벗어나도록 구제하지 못했다. 라틴아메리카에서 간호사로 일했지만 이민 서류를 구비하지 못해서 이제는 건물 청소일로 돈을 벌던 어느 여성. 학교에 돈이 없어서 사재를 털어 교실 비품을 마련한 교사들. 장애수당으로는 치료비가 충분히 보장되지 않아 시간외 근무까지 하던 간호사들. 나는 부엌 조리대를 꽉 붙잡고 몸을 기댔다.

그때 한 사람의 얼굴이 떠오르더니 사라지지 않았다. 뉴햄프셔에 사는 한 노인으로 선거 전 마지막 주말에 만났었다. 힐러리 클린턴 반대, 미국 상원 후보들 반대. 흐리고 몹시 추운 날씨에 비까지 퍼붓고 있었다. 내가 할 일은 자원봉사자들을 결집시켜서 집집마다 직접 찾아가거나 전화를 걸게 하는 것이었다. 나는 최선을 다했다.

일이 마무리되어갈 무렵 그 노인이 보였다. 연설이 끝나고 환호가 잦아든 뒤라 대부분의 사람이 클립보드를 집어들고 무리지어 거리로 나섰다. 그는 몹시 말라서 아파 보일 지경이었다. 손엔 뼈마디가 드러 났고 이는 거의 다 빠지고 없었다. 하지만 내 팔을 잡은 손아귀의 힘은 꽤 셌다. 그는 내 쪽으로 몸을 기울이더니 귓가에 대고 낮은 목소

음울한 날씨였지만 선거 전 마지막 주말에 뉴햄프셔에서 열린 집회에는 많은 사람이 참석했다.

리로 이렇게 말했다. "사회보장연금 1122달러로 먹고살기는 정말 힘듭니다. 정말 힘들어요."

그는 말을 잠시 멈췄지만 절대 손에서 힘을 빼지는 않았다.

"의원님만 믿습니다."

선거 다음 날, 나는 이 이야기를 친구에게 들려주려 했지만 끝내 하지 못했다. 이야기를 끝까지 마무리 지을 수 없었다. 선거 다음 날 아침, 부엌 조리대를 꽉 붙잡고 선 채 나는 그 노인이 지금 어떤 기분일지만 계속 생각했다.

내가 그를 실망시켰다. 우리 모두가 그를 실망시켰다.

싸울 준비

그다음 날, 나는 미국노동총연맹산업별조합회의AFL-CIO에 속한 수많은 노조위원장 앞에서 연설을 하기로 되어 있었다. 그래, 그 연설문도 이제 쓰레기통으로 들어갔다. 세상이 제멋대로 달라졌지만 나는 그래도 연설을 하러 갈 작정이었다.

회의는 이 연맹의 전국본부에서 열렸다—노동으로 지어올린 건물에서 말이다. 본부 건물은 날렵하고 현대적이어서 매끈한 모서리에 높은 천장, 그리고 무수하게 달린 조명이 인상적이었다. 1층에 걸린 거대한 벽화 두 점은 말하자면 노동을 기념하는 것이다. 북쪽 로비에는 다양한 색깔의 대리석과 황금색 타일로 만든 모자이크가 있었고 그 밑에 '라보르 옴니아 빈키트LABOR OMNIA VINCIT'라는 라틴어가 적혀 있었다. 내가 그 글귀를 번역할 정도로 고등학생 시절 배운 라틴어를 기억하고 있었던 건 아니고, 예전에 이곳을 다녀간 뒤 뜻을 찾아본 적이 있다. "노동은 모든 것을 정복한다." 절로 기도가 나왔다. 신이시여, 그 말이 맞게 해주소서.

나는 잠시 걸음을 멈추고 이 건물에 대해 생각했다. 루스벨트 대통령이 대공황에 빠진 경제를 구하려고 안간힘을 썼을 때 미국노동총연맹산업별조합회의는 수많은 개별 노조로 구성된 경쟁 단체였다. 노조 연합과 커다란 벽화들이 장식된 이 건물은 미래를 보고 수십 년 동안 자리를 지키고 있었다. 루스벨트가 취임했을 때 많은 사람은 경제 붕괴가 곧 노조의 종말을 가져올 거라고 예측했다. 하지만 노조는 다시 일어섰고 회원을 늘렸으며 모든 노동자의 임금을 인상시켰다. 노조는 미국의 중산층을 세우는 데 힘을 보탰지만 지금은 많은 분야에서 공격을 받고 있을 뿐 아니라 노조 회원은 줄어드는 추세였다.

내가 방으로 걸어 들어갈 때 격앙된 목소리들이 들려왔다. 전국의 노조 지도자들이 커다란 회의 탁자에 둘러앉아 있었는데 기분이 좋아 보이는 사람은 한 명도 없었다. 일부 노조는 선거 기간 초기에 버니를 지지했고 다른 일부는 처음부터 힐러리를 지지했지만, 이 방 안에 모인 노조 지도자들은 모두 트럼프보다는 힐러리를 응원했다. 그에 반해 노조원들은 그렇게 확고한 태도를 보이지 못했다.

내가 그 자리에 참석한 것은 선거 결과가 얼마나 타격을 받았는지 이야기하기 위해서가 아니었다. 적어도 이 사람들과 할 이야기는 아니었고 그들도 이미 그 점을 알고 있었다. 수천 명의 회원과 더불어 여기 모인 사람들은 대부분 힐러리가 우승 테이프를 끊을 수 있게 돕겠다는 마음 하나로 밤 시간도 주말도 포기한 채 커피와 피자로 연명하면서 연설을 했고 아무리 궂은 날씨라도 유권자들 집의 문을 두드렸다. 그들 모두 이 실패가 어떤 의미인지 잘 알고 있었다. 연방대법원이 불안정하며 공화당이 의회와 백악관을 모두 장악한 상황에서 더 나은 노동 환경을 만들기 위한 오랜 단결권과 교섭권이 이제 도마 위에 올려졌다. 이미 영향력이 약화된 노조는 더 거센 공격을 받을 것이다. 이 방에 모인 사람들은 상황이 얼마나 악화될 것인지에 대해 수군거렸다.

나는 노조 회의에 참석해서 노조원과 비노조원을 합친 모든 노동자에 대해 생각했다. 머릿속에 떠오르는 수치들을 검토해보니, 어느 수치를 보더라도 노조 회원 수가 증가하면 모든 노동자가 더 잘살게 되는 반면 회원 수가 감소하면 모두의 형편이 악화되는 것이 분명했다. 나는 노조들이 어떻게 모든 노동자를 위한 혜택을 확대할 것인지, 노조들이 어떻게 워싱턴과 주 의사당에 나타나서 모든 근로자 가정에 큰 영향을 미칠 가장 기본적인 쟁점들을 위해 싸울 것인지 생각했다.

수십 년 동안 공화당은 노동자들과 관련된 사실상의 모든 문제를 놓고 노조와 싸워왔다[43]—최저임금, 유급 육아휴직, 공정업무일정 법안, 적정한 가격의 건강보험, 노인 의료보험제도인 메디케어, 저소득층을 위한 의료보험제도인 메디케이드 등등. 뿐만 아니라 공화당은 노동법을 위반한 회사들을 상대하는 전국노동관계위원회를 폐쇄하려고 시도하거나 노조를 지키려는 노동부의 활동을 맹비난하는 식으로 노조를 정면에서 공격했다.

공화당 대통령이 벌일 일들을 두려워하며 노조들은 몇 달 동안 힐러리 클린턴을 위해 최선을 다했지만 패배했다. 그리고 몇 달 뒤, 아니, 몇 년 뒤면 각지의 노동자들은—트럼프 지지 유권자와 클린턴 지지 유권자 모두—끔찍한 대가를 치를 것이다.

나는 이 방을 둘러봤다. 탄광이나 용접으로 일을 시작한 사람들에 대해 생각해봤다. 2교대 근무를 하고 나서 노동자 단결에 도움을 주기 위해 유권자들의 집 대문을 두드린 여성들. 교사와 소방관, 전기기사. 간호사와 벽돌공, 조종사. 나는 차세대 노동자들이 좋은 일터에 취직할 기회를 얻을 수 있도록 교육 기관에 시간과 노력을 바쳤던 사람들도 봤다. 그리고 형제자매는 서로 도와야 한다는 이유만으로 어려운 시기에 노조 가족들을 지원하기 위해 돈을 빌렸던 사람들도 봤다.

나는 미국에 이 남녀 노조원들이 얼마나 절실하게 필요한지, 우리가 미국 각지의 노동자들을 위해 이들이 최전방에 서주기를 얼마나 절실히 원하는지에 대해 생각했다. 그리고 그 사실이 왜 지금 특별히 잘 맞는지에 대해 생각해봤다. 바로 지금, 낙수 효과 이론을 개발하고 그것을 이용해 고소득층 사람들을 도와줬던 반면 나머지 사람은 모두 짓밟아버린 공화당이 이 나라를 좌지우지하려 하기 때문이다.

그날 오후 나는 자리에서 일어나 노조 지도자들에게 이렇게 말했다.

충실한 야당으로서 우리는 더 치열하게 싸울 겁니다. 더 오래 싸울 겁니다. 그리고 마땅히 존엄하고 존중받는 존재로 대해야 할 이 나라 모든 사람의 권리를 위해 그 어느 때보다 더 열정적으로 싸울 겁니다. 우리는 일부 아이가 아니라 모든 아이에게 경제적 기회를 마련해주기 위해 싸울 겁니다. 우리는 정부의 도구들을 제어하지 못합니다. 하지만 정말이지, 우리가 무엇을 향해 나아가야 하는지는 알고 있습니다. 태양은 계속 떠오를 테고 우리는 계속 싸울 겁니다. 매일, 날마다, 우리는 이 나라 사람들을 위해 싸울 겁니다.

그날 나는 그렇게 말했고 다시 한번 말할 것이다. 우리가 노조 소속이든 아니든 이 싸움은 우리 모두에게 영향을 미칠 테니까. 그리고 우리 모두 이 싸움에 반드시 참여해야 한다.

트럼프 팀

선거가 끝나고 처음 며칠 동안 어떤 사람들은 거리로 나와 구호를 외쳤다. "나의 대통령이 아니다." 다른 사람들은 트럼프가 그 끔찍한 인종차별적 비방을 이용했을 때 사실은 진심이 아니었다고 말했다. 게다가 그는 "오물을 치우고" 영향력 있는 연줄을 이용해 제 이득이나 챙기는 사람과 로비스트를 모두 몰아내고 미국을 다시 위대하게 만들겠다고 약속했다. 그러니 이 남자에게 기회를 한번 주는 건 어떨까?

도널드 트럼프에겐 기회가 있었고 그는 극심한 편견에 의지했다. 선거가 끝난 지 닷새 뒤 그는 수석 전략가를 발표했는데, 그 선택은 매우 특이했다. 트럼프 팀에 합류하기 전에 스티븐 배넌은 극우파 인터넷 매체인 브레이트바트 뉴스의 대표였다. 배넌이 대표로 있는 동안 이 매체는 백인 우월주의자들을 찬양했고 다음과 같은 질문을 던지는 헤드라인을 뽑았다. "당신의 자녀가 페미니즘을 믿는 게 나을까 암에 걸리는 게 나을까?" 배넌만 해도 정말 충격적이었는데 며칠 뒤 트럼프는 제프 세션스를 미국의 법무부 장관으로 지명함으로써[44] 지독한 편견을 한층 더 강화했다. 인종차별에 대한 의혹이 연이어 제기되고 세션스가 의결권 행사를 지속적으로 반대한 전력이 있는 데다 이민자들을 오랫동안 두서없이 비판해온 것에 아랑곳하지 않았던 것이다.

새 행정부에 가장 먼저 채용된 사람들에 속하는 이 둘은 오해라고는 할 수 없는 명확한 신호를 보냈다. 그리고 사람들은 응답했다.[45] 트럼프의 비주류 지지자들이 공공장소에 혐오스러운 그라피티를 그린 것이다. 나치의 만자 십자상, 협박, 추악한 발언 등이 넘쳐났다. 공항, 패스트푸드점, 길거리 등등 어디를 가더라도 사람들은 내게 다가와 그 메시지를 크고 분명하게 받아들였다고 말했다. 흑인과 여성, 라틴아메리카인, 이슬람교도는—트럼프 집회에서 불청객처럼 보였던 사람은 누구나—트럼프가 이끄는 미국에서 거의 환영받지 못한다고 느꼈다.

트럼프가 증오와 편견을 부추겼을 때 사실상 진심이 아니었다는 주장은 이제 그만하라.

트럼프는 경제적인 부문에도 조치를 취하기 시작했다. 우선, 정권 인수에 도움을 얻기 위해 한 무리의 로비스트들을 불러들였다. 그런 뒤 본론으로 들어가 내각 임명을 시작했다. 차례로 임명되는 모양새를 지켜보니 하나같이 그 뻔한 예전 무리의 일원이었다. 기업의 내부자와 낙수 효과를 주장하는 정치꾼들 말이다.

재무부 장관 자리의 경우, 트럼프는 골드만삭스 출신의 경영인 스티븐 므누신을 지명했다. 그는 은행을 매입한 뒤 공격적으로—때로는 불법적으로—담보권을 행사하고 사람들의 주택을 빼앗는 방법으로 금융위기 이후 엄청난 돈을 벌었다. 그다음으로 합류한 골드만삭스의 사장 게리 콘은 국가경제위원회 위원장으로 임명되었다. 그가 유명한 이유는 트럼프가 반대한 무역 협정을 강력히 지지했기 때문이다.

하지만 낙수 효과의 기본 철학을 고수하는 태도가 경제 팀만의 특징인 것은 아니었다. 다른 기업 내부자들 가운데 국무부 장관으로 지명된 엑손모빌의 CEO 렉스 틸러슨이 있었다. 그는 러시아의 블라디미르 푸틴 대통령과 나누는 친밀한 유대감[46]뿐 아니라 엑손의 이익을 미국의 외교 정책적 이해보다 기꺼이 더 우선시하는 태도로도 유명했다. 틸러슨이 경영하던 시절에 엑손모빌은 기후변화 부인론자들과 환경 규제에 맞서는 단체들[47]에 무수한 돈을 지원했다. 환경보호국에 끈질기게 공격적인 태도를 취한다는 점으로 볼 때, 그는 경찰을 배치해 일반 국민을 공해 유발 기업들로부터 보호하는 대신 우리가 그냥 엑손을 신뢰해야 한다고 생각한다.

환경보호국의 경우, 트럼프가 기관장으로 선택한 사람은 정말 놀라웠다. 기후변화 부인론자인 스콧 프루잇을 택한 것이다. 프루잇은 오클라호마 법무부 장관 시절에 환경집행부를 말 그대로 폐쇄했다. 오클라호마에서는 누구도 환경 규정을 위반하지 않는다고 믿는 듯했다. 그러니 그냥 경찰을 배치하지 않으면 되지 않겠는가? 주 법무부 장관으로서 환경 소송에 관여하게 되었을 때는[48] 언제나 일반 국민이 아니라 공해 유발 기업의 손을 들어줬다. 한 가지 예만 들어보자. 오클라호마 동북쪽의 개울가 시내에 대규모 가금류 기업에서 흘러나온 계분 비료가 넘쳐나는 바람에 환경보호국이 개입해서 해당 기업에 환경 정화를 강제하자 프루잇은 소송에 뛰어들어[49] 가금류 기업 편을 들었다. 세상에, 물속에 닭똥을 더 퍼부은 셈이로군!

트럼프가 교육부 장관으로 선택한 엘리자베스 디보스도 규제 감독에 대해 비슷한 태도를 취했다. 그에 더해, 수십억 달러의 재산을 이용해 미시간주 공립학교들의 기반을 약화시키는 활동을 지원했다. 그녀는 영리 추구 학교들이 세금을 끌어들일 수 있게 허용하는 한편 공립학교들의 수준을 높이기 위한 두 정당의 노력을 물리치는 계획들을 오랫동안 지원해왔다. 그녀와 그 가족은 디트로이트 공립학교들을 유명무실하게 만들려는 조직에 재산의 극히 일부인 147만 달러를 기부했다.[50] 억만장자인 디보스와 자녀들 중 어느 누구도 공립학교에 다녀본 경험이 없었으면서도[51] 그녀는 공교육의 민영화가 다른 모든 가정에도 똑같이 도움이 될 거라고 확신했다.

그다음으로 톰 프라이스가 등장했는데, 트럼프는 그를 메디케어와 메디케이드, 전 국민 의료보험을 감독하는 기관인 보건사회복지부 장관으로 인선했다. 하원의원 시절 프라이스는 메디케어와 메디케이드를 민영화하고 건강보험개혁법을 전면 폐지하자며 몇 번이나 제안했다. 그래도 그의 우선순위에 대해 의심이 가지 않는다면, 하원의원 시절 자신이 감독하던 산업 분야에서 일부 회사의 주식을 적극적으로 매매했던 사실[52]도 고려해보라. 이들의 윤리의식에 관한 조사는 이제 막 시작되었을 뿐이다.

한 사람만 더 살펴보자. 트럼프가 노동부 장관으로 선택한 인물은 앤드루 퍼즈더다. 이 자리에 오른 사람은 노동자와 노조를 대변해야 하지만 퍼즈더는 노동자를 보호한 경험이 별로 없다. 아니, 퍼즈더는 하디스와 칼스 주니어 같은 패스트푸드 업계에서 일하는 최저임금 노동자들을 쥐어짜서 재산을 불렸으며 시간외 근무수당과 최저임금 인상을 반대한다. 그가 회사를 인수한 뒤 가장 먼저 작성한 메모는 말도 안 되는 내용이었다. "치아가 있는" 사람이 아니면 계산대에서 근무할 수 없다는 것이다. 세상에, 이 남자는 유머감각이 정말 뛰어난 모양이다. 그가 장관 지명을 받자 현 직원들과 전 직원 일부가 워싱턴으로 와서 그의 밑에서 일하는 사람들이 어떤 상황에 놓여 있는지 자세히 설명했다. 로라 맥도널드가 들려준 사연에 따르면, 오랫동안 칼스주니어에서 주당 50~60시간을 꾸준히 근무했지만 임금은 40시간에 해당되는 만큼만 받았다고 한다.[53] 그녀는 그 회사가 한때는 근무하기 좋은 곳이었지만 퍼즈더가 인수한 뒤로는 악몽으로 바뀌었다고 말했다. 한편 로베르토 라미레즈는 매니저에게 임금을 빼앗겨서 회사 상관들에게 불만을 호소했더니 자기네 문제가 아니므로 변호사를 선임해서 해결하라는 말을 들었다.[54] 또 하나의 사례를 소개하자면, 칼스주니어에서 최저임금보다 조금 더 받는 한 여성 근로자는 퍼즈더의 회사에서 일하면서 겪은 일을 설명하다가 울음을 터뜨렸다. 몇 가지 이유로, 그녀는 그가 노동자들을 위한 훌륭한 대변자가 아니라고 생각하는 듯했다.

선거가 끝난 뒤에 도널드 트럼프가 "실제로 어떤 사람인지", 대통령이 되면 "실제로 어떤 일을 할 것인지"에 대해 추측이 난무했다. 해답은 그가 이 나라를 통치하기 위해 모은 팀의 면면을 보면 바로 나온다. 교육, 건강, 경제, 사법 제도, 임금, 우리가 숨 쉬는 공기와 마시는 물 등등 모두가 이 나라의 관련 산업을 책임지는 정부 기관의 운영자들에게 직접적으로 크게 영향을 받는다. 그들은 이 나라에 사는 모든 사람의 삶에 영향을 미치는 정책을 실행하기 때문이다.

선거 기간에 트럼프는 낙수 효과를 강력하게 제안했고 이제 그 약속을 정확히 지키고 있다. 눈 깜짝할 사이에 그는 메디케어와 메디케이드, 공교육 지원 정책처럼 미국 중산층에 꼭 필요한 도움을 제공하는 프로그램들의 마지막 자취를 대부분 없애버리고 싶어서 안달하는 단체를 구성했다. 여기에 모인 사람들은 정부가 적이며, 사면초가에 몰린 불쌍한 거대 기업들이 원하는 것이라면 무엇이든 할 수 있게 풀어줘야 한다고 진심으로 믿는 것처럼 보인다—기업들이 원하는 건 바로 경제를 무너뜨리고 수질을 오염시키며 러시아와 은밀하게 거래하고 노동자들이 일한 시간만큼 임금을 지불하지 않는 것이다.

트럼프와 그의 팀에겐 남아 있는 미국 중산층 대부분을 무너뜨릴 힘이 있다. 그리고 우리 아이들이—우리의 모든 아이가—성장해서 부모들보다 더 잘살 기회를 누릴 수 있다는 희망을 완전히 없애버릴 힘이 있다.

내가 우리 앞에 놓인 위험에 대해 부디 잘못된 판단을 내린 것이기를 바란다. 이런, 나는 정말 틀렸으면 좋겠다. 하지만 대통령 취임선서를 하기도 전에 트럼프와 공화당이 이끄는 의회는 마이클이나 지나, 카이를—혹은 성실하게 일하는 수백만 명의 미국인을—위해 일하는 나라를 재건하는 데 조금도 관심이 없다고 분명히 밝혔다. 그리고 트럼프는 가장 중요한 목표를 절대 굽히지 않았다. 자신이 카메라 앞에서 여전히 우쭐대며 더 많은 돈을 긁어모을 수만 있다면 이 나라를 기꺼이 분열시키고 황폐하게 만들 작정이었다. 그가 한 가지 행동을 하고 한 가지 선언을 할 때마다 모든 것이 미국 국민이 아닌 오로지 도널드 트럼프만을 위한 일이었다는 생각이 점점 확고해졌다.

즉, 우리에게 달린 문제라는 뜻이다. 이 싸움은 우리의 싸움이다. 시간이 흐르면 다양한 전쟁터가 나타날 것이고 우리의 전술은 진화

할 것이다. 어떤 장군도 모든 충돌에 대비해 세부 계획을 미리 세우고 이를 충실히 지킬 수는 없다. 그건 실패로 향하는 지름길이다. 영리한 싸움꾼이라면 힘을 기르고 열심히 훈련하며 각오를 다진다. 그들은 새로운 무기를 개발하고 낡은 무기를 개선한다. 더 훌륭한 규율을 개발한다. 거기에 적응한다. 유리한 게 있거든 아무리 작은 것이라도 예리하게 지켜본다. 그러고 나서 실전에 들어가면 내일이 없는 것처럼 싸운다. 그것이 바로 우리가 해야 할 일이다. 도널드 트럼프가 백악관에 입성하고 나면 내일이 정말 없을지도 모르니까.

우리는 몇 번의 전투에서 질 각오를 해야 한다. 의회나 백악관을 통제하지 못하면 열심히 노력해도 이루지 못하는 경우가 많다. 매번 승리를 거둘 기구와 무기가 없을 뿐이다. 그렇다고 우리에게 힘이 없다는 뜻은 아니다. 맞서 싸우지 말라는 뜻도 아니다. 수천만 명의 사람이 우리 편에 서 있고 위대한 국가의 영혼이 운명의 갈림길에 놓여 있다. 우리는 온 힘을 다해 싸우고 있으며 반드시 그렇게 싸워야 한다.

이제 어떻게 시작하면 되는지 알려주겠다. 모든 사람에게—그리고 그 싸움을 주도할 민주당에—도움이 되는 경제를 재건하기 위해 우리는 자신의 가치를 분명히 알아둘 필요가 있다. 우리가 처한 상황을 분명히 알아야 하고, 더 중요한 것은 싸울 가치가 있는 대상이 무엇인지 분명히 알아야 한다는 것이다. 타협할 지점과 타협하지 말아야 할 지점에 대해 분명히 알아야 한다. 바꿔 말하면, 우리의 핵심적인 원칙들에 대해 분명히 알아야 한다.

내가 생각하기에 이 원칙들은 세 부분으로 구성된다.

편견에 맞서 싸워라

우리가 할 싸움의 첫 번째 부분은 편견과의 전투다. 장소도 시간도 대상도 가리지 않는다. 이는 절대 타협할 수 없는 원칙이다. 필요할 때마다 당당히 일어서서 확실히 밝혀야 하는, 가장 핵심적이고 기초적이며 우리의 정체성을 보여주는 부분이다.

도널드 트럼프는 미국의 추악한 부분을 자극했다. 그가 없는 것을 만들어내지는 않았다. 그 추악함은 이미 존재했고 이용당할 준비가 되어 있었다. 하지만 6300만 명의 사람이 도널드 트럼프에게 투표했다고 해도 약 7300만 명은 다른 사람이 대통령이 되기를 바랐다.[55] 그리고 트럼프에게 투표한 6300만 명 중에는 선거 기간에 보여준 그의 증오 때문이 아니라 그 증오를 감수하고 투표한 사람도 많다. 사실 그에게 투표한 사람 가운데 거의 4분의 1은 그가 대통령이 될 자격이 없다고 대답했고 29퍼센트는 그가 정직하지 않거나 신뢰할 수 없는 사람이라고 말했다.[56] 어째서 그토록 많은 사람이 신뢰하지도 않는 인물에게 투표를 했는지 완전히 설득력 있게 설명한 사람은 없지만 나는 대다수의 미국인이 서로를 공격하며 분열하는 모습을 보고 싶어하지 않는다는 믿음에 매달리고 있다.

하지만 증오가 공공연히 드러난 마당이니 무시해버릴 수는 없다. 여러 편견이 막강한 힘을 얻었으므로 우리 같은 나머지 사람들이 나서야 할 때라는 뜻이다.

우리는 모든 사람의 존엄성을 위해 헌신하는 미국을, 서로 다르기 때문에 더 강해질 수 있다는 생각을 완전히 받아들이는 나라를 믿는다고 한목소리로 말할 수 있고 그렇게 말할 것이다. 그 길에는 난관과 힘겨운 순간이 분명히 있을 테지만 나는 이 나라가 결국은 역사의 올바른 편에 서서 모든 개개인을 소중하게 여기는 열린 공동체를 건설할 것이라고 믿는다. 나는 우리의 다양성이 우리를 더 강하게 만든다고 믿으며 이 원칙이 싸워서 얻을 가치가 있다는 데에는 의문의 여지가 없다.

우리가 할 일은 당당히 일어서서 의견을 말하며 맞서 싸우는 것이다. 지역사회 모임과 봉사활동 프로그램에서. 인터넷에서, 공원에서, 지역문화센터에서, 교회에서, 절에서, 그리고 사원에서. 우리 모두가 힘을 모아 반드시 맞서 싸워야 한다.

우리 적은 증오와 편견이며 모두가 싸움에 뛰어들어야 한다. 마틴 루서 킹 주니어 박사는 "어디서 생겨난 것이든 불의는 세상 모든 곳의 정의를 위협한다"[57]고 말했는데 우리가 슬로건으로 삼아야 할 말이다. 이슬람교도는 그들이 믿는 종교를 근거로 지목을 받아 남들과 다른 대우를 받는다. 그 공격은 우리 모두에게 영향을 미치기 때문에 기독교를 믿든 유대교를 믿든, 아니면 종교를 믿지 않든 간에 모두가 이 싸움에 뛰어들어야 한다. 인종을 기반으로 한 차별은 흑인들만이 문제 제기를 해야 하는 불의가 아니다. 정의로운 사회를 만든다는 도전을 받아들이는 것은 우리 모두의 도덕적 의무다. 가족을 찢어놓는 이민 명령은 우리가 사랑하는 미국에 직접적인 위협이 되므로 우리 모두가 이웃을 지켜야 한다. 여성들이 열등한 지위로 밀려나서는 안 된다. 필수적인 의료보험 혜택의 기회가 더 적고 임금이 더 낮은 것은 영구적으로 받아들여서는 안 될 조건이다. 당신이 속한 집단이 다음 차례가 될지 지켜보면서 수수방관해서는 안 된다.

미국의 역사는 복잡하지만 그 뿌리에는 다양한 사람이 모여 하나의 나라를 건설한다는 이념이 깔려 있다. 우리는 다양성이 우리 약점이 아니라 장점임을 받아들인다. 관용 이상의 것을 목표로 삼고 있다. 즉, 우리를 우리답게 만드는 차이를 기념하고자 한다. 이것은 이 나라를 건국할 때 생겨난 비공식적인 좌우명이었고, 미국 정부의 인장에 적혀 있다. E pluribus unum. 여럿으로 이루어진 하나라고.

선거 이후로 목소리를 높여온 사람, 행진하고 항의한 사람, 건강보험을 위해 집회를 열고[58] 이민과[59] 적정 임금을[60] 비롯해 여러 안건을 주제로 공개 토론을 개최한 사람 모두가 훌륭하다. 그리고 이제 우리는 다른 모든 사람의 이야기를 들어야 한다—여기에는 기업국가 미국도 포함된다. 이 나라에서 정치와 관계없는 지도자들, 산업계의 거물과 우주의 지배자들, 거대 기업을 이끌고 여론에 영향을 주는 사람들의 이야기를 들어야 한다. 그들은 편견에 대해 정확히 어떤 입장을 가지고 있으며 그 문제에 관해 무엇을 할 작정인가?

선거가 끝나고 엿새 뒤, 『월스트리트저널』은 연례 CEO 협의회를 개최했다. 후원자들의 말에 따르면, 이 협의회는 "세상에서 가장 야심 넘치고 영향력이 큰 기업가들을 모아 미래를 만드는 안건에 대해 토론한다". 달리 말하면, 이 협의회는 돈 많고 힘 있는 사람들이 돈 많고 힘 있는 사람들을 만날 기회를 제공한다.

참석자와 강연자는 대부분 CEO다. 연방준비제도 의장도 경제 범죄 담당 부장검사 한 명과 같이 참석했다. 나도 참석하라는 요청을 받았다. 사자굴에 초대받은 다니엘구약성서에서 바빌론의 다리오 왕에게 미움을 산 다니엘이 사자굴에 갇혔으나 살아난 이야기인 걸까?

나는 약속 시간에 맞춰 찾아갔고 그 모임은 예상했던 그대로였다. 수많은 백인 남자와 극소수의 다른 사람들이 있었다. 모두가 어두운 방에 앉아 있었고 주 요리인 나는 칼로 먹기 좋게 잘릴 각오를 한 채 낮은 곳에 앉아 있었다.

선거가 끝나고 엿새 만에 열린 이 협의회에서 나는 기업국가 미국의 지도자들에게 하고 싶은 말이 있었다. 마침 좋은 기회를 발견하고 곧장 뛰어들었다. 나는 트럼프가 편견을 기반으로 선거운동을 펼쳤으며 초반에는 그가 그 편견을 포용한 듯한 징후를 보였다고 지적했다—있는 그대로의 사실이었다. 그런 다음 CEO들을 똑바로 마주보고 목청을 높였다.

편견은 사업에 좋지 않습니다.[61]

그들의 회사는 대부분 광범위한 미국인에게 일터를 더 친근하게 만들어주려고 노력하는 데 앞장서왔다. 그와 같은 회사의 대부분이 모든 인종과 종교와 성적 취향의 고객들을 섬기고 싶다는 뜻을 분명히 밝혔다. 그리고 LGBTQ라고 밝히는 사람들을 차별하라고 권장한 인디애나와 노스캐롤라이나의 법에 맞서왔다. 물론 그들도 훌륭하다. 그러나 이 회사들 중 일부는 도널드 트럼프와 공화당 의원들을 돕기 위해 정치 기부금을 내기도 했다. 어떤 사람들은 돈을 직접 건넸다.

어떤 사람들은 무역협회 뒤에 숨었다. 그리고 어떤 사람들은 어두운 돈을 받은 정치단체를 통해 기부했다.

물론 이 회사들은 기부금을 낼 합법적인 자격을 지녔다. 연방대법원이 내린 시티즌스 유나이티드 판결 아래서 완벽하게 보호받았다. 물론 이 회사들 중 상당수가 증오를 받아들인 후보와 정당을 지지하는 이유는 증오와 아무 관계가 없을 것이다. 하지만 지지를 보내는 이유가 무엇이든 상관없이 그들은 편견을 돕고 부추기고서는 직접적으로 잘못한 게 없다고 주장할 수는 없다.

사람들이 편견에서 이익을 얻기 위해 반드시 본인이 편협한 사람이 될 필요는 없다. 은행가들은 공개적인 인종차별주의자들과 동침하면서 자기네가 이 사람들과 어울리는 이유는 오직 금융 규제를 완화시키는 거래를 맺기 위해서라고 합리화한다. 석유 재벌들은 KKK의 친구들과 친하게 지내면서 시추권을 더 많이 확보하는 데에만 관심이 있다고 말할 수 있다. 거대 통신사 CEO들은 이슬람교도를 체포하려는 이들을 도와주고 최근 합병 허가 때문에 그런 일을 했을 뿐이라고 주장할 수 있다.

이 경영인들은 이슬람교도, 라틴아메리카인, 흑인, 여성, LGBTQ, 혹은 증오를 받는 다른 어떤 집단에도 개인적으로는 마음을 열고 있다고 생각할지 모른다. 자신들이 직원을 공정하게 채용하고 있으며 온갖 종류의 고객을 환영한다고 주장할 수도 있다. 원한다면 어떤 식으로든 '제 잘못이 아니에요'라고 변명할 수는 있겠지만, 편견을 조장하는 사람을 돕고 편견에 찬 후보들이 선거에서 더 쉽게 당선되어 정권을 유지하게 돕는다면 그들은 편견을 가진 사람들과 함께 밀치고 소리치고 침 뱉는 것과 똑같이 분명히 증오에 찬 행동으로 이익을 본 셈이다.

우리 마음은 선하다고 아무도 모르게 선언하는 것으로는 충분치 않다. 공격받는 이들을 공개적으로 지지하고 다른 사람들에게 일어서라고 요구해야 한다. 바로 그런 식으로 우리는 자신이 어떤 사람인지 스스로에게 알린다. 그런 식으로 우리는 나머지 세상에 우리가 무엇을 지지하는지 알린다.

나는 CEO 협의회에 참석한 사업가들에게 어느 편을 들 것인지 선택하라고 말했다. 트럼프가 이 나라를 더 큰 분열과 더 깊은 증오로 밀어붙이는 상황이기에 나는 이렇게 말했다. "옆으로 물러서서 이 문제에 대해 침묵하는 것은 불가능할 것 같습니다."

편견의 문제에 대한 리더십은 평범한 사람들에게서 나온다. 그 리더십은 성직자에게서 나온다. 그 리더십은 선출된 공무원에게서 나온다. 그리고 스포츠 스타와 영화배우, 토크쇼 진행자, 신문 칼럼니스트, 플랫폼을 가진 모든 사람에게서 나온다. 이 가장 기본적인 사안들에 관해 기업국가 미국은 무임승차를 해서는 안 된다.

우리 모두 자리에서 일어나 누가 일어나지 않는지 돌아보기로 한다. 그리고 그 사람들의 이름을 부른다.

기회 만들기

우리 싸움의 두 번째 부분은, 이 경제가 모든 사람에게—상위 10퍼센트가 아니라 모든 사람에게—도움이 되게 만들 거라고 크고 분명하게 이야기하는 것이다.

'메시지 전달하기'가 아니다. 알맞은 슬로건을 찾거나 알맞은 인구 집단을 골라내자는 이야기도 아니다. 대다수의 미국인이 날마다 어떤 삶을 살아가는지 마음속 깊이 이해하자는 것이다. 이 정부는 그들을 위해 일하지 않기 때문이다. 이 정부는 돈 많고 힘 있는 사람들을 위해 일하며 나머지 사람들은 그냥 버려둔다.

물론 긍정적인 경제 뉴스도 있다. 주식 시장이나 실업 통계 혹은 GDP에 대해 이야기할 때마다 우리는 경제를 정확히 묘사한다고 생각한다. 하지만 그 통계 자료는 거대한 맹점을 지니고 있다. 단지 주식 시장이 호황이기 때문에 지나가 식탁에 음식을 올릴 수 있는 건 아니다. 마이클이 GDP로 주택담보대출을 줄일 수는 없다. 노동부에서 카이가 완전고용 상태라고 말하더라도 그녀는 학자금 대출을 갚을 수 없다. 이 나라의 미래를 결정짓는 것은 지나와 마이클, 카이의—그리고 각자 사연이 있는 수천만 명의—인생 경험이다. 그리고 한 해가 지날 때마다 워싱턴이 강박관념을 보이는 경제 지표들은 지나와 마이클과 카이 같은, 점점 더 많은 사람의 삶을 무시한다.

여기서 던질 질문은 간단하다. 어떻게 우리 모두를 위해 일하는 미국을 건설할까?

답은 바로 우리 앞에 놓여 있다. 과거에도 한 번 건설한 적이 있으니 다시 한번 만들어낼 수 있다.

우리가 세운 미국은 전혀 완벽하지 않았지만 시간이 흐르면서 더 많은 사람에게 도움이 되도록 점점 더 잘해냈다. 소득이 전반적으로 증가했고 90퍼센트가 이 나라에서 생산된 새로운 소득 가운데 큰 몫을 챙겼으며 이 나라의 이야기가 올바른 방향을 향했던 것도 미국의 한 모습이었다. 세대가 지나면서 아이들이 부모보다 더 잘살 거라고 확신한 것도 미국의 한 모습이었다.

그러다가 이야기는 어둡게 바뀐다. 백만장자와 기업가들이 전체 파이에서 더 큰 몫을 요구하겠노라고 결정했다. 1980년대에 규제 완화와 낙수 효과는 우리 경제를 기울어지게 만들었고 얼마 지나지 않아 경제는 상류층에게만 유리하게 움직였다. 변화는 너무나 급작스레 일어났다. 로널드 레이건이 당선된 뒤로 이 나라에서 생산된 새로운 소득의 거의 100퍼센트[62]가 최상위 10퍼센트에게 돌아갔고 나머지 사람들에게는 본질적으로 남은 게 하나도 없었다.

이제 우리는 가장 큰 위협을 마주하고 있다. 우리 정부의 힘과 수단은 낙수 효과와 규제 완화를 여전히 믿고 있는 사람들의 손에 넘겨졌고 그들은 미국의 중산층을 이미 도려내버린 정책들의 영향을 확대하기 위해 가능한 모든 일을 할 것이다. 선거운동 기간에 도널드 트럼프는 국민의 사람이 되겠다고 주장했다. 취임선서를 하던 날, 그는 "국민이 다시 이 나라의 통치자가 된 날로 기억될 겁니다"라고 단언했다. 말은 쉽다. 하지만 행동은 훨씬 더 중요하다. 선거의 승리가 확실해지자 트럼프는 곧바로 기업국가 미국이 부유해지도록 돕는 반면 노동자 가정은 더욱더 뒤처지게 내버려두겠다고 결심한 고문단과 내각을 구성했다.

트럼프 대통령, 상원 다수당 원내대표 미치 매코널 상원의원, 하원의장 폴 라이언, 그리고 의회의 추종자들은 하나같이 우리 국민을 위해 열심히 일하겠다고 약속하며 선거에 출마했다. 그런데 취임선서를 한 지 몇 시간 뒤 트럼프는 연방주택관리국의 모기지를 인상한다는 행정 명령[63]에 조용히 서명했다—해마다 약 4만 가정으로부터 집을 구입할 기회를 빼앗는 것이나 마찬가지다. 선거가 끝나고 몇 주 뒤 매코널은 자신이 상원에서 주도한 의약품 허가 법안[64]에서 선거 자금 기부자들에게 큰 호의를 베풀었다. 이에 뒤지지 않으려는 듯 라이언은 메디케어를 민영화할 예산과, 상위 1퍼센트 부자들의 주머니에 3조 달러를 넣어주고 다른 사람들에게는 사실상 한 푼도 제공하지 않는 감세 제도를 즉시 준비했다.[65] 그리고 정말 화나는 부분은 이것이다. 만약 그들 중 누군가가 주택 소유를 감소시키고 월가의 내부자들에게 우리 경제를 통제하라고 말하며 거대 은행들에게 사람들을 속일 더 많은 기회를 주고 우리 환경을 망치려 한다고 밝힌 뒤 공직자 선거에 나섰더라면 그는 두 자릿수 이상의 표차로 패배했을 것이다. 이 흔해 빠진 낡은 유인 상술은 새로 도금한 트럼프 버전으로 단장했다.

낙수 효과를 가장 극단적으로 옹호하는 사람들이 지금 책임자 자리에 올라서 이 나라가 상류층 사람들에게 더 유리한 결과를 안겨주도록 만들고자 모든 수단을 총동원하고 있다. 트럼프는 세법을 바꾸기 위해 선거운동을 열심히 했고, 감세를 통해 최상류층 0.1퍼센트의 주머니에 평균적으로 거금 110만 달러를 넣어줬다.[66] 그러면 부자들이 1달러의 특별 세금 우대를 받을 때마다 중산층 가정은 얼마를 받을까? 1달러? 1다임? 1페니? 다 틀렸다. 약 0.1페니를 받는다. 잠깐, 이게 전부가 아니다. 대부분의 편부모 가정과 대가족은 내야 할 세금이 더 올라간다. 마지막 마무리가 하나 남아 있다. 트럼프의 세금 계획은 자신의 가족 사업을 위해 수백만 달러를 절약해줄 것이다.[67] 만약 기회가 된다면, 일부 사람은 식탁에 음식이 올라오기가 무섭게 후다닥 먹어치울 것이다.

이 감세 정책이 트럼프와 그의 억만장자 친구들을 한층 더 부유하게 만드는 동안 정부에게는 학교와 도로, 다리, 의료 연구에 투자할 돈이 더 줄어들 것이다. 학자금 대출 비용을 감해주기 위한 자금도 줄어든다. 청정에너지로 바꾸기 위한 자금도 줄어든다. 우리 전력망이 기후변화에 좀더 탄력적으로 운영되는 전력망을 만들고 나라 전역에서 사람들의 삶을 망가뜨리는 마약 오남용 위기를 해결하며 공공주택 수리 및 대중교통 시설 재건을 위한 자금도 줄어든다. 마지막으로, 우리가 서로를 돕고 모든 아이를 위해 진정한 기회를 마련해주기 위해 할 수 있고 해야만 하는 일을 시행하기 위한 자금도 줄어든다.

하지만 이런 감세 정책은 우리에게 한 가지만 늘려줄 것이다. 바로, 부채다. 트럼프의 감세는 10년 이상 19조5000억 달러의 국가 부채에 7조 달러 이상을 보탤 것이다.[68] 그러면 약 20년 이상 21조 달러라는 충격적인 금액을 늘릴 것이다. 늘 그렇듯이 트럼프 대통령은 다른 사람이 자신이 쓴 돈을 지불하게 만들 것이다. 바로, 미국의 납세자들이다.

만약 트럼프가 자기 마음대로 한다면 부자들은 한층 더 부유해지고 권력자들은 한층 더 강해질 것이다. 그에겐 이 뜻을 실현시킬 방법이 무수하다. 그 중심에는, 거대 은행들의 경제 폭파를 방지하는 규제를 반드시 제거해야 한다는 믿음이 있다. 소비자 금융 보호국도 트럼프가 없애고 싶어하는 목표 대상에 속하는데, 그 이유는 딱 하나다. 이 소비자 기관이 맡은 일을 너무 잘하는 바람에 주택담보대출과 신용카드를 비롯해 수많은 기타 금융 상품에 속는 사람의 수가 한결 줄었기 때문이다. 더 많은 노동자가 시간외 근무수당을 받을 수 있게 만드는 규제들도 도마 위에 올랐다. 숨 쉴 수 있는 공기와 마실 수 있는 물을 유지시키기 위한 규제들도 마찬가지 신세다. 이외에도 수백 가지 사례가 더 있지만 핵심은 분명하다. 시장을 더 공정하게, 경제를 더 안전하게, 그리고 우리 삶을 더 풍요롭게 만드는 일부 규칙도 단기적인 수익 성장을 방해한다. 트럼프의 잔인한 신세계에서는 그런 이유라면 규제를 제거하기에 충분하다.

미국 국민의 신속한 회복력 덕분에 우리는 낙수 이론을 35년간 추진하고도 살아남았다. 하지만 중산층은 이 파괴적인 정책을 4년 더 견디고도 살아남을 만큼 강인하지 않을지 모른다. 사람들은 더 이상 견디기 어려운 수준까지 압력을 받았고 경비 증가와 임금 정체가 몇 년 더 지속되면 으스러질지도 모른다. 거대 기업들은 워싱턴이 자신들의 입맛대로 움직이게 만드는 것, 조세법의 허점과 규제 간의 불일치를 유리하게 이용하는 것, 그리고 부담과 위험을 일반 가정과 중소기업에 떠넘기는 데 이미 능숙해져서 다른 사람들에게 돌아갈 몫은 거의 남아 있지 않다. 낙수 이론을 다시 한번 적용한다면 우리 경제의 토대는 물론이고 미국이 기회의 땅이라는 기본적인 믿음마저 위협하는 셈이 된다.

최근 선거의 결과가 분명해지자 사람들은 화가 났다. 몹시 화가 난 나머지 때로는 우리가 이 나라의 정치 분열을 언젠가 극복할 수 있으리라는 것을 믿지 못한다. 우리는 몇 가지 중대한 사안을 놓고 분열된 상태이며 양측의 차이는 대단히 심각한 수준이다. 하지만 모든 분야의 경제 정책에서—누가 발전할 기회를 얻고 누가 그런 기회를 얻지 못할 것인지 결정하는 정책들에서—지켜지지 않는 것과 이를 해결하기 위해 필요한 조치에 관해서는 실제로 의견이 대체로 일치한다.

· 미국인의 70퍼센트 이상은 학생들이 빚지지 않고 교육받을 기회[69]를 얻어야 한다고 믿는다.
· 미국인의 거의 4분의 3이 사회보장연금을 확대하는 것[70]에 찬성한다.
· 전체 미국인의 3분의 2가 연방 최저임금을 올리는 것[71]에 찬성한다.
· 미국인의 4분의 3은 연방정부가 사회기반시설 비용을 늘리기를[72] 원한다.

이것이 바로 다수의 미국인이—민주당 지지자, 공화당 지지자, 무당파, 자유주의자와 채식주의자들이—믿는 것이다. 우리가 이 말도 안 되는 소음과 잡음을 잘 조율한다면 진짜 이야기가 크고 분명하게 흘러나올 것이다. 실제로 사람들은 미국이 우리 모두에게 유용한 방향으로 움직이게 만드는 방법에 대해 상당히 명쾌한 아이디어를 가지고 있다.

그러면 우리는 그 모든 비용을 어떻게 지불할까? 다시 말하지만, 꽤 많은 미국인이 동의하는 부분은 우선 상류층 사람들의 세금을 올리라는 것이다. 현재, 61퍼센트의 사람은 가장 부유한 미국인들이 정당한 몫의 세금을 내지 않는다고[73] 생각하며 63퍼센트는 부자를 위한 세금 공제와 조세법 허점을 없애는 데[74] 찬성한다. 이는 확실히 표 차이의 문제라기보다는, 우리에게 분명 썩 괜찮은 출발점을 제공한다.

그러면 낙수 효과의 나머지 절반은 어떨까? 규제 완화의 흐름을 되돌리면 어떨까? 3 대 1의 차이로[75] 미국인은 월가에 대한 규제를—줄이는 게 아니라—늘리기를 바란다. 내가 개인적으로 좋아하는 것은, 트럼프에게 투표한 사람의 두 배가 소비자 금융 보호국의 권한을 줄이기보다는 그 기관을 보호하거나 강화하고 싶어한다는 사실이다.[76]

대다수의 미국인은 변화할 준비가 되어 있고 우리는 기회를 만들어주는 미국에 대한 전망을 공통되게 가지고 있다. 그 전망을 회복시키는 것은 우리가 할 수 있는 가장 중요한 일들 가운데 하나다. 그 이유가 뭘까? 기회의 미국이야말로 진정한 미국이 갖는 의미의 핵심이기 때문이다. 한마디로 안전성, 낙천주의 그리고 우리를 생산적이고 혁신적으로 만드는 기폭제인 것이다. 이 핵심은 우리를 우리답게 만드는 요인이다.

민주주의에 대한 요구

도널드 트럼프와 억만장자, 은행가, 편견에 가득 찬 사람들이 이끌어나가는 미국에서 어떻게 우리는 이 변화를 진짜로 만들 수 있을까?

우리는 자리에서 일어나 맞서 싸워야 한다―그리고 지극히 개인적인 방법으로도 그렇게 하면 된다. 우선, 지키기 위해 싸우고 있는 원칙들을 명확히 해두자. 모든 사람이 소중하며 모든 사람이 성과를 이룰 수 있는 기회를 가져야 한다. 아니, 이렇게 말할 수도 있다. 미국은 모든 인간을 존중하고, 우리 일부가 아니라 우리 모두를 위해 기회를 마련하는 나라가 되어야 한다. 우리는 스스로 믿을 수 있는 나라를 만들기 위해 싸운다.

집단행동은 개인적인 행동으로 시작되고, 한 사람 한 사람이 각자의 방법을 찾아 목소리를 내야 한다. 그런 관점에서 나는 마테오라는 남자가 생각났다. 그는 세 명의 외과 전문의를 보조하는 분주한 사무실에서 병원 진료비와 보험금 청구서를 관리한다. 수줍음 많고 목소리가 상냥한 마테오는 검정 고수머리를 길게 길러 어린 시절에 입은 화상 흉터를 약간 가리고 있다. 그는 직장에서 정치에 관한 이야기를 한 적이 한 번도 없었다. 그가 내게 말했다. "병원에는 온갖 사람이 다 와요. 게다가 의사들은 어떻겠어요? 여기 주인은 그분들이잖아요."

트럼프가 대통령에 당선된 것은 그에게 커다란 충격이었다. "전 게이예요. 마치 미국이 옛날로 돌아가고 싶어하는 것 같네요. 그런데 전 돌아갈 수가 없으니 조국이 저를 원치 않는 것 같아요." 트럼프 대통령이 당선된 뒤에 마테오는 혹시 개인적으로 할 수 있는 일이 없을까 깊이 고민했다. "전 용감한 사람이 아니지만 뭐라도 해야겠더라고요." 그래서 그는 "사랑이 증오를 이깁니다"라는 문구가 적힌 배지를 매일 달기로 마음먹었다. 직장에서는 계속 주머니에 넣어두지만 점심을 먹으러 가거나 가게에 가거나 저녁에 밖으로 나올 때마다 배지가 모든 사람에게 말을 건다고 믿는다. "제 상황은 이렇습니다."

요즘 마테오 옆을 지나가는 사람들은 이렇게 말한다. "그럼요, 나도 그렇게 생각해요." 주유소에서는 한 흑인 청년이 하이파이브를 해왔고 쇼핑몰의 푸드코트에서도 몇몇 학생이 응원을 보내줬다. 그는 이런 이야기를 들을 때면 빙그레 웃었다. "우리 모두 통한 것 같아요."

마테오는 배지를 보면 자기도 뭔가 할 수 있다는 생각이 불쑥 떠올랐다고 말했다. 추수감사절 연휴에는 청소년 노숙인 쉼터로 자원봉사를 나갔고 그 봉사를 계속할 계획이다.

물론 단순한 배지에 지나지 않는다. 아마 세상에서 제일 좋은 배지도 아닐 것이다. 하지만 배지를 다는 것은 마테오 나름대로 사람들과 연결되고 자기 생각을 표현하는 방법이었다. 게다가 더 많은 일을 해보자는 생각을 새삼 떠올리게 해줬다. 나는 이렇게 말해주고 싶다. "마테오, 정말 잘됐어요!"

이 책을 읽는 모든 사람에게 나는 똑같은 말을 해주고 싶다. 개인적인 일부터 시작하라고. 자기 나름의 저항을 선택하라. 자신에게나 다른 사람에게 증오에 동조하지 않을 거라고 말할 수 있는 행동이면 된다. 다른 사람들과 연결되고, 미국의 모든 사람이 존중받으며 존엄성을 유지할 자격이 있다는 생각을 바탕으로 만든 공동체를 강화할 방법을 찾아라. 모든 아이에게 기회를 주기 위해 헌신적으로 이 싸움에 참여하라. 트럼프 정부가 가장 부유하고 가장 힘 있는 사람들이 아니라 우리 모두를 섬기게 만들고자 이 전투에 시간과 에너지를 쏟아라. 이런 개인적인 헌신을 통해 당신은 민주주의가 제대로 작동하게 만드는 집단행동과 연결시켜준다.

개인의 행동은 두 번째 저항 도구로 이어진다. 즉, 우리는 우리의 인원수를 이용해야 한다. 대부분의 미국인은 변화를 원하고 민주주의에서는 다수가 중요하다.

요즘 나는 힐러리 클린턴이 도널드 트럼프를 거의 300만 표 차이로 이겼다는 사실을 날마다 떠올린다. 다른 민주주의 국가라면 그녀가 대통령이 되었겠지만 시대에 뒤진 선거인단 제도가 도널드 트럼프에게 승리를 안겨줬다. 좋다. 그런 게 규칙이지만 그렇다고 그가 명령이라도 받은 것처럼 정부를 이끌어야 한다는 뜻은 아니다. 그의 등 뒤에서 민주주의의 순풍이 불어오는 건 아니다. 오히려 도널드 트럼프는 대다수의 사람이 원하지 않는 대통령이고 다수는 그 바람이 트럼프의 얼굴을 곧장 강타하도록 만들 권리가—아니, 사실은 의무가—있다.

과연 어떻게 하면 될까? 우리가 집단의 힘을 이용하면 된다. 트럼프는 분명히 대규모 청중을 좋아한다—그러니 대규모 청중을 선사하자. 또한 텔레비전 시청을 좋아하니까 대단한 프로그램을 마련해주자. 만약 우리가 트럼프와 그의 팀이 하는 일에 관심을 기울인다면, 만약 우리가 힘을 모아 반대 의견을 밀어붙인다면 커다란 영향을 끼칠 수 있을 것이다. 행진과 집회는 어떨까? 바로, 그거다! 인터넷 시위나 유튜브 동영상 제작은 어떨까? 좋다! 재미있는 것, 직설적인 것, 열정적인 것은 어떨까? 당연히 좋다. 우리는 집단의 목소리를 활용해야 한다. 그 목소리를 활용해 나쁜 것에 도전하고 그 목소리를 활용해 선한 것을 요구하라. 그것이 바로 실시간으로 우리 가치관에 맞춰 사는 것이다. 그것이 바로 민주주의의 모습이고 민주주의가 내는 소리다.

2017년 1월 21일에 진행된 여성 행진은 깨달음의 계기였다. 전국의 도시와 마을에서 불쑥 생겨나 미국 역사상 가장 큰 시위를 기록했다.[77] 수백만 명의 여성이 함성을 지를 집회를 조직하기 위해 유기적이고 자발적으로 내린 결정이었다. 도널드 트럼프가 미국의 대통령으로 취임한 바로 이튿날. 우리는 겁먹지 않겠다고, 침묵하지 않겠다고, 그리고 이 남자가 미국 국민인 우리를 대변하게 내버려두지 않겠다고 전 세계에 알렸다. 행진에 참가한 사람 모두 각자가 좋아하는 맛과 색을 가미했지만 무엇보다 우리 힘을, 국민의 힘을 찬양했다. 우리는 미국 전체에 우리의 가치관을—그리고 그 가치관을 위해 싸우겠다는 의지를—상기시키는 시끄럽고 결연하며 수그러들지 않는 힘을 증명했다.

여성의 행진은 단지 시작에 불과했다. 도널드 트럼프의 당선을 불만스러워하는 사람이라면 우리가 어떻게 여기까지 왔는지 결코 잊지 마라. 우리는 지금 당장 2018년 중간 선거를 준비해야 한다. 2016년의 결과가 마음에 들지 않는다면 유권자 등록운동에 자원해서 새로운 사람들의 영입을 도와라. 1년 뒤가 아니라 지금 해야 한다. 자원봉사할 자리가 없으면 직접 만들어라. 물론 힘든 일이다. 하지만 변화를 만들기 위해 감수해야 할 일이기도 하다. 만약 그런 일이 맞지 않으면 여전히 당일에 등록해서 일찍 투표하는 것을 허용하지 않는 주 의회에 로비를 해라. 사람들이 투표하도록 돕는 것은 당신이 할 수 있는 가장 애국적인 행동 중 하나다. 모든 사람이 투표한다면 도널드 트럼프와 그 비슷한 사람들은 패배할 것이라고 장담한다.

거기서 끝이 아니다. 당신이 직접 선거에 출마하는 것을 고려해보라. 2012년에 첫 선거운동을 시작했을 때 나는 아무 경험이 없었다. 그러므로 당신도 기회를 잡아서 변화를 일으키겠다는 결심을 하라. 당신이 선거에 출마할 수도 있고 다른 사람의 출마를 도울 수도 있다. 우리가 공직에 필요로 하는 사람은 코크 형제에게 몇백만 달러를 받거나 자기 계좌에서 수표를 써주는 사람이 아니다. 우리가 필요로 하는 사람들이 곧 도움을 필요로 하는 사람들이다. 선거운동을 시작해서 계속하려면 자원봉사자가 많이 필요하기 때문이다. 민주주의는 우리를 필요로 한다.

당신이 무엇을 하든 어떤 방법으로 나서든, 2018년을 중간 선거에 관심이 없다는 모든 통계에 저항하고 2016년보다 더 높은 투표율을 보여주는 해로 만들기 위해 온갖 수단과 방법을 총동원하라.

투표와 선거가 중요하다는 사실을 여기서 더 증명해야 할까? 2016년 11월에 일어난 일은 미국의 모든 사람, 모든 노동자, 모든 가정에 영향을 미칠 것이다. 내가 속한 매사추세츠주를 예로 들어보자. 규모가 큰 주는 아니지만 100만 명이 넘는 사람이 병원비를 내고 처방약을 사기 위해 노인의료보험(메디케어)과 노인의료보험 우대형(메디케어 어드밴티지, 혹은 D파트)에 의존한다.[78] 매사추세츠에서 대학을 졸업하는 학생 3명 중 1명은[79] 엄청난 액수의 학자금을 대출받는다. 매사추세츠 사람 7명 중 1명은[80] 미국 바깥에서 태어났다. 요양소에서 지내는 수만 명의 사람은[81] 병원비를 내기 위해 메디케이드에 의존한다. 공립 어린이집에는 1만6000명의 아이가 있고[82] 23만3000명의 가정이 건강보험을 의료보험 조정관에게 들고 온다.[83] 40만 명이 넘는 노조원은[84] 더 나은 임금과 더 안전한 근로 조건을 마련하기 위해 단체 교섭권에 의존한다. 3만2000명이 넘는 사람이 대단히 중요한 치료나 의료 처치를 받기 위해 2016년에 매사추세츠의 가족계획연맹을 찾았다.[85] 그들 모두가—매사추세츠의 다른 사람도 모두—트럼프와 공화당 지도부가 지금 밀어붙이는 정책으로부터 영향을 받는다. 영향이라고? 그런 말보다는 상당수의 사람이 멍들고, 밀쳐지며 온갖 방식으로 얻어맞을 것이다—그리고 일부는 완전히 무너질 것이다. 도널드 트럼프와 그의 행정부가 무슨 일을 하는지가 중요할까? 당연히 중요하다.

향후 몇 년 동안 끔찍한 계획은 아마 차고 넘칠 것이다—대규모 추방의 위협, 위험한 연방대법관 지명자들, 그리고 부유하고 힘 있는 사람들에게 더 많은 혜택을 주기 위해 법을 수정하려는 시도가 계속될 테니까. 세상에, 저것은 그저 시작에 불과하다. 더 나쁜 일은 내가 끔찍한 계획이라고 묘사하는 것을 트럼프와 그의 정치적 협력자들은 반짝이는 기회로 본다는 사실이다. 우리는 트럼프와 그의 팀이 정부와 공화당의 모든 힘을 등에 업고 어떤 전투를 시작할지 알지 못한다. 하지만 준비해둬야 한다는 것만은 알고 있다. 우리는 자기 자신, 우리의 대의, 그리고 당장이라도 뛰어들어 싸우겠다는 절대적이고 흔들림 없는 의지를 믿어야 한다.

자극이 좀 필요하다면 프랭클린 D. 루스벨트를 다시 생각해보자. 기업들 및 월가와 맞붙기로 했을 때 루스벨트는 노골적인 표현들을 썼다.[86] 그는 기업국가 미국을 운영하는 "특권을 가진 왕자들"과 "경제계 왕족"을 불러냈다. 그리고 재계 거물들의 사나운 공격을 받았을 때에도 그는 뒤로 물러서지 않았다. 대신 이렇게 단언했다. "나는 그들의 증오를 환영합니다."

오늘날의 지도자들도 이와 비슷한 용기를 보여주고 트럼프에게 저항하기 위한 각자의 역할을 해야 한다. 이 싸움에 참여한 사람은 누구나 선출된 대표들을 불러내서 이 전투에 참여하라고 요구할 권리를 지니고 있다. 힘 있는 기업들이 우리 정부에 미치는 지배력을 끊어내려면 의원과 다른 정부 관료들이 일어나서 맞서야 한다—거대 정유 회사, 거대 제약 회사, 거대 담배 회사, 그리고 수많은 분야의 거대 기업들과 맞서야 한다. 형세를 역전시키는 것은, 돈만 탐하는 괴물들을 길들여 특권층 사람들이 민주주의를 장악하게 만든다는 뜻이다. 그리고 돈을 받고 고용된 전문가들을 의심하고 연방 판사들이 아첨하는 사람들의 "선물"을 받지 못하게 한다는 뜻이다. 또한 수많은 변화를 의미하지만 대부분은 싸우려는 자발적인 마음을 기른다는 뜻이기도 하다.

이런 규모의 위협에 맞서 성공하려면 어마어마한 노력이 요구된다.

훈련이 필요한 일이기도 하다. 아주 작은 충돌에 대해 모두 죽기 아니면 살기의 전투처럼 임할 수는 없기 때문이다. 우리를 산만하게 만드는 트럼프의 어리석은 트윗 하나하나에 맞서는 싸움은 소비자 금융보호국이 방해를 받거나 환경보호국이 침묵을 강요당할 때 실제로 이득을 보는 사람들과 치르는 싸움이 아니다. 물론 그런 트윗 중에도 중요한 것은 더러 있다. 하지만 모두 중요한 것은 아니며 가장 터무니없는 트윗조차 중요하지 않을 때가 있다.

때로 우리는 밀고 나가야 할 때와 멈춰서야 할 때가 언제인지에 관해 서로 다른 의견을 내기도 한다. 영리해지고 단호해지고 핵심 쟁점에 대해 집요하게 관심을 보이며 트럼프에게 책임을 물어라—모든 일이 아니라 사람들의 삶을 가장 크게 변화시킬 수 있는 일에 대해서다.

우리에게는 훈련과 규율이 필요하지만 가장 중요한 전투에 곧장 뛰어드는 용기가 필요하기도 하다. 전쟁터로 가는 길은 여러 갈래로 나뉘겠지만 그 첫걸음은 싸움에 뛰어들겠다는 맹세다. 맹세는 가볍게 취급되어서는 안 된다. 싸움은 힘들고 미국인의 삶 전반을 이미 촉수로 휘감아버린, 자금이 넉넉한 집단들을 상대로 싸우는 것은 정말 힘들다. 권력을 가진 사람들은 조용히 사라지지 않는다. 그들은 거칠게 저항하지 않으면 손톱만큼도 양보하지 않을 것이다. 때로는 싸움이 추악해질 테고 때로는 우리가 패배할 것이다. 하지만 싸우지 않으면 우리는 더 추악한 상황에 놓일 것이다. 싸우지 않으면 언제나 패배할 것이다.

용기를 불러모아라. 맹세를 하라. 그리고 싸움에 돌입하라.

싸움을 앞두고

내가 제일 힘들어하는 시간은 새벽 3시경이다. 그 시간이면 온갖 걱정이 되돌아와 머릿속을 떠나지 않는다. 그 시간이면 가끔 지나가 생각난다.

지나는 내 어머니를 떠오르게 하는 여자다—한 세대 뒤에 태어났지만 말이다. 잘 웃고 걸스카우트처럼 앞장서서 남을 잘 돕는 성품의 지나는 월마트의 동료들을 항상 잘 보살폈다. 그녀는 긴 시간 동안 일해왔지만 아직도 매달 말이면 무료식품 배급소에 줄을 서는 신세다.

2016년은 그녀에게 어떤 한 해였을까? 그녀는 도널드 트럼프에게 당당하게 투표하면서 그가 '대대적인 개혁'을 감행해주기를 바랐다. 그래서 그가 선거에서 이겼을 때 기뻤다. 선거가 끝나고 한 달 뒤에 월마트는 직원 관리 방식을 바꿨다고 말했다. 회사는 기꺼이 짧은 시간 동안 일하고 어떤 수당이나 혜택도 받지 않는 임시 직원을 더 많이 고용하기로 결정했다. 크리스마스 직전에 월마트는 지나를 해고했다.

마이클에게 힘든 시기는 더 일찍 찾아왔다. 2008년 경기침체로 DHL의 직장도 집도 안정감도 잃었던 것이다. 2016년에 접어들면서 그의 경제적 악몽은 거의 끝난 것처럼 보였다. 그와 아내 재닛은 시카고 교외에서 더 작은 집에 살고 있었고 마이클은 내비스코 공장에서 주간 근무조로 자리를 옮겼다. 하지만 3월에 내비스코가 시카고 공장의 직원들을 해고하고 그 일자리를 멕시코로 옮기기 시작하자 그는 다시 악몽 속으로 내던져졌다.

마이클은 힐러리 클린턴에게 당당히 투표했다. 선거운동 기간에 그녀는 내비스코 공장을 방문해서 일자리를 잃기 직전의 노동자들에게 연설을 했고 그는 "그녀가 우리를 잊지 않을 것"으로 확신했다고 말했다. 이제 그의 미래는 암울하기 짝이 없다. 최근에 그는 DHL의 시간제 근무직에 지원했고 무사히 일자리를 얻기를 바랐다. 추가로 담보대출을 받은 데다 의료보험료를 못 낼까봐 두려웠기 때문에 그 일이 정말로 필요했다. 몇 달 뒤면 그는 예순 살이 된다.

그리고 카이가 있다. 카이는 투표를 하지 않았다. 그저 어떤 후보에도 크게 관심이 가질 않았다. 크리스마스 사흘 전에 그녀는 차 안에 짐을 넣고 코네티컷의 언니 집을 나서서 콜로라도의 부모님 집을 향해 장거리 운전을 시작했다.

계획을 잔뜩 세우고 성공할 거라고 확신한 채 대학으로 처음 받을 뗀 지 9년 뒤 카이는 오래전에 쓰던 부모님 집의 낡은 방으로 되돌아가려 한다. 어디서 일하게 될지도 몰랐다—팁을 넉넉하게 주는 곳에 자리를 구할 수 있다면 이번에도 식당에서 일할지 모른다. 학위를 마치는 건 진작 포기했고 지금의 목표는 그저 학자금 대출을 매달 착실하게 갚는 것이다. 9만 달러의 빚을 지고 거의 최저임금으로 일하면서 언제 빚을 다 갚을 수 있을지 계산조차 되지 않았다. 결혼? 가정? 자기 집? 그런 꿈은 카이에게 너무 멀게만 보였다.

이게 사실일 리 없다. 지나는 열심히 일했고 마이클도 카이도 마찬가지였다. 내가 알기로 그 사람들은 무모하지도 어리석지도 경솔하지도 않았다. 도박을 하거나 게으르지도 않았고 평생 모은 저축을 엉뚱한 투자로 날리지도 않았다. 오히려 열심히 일했고 규칙을 잘 지켰으며 최선을 다했다. 변화의 흐름에 휩쓸린 세 사람은 이제 예전보다 중산층으로 올라서기는 너무 힘들고 중산층에서 떨어져 나오기는 훨씬 더 빠르며 훨씬 더 치명적인 미국에 살고 있었다.

1960년대에 하이힐을 신고 시어스 백화점으로 걸어가실 때 어머니는 선택의 여지가 없었다. 따라서 시어스에서 내미는 자리라면 무엇이든 받아들일 각오가 되어 있었다. 만약 시어스가 아니었다면 길 건너의 햄버거 가게였을 것이다. 한 구역 떨어진 곳에는 세탁소와 약국, 보험 회사가 있었다. 어머니는 어쩔 수 없는 경우만 아니면 집에 오실 때 급료를 받아오셨다.

어머니는 온갖 의지와 투지를 총동원해서 우리 목숨을 구했다. 어머니가 최저임금을 받는 직장에 다닌다는 것은 우리 가족이 주택담보대출 할부금을 내고 식탁에 먹을 걸 올릴 수 있다는 뜻이었다. 아버지는 마침내 일터로 복귀하기는 했지만 결국은 경비가 되었다. 어머니와 아버지가 힘을 합쳐 우리 생활에 들어가는 온갖 비용을 감당했다. 나는 대학에 진학했고 결혼을 했으며 언제나 꿈꿨던 대로 교사가 되었다. 이 중에 쉬운 일은 하나도 없었지만 부모님은 세상을 떠나기 전까지 미국 중산층에 악착같이 머물러 있었다.

나는 지나가 걱정스럽다. 그녀가 내 어머니처럼 영리하고 강인하다는 건 안다—어쩌면 더 영리하고 강인한지도 모른다. 하지만 지나에게는 그렇게 심하게 불공정하지 않은 경쟁의 장을 마련해줄 미국이 필요하다. 마이클에게는 기회가 필요하고 카이가 필요로 하는 것도 기회다.

위험은 실질적으로 존재하며 시간은 짧다. 하지만 우리는 무엇을 할 수 있는지 잘 알고 있다. 우리 모두에게 유리하게 작용하는 미국을 건설할 수 있다는 말이다. 우리는 방법도 알고 있다. 그저 꼭 그렇게 하면 된다.

이 나라의 미래는 물리 법칙으로 결정되지 않는다. 미리 운명 지어진 길로 결정되지도 않는다. 심지어 도널드 트럼프가 결정하는 것도 아니다. 이 나라의 미래는 우리에게 달려 있다. 우리는 위대한 미국의 약속이 사라지게 할 수도 있고 맞서 싸울 수도 있다. 나는 어떻냐고? 지금 맞서 싸우는 중이다.

이 싸움은 우리의 싸움이다.

맺음말

"무슨 소리였어?"

밖에서 소리를 죽인 함성이 들려왔다. 수많은 사람의 목소리가 갑자기 하나가 되어 올라가는 소리였다.

브루스와 나는 워싱턴 D.C.의 아파트에 있었다. 2017년 1월 20일 금요일 이른 아침이었다. 날씨가 쌀쌀하고 구름이 끼어서 비라도 내릴 기세였다. 브루스는 이미 옷을 다 입고 신문을 가지러 밖으로 나가던 중이었다—그는 아침에 커피를 마시고 신문을 읽는 오래된 습관만큼은 여전히 지켰다. 트럼프의 미국 45대 대통령 취임선서가 진행되는 2시간여 동안 추운 바깥에 앉아 있을 요량으로 나는 양말, 내복, 터틀넥 스웨터를 차례로 껴입었다.

7시쯤 자리에서 일어나 창밖을 내다봤더니 꼬리에 꼬리를 무는 사람들의 행렬이 벌써 도로를 따라 내셔널 몰 방향으로 이동하고 있었다. 내셔널 몰은 국회의사당에서 워싱턴 기념탑을 거쳐 링컨 기념관까지 이어진 녹지였다. 나는 트럼프 티셔츠와 모자를 비롯해 다른 기념품을 손수레에 잔뜩 실은 채 모퉁이 서 있는 사람을 알아봤다. 수많은 사람이 빨간 모자를 쓰고 있었는데 틀림없이 "미국을 다시 위대하게"라는 문구가 새겨진 유명한 모자일 듯싶었다. 사람들은 피켓과 배낭, 쇼핑백, 우산을 들고 다녔다. 취임식은 11시에 시작할 예정이었기에 일찍 일어나는 새가 바깥에서 오랫동안 떨게 될 터였다.

거의 한 시간 동안 거리에 나선 사람들의 소리가 들렸지만 그 함성이 터져나오자 나는 창문으로 달려갔다. 그 시각에는 도로가 사람들로 미어터졌고 군중 위로 펼쳐진 현수막은 아래로 처지지 않고 그 높이를 유지할 수 있도록 각 모서리에 선 사람들이 기둥을 붙잡고 있었다. 현수막에는 단 한 단어가 대문자로만 적혀 있었다.

파시스트

소란이 심해지자 현수막을 쥐고 있는 사람들을 이리저리 마구 밀쳐댔다. 경찰이 재빨리 접근해서 다치는 사람이 없도록 단단히 챙겼다. 피켓은 사라졌다. 밀치는 것도 멈췄다. 소란은 다시 잠잠해졌다.

나는 차가운 창문에 이마를 댔다. 파시스트. 이곳 미국에서 시위대가 새로 취임하는 대통령을 파시스트라고 단언했다. 예전에도 그 단어를 몇 번 들어보기는 했지만 대부분 내가 어렸을 때였다. 하지만 이

번은 달랐다.

평생토록 내가 이런 날을 보게 될 줄은 정말 몰랐다. 이 나라의 대통령으로 막 취임할 그는 신념 때문에 사람들을 여러 차례 공격한 인물이었다. 공공연한 인종차별을 매력의 일부로 만들어버린 사람이었다. 누구보다 더 상스러운 태도로 여성들에 대해 이야기했고 신체장애가 있는 기자를 놀려댄 사람이었다. 수많은 미국인이 동작을 딱 멈추고 이곳 미국에서 파시즘이 건재할 수도 있겠다고 생각하게 만든 사람이었다.

심지어 권력을 국민에게 되돌려주자는 그의 주장을 들어도 나는 이를 악물게 되었다. 권력을 국민에게 되돌려주자고? 어떤 국민? 엄청나게 부유한 국민? 골드만삭스의 국민? 월가의 국민? 그는 새로 구성되는 행정부를 운영하기 위해 이미 억만장자들을 한 사람씩 차례로 지명했다. 그리고 공직에 나서는 것과 자기 배를 불리는 것이 서로 모순되지 않는다고 분명히 밝힘으로써 놀라운 속도로 끔찍한 사례를 만들었다.

바로 이 남자가 대통령 취임선서를 하려고 했다.

이튿날은 날이 몹시 맑았다.

나는 케임브리지에 있는 집으로 돌아와서 침대에 누웠다. 잠에서 깼을 때는 이런 생각이 들었다. "그가 대통령이 된 지 하루가 지났네. 적어도 도널드 트럼프가 아직 세상을 폭파하지는 않았네. 이제 1460일만 더 참으면 돼."

그다음에는 워싱턴에서 진행될 여성 행진에 대해 생각했다. 그 소식을 처음 들었을 때 나는 매사추세츠에서도 비슷한 행진을 하면 어떨까 고민했다. 주변에 물어봤더니 보스턴에서도 '소규모 집회'가 동시에 진행될 계획이라고 했다. 나는 고향에서 사람들과 함께하고 싶다고 말했다.

나는 워싱턴에서 대규모 집회를 열겠다는 생각이 마음에 들었다. 우리를 분열시키려던 남자의 취임식이 끝난 지 하루 뒤에 엄청난 인파가 모여 우리의 결속을 축하한다는 상징성이 좋았다. 하지만 사람들이 전국에서 집회를 마련하면 그 에너지와 인원수가 특별한 마법을 창조할 것 같았다. 각양각색의 규모를 자랑하는 단체들이 모여 우리 국민이 증오가 가득한 대통령보다 더 강하다고 단언할 수 있었다.

보스턴 행진을 앞두고 지원자들은 집회를 열기 위해 열성적으로 노력했다. 계획을 세울 사람들이 각지에서 몰려와 조금도 망설이지 않고 뛰어들었다. 더 이상은 증오의 불꽃을 부채질하지 않는다. 더 이상은 억만장자들로 정부를 구성하지 않는다. 그러면 미국에서 가장 오래된 공원인 보스턴 코먼에서 집회를 열면 어떨까? 메이플라워호가 상륙한 장소로부터 가까운 곳에서 집회를 열면 어떨까? 노예 해방론자들, 여성 참정권 운동가들, 자유의 기수들이 모였던 곳에서 집회를 열면 안 될까? 수 세기 동안 발전과 좌절, 한 걸음 전진과 한 걸음 후퇴를 반복했으니 이제 여기 모여서 "그 많은 사람 중에 우리는 하나다"라고 다시 선언하면 안 될까? 이제 우리 단체를 소집하기 시작할 때가 되었고 보스턴 행진을 조직한 단체는 놀라운 일을 해냈다.

이제 토요일 아침이 되었다. 나는 밝은 분홍색 테니스화의 끈을 묶었고 가족계획연맹의 보라색 스카프를 둘렀으며(모든 사람이 연맹의 로고를 볼 수 있게 매듭을 제대로 묶었다) '블루 바머비아그라의 별명'라는 번호판을 단 자동차에 올라탔다. 주 사무소 소장인 로저 로, 부소장인 제스 토레스, 그리고 브루스는 출발할 준비가 된 차에 이미 타고 있었다. 우리는 집회 장소로 가면서 스토로 드라이브에서 차들이 뒤로 물러서는 것을 봤다. 경찰이 대거 몰려와 도로를 막고 차량을 우회시켰다. 나는 집회에 혹시 늦을까봐 걱정이 되었다.

이제 우리는 8~10구역만 더 가면 행진이 시작될 보스턴 코먼에 도착할 참이었다. 바로 그때 우리 단체의 모습이 처음으로 눈에 들어왔다. 보도는 보스턴 코먼으로 서둘러 가는 사람들로 가득했다—여성들은 분홍색 고양이 모자를 썼고 남성들은 유모차를 밀고 있었으며 아이들은 웃으며 뛰어다녔다. 한 어린 소녀는 아빠의 어깨 위에 목마를 탄 채 "난 여자처럼 싸운다"라는 손글씨가 적힌 피켓을 꼭 쥐고 있었다.

"나도 그렇단다, 아가야."

몇 분 뒤에 나는 인파를 헤치고 무대를 향해 걸어가면서 보스턴 여성 행진이 대규모 가족 모임 같다고 생각했다. 수없이 안아주고 환호하며 따라다녔다. 노련한 사회운동가도 많았지만 새로운 인물도 많았다. 아가와 할머니도 많았다. 학생도 많았지만 그보다 나이가 많은 사람들도 행진에 참여했다. 장애인들은 특별히 강한 인상을 남겼다. 그들도 이번 전투에서 열심히 싸울 것 같다는 생각이 들었다.

무대 위로 올라가니 가족계획연맹과 미국시민자유연맹의 피켓이 보였다. "교회가 되어주어라"라고 주장하는 커다란 피켓도 눈에 들어왔다. 그리고 그 생각이 어떤 원칙들을 대변하는지 차례로 적혀 있었다—환경을 보호하라, 가난한 사람들을 돌보라, 인종차별을 거부하라, 힘없는 사람들을 위해 싸워라, 세속적 자원과 영적 자원을 공유하라, 다양성을 포용하라, 신을 사랑하라, 이생을 즐겨라. 이 피켓은 모든 것을 다뤘다.

나는 대규모 군중을 바라봤다. 그곳에는 다양한 색상으로 영리하고 창의적인 문구가 적힌 피켓의 바다가 펼쳐졌다.[2]

딸이 행진할 필요가 없도록 내가 행진한다.

트럼프의 트윗이 아니라 세금신고서를 읽어봅시다.

이번이 내 첫 번째 시위지만 내 마지막 시위는 아니다.

보통은 피켓을 잘 들지 않지만 이번에는 젠장.

이것이 민주주의의 모습이다.

여성의 권리는 누구나 차지할 수 있는 게 아니다.

맺음말

갈색 피부의 동성애자라서 자랑스럽다. 그리고 영원하라.

우리는 모두 이민자다.

도널드, 아직 고약한 꼴을 못 봤군.

국민의 힘이 집권층보다 더 강하다.

역사가 당신을 지켜본다.

행진이 시작되기 전에 군중에게 연설할 기회를 얻은 나는 도널드 트럼프가 대통령 취임선서를 하던 순간을 지켜봤다고 이야기했다. 그 장면은 머릿속에 깊이 새겨졌기에 나는 결코 잊지 않을 작정이었다. 잊고 싶지 않았다. 도널드 트럼프가 좋아하는 사람들만이 아니라 우리 모두를 위해 일하는 미국을 건설하기 위해 더 오래 싸우고 더 열심히 싸우며 더 열정적으로 싸우라고 상기시켜주는 장치로 활용하고 싶었다.

갈채와 포옹과 사진 촬영이 더 많이 이어졌지만 가장 좋았던 부분은 군중 속으로 되돌아간 것이었다. 열광적이고 결의에 찬 분위기였다. 내가 만난 사람들은 모두 전력을 다해 싸움에 뛰어들 준비가 된 듯 보였다. 나는 많은 포옹을 했고 무릎을 꿇은 채 아주 어린 참여자들과 사진을 찍었다(비록 안전벨트를 하고 유모차에 앉아 있었지만 아기들은 행진에 참여할 자격이 충분했다고 말하는 것이 맞는 듯하다). 브루스는 집회에 참여하러 온 제자 몇 명과 같이 왔다.

우리는 줄을 서서 행진을 시작할 준비를 마쳤다. 에드 마키 상원의원, 마티 월시 시장, 모라 힐리 법무부 장관, 그리고 내가 맨 앞줄에 나란히 섰다. 우리는 뎁 골드버그 주 재무관과 수잰 범프 주 감사관 덕분에 합류했다.

브루스는 마키 상원의원과 내 뒤에 섰다. 그는 보스턴 경찰관 중에 가장 직위가 높은 윌리엄 그로스 치안총감에게 손을 내밀어 악수를 했다. 그러고 나서 자신을 소개했다. "상원의원의 남편입니다." 브루스가 잠시 말을 멈췄다. "여자 상원의원이요, 남자 말고."

나는 매사추세츠를 사랑한다.

마침내 우리는 조금씩 앞으로 움직이며 행진을 시작했다. '소규모 집회'로 계획한 것이 결국 17만5000명이 참여한 행진이 되었고 보스턴 코먼에 자리가 부족해서 발길을 돌린 사람도 많았다. 경찰은 우리가 행진할 수 있게 길을 터주려고 최선을 다했지만 사람이 너무 많이 모인 탓에 대체로 천천히 움직이는 거대한 군중이었다.

우리는 조직을 완전히 정비하지 못했지만 힘이 있었고 에너지가 넘쳐났다. 어느 춥고 맑은 토요일 아침에 특별한 사건이 벌어지고 있었다. 한 걸음 옮길 때마다 우리는 더 가까워졌다. 보스턴 코먼에 모인 사람 모두, 워싱턴에 모인 사람 모두, 그리고 미국과 전 세계의 작은 마을과 큰 도시에 모인 사람 모두 가까워졌다.

우리는 서로 다른 장소에 서 있었고 다른 방식으로 목소리를 냈지만 기본적인 인간의 존엄성을 믿는다고 분명히 밝혔다. 우리는 모든 사람이 중요하다고 선언했다. 서로 이야기를 나눴고 수없이 다양한 길을 가리키는 피켓을 들고 있었다. 그 모든 길은 소수의 사람이 아니라 모든 사람에게 기회를 마련해주는 방향으로 나아갔다. 그리고 이 행진이라는 행위는, 이 정부에 국민을 섬기라고 주장함으로써 민주주의를 다시 효과적으로 작용하게 만들 수 있다는 우리의 마음 깊이 간직된 흔들리지 않는 믿음을 가장 요란한 방식으로 선언했다. 우리가 바로 목적을 가진 집단이다. 이 집단에게는 낙관주의와 희망, 맹렬한 결심이 가득하다.

그날 보스턴에서 수많은 사람과 함께 행진했을 때 내 판단은 틀리지 않았다. 나는 이 싸움이 힘겨울 것임을 잘 알았다. 어두운 순간들이 다가올 것임을 잘 알았다. 하지만 우리에겐 수천만 명의 동지가 있었고 이 싸움이 우리의 싸움이 되리라는 것도 잘 알았다.

1장 사라지는 중산층

1 John Schmitt, "The Minimum Wage Is Too Damn Low," Issue Brief, Center for Economic and Policy Research, March 2012, http://cepr.net/documents/publications/min-wage1-2012-03.pdf.

2 In 2016, the federal poverty level was defined as $16,020 in annual income for a family of two. Working forty hours per week, earning the federal minimum wage of $7.25 per hour, a mother would earn only $15,080 each year. Department of Health and Human Services, "Federal Poverty Level (FPL)," https://www.healthcare.gov/glossary/federal-poverty-level-FPL/.

3 Raising the minimum wage to $10.10 by July 2015 would have led to higher wages for more than 30 million workers. David Cooper and Doug Hall, "Raising the Federal Minimum Wage to $10.10 Would Give Working Families, and the Overall Economy, a Much- Needed Boost," Briefing Paper, Economic Policy Institute, March 13, 2013, http://www.epi.org/files/2013/IB354-Minimum-wage.pdf.

4 Video posted here: http://www.help.senate.gov/hearings/keeping-up-with-a-changing-economy-indexing-the-minimum-wage.

5 If the minimum wage had kept pace with inflation since 1968, it would have been around $9.22–$10.52 per hour in 2012. Schmitt, "The Minimum Wage Is Too Damn Low."

6 Floyd Norris, "Corporate Profits Grow and Wages Slide," *New York Times*, April 4, 2014, https://www.nytimes.com/2014/04/05/business/economy/corporate-profits-grow-ever-larger-as-slice-of-economy-as-wages-slide.html.

7 Rebecca Hiscott, "CEO Pay Has Increased by 937 Percent Since 1978," *Huffington Post*, June 12, 2014, http://www.huffingtonpost.com/2014/06/12/ceo-pay-reportn5484622.html.

8 Testimony by Professor Arindrajit Dube before the U.S. Senate Committee on Health, Education, Labor and Pensions, March 13, 2013, http://www.help.senate.gov/imo/media/doc/Dube1.pdf.

9 Josh Zumbrun, "Americans' Total Wealth Hits Record, According to Federal

Reserve Report," *Wall Street Journal*, June 9, 2016, http://www.wsj.com/
articles/americans-total-wealth-hits-record-according–to-federal-reserve-
report-1465488231.

10   In 1965, the minimum wage was $1.25 per hour. That's $9.52 in 2016 dollars.
U.S. Department of Labor, "Minimum Wage—U.S. Department of Labor—
Chart 1," https://www.dol.gov/featured/minimum-wage/chart1; U.S.
Department of Labor, Bureau of Labor Statistics, "CPI Inflation Calculator,"
https://data.bls.gov/cgi-bin/cpicalc.pl.

11   National Low Income Housing Coalition, "Out of Reach 2016: No Refuge for
Low Income Renters," http://nlihc.org/sites/default/files/oor/OOR2016.pdf.

12   MIT Living Wage Calculator, "Living Wage Calculation for Oklahoma County,
Oklahoma," http://livingwage.mit.edu/counties/40109.

13   Noam Scheiber, "Trump's Labor Pick, Andrew Puzder, Is Critic of Minimum
Wage Increases," *New York Times*, December 8, 2016, http://www.nytimes.
com/2016/12/08/us/politics/andrew-puzder-labor-secretary-trump.html; Eric
Morath, "Andy Puzder, Donald Trump's Labor Pick, Is a Key Voice Against the
'Fight for $15,'" *Wall Street Journal*, December 9, 2016, http://blogs.wsj.com/
economics/2016/12/09/andy-puzder-donald-trumps-labor-pick-is-a-key-voice-
against-the-fight-for-15/.

14   Adam Shell, "Dow Closes at Record High but Doesn't Top 20,000 Yet,"
USA Today, December 13, 2016, http://www.usatoday.com/story/
money/markets/2016/12/13/asian-stocks-mixed-following-wall-street–
losses/95365132/; Oliver Renick, "U.S. Stocks Climb to Record Highs as
Energy, Tech Shares Rally," *Bloomberg*, December 13, 2016, https://www.
bloomberg.com/news/articles/2016-12-13/u-s-index-futures-rise-with-oil-
as-market-girds-for-fed–hike; Matt Egan, "Boom: Dow Hits 20,000 for First
Time Ever," *CNN Money*, January 25, 2017, http://money.cnn.com/2017/01/25/
investing/dow-20000-stocks/.

15   "The Problem with Profits," *Economist*, March 26, 2016, http://www.
economist.com/news/leaders/21695392-big-firms-united-states-have-never-
had-it-so-good-time-more-competition–problem.

16   "The Lowdown: Explaining Low Inflation," *Economist*, October 1, 2015,
http://www.economist.com/news/united-states/21669952-persistent-low-
inflation-results-more-cheap-oil-and-strong-dollar–lowdown; Federal Reserve
Bank of Cleveland, "Recent Inflation Trends," January 14, 2016, https://
www.clevelandfed.org/en/newsroom-and-events/publications/economic-
trends/2016-economic-trends/et-20160114-recent-inflation-trends.aspx.

17   Federal Reserve Bank of St. Louis, "Real Gross Domestic Product," updated December 22, 2016, https://fred.stlouisfed.org/series/GDPC1.

18   U.S. Department of Labor, Bureau of Labor Statistics, "Employment Characteristics of Families Summary," April 22, 2016, https://www.bls.gov/news.release/famee.nr0.htm.

19   Brian Warner, "How Much Does It Cost to Book Your Favorite Band/Artist for a Private Concert?", Celebrity Net Worth, May 21, 2014, http://www.celebritynetworth.com/articles/celebrity/much-cost-book-favorite–band-private-concert/; "Maroon 5 Performs at Citadel 25th Anniversary Bash," YouTube, November 15, 2015, https://www.youtube.com/watch?v=wZUcGjRcDtQ; "Citadel's 25th Anniversary," YouTube, November 8, 2015, https://www.youtube.com/watch?v=wXur45fnRQ; Shia Kapos, "Katy Perry Headlines Chicago Bash for Citadel's Anniversary," *Crain's Chicago*, November 9, 2015, http://www.chicagobusiness.com/article/20151109/BLOGS03/151109846/katy-perry-headlines-chicago-bash-for–citadels-anniversary; Lawrence Delevingne, "Katy Perry and Andrea Bocelli; Hedge Funds Party Despite Losses," Reuters, December 16, 2015, http://www.reuters.com/article/us-hedgefunds-holidayparties-idUSKBN0TZ33P20151216; Brendan Byrne, "Ken Griffin Has Katy Perry at Citadel Birthday Party," *ValueWalk*, November 10, 2015, http://www.valuewalk.com/2015/11/citadel-katy-perry/.

20   U.S. Department of Agriculture, "Official USDA Food Plans: Cost of Food at Home at Four Levels, U.S. Average, February 2015," https://www.cnpp.usda.gov/sites/default/files/CostofFoodFeb2015.pdf.

21   E. B. Solomont, "220 CPS Officially Has a $250M Mansion in the Sky," *Real Deal*, May 5, 2016, http://therealdeal.com/2016/05/05/220-cps-now-officially-has-a-250m-mansion-in-the-sky-photos/; Robert Frank, "Kenneth Griffin Goes on a Record-Setting Real Estate Spending Spree," *New York Times*, October 3, 2015, http://www.nytimes.com/2015/10/04/business/kenneth-griffin-goes-on-a-record-setting-real-estate-spending-spree.html.

22   U.S. Census Bureau, "2013 Housing Profile: United States, American Housing Survey Factsheets," May 2015, http://www2.census.gov/programs-surveys/ahs/2013/factsheets/ahs13-1 UnitedStates.pdf.

23   "Kenneth Griffin's $300M Residential Spending Spree," *Real Deal*, October 4, 2015, http://therealdeal.com/2015/10/04/a-look-at-billionaire-kenneth-griffins-300m-residential-spending-spree/.

24   U.S. Census Bureau, "Historical Income Tables," Table H-11: Size of House

hold by Median and Mean Income, September 13, 2016, http://www.census.gov/data/tables/time-series/demo/income-poverty/historical-income-households.html.

25   National Foundation for Credit Counseling, "The 2015 Consumer Financial Literacy Survey," April 7, 2015, p. 3, https://www.nfcc.org/wp-content/uploads/2015/04/NFCC 2015 Financial Literacy Survey FINAL.pdf.

26   Board of Governors of the Federal Reserve System, "Report on the Economic Well-Being of U.S. Households in 2015," May 2016, pp.1, 22, https://www.federalreserve.gov/2015-report-economic-well-being-us-households-201605.pdf.

27   Richard Fry and Anna Brown, "In a Recovering Market, Homeownership Rates Are Down Sharply for Blacks, Young Adults," Pew Research Center, December 15, 2016, http://www.pewsocialtrends.org/2016/12/15/in-a-recovering-market-homeownership-rates-are-down-sharply-for-blacks-young-adults.

28   U.S. Census Bureau, Table P-2. Race and Hispanic Origin of People by Median Income and Sex: 1947 to 2015, http://www2.census.gov/programs-surveys/cps/tables/time-series/historical-income-people/p02.xls.

29   Board of Governors of the Federal Reserve System, "Report on the Economic Well-Being of U.S. House holds in 2015," pp. 1, 7.

30   Walmart 2016 Annual Report, pp. 18, 9, http://s2.q4cdn.com/056532643/files/docfinancials/2016/annual/2016-Annual-Report-PDF.pdf.

31   "Forbes 400," 2016 ranking, http://www.forbes.com/forbes-400/list/#version:static; Bernie Sanders, *Our Revolution: A Future to Believe In* (New York: Thomas Dunne Books, St. Martin's Press, 2016), p. 223; Thomas Frank, *Listen, Liberal: Or, What Ever Happened to the Party of the People?*(New York: Metropolitan Books, 2016), p. 3; Sean Gorman, "Bernie Sanders Says Walmart Heirs Are Wealthier Than Bottom 40 Percent of Americans," PolitiFact, March 14, 2016, http://www.politifact.com/virginia/statements/2016/mar/14/bernie-s/bernie-sanders-says-walmart-heirs-are-wealthier-bo/; David De Jong and Tom Metcalf, "A Wal-Mart Heir Is $27 Billion Poorer Than Everyone Thought," *Bloomberg*, November 6, 2015, https://www.bloomberg.com/news/articles/2015-11-06/a-wal-mart-heir-is-27-billion-poorer-than-everyone–calculated.

32   Americans for Tax Fairness, "Walmart on Tax Day: How Taxpayers Subsidize America's Biggest Employer and Richest Family," April 2014, http://americansfortaxfairness.org/files/Walmart-on-Tax-Day-Americans-for-Tax-Fairness-1.pdf.

33   Democrats of the House Committee on Education and the Workforce, "Low
      Wages at a Single Wal-Mart Store Cost Taxpayers About $1 Million Every
      Year, Says New Committee Staff Report," press release, May 30, 2013, http://
      democrats-edworkforce.house.gov/media/press-releases/low-wages-at-a-
      single-wal-mart-store-cost-taxpayers-about-1-million-every-year-says-new-
      committee-staff–report.

34   Americans for Tax Fairness, "Walmart on Tax Day."

35   Bernie Sanders rightly argues: "The Walton family has got to get off of
      welfare." Sanders, *Our Revolution*, p. 223.

36   Ken Jacobs, "Americans Are Spending $153 Billion a Year to Subsidize
      McDonald's and Wal-Mart's Low Wage Workers," *Washington Post*, April 15,
      2015, https://www.washingtonpost.com/posteverything/wp/2015/04/15/we-
      are-spending–153-billion-a-year-to-subsidize-mcdonalds-and-walmarts-low-
      wage-workers; Ken Jacobs, Ian Perry, and Jenifer MacGillvary, "The High
      Public Cost of Low Wages: Poverty-Level Wages Cost U.S. Taxpayers $152.8
      Billion Each Year in Public Support for Working Families," UC Berkeley Center
      for Labor Research and Education, April 2015, http://laborcenter.berkeley.edu/
      pdf/2015/the-high-public-cost-of-low–wages.pdf.

37   Jordan Weissmann, "Here's Exactly How Much the Government Would Have
      to Spend to Make Public College Tuition- Free," *Atlantic*, January 3, 2014,
      http://www.theatlantic.com/business/archive/2014/01/heres-exactly-how-
      much-the-government-would-have-to-spend-to-make-public-college-tuition-
      free/282803/; Anya Kamenetz, "Clinton's Free-Tuition Promise: What Would
      It Cost? How Would It Work?," NPR *All Things Considered*, July 28, 2016,
      http://www.npr.org/sections/ed/2016/07/28/487794394/hillary-s-free-tuition-
      promise-what-would-it-cost-how-would-it-work; Robert Lynch and Kavya
      Vaghul, "The Benefits and Costs of Investing in Early Childhood Education,"
      Washington Center for Equitable Growth, December 2, 2015, http://
      equitablegrowth.org/report/the-benefits-and-costs-of-investing-in-early-
      childhood-education/.

38   U.S. Department of Veterans Affairs, "Care and Benefits for Veterans
      Strengthened by $169 Billion VA Budget," press release, February 2, 2015,
      https://www.va.gov/opa/pressrel/pressrelease.cfm?id=2675.

39   Matt Hourihan and David Parkes, "Federal R&D in the FY 2016 Budget: An
      Overview," American Association for the Advancement of Science, March 2,
      2015, https://www.aaas.org/fy16budget/federal-rd-fy-2016-budget–overview.

40   Congressional Budget Office, "Public Spending on Transportation and Water

Infrastructure, 1956 to 2014," March 2015, https://www.cbo.gov/sites/default/files/114th-congress-2015-2016/reports/49910-Infrastructure.pdf.

41   J. D. Foster, "A Better Approach Than the Minimum Wage Distraction,"U.S. Chamber of Commerce, Above the Fold, January 10, 2014, https://www.uschamber.com/above-the-fold/better-approach-the-minimum-wage–distraction.

42   Sean Hackbarth, "Los Angeles Shows Us the Real Reason Why Unions Are Pushing for Minimum Wage Increases," U.S. Chamber of Commerce, Above the Fold, May 29, 2015, https://www.uschamber.com/above-the-fold/los-angeles-shows-us-the-real-reason-why-unions-are-pushing-minimum-wage–increases.

43   Hiroko Tabuchi, "Next Goal for Walmart Workers: More Hours," *New York Times*, February 25, 2015, http://www.nytimes.com/2015/02/26/business/next-goal-for-walmart-workers-more-hours.html.

44   Ibid.; Lonnie Golden, "Irregular Work Scheduling and Its Consequences," Economic Policy Institute, April 9, 2015, http://www.epi.org/publication/irregular-work-scheduling-and-its-consequences/.

45   In 2015 constant dollars, the median fully employed male in 1970 was earning $36,346. By 2015, that same median, fully employed male was earning $37,138—a raise of 2 percent over a forty-five-year period. U.S. Census Bureau, "Historical Income Tables; People," Table P-2, September 13, 2016, http://www2.census.gov/programs-surveys/cps/tables/time-series/historical-income-people/p02.xls.

46   U.S. Department of Labor, Bureau of Labor Statistics, "Consumer Expenditure Survey, 2015," Table 1400: Size of Consumer Unit: Annual Expenditure Means, Shares, Standard Errors, and Coefficients of Variation, https://www.bls.gov/cex/2015/combined/cusize.pdf; U.S. Department of Labor, Bureau of Labor Statistics, "Consumer Expenditure Survey, 1972–73," Table 2: Selected Family Characteristics, Annual Expenditures, and Sources of Income Classifi ed by Family Size, United States, https://www.bls.gov/cex/1973/Standard/cusize.pdf. Data inflation adjusted (CPI).
      Some people have difficulty believing this. They see out-of-control consumerism being discussed everywhere. Amelia Warren Tyagi and I addressed this "Over-Consumption Myth" in our book, *The Two-Income Trap*, in 2003. As we wrote there, "What the finger-waggers have forgotten are the things families don't spend money on anymore" (p. 17).

47   U.S. Department of Labor, Bureau of LaborStatistics, "Consumer Expenditure

Survey, 2015," Table 1400: Size of Consumer Unit; U.S. Department of Labor, Bureau of Labor Statistics, "Consumer Expenditure Survey, 1972–73," Table 2: Selected Family Characteristics. Data on childcare are from Sabino Kornich, assistant professor of sociology, Emory University. Data inflation-adjusted (CPI).

48   Data for transportation, shelter, and health insurance compare 1972–73 to 2013. The men's earnings statistic compares 1970 to 2015. U.S. Census Bureau, Table P-2. College data are for in-state tuition and fees at a four-year public university 1971–72 and 2015–16. College Board, "Tuition and Fees and Room and Board over Time," Table 2: Average Tuition and Fees and Room and Board (Enrollment-Weighted) in Current Dollars and in 2016 Dollars, 1971–72 to 2016–17, https://trends.collegeboard.org/college-pricing/figures-tables/tuition-fees-room-and-board-over–time.

49   Pew Research Center, "The Rise in Dual Income Households," June 18, 2015, http://www.pewresearch.org/ftdual-income-households–1960-2012-2/.

50   Elizabeth Warren and Amelia Warren Tyagi, *The Two-Income Trap: Why Middle-Class Mothers and Fathers Are Going Broke* (New York: Basic Books, 2003). The book was reissued in 2016 with an updated subtitle: *Why Middle-Class Parents Are (Still) Going Broke.*

51   Brigid Schulte and Alieza Durana, "The New America Care Report," *New America Better Life Lab*, September 2016, p. 5, https://na-production.s3.amazonaws.com/documents/FINALCareReport.pdf.

52   Federal Reserve Bank of St. Louis, "Personal Saving Rate," https://research.stlouisfed.org/fred2/series/PSAVERT#.

53   Board of Governors of the Federal Reserve System, "Consumer Credit—G.19," http://www.federalreserve.gov/releases/g19/HIST/cchistmt_levels.html; U.S. Department of Commerce, Bureau of Economic Analysis, "Disposable Personal Income," http://www.bea.gov/iTable/indexnipa.cfm.

54   Aaron Smith, "DHL to Cut 9,500 U.S. Jobs," *CNN Money*, November 10, 2008, http://money.cnn.com/2008/11/10/news/companies/dhl/?postversion=2008111010.

55   U.S. Department of Justice, "Justice Department Reaches $335 Million Settlement to Resolve Allegations of Lending Discrimination by Countrywide Financial Corporation," press release, December 21, 2011, https://www.justice.gov/opa/pr/justice-department–reaches-335-million-settlement-resolve-allegations-lending–discrimination.

56   James Rufus Koren, "OneWest Bank Shut Out Nonwhite Borrowers While

Owned by Steve Mnuchin-led Group, Advocates Say," *Los Angeles Times*,
November 17, 2016, http://www.latimes.com/business/la-fi–onewest-
redlining-20161115-story.html.

57 Brentin Mock, "Redlining Is Alive and Well—and Evolving," *Citylab*,
September 28, 2015, http://www.citylab.com/housing/2015/09/redlining-is-
alive-and-well-and-evolving/407497/; Jessica Silver-Greenberg and Michael
Corkery, "Evans Bank Settles New York 'Redlining' Lawsuit," *New York
Times*, September 10, 2015, https://www.nytimes.com/2015/09/11/business/
dealbook/evans–bank-settles-new-york-redlining-lawsuit.html; Emily Badger,
"What It Looks Like When a Bank Goes out of Its Way to Avoid Minorities,"
Washington Post, September 25, 2015, https://www.washingtonpost.com/
news/wonk/wp/2015/09/25/what-it–looks-like-when-a-bank-structures-its-
business-to-avoid-minorities/.

58 Chase, Michael's lender, was sued multiple times for racial discrimination in
its mortgage lending program, but none of the lawsuits stuck. "Miami Sues
JPMorgan for Racial Discrimination in Mortgage Lending," Reuters, June
16, 2014, http://www.nbcnews.com/business/business-news/miami-sues-
jpmorgan-racial-discrimination-mortgage-lending-n132291; Andrew Khouri,
"L.A. Sues JPMorgan Chase, Alleges Predatory Home Loans to Minorities," *Los
Angeles Times*, May 30, 2014, http://www.latimes.com/business/realestate/
la-fi-re-jpmorgan-mortgage-lawsuit-20140530-story.html; Aaron Smith,
"NAACP Drops Lawsuit Against Wells Fargo," *CNN Money*, April 8, 2010,
http://money.cnn.com/2010/04/08/news/companies/wellsfargonaacp/; Robert
Barnes, "High Court to Hear Caseon Banks, Lending Practices," *Washington
Post*, January 17, 2009, http://www.washingtonpost.com/wp-dyn/content/
article/2009/01/16/AR2009011604463.html.

59 Rakesh Kochhar, Richard Fry, and Paul Taylor, "Wealth Gaps Rise to Record
Highs Between Whites, Blacks, Hispanics," Pew Research Center, July 26,
2011, http://www.pewsocialtrends.org/2011/07/26/wealth-gaps-rise-to-record-
highs-between-whites-blacks-hispanics/.

60 Renae Merle, "Minorities Hit Harder by Foreclosure Crisis," *Washington
Post*, June 19, 2010, http://www.washingtonpost.com/wp-dyn/content/
article/2010/06/18/AR2010061802885.html.

61 Brena Swanson, "Zillow: Black and Hispanic Homeowners Denied Mortgages
More Often," *HousingWire*, February 9, 2015, http://www.housingwire.com/
articles/32882-zillow-black–and-hispanic-homeowners-denied-mortgages-
more-often.

62   Center for Responsible Lending, "The Nation's Housing Finance System Remains Closed to African-American, Hispanic, and Low-Income Consumers Despite Stronger National Economic Recovery in 2015," policy brief, September 2016, http://responsiblelending.org/sites/default/files/nodes/files/research-publication/2015hmdapolicybrief_2.pdf.

63   Nora Naughton, "Stamford's Harbor Point Pays $40K in Racial Discrimination Settlement," *Stamford Advocate*, June 24, 2016, http://www.stamfordadvocate.com/local/article/Harbor-Point-agrees-to-40-000-settlement-over-8319198.php.

64   U.S. Department of Housing and Urban Development, "HUD Reaches Agreement with California Landlords Resolving Claims of Discrimination Against Mexican Applicants," press release, March 23, 2016, https://portal.hud.gov/hudportal/HUD?src=/press/pressreleasesmediaadvisories/2016/HUDNo16–035.

65   Jonathan Mahler and Steve Eder, " 'No Vacancies' for Blacks: How Donald Trump Got His Start, and Was First Accused of Bias," *New York Times*, August 27, 2016, http://www.nytimes.com/2016/08/28/us/politics/donald-trump-housing-race.html.

66   Chris Isidore, "America's Lost Trillions," *CNN Money*, June 9, 2011, http://money.cnn.com/2011/06/09/news/economy/householdwealth; National Low Income Housing Coalition, "Report Shows African Americans Lost Half Their Wealth Due to Housing Crisis and Unemployment," August 20, 2013, http://nlihc.org/article/report-shows-african-americans-lost-half-their-wealth-due-housing-crisis-and–unemployment.

67   Alexis C. Madrigal, "The Racist Housing Policy That Made Your Neighborhood," *Atlantic*, May 22, 2014, http://www.theatlantic.com/business/archive/2014/05/the-racist-housing-policy-that-made-your-neighborhood/371439/; Fair Housing Center of Greater Boston, "1934–1968: FHA Mortgage Insurance Requirements Utilize Redlining," http://www.bostonfairhousing.org/timeline/1934-1968-FHA-Redlining.html.

68   Randall Kennedy, *Race, Crime, and the Law* (New York: Pantheon Books, 1997); Michelle Alexander, *The New Jim Crow: Mass Incarceration in the Age of Colorblindness* (New York: New Press, 2010); Andrew Kahn and Chris Kirk, "What It's Like to Be Black in the Criminal Justice System," *Slate*, August 9, 2015, http://www.slate.com/articles/newsandpolitics/crime/2015/08/racialdisparitiesinthecriminal_justicesystemeightchartsillustrating.html.

69   Devah Pager, "The Use of Field Experiments for Studies of Employment

Discrimination: Contributions, Critiques, and Directions for the Future," *Annals of the American Academy of Political and Social Sciences* 609, no. 1 (2007): 104–33, http://scholar.harvard.edu/files/pager/files/annalspager.pdf.

70　Gillian B. White, "The Data Are Damning: How Race Influences School Funding," *Atlantic*, September 30, 2015, http://www.theatlantic.com/business/archive/2015/09/public-school-funding-and-the-role-of-race/408085/; Jason A. Grissom and Christopher Redding, "Discretion and Disproportionality: Explaining the Underrepresentation of High-Achieving Students of Color in Gifted Programs," *AERA Open* 2, no. 1 (January–March 2016): 1–25, http://news.vanderbilt.edu/files/GrissomAERAOpenGiftedStudents1.pdf.

71　Consumer Financial Protection Bureau, "CFPB and DOJ Reach Resolution with Toyota Motor Credit to Address Loan Pricing Policies with Discriminatory Effects," press release, February 2, 2016, http://www.consumerfinance.gov/about-us/newsroom/cfpb-and-doj-reach-resolution-with-toyota-motor-credit-to-address-loan-pricing-policies-with-discriminatory-effects/.

72　Dov Cohen and Robert M. Lawless, "Less Forgiven: Race and Chapter 13 Bankruptcy," chap. 10 in *Broke: How Debt Bankrupts the Middle Class*, ed. Katherine Porter (Stanford, CA: Stanford University Press, 2012).

73　Vijay Das and Adam Gaffney, "Racial Injustice Still Rife in Health Care," CNN, July 28, 2015, http://www.cnn.com/2015/07/28/opinions/das-gaffney-racial-injustice-health-care/.

74　Kelly M. Bower, Roland J. Thorpe Jr., Charles Rohde, and Darrell J. Gaskin, "The Intersection of Neighborhood Racial Segregation, Poverty, and Urbanicity and Its Impact on Food Store Availability in the United States," *Preventive Medicine* 58 (January 2014): 33–39, https://www.ncbi.nlm.nih.gov/pmc/articles/PMC3970577/pdf/nihms540300.pdf.

75　Kenneth J. Cooper, "The Costs of Inequality: Faster Lives, Quicker Deaths," *Harvard Gazette*, March 14, 2016, http://news.harvard.edu/gazette/story/2016/03/the-costs-of-inequality-faster-lives-and-quicker-deaths/.

76　Laura Sullivan, Tatjana Meschede, Lars Dietrich, Thomas Shapiro, Amy Traub, Catherine Ruetschlin, and Tamara Draut, "The Racial Wealth Gap: Why Policy Matters," Demos and Brandeis University's Institute for Assets & Social Policy, March 10, 2015, p. 2, http://www.demos.org/sites/default/files/publications/RacialWealthGap1.pdf.

77　U.S. Department of Labor, Bureau of Labor Statistics, "Employment Situation Summary," January 6, 2017, https://www.bls.gov/news.release/empsit.nr0.htm.

78　Monique Morrissey, "The State of American Retirement," Economic Policy

Institute, chart 10, March 3, 2016, http://www.epi.org/publication/retirement-in-america/.

79   Casey Quinlan, "Why Students Say Their Degrees from The Art Institute Are 'Worthless,'" *ThinkProgress*, May 22, 2015, https://thinkprogress.org/why-students-say-their-degrees-from-the-art-institute-are-worthless-c346be20d899#.btp5sgtdm.

80   Ben Casselman, "The Cost of Dropping Out," *Wall Street Journal*, November 22, 2012, http://www.wsj.com/articles/SB10001424127887324595904578117400943472068; FINRA, "Financial Capability in the United States 2016," p. 24, http://www.usfinancialcapability.org/downloads/NFCS2015ReportNatl_Findings.pdf; Caroline Ratcliffe and Signe-Mary McKernan, "Forever in Your Debt: Who Has Student Loan Debt, and Who's Worried?," Urban Institute, June 2013, Figure 2, http://www.urban.org/sites/default/files/alfresco/publication-pdfs/412849-Forever-in-Your-Debt-Who-Has-Student-Loan-Debt-and-Who-s-Worried-.PDF; Mary Nguyen, "Degreeless in Debt: What Happens to Borrowers Who Drop Out," *Education Sector*, February 2012, Chart 2, http://educationpolicy.air.org/sites/default/files/publications/DegreelessDebtCYCTRELEASE.pdf; Board of Governors of the Federal Reserve System, "Report on the Economic Well-Being of U.S. House holds in 2014: Education and Student Loans," Figure 16, http://www.federalreserve.gov/econresdata/2015-economic-well-being-of-us-households-in-2014–education-student-loans.htm#f13r; Christina Chang Wei and Laura Horn, "Federal Student Loan Debt Burden of Noncompleters," U.S. Department of Education, Stats in Brief, April 2013, http://nces.ed.gov/pubs2013/2013155.pdf.

81   U.S. Department of Labor, Bureau of Labor Statistics, "The Employment Situation—July 2016," Table A-4, news release, August 5, 2016, http://www.bls.gov/news.release/pdf/empsit.pdf.

82   College Board, "Trends in College Pricing 2016," Figure 20: Enrollment by Level of Enrollment and Attendance Status over Time, https://trends.collegeboard.org/college-pricing/figures-tables/enrollment-level-enrollment-and-attendance-status-over–time.

83   College Board, "Trends in College Pricing 2015," p. 17, Table 2A, http://trends.collegeboard.org/sites/default/files/2015-trends-college-pricing-final-508.pdf.

84   Institute for College Access & Success, "Quick Facts About Student Debt," March 2014, http://ticas.org/sites/default/files/pubfiles/DebtFactsandSources.pdf.

85   Board of Governors of the Federal Reserve System, "Consumer Credit—G.19,"

October 2016, https://www.federalreserve.gov/releases/g19/current/.

86   U.S. Department of Labor, Bureau of Labor Statistics, "Employment and Unemployment Among Youth Summary," news release, August 18, 2015, http://www.bls.gov/news.release/youth.nr0.htm.

87   Board of Governors of the Federal Reserve System, "Student Loans Owned and Securitized, Outstanding," January 9, 2017, https://research.stlouisfed.org/fred2/series/SLOAS.

88   Richard Fry, "For First Time in Modern Era, Living with Parents Edges Out Other Living Arrangements for 18-to 34-Year-Olds," Pew Research Center, Social & Demographic Trends, May 24, 2016, http://www.pewsocialtrends.org/2016/05/24/for-first-time-in-modern-era-living-with-parents-edges-out-other-living-arrangements-for-18-to-34-year-olds/.

89   Raj Chetty, David Grusky, Maximilian Hell, Nathaniel Hendren, Robert Manduca, and Jimmy Narang, "The Fading American Dream: Trends in Absolute Income Mobility Since 1940," National Bureau of Economic Research, December 2016, http://www.equality-of-opportunity.org/papers/absmobilitypaper.pdf.

90   Josh Boak and Carrie Antlfinger, "Millennials Are Falling Behind Their Boomer Parents," Associated Press, January 13, 2017, http://bigstory.ap.org/article/8b688578bf764d3998cca899a448aa33.

91   Jaison R. Abel and Richard Deitz, "Working as a Barista After College Is Not as Common as You Might Think," Liberty Street Economics (blog), Federal Reserve Bank of New York, January 11, 2016, http://libertystreeteconomics.newyorkfed.org/2016/01/working-as-a-barista-after-college-is-not-as-common-as-you-might-think.html#.V8ohovkrLIX.

92   Annie Lowrey, "Recovery Has Created Far More Low-Wage Jobs Than Better-Paid Ones," New York Times, April 27, 2014, http://www.nytimes.com/2014/04/28/business/economy/recovery-has-created–far-more-low-wage-jobs-than-better-paid-ones.html.

93   Pamela Foohey, Robert M. Lawless, Katherine Porter, and Deborah Thorne, "Graying of U.S. Bankruptcy: Fallout from Life in a Risk Society" (unpublished manuscript); Deborah Thorne, Elizabeth Warren, and Teresa A. Sullivan, "The Increasing Vulnerability of Older Americans: Evidence from the Bankruptcy Court," Harvard Law & Policy Review 3, no. 1 (Winter 2009): 87, 95 table 2.

94   Center on Budget and Policy Priorities, "Policy Basics: Top Ten Facts About Social Security," August 12, 2016, http://www.cbpp.org/research/social-security/policy-basics-top-ten-facts-about-social–security.

95 National Center for Health Statistics, "Nursing Home Care," July 6, 2016, https://www.cdc.gov/nchs/fastats/nursing-home-care.htm.

96 Morrissey, "The State of American Retirement," Retirement In equality Chartbook, March 3, 2016, http://www.epi.org/publication/retirement-in-america/#chart5.

97 U.S. Census Bureau, "2010 Census Shows 65 and Older Population Growing Faster Than Total U.S. Population," November 30, 2011, https://www.census.gov/newsroom/releases/archives/2010census/cb11-cn192.html.

98 Social Security Administration, "Calculators: Life Expectancy," accessed December 31, 2016, https://www.ssa.gov/planners/lifeexpectancy.html.

99 This figure is an average of the growth in life expectancy for men (5.5 years) and women (3.0 years) from 1970 to 2016. Social Security Administration, "Social Security History—Life Expectancy for Social Security," https://www.ssa.gov/history/lifeexpect.html .

100 Genworth, "Compare Long Term Care Costs Across the United States," Annual Costs: National Median (2016), https://www.genworth.com/about-us/industry-expertise/cost-of-care.html.

101 Amy Kisling, David P. Paul III, and Alberto Coustasse, "Assisted Living: Trends in Cost and Staffing," paper presented at 2015 Business and Health Administration Association Annual Conference, p. 2, http://mds.marshall.edu/cgi/viewcontent.cgi?article=1137&context=mgmtfaculty.

102 Investment Company Institute, "Retirement Assets Total $25.0 Trillion in Third Quarter 2016," December 22, 2016, https://www.ici.org/research/stats/retirement/ret16q3?WT.mcid=ret16q3.

103 For example, people in the top 20 percent of income are seventeen times more likely to have a 401(k) than people in the bottom 20 percent, and the really big retirement accounts are owned by the top one-tenth of one percent. Morrissey, "The State of American Retirement."

104 Jack Van Derhei, Sarah Holden, Luis Alonso, Steven Bass, and AnnMarie Pino, "401(k) Plan Asset Allocation, Account Balances, and Loan Activity in 2013," Employee Benefit Research Institute Issue Brief, December 2014, Figure 9, p. 13, https://www.ebri.org/pdf/briefspdf/EBRIIB408Dec14.401(k)-update.pdf.

105 Morrissey, "The State of American Retirement."

106 Patrick W. Seburn, "Evolution of Employer-Provided Defined Benefit Pensions," Monthly Labor Review 14 (December 1991): 20–21, http://www.bls.gov/mlr/1991/12/art3full.pdf.

107 Employee Benefit Research Institute, "FAQs About Benefits—Retirement

Issues. What Are the Trends in U.S. Retirement Plans?," https://www.ebri.org/publications/benfaq/index.cfm?fa=retfaq14.

108   After a very full life, she died in July 2016. Reis Thebault, "Goldie Michelson, the Oldest Person in America, Dies at 113," *Boston Globe*, July 9, 2016, https://www.bostonglobe.com/metro/2016/07/09/goldie-michelson-oldest-person-america-dies/BlHCjyS0xCooBFRPnLKudI/story.html.

109   Ke Bin Wu, "Source of Income for Older Americans, 2012," AARP Public Policy Institute Fact Sheet, December 2013, p. 1, http://www.aarp.org/content/dam/aarp/research/publicpolicyinstitute/econsec/2013/sources-of-income-for-older-americans-2012-fs-AARP-ppi-econ-sec.pdf.

110   Lawrence Mishel and Alyssa Davis, "Top CEOs Make 300 Times More Than Typical Workers," Economic Policy Institute, June 21, 2015, http://www.epi.org/publication/top-ceos-make-300-times-more-than-workers-pay-growth-surpasses-market-gains-and-the-rest-of-the-0-1–percent.

111   Chris Isidore, "Tie Social Security benefits to CEO pay, says Elizabeth Warren," *CNN Money*, November 6, 2015, http://money.cnn.com/2015/11/06/news/economy/social-security-ceo-pay-elizabeth-warren/.

112   Ben Steverman, "'I'll Never Retire': Americans Break Record for Working Past 65," *Bloomberg*, May 13, 2016, https:// www.bloomberg.com/news/articles/2016-05-13/-i-ll-never-retire-americans-break-record-for-working-past-65.

113   Consumer Financial Protection Bureau, Office for Older Americans, "Snapshot of Older Consumers and Mortgage Debt," May 2014, p. 8, http://files.consumerfinance.gov/f/201405cfpbsnapshot_older-consumers-mortgage-debt.pdf.

114   "Housing America's Older Adults: Meeting the Needs of an Aging Population," Harvard University, Joint Center for Housing Studies, 2014, p. 1, http://www.jchs.harvard.edu/sites/jchs.harvard.edu/files/jchs-housingamericas_olderadults2014.pdf.

115   Lori A. Trawinski, "Nightmare on Main Street: Older Americans and the Mortgage Market Crisis," AARP Public Policy Institute Research Report, July 2012, p. 15, http://www.aarp.org/content/dam/aarp/research/publicpolicyinstitute/consprot/2012/nightmare-on-main-street-AARP-ppi-cons-prot.pdf.

116   Amy Traub, "In the Red: Older Americans and Credit Card Debt," AARP and Demos, Middle Class Security Project, 2013, Tables 2–3, pp. 9–10, http://www.demos.org/sites/default/files/publications/older-americans-and-credit-card-

debt-AARP-ppi-sec.pdf.

117   Foohey, Lawless, Porter, and Thorne, "Graying of U.S. Bankruptcy"; Thorne, Warren, and Sullivan, "The Increasing Vulnerability of Older Americans."

118   Heather Long, "56% of Americans Think Their Kids Will Be Worse Off ," *CNN Money*, January 28, 2016, http://money.cnn.com/2016/01/28/news/economy/donald-trump-bernie-sanders-us-economy/.

119   Frank Newport, "Many Americans Doubt They Will Get Social Security Benefits," Gallup, August 13, 2015, http://www.gallup.com/poll/184580/americans-doubt-social-security-benefits.aspx.

120   "U.S. Voters Want Leader to End Advantage of Rich and Powerful: Reuters/Ipsos Poll," Reuters, November 8, 2016, http://www.reuters.com/article/us-usa-election-poll-mood–idUSKBN1332NC.

121   The White House, "Remarks by the President at Commencement Address at Rutgers, the State University of New Jersey," May 15, 2016, https://www.whitehouse.gov/the-press-office/2016/05/15/remarks-president-commencement-address-rutgers-state-university-new.

122   Charlotte Alter and RyanTeague Beckwith, "Draining the Swamp?," *Time*, January 17, 2017, http://time.com/donald-trump-drain-swamp/.

123   Miles Corak, "Economic Mobility," *Pathways* (Special Issue 2016): 51–57, Stanford Center on Poverty and Inequality, http://inequality.stanford.edu/sites/default/files/Pathways-SOTU-2016.pdf.

124   Chetty, Grusky, Hell, et al., "The Fading American Dream."

2장 더 안전한 경제

1   Choices of dates are a composite of major financial panics, drawn from Charles W. Calomiris and Gary Gorton, "The Origins of Banking Panics: Models, Facts, and Bank Regulation," in *Financial Markets and Financial Crises*, ed. R. Glenn Hubbard, pp. 109–73 (Chicago: University of Chicago Press, 1991), http://aida.econ.yale.edu/~nordhaus/homepage/documents/calomiris_gortonpanic.pdf; and Andrew J. Jalil, "A New History of Banking Panics in the United States, 1825–1929: Construction and Implications," *American Economic Journal: Macroeconomics* 7, no. 3 (July 2015): 295–330, https://www.aeaweb.org/articles?id=10.1257/mac.20130265.

2   Federal Deposit Insurance Corporation, *The First Fifty Years: A History of the FDIC, 1933–1983* (Washington, DC: FDIC, 1984), p. 36, Table 3-1, https://

www.fdic.gov/bank/analytical/firstfifty/chapter3.pdf.

3   William E. Leuchtenburg, *Franklin D. Roosevelt and the New Deal* (New York: Harper & Row, 1963), pp. 1, 3; Adam Cohen, Nothing to Fear: *FDR's Inner Circle and the Hundred Days That Created Modern America* (New York: Penguin Press, 2009), p. 272; Alexander Keyssar, "Unemployment," in *The Reader's Companion to American History*, ed. Eric Foner and John A. Garraty, p. 1095 (Boston: Houghton Mifflin, 1991); T. H. Watkins, *The Hungry Years: A Narrative History of the Great Depression in America* (New York: Henry Holt, 1999); David M. Kennedy, *Freedom from Fear: The American People in Depression and War, 1929–1945* (New York: Oxford University Press, 1999); John Kenneth Galbraith, *The Great Crash, 1929* (New York: Houghton Mifflin Harcourt, 2009).

4   The American Bankers Association vehemently opposed FDIC insurance. Initially Roosevelt also resisted FDIC insurance, but he eventually decided it was inevitable and signed it into law. Leuchtenburg, *Franklin D. Roosevelt and the New Deal*, p. 60; Jean Edward Smith, FDR (New York: Random House, 2007), p. 332; Federal Deposit Insurance Corporation, The First Fifty Years, pp. 41, 43.

5   Federal Deposit Insurance Corporation, *The First Fifty Years*, pp. 3–4, 52, https://www.fdic.gov/bank/analytical/firstfifty/chapter1.pdf and https://www.fdic.gov/bank/analytical/firstfifty/chapter3.pdf.

6   "The Glass-Steagall Banking Act of 1933," *Harvard Law Review* 47, no. 2 (December 1933): 325.

7   Franklin D. Roosevelt, "Statement on Signing the Securities Bill," May 27, 1933, http://www.presidency.ucsb.edu/ws/?pid=14654.

8   Spencer Weber Waller, *Thurman Arnold: A Biography* (New York: New York University Press, 2005), p. 128.

9   Gary Reback, *Free the Market* (New York: Portfolio, 2009), p. 23; Wilson D. Miscamble, "Thurman Arnold Goes to Washington: A Look at Antitrust Policy in the Later New Deal," *Business History Review* 56, no. 1 (Spring 1982): 5; Richard A. Posner, "A Statistical Study of Antitrust Enforcement," *Journal of Law and Economics* 13, no. 2 (October 1970): 365–66.

10   Ellis W. Hawley, *The New Deal and the Problem of Monopoly: A Study in Economic Ambivalence* (New York: Fordham University Press, 1995), p. 430.

11   Gene M. Gressley, "Thurman Arnold, Antitrust, and the New Deal," *Business History Review* 38, no. 2 (Summer 1964), p. 225; Spencereber Waller, "The Antitrust Legacy of Thurman Arnold," *St. John's Law Review* 78, no. 3 (2004),

pp. 589–90, http://scholarship.law.stjohns.edu/cgi/viewcontent.cgi?article=129
7&context=lawreview.

12   One of the most famous of these cases involved Alcoa, a firm that had
     captured the vast majority of the aluminum market. The trial turned out to
     be the longest in history (up to that time) and Alcoa spent millions of dollars
     on the case, but the government ultimately won. Alva Johnston, "Thurman
     Arnold's Biggest Case—I," *New Yorker*, January 24, 1942; Spencer Weber
     Waller, "The Antitrust Legacy of Thurman Arnold," pp. 591–92.

13   Arthur M. Schlesinger, *The Politics of Upheaval*, 1935–1936 (Boston:
     Houghton Mifflin, 2003), 3:329.

14   Ralph Young, *Dissent: The History of an American Idea* (New York: New
     York University Press, 2015), p. 377.

15   Robert F. Burk, *The Corporate State and the Broker State: The DuPonts
     and American National Politics, 1925–1940* (Cambridge, MA: Harvard
     UniversityPress, 1990), p. 188.

16   "Death of Howe," *Time*, April 27, 1936.

17   Sally Denton, *The Plots Against the President: FDR, a Nation in Crisis, and
     the Rise of the American Right* (New York: Bloomsbury Press 2012), p. 158.

18   Smith, *FDR*, pp. 366–69; Jefferson Cowie, *The Great Exception: The New
     Deal and the Limits of American Politics* (Princeton, NJ: Princeton University
     Press, 2016), pp. 1–4; Franklin D. Roosevelt, "Acceptance Speech for the
     Renomination for the Presidency, Philadelphia, Pa.," June 27, 1936, http://
     www.presidency.ucsb.edu/ws/?pid=15314; Jack Beatty, "Conventions in
     History: The Most Frightful Five Minutes of FDR's Life," WBUR *On Point*,
     July 8, 2016, http://www.wbur.org/onpoint/2016/07/08/1936-democratic-
     convention–fdr.

19   Franklin D. Roosevelt, "Address at Madison Square Garden, New York
     City," October 31, 1936, http://www.presidency.ucsb.edu/ws/index.
     php?pid=15219&st=&st1=.

20   U.S. Department of Commerce, Bureau of Economic Analysis, "GDP &
     Personal Income," Table 1.1.1. Percent Change from Preceding Period in Real
     Gross Domestic Product, December 22, 2016, https://www.bea.gov/iTable/
     indexnipa.cfm.

21   Russell Sage Foundation, "Real Mean and Median Income, Families and
     Individuals, 1947–2012, and Households, 1967–2012," Chartbook of Social
     Inequality, http://www.russellsage.org/sites/all/files/chartbook/Income%20
     and%20Earnings.pdf.

22   U.S. Census Bureau, Table P-2. Race and Hispanic Origin of People by Median Income and Sex: 1947 to 2015, www2.census.gov/programs-surveys/cps/tables/time-series/historical-income-people/p02.xls.

23   Lewis Powell, "Confidential Memorandum: Attack on the Free Enterprise System," August 23, 1971, http://law2.wlu.edu/powellarchives/page.asp?pageid=1251.

24   Joan Biskupic and Fred Barbash, "Retired Justice Lewis Powell Dies at 90," *Washington Post*, August 26, 1998, http://www.washingtonpost.com/wp-srv/national/longterm/supcourt/stories/powell082698.htm; Linda Greenhouse, "Lewis Powell, Crucial Centrist Justice, Dies at 90," *New York Times*, August 26, 1998, http://www.nytimes.com/1998/08/26/us/lewis-powell-crucial-centrist-justice-dies-at-90.html?pagewanted=all; Lewis F. Powell III, "Justice Powell and General Lee's College," *Washington and Lee Law Review* 56, no. 1 (1999): 9–10, http://scholarlycommons.law.wlu.edu/cgi/viewcontent.cgi?article=1532&context=wlulr.

25   Jane Mayer, *Dark Money: The Hidden History of the Billionaires Behind the Rise of the Radical Right* (New York: Doubleday, 2016), pp. 72–75.

26   Moyers and Company, Excerpt from Jacob Hacker and Paul Pierson, *Winner-Take-All Politics: How Washington Made the Rich Richer—and Turned Its Back on the Middle Class* (New York: Simon and Schuster, 2010), September 14, 2012, http://billmoyers.com/content/the-powell-memo-a-call-to-arms-for-corporations/.

27   Franklin Delano Roosevelt, "Radio Address from Albany, New York: 'The "Forgotten Man" Speech,'" April 7, 1932, http://www.presidency.ucsb.edu/ws/?pid=88408.

28   Kim Phillips-Fein, *Invisible Hands: The Businessmen's Crusade Against the New Deal* (New York: W. W. Norton, 2010), pp. 243–47.

29   The Depository Institutions Deregulation and Monetary Control Act, signed into law by President Jimmy Carter in 1980, was a major step in the softening of bank regulation. Elijah Brewer III, "The Depository Institutions Deregulation and Monetary Control Act of 1980," *Economic Perspectives* 4, no. 15 (September 1980), https://www.chicagofed.org/publications/economic-perspectives/1980/sep-oct-brewer-1.

30   Albert A. Foer, "The Federal Antitrust Commitment: Providing Resources to Meet the Challenge," American Antitrust Institute, Table 8, March 23, 1999, http://www.antitrustinstitute.org/files/whitepaper021120071704.pdf.

31   Ronald Reagan, "Remarks at the Annual Meeting of the Boards of Governors

of the World Bank Group and International Monetary Fund," September 29, 1981, http://www.presidency.ucsb.edu/ws/?pid=44311.

32   Donald J. Trump, "Unleashing America's Prosperity to Create Jobs and Increase Wages," August 8, 2016, https://www.donaldjtrump.com/press-releases/unleashing-americamericas-prosperity-to-create-jobs-and-increase-wages.

33   Eric Lipton and Coral Davenport, "Scott Pruitt, Trump's E.P.A. Pick, Backed Industry Donors Over Regulators," *New York Times*, January 14, 2017, https://www.nytimes.com/2017/01/14/us/scott-pruitt-trump-epa-pick.html.

34   Melanie Trottman, Julie Jargon, and Michael C. Bender, "Trump Picks Fast-Food Executive Andy Puzder as Nominee for Labor Secretary," *Wall Street Journal*, December 8, 2016, https://www.wsj.com/articles/trump-expected-to-name-fast-food-executive-andy-puzder-as-labor-secretary-1481210445.

35   Aaron Blake, "Everything That Was Said at the Second Donald Trump vs. Hillary Clinton Debate, Highlighted," *Washington Post*, October 9, 2016, https://www.washingtonpost.com/news/the-fix/wp/2016/10/09/everything-that-was-said-at-the-second-donald-trump-vs-hillary-clinton-debate-highlighted/.

36   Nelson D. Schwartzand Julie Creswell, "What Created This Monster?," *New York Times* ,March 23, 2008, http://www.nytimes.com/2008/03/23/business/23how.html.

37   Kenneth J. Robinson, "Savings and Loan Crisis," November 22, 2013, Federal Reserve Bank of Richmond, Federal Reserve History, http://www.federalreservehistory.org/Events/DetailView/42; FDIC, "History of the 80s," vol. 1, "An Examination of the Banking Crises of the 1980s and Early 1990s," ch. 4, "The Savings and Loan Crisis and Its Relationship to Banking," 1997, https://www.fdic.gov/bank/historical/history/vol1.html.

38   Timothy Curry and Lynn Shibut, "The Cost of the Savings and Loan Crisis: Truth and Consequences," *FDIC Banking Review* 13, no. 2 (2000): 26–35, https://www.fdic.gov/bank/analytical/banking/2000dec/brv13n22.pdf; Kitty Calavita, *Big Money Crime: Fraud and Politics in the Savings and Loan Crisis* (Berkeley: University of California Press, 1997), p. 131.

39   U.S. General Accounting Office, "Financial Audit: Resolution Trust Corporation's 1995 and 1994 Financial Statements," July 1996, www.gao.gov/archive/1996/ai96123.pdf./

40   Karl Galbraith, "Federal Budget Estimates, Fiscal Year 1995," Bureau of Economic Analysis, February 1994, https://bea.gov/scb/pdf/national/

niparel/1994/0294gd.pdf.

41   James Lardner, "A Brief History of the Glass-Steagall Act," Demos, November
      10, 2009, http://www.demos.org/publication/brief-history-glass-steagall-act.

42   Hubert P. Janicki and Edward Simpson Prescott, "Changes in the Size
      Distribution of U.S. Banks: 1960–2005," *Economic Quarterly* 92, no. 4 (Fall
      2006): 291–316, https://www.richmondfed.org/~/media/richmondfedorg/
      publications/research/economicquarterly/2006/fall/pdf/janickiprescott.pdf.
      For a chart showing the consolidation, see Jeff Desjardins, "The Making of
      the 'Big Four' Banking Oligopoly in One Chart," *Visual Capitalist*, January 25,
      2016, http://www.visualcapitalist.com/the-banking-oligopoly-in-one-chart/.

43   Steve Schaefer, "Five Biggest U.S. Banks Control Nearly Half Industry'
      s $15 Trillion in Assets," *Forbes*, December 3, 2014, http://www.forbes.
      com/sites/steveschaefer/2014/12/03/five-biggest-banks-trillion-jpmorgan-
      citibankamerica/#2694071a1d43.

44   Lardner, "A Brief History of the Glass-Steagall Act."

45   FDIC, "Annual Financial Data—Commercial Bank Reports—CB04:
      Net Income, 1934–2015," https://www5.fdic.gov/hsob/SelectRpt.
      asp?EntryTyp=10&Header=1.

46   U.S. Department of the Treasury, "Statement by President Bill Clinton at the
      Signing of the Financial Modernization Bill," November 12, 1999, https://www.
      treasury.gov/press-center/press-releases/Pages/ls241.aspx.

47   Mitchell Pacelle, "Growing Profit Source for Banks: Fees from Riskiest Card
      Holders," *Wall Street Journal*, July 6, 2004, http://www.wsj.com/articles/
      SB108907380815455722.020-

48   Joseph S. Enoch, "Senate Panel Slams Abusive Credit Card Practices,"
      Consumer Affairs, March 7, 2007, https://www.consumeraffairs.com/
      news04/2007/03/senatecreditcards02.html.

49   Tamara Draut and Javier Silva, "Borrowing to Make Ends Meet: The Growth of
      Credit Card Debt in the '90s," Demos, September 2003, www.demos.org/sites/
      default/files/publications/borrowingtomakeends_meet.pdf.

50   Time after time, the SEC looked the other way as all kinds of financial firms
      loaded up on risks. Stephen Labaton, "S.E.C. Concedes Oversight Flaws
      Fueled Collapse," *New York Times*, September 26, 2008, http://www.nytimes.
      com/2008/09/27/business/27sec.html.

51   Amit R. Paley and David S. Hilzenrath, "SEC Chair Defends His Restraint
      During Financial Crisis," *Washington Post*, December 24, 2008, http://www.
      washingtonpost.com/wp-dyn/content/article/2008/12/23/AR2008122302765.

html.

52   Charles Riley, "Prosecutors: Madoff Fraud Started in 1970s," *CNN Money*, October 2, 2012, http://money.cnn.com/2012/10/01/investing/madoff-fraud/.

53   Jacqueline Palank, "Bernard Madoff Investors to Receive Another Payout," *Wall Street Journal*, June 16, 2016, http://blogs.wsj.com/bankruptcy/2016/06/16/bernard-madoff-investors-to-receive-another-payout/.

54   Zachary A. Goldfarb, "The Madoff Files: A Chronicle of SEC Failure," *Washington Post*, September 3, 2009, http://www.washingtonpost.com/wp-dyn/content/article/2009/09/02/AR2009090203851.html.

55   Matt Taibbi, "Why Didn't the SEC Catch Madoff? It Might Have Been Policy Not To," *Rolling Stone*, May 31, 2013, http://www.rollingstone.com/politics/news/why-didnt-the-sec-catch-madoff-it-might-have-been-policy-not-to–20130531.

56   Associated Press, "Airline Consolidation Has Created Airport Monopolies, Increased Fares," *Denver Post*, July 17, 2015, http://www.denverpost.com/business/ci28501683/airline-consolidation-has-created-airport-monopolies-increased–fares.

57   Jack Nicas, "Airline Consolidation Hits Smaller Cities Hardest," *Wall Street Journal*, September 10, 2015, http://www.wsj.com/articles/airline-consolidation-hits-smaller-cities-hardest–1441912457#:M1ZMKtAVWk5eBA.

58   Haley Sweetland Edwards, "The Bubbling Concern Over Two Beer Giants' Blockbuster Merger," *Time*, July 26, 2016, http://time.com/4422937/beer-merger-budweiser-miller-coors/; Anjali Athavaley and Lauren Hirsch, "Mega Beer Deal Offers Molson Coors a Bigger Swig of U.S. Market," *Reuters*, October 13, 2015, http://www.reuters.com/article/us-sabmiller-m-a-abi-molson-idUSKCN0S72XQ20151013.

59   David McLaughlin, "Health Insurer Deals Face Market Review That Felled Past Tie-Ups," *Bloomberg*, May 23, 2016, http://www.bloomberg.com/news/articles/2016-05-23/health-insurer-deals-face-market-review-that-felled-past-tie-ups.

60   Nathan Bomey, "Walgreens in $17.2B Deal to Acquire Rite Aid," *USA Today*, October 28, 2015, http://www.usatoday.com/story/money/2015/10/27/walgreens-rite-aid/74684642/.

61   Peter Whoriskey, "Monsanto's Dominance Draws Antitrust Inquiry," *Washington Post*, November 29, 2009, http://www.washingtonpost.com/wp-dyn/content/article/2009/11/28/AR2009112802471.html; Dan Mitchell, "Why Monsanto Always Wins," *Fortune*, June 27, 2014, http://fortune.com/2014/06/26/monsanto-gmo-crops/; Antonio Regalado, "As Patents Expire,

Farmers Plant Generic GMOs," *MIT Technology Review*, July 30, 2015, https://www.technologyreview.com/s/539746/as-patents-expire-farmers-plant-generic-gmos/.

62   Christopher Leonard, *The Meat Racket: The Secret Takeover of America's Food Business* (New York: Simon & Schuster, 2014), p. 208.

63   Christopher Leonard, "How the Meat Industry Keeps Chicken Prices High," *Slate*, March 3, 2014, http://www.slate.com/articles/life/food/2014/03/meatrac ketexcerpthowtysonkeepschickenpriceshigh.html.

64   Ibid.

65   Massachusetts Office of Consumer Affairs & Business Regulation, "Communities That Have Granted a License to More Than One Cable Operator," http://www.mass.gov/ocabr/government/oca-agencies/dtc-lp/competition-division/cable-tv-division/statistics-and-general-info/license-to-more-than-one-cable-operator.html; Massachusetts Office of Consumer Affairs & Business Regulation, "Competition in the Cable Television Market," http://www.mass.gov/ocabr/government/oca-agencies/dtc-lp/competition-division/cable-tv-division/consumer-rights-fact-sheets/consumer-rights-fact-sheets/competition-in-cable-tv.html.

66   Todd Shields, "Warren Among Six Senators Seeking to Stop Comcast-TWC Deal," *Bloomberg*, April 21, 2015, https://www.bloomberg.com/news/articles/2015-04-21/senators-ask-regulators-to-block-comcast-time-warner-cable–deal.

67   Board of Governors of the Federal Reserve System, "Consumer Credit—G.19—Consumer Credit Historical Data," January 9, 2017, https://www.federalreserve.gov/releases/g19/hist/.

68   Edmund Sanders, "Advertising & Marketing; Charges Are Flying over Card Pitches; As Banks Offer Increasingly Attractive Credit Deals, Their Tactics Are Being Challenged in a Rash of Lawsuits and Government Warnings," *Los Angeles Times*, June 15, 1999; "Credit-Card Companies Can't Tinker with the Rules," *Atlanta Journal-Constitution*, editorial, March 5, 1999; "Secret History of the Credit Card: Interview: Elizabeth Warren," PBS *Frontline*, November 23, 2004, http://www.pbs.org/wgbh/pages/frontline/shows/credit/interviews/warren.html.

69   Thomas A. Garrett, "100 Years of Bankruptcy: Why More Americans Than Ever Are Filing," Federal Reserve Bank of St. Louis, Spring 2006, https://www.stlouisfed.org/publications/bridges/spring-2006/100-years–of-bankruptcy-why-more-americans-than-ever-are-filing; Robin Greenwood

and David Scharfstein, "The Growth of Finance," *Journal of Economic Perspectives* 27, no. 2 (Spring 2013): 3–28, www.people.hbs.edu/dscharfstein/GrowthofFinance_JEP.pdf.

70   Financial Crisis Inquiry Commission, "The Financial Crisis Inquiry Report: Final Report of the National Commission on the Causes of the Financial and Economic Crisis in the United States," January 2011, https://www.gpo.gov/fdsys/pkg/GPO-FCIC/pdf/GPO-FCIC.pdf.

71   Ibid.

72   Zachary A. Goldfarb and Brady Dennis, "Government Report Blames Regulators and Financial Institutions for Economic Crisis," *Washington Post*, January 27, 2011, http://www.washingtonpost.com/wp-dyn/content/article/2011/01/27/AR2011012702940.html.

73   Financial Crisis Inquiry Commission, "The Financial Crisis Inquiry Report," p. xv.

74   Laura Kusisto, "Many Who Lost Homes to Foreclosure in Last Decade Won' t Return—NAR," *Wall Street Journal*, April 20, 2015, http://www.wsj.com/articles/many-who-lost-homes-to-foreclosure-in-last-decade-wont-return-nar–1429548640.

75   U.S. Department of Labor, Bureau of Labor Statistics, "The Recession of 2007–2009," February 2012, https://www.bls.gov/spotlight/2012/recession/; Small Business Association, Office of Advocacy, "Frequently Asked Questions About Small Business," September 2012, https://www.sba.gov/sites/default/files/FAQSept2012.pdf.

76   Jim Clifton, "American Entrepreneurship: Dead or Alive?," Gallup, January 13, 2015, http://www.gallup.com/businessjournal/180431/american-entrepreneurship-dead-alive.aspx; U.S. Department of Labor, Bureau of Labor Statistics, "Entrepreneurship and the U.S. Economy," April 28, 2016, https://www.bls.gov/bdm/entrepreneurship/entrepreneurship.htm.

77   Thomas Luke Spreen, "Recent College Graduates in the U.S. Labor Force: Data from the Current Population Survey," *Monthly Labor Review* 136, no. 2 (February 2013): 8–9, https://www.bls.gov/opub/mlr/2013/02/art1full.pdf.

78   Shaila Dewan, "Frayed Prospects, Despite a Degree," *New York Times*, July 19, 2013, http://www.nytimes.com/2013/07/20/business/recent-graduates-lose-out-to-those-with-even-fresher-degrees.html.

79   Theresa Ghilarducci, "The Recession Hurt Americans' Retirement Accounts More Than Anybody Knew," *Atlantic*, October 16, 2015, http://www.theatlantic.com/business/archive/2015/10/the-recession-hurt–americans-

retirement-accounts-more-than-everyone-thought/410791/.

80 Aaron Reeves, Martin McKee, and David Stuckler, "Economic Suicides in the Great Recession in Europe and North America," *British Journal of Psychiatry* 210, no. 1 (June 2014), http://bjp.rcpsych.org/content/bjprcpsych/early/2014/05/23/bjp.bp.114.144766.full.pdf.

81 This is the sum of $13 trillion in lost economic output, and $9.1 trillion in home equity losses. U.S. Government Accountability Office, "Financial Regulatory Reform: Financial Crisis Losses and Potential Impacts of the Dodd-Frank Act," January 16, 2013, pp. 17, 21, http://www.gao.gov/assets/660/651322.pdf; Eleazar David Melendez, "Financial Crisis Cost Tops $22 Trillion, GAO Says," *Huffington Post*, February 14, 2013, http://www.huffingtonpost.com/2013/02/14/financial-crisis-cost–gao_n2687553. html.

82 Mary Orndorff Troyan, "Spencer Bachus Finally Gets His Chairmanship," *Birmingham News*, December 9, 2010, http://blog.al.com/sweethome/2010/12/spencerbachusfinally_getshi.html.

83 Emily Flitter and Steve Holland, "Trump preparing plan to dismantle Obama's Wall Street reform law," *Reuters*, May 18, 2016, http://www.reuters.com/article/us-usa-election-trump-banks–idUSKCN0Y900J.

84 Newt Gingrich, talk at the Heritage Foundation, December 13, 2016, video available at http://www.heritage.org/events/2016/12/gingrich.

85 Dan Merica, "Warren Pushes for Return of Glass-Steagall After Clinton Adviser Says She Won't Back Measure," CNN, July 15, 2015, http://www.cnn.com/2015/07/15/politics/elizabeth-warren-hillary-clinton-glass-steagall/.

86 Peter Schroeder, "GOP Platform to Call for Return to Glass-Steagall," *Hill*, July 18, 2016, http://thehill.com/policy/finance/288148–gop-platform-to-call-for-return-to-glass–steagall.

87 Rana Foroohar, "The Financial World's Rotten Culture Is Still a Threat—to All of Us," *Time*, October 13, 2016, http://time.com/4529456/the-financial-worlds-rotten-culture-is-still-a-threat-to–all-of-us/.

88 Landon Thomas Jr., "Deutsche Bank Singled Out in I.M.F. Stability Warning," *New York Times*, October 5, 2016, http://www.nytimes.com/2016/10/06/business/dealbook/deutsche-bank-singled-out-in-imf-stability-warning.html.

89 Consumer Financial Protection Bureau, "Consumer Financial Protection Bureau Fines Wells Fargo $100 Million for Widespread Illegal Practice of Secretly Opening Unauthorized Accounts," press release, September 8, 2016, http://www.consumerfinance.gov/about-us/newsroom/consumer-financial-protection-bureau-fines-wells-fargo-100-million-widespread-illegal-practice-

secretly-opening-unauthorized-accounts/.

90   Aruna Viswanatha, "Citibank to Pay $425 Million to Settle Benchmark Probes," *Wall Street Journal*, May 25, 2016, http://www.wsj.com/articles/ citibank-to-pay-425-million-to-settle-cases-over-alleged-benchmark-manipulation-1464182888.

91   Michael Corkery, "Wells Fargo's 'Living Will' Plan Is Rejected Again by Regulators," *New York Times*, December 13, 2016, http://www.nytimes.com/2016/12/13/business/dealbook/wells-fargo-regulators.html.

92   Natasha Sarin and Lawrence H. Summers, "Have Big Banks Gotten Safer?" Brookings Papers on Economic Activity, September 2016, https://www.brookings.edu/wp-content/uploads/2016/09/2_sarinsummers.pdf.

3장 중산층의 형성과 붕괴

1   The Social Security Act of 1935, H.R. 7260, 74th Congress(1935), https://www.ssa.gov/history/35act.html.

2   William E. Leuchtenburg, Franklin D. Roosevelt and the New Deal (New York: Harper & Row, 1963), pp. 132–33.

3   Patricia J. Gumport, Maria Iannozzi, Susan Shaman, and Robert Zemsky, "Trends in United States Higher Education from Massification to Post-Massification," National Center for Postsecondary Improvement, 1997, http://web.stanford.edu/group/ncpi/documents/pdfs/1-04massification.pdf.

4   States' Impact on Federal Education Policy Project, "Federal Education Policy and the States, 1945–2009: A Brief Synopsis," November 2009, p. 45, http://www.archives.nysed.gov/common/archives/files/edbackgroundoverviewessay.pdf.

5   Thomas D. Snyder, ed., "120 Years of American Education: A Statistical Portrait," U.S. Department of Education, Office of Educational Research and Improvement, National Center for Education Statistics, January 1993, pp. 26, 65, 67–68, https://nces.ed.gov/pubs93/93442.pdf.

6   Farhad Manjoo, "Obama Was Right: The Government Invented the Internet," *Slate*, July 24, 2012, http://www.slate.com/articles/technology/technology/2012/07/whoinventedtheinternettheoutrageousconservative_claimthateverytechinnovationcamefromprivateenterprise.html; Thomas Levenson, "Let's Waste More Money on Science," *Boston Globe*, December 11, 2016, https://www.bostonglobe.com/ideas/2016/12/11/let-waste-more-

money-science/afvbusk8G5T5IcrgldkmJJ/story.html; National Institutes of Health, National Cancer Institute, "NCI's Role in Cancer Research," March 19, 2015, https://www.cancer.gov/research/nci–role.

7 Research of every kind—medical, scientific, engineering, psychology, social science—was honored and supported. In the 1930s, medical research became a federal priority through the National Institutes of Health. In the 1940s, the National Science Foundation expanded research funding in all directions. In 1958, a new research initiative—commonly known today by its acronym, DARPA—was located in the Department of Defense to expand the frontiers of technology beyond immediate military needs. The same year, Congress set up NASA to explore space. National Institutes of Health, "A Short History of the National Institutes of Health, WWI and the Ransdell Act of 1930," https://history.nih.gov/exhibits/history/docs/page04.html; National Science Foundation, "A Timeline of NSF History," https://www.nsf.gov/about/history/overview-50.jsp; Defense Advanced Research Projects Agency, "History and Timeline," http://www.darpa.mil/about-us/timeline/where-the-future-becomes–now.

8 Irving Bernstein, *The Lean Years: A History of the American Worker*, 1920–1933 (Chicago: Haymarket Books, 2010), pp. 84, 335.

9 The National Industrial Recovery Act. See Craig Phelan, *William Green: Biography of a Labor Leader* (Albany: State University of New York Press, 1989), pp. 64–66.

10 Nelson Lichtenstein, *The Most Dangerous Man in Detroit: Walter Reuther and the Fate of American Labor* (New York: Basic Books, 1995), p. 61.

11 The Fair Labor Standards Act of 1938.

12 Will Kimball and Lawrence Mishel, "Unions' Decline and the Rise of the Top 10 Percent's Share of Income," Economic Policy Institute, Economic Snapshot, February 3, 2015, http://www.epi.org/publication/unions-decline-and-the-rise-of-the-top-10-percents-share-of-income/; Claude S. Fischer and Michael Hout, *Century of Difference: How America Changed in the Last One Hundred Years* (New York: Russell Sage Foundation, 2006), Figure 5.8, https://www.russellsage.org/sites/all/files/FischerHoutTables%20Figures.pdf

13 Kimball and Mishel, "Unions' Decline and the Rise of the Top 10 Percent's Share of Income."

14 Matthew Walters and Lawrence Mishel, "How Unions Help All Workers," Economic Policy Institute, August 26, 2003, http://www.epi.org/publication/briefingpapersbp143/.

15 Years later, IBM was still successfully avoiding unionization. Patrick Thibodeau, "IBM Union Calls It Quits," Computerworld, January 5, 2016, http://www.computerworld.com/article/3019552/it-industry/ibm-union-calls-it-quits.html.

16 U.S. Census Bureau, Table P-2. Race and Hispanic Origin of People by Median Income and Sex: 1947 to 2015, www2.census.gov/programs-surveys/cps/tables/time-series/historical-income-people/p02.xls.

17 Thomas Piketty and Emmanuel Saez, "Income Inequality in the United States, 1931–2002," later updated with Anthony B. Atkinson (November 2004), http://eml.berkeley.edu/~saez/pikettysaezOUP04US.pdf, updated tables at http://eml.berkeley.edu/~saez/TabFig2015prel.xls; Economic Policy Institute, "When Income Grows, Who Gains?," http://stateofworkingamerica.org/who-gains/.

18 Ibid.

19 Pew Research Center, "The Lost Decade of the Middle Class," August 22, 2012, p. 9, http://www.pewsocialtrends.org/files/2012/08/pew-social-trends-lost-decade-of-the-middle-class.pdf.

20 Ira Katznelson, *When Affirmative Action Was White: An Untold History of Racial Inequality in Twentieth-Century America* (New York: W. W. Norton, 2005), p. 22.

21 Urban Institute, "Nine Charts About Wealth Inequality in America," February 2015, http://apps.urban.org/features/wealth-inequality-charts/; Henry S. Terrell, "Wealth Accumulation of Black and White Families: The Empirical Evidence," *Journal of Finance* 26, no. 2 (May 1971): 363–77; Francine D. Blau and John W. Graham, "Black-White Differences in Wealth and Asset Composition," *Quarterly Journal of Economics* 105, no. 2 (May 1990): 321–39.

22 Tami Luhby, "Could Elizabeth Warren Have Made It in Today's America?," *CNN Money*, June 9, 2014, http://money.cnn.com/2014/06/09/news/economy/elizabeth-warren/.

23 West Orange Photo Galleries, "I-280 Construction Train: 1970s," http://www.westorangehistory.com/i-280constructiontrain.html; AARoads, "Interstate 280," http://www.aaroads.com/guide.php?page=i0280nj.

24 George H. W. Bush, Speech at Carnegie Mellon University, April 10, 1980, http://archives.nbclearn.com/portal/site/k-12/flatview?cuecard=33292.

25 Jane G. Gravelle and Donald J. Marples, "Tax Rates and Economic Growth," Congressional Research Service, January 2, 2014, https://fas.org/sgp/crs/misc/R42111.pdf; Jerry Tempalski, "Revenue Effects of Major Tax Bills: Updated Tables for All 2012 Bills," U.S. Department of the Treasury, Office

of Tax Analysis, Table 2, February 2013, https://www.treasury.gov/resource-center/tax-policy/tax-analysis/Documents/WP81-Table2013.pdf; Michael Ettlinger and Michael Linden, "The Failure of Supply-Side Economics," Center for American Progress, August 1, 2012, https://www.americanprogress.org/issues/economy/news/2012/08/01/11998/the-failure-of-supply-side-economics/; Nouriel Roubini, "Supply Side Economics: Do Tax Rate Cuts Increase Growth and Revenues and Reduce Budget Deficits? Or Is It Voodoo Economics All Over Again?," 1997, http://people.stern.nyu.edu/nroubini/SUPPLY.HTM; Paul Krugman, Peddling Prosperity: Economic Sense and Nonsense in an Age of Diminished Expectations (New York: W. W. Norton, 1994).

26   Economic Recovery Tax Act of 1981, H.R. 4242, 97th Congress, 1981, https://www.congress.gov/bill/97th-congress/house-bill/4242.

27   Richard Rubin, "Donald Trump Got a Big Break on 2005 Taxes," *Wall Street Journal*, March 17, 2016, http://www.wsj.com/articles/donald-trump-got-a-big-break-on-2005-taxes–1458249902.

28   James Kvaal, "Removing Tax Subsidies for Foreign Investment," *Tax Notes*, June 12, 2006, https://cdn.americanprogress.org/wp-content/uploads/kf/TAXNOTESKVAAL.PDF.

29   Patricia Cohen, "When Company Is Fined, Taxpayers Often Share Bill," *New York Times*, February 3, 2015, https://www.nytimes.com/2015/02/04/business/when-a-company-is-fined-taxpayers-often-share-the-punishment.html.

30   Credit Suisse, "Parking A-Lot Overseas," March 17, 2015, Exhibit 5, p. 8, http://bit.ly/1dzsUSj.

31   Gabriel Zucman, "Taxing Across Borders: Tracking Personal Wealth and Corporate Profits," *Journal of Economic Perspectives* 28, no. 4 (Fall 2014), Figure 2, p. 128, http://gabriel-zucman.eu/files/Zucman2014JEP.pdf. And even if the income from non–tax haven foreign subsidiaries is added in, Fortune 500 companies are still only paying a 6–10 percent average effective tax rate on the $2.1 trillion in profits that are off shore. Credit Suisse, "Parking A-Lot Overseas," p. 4; Kimberly A. Clausing, "The Nature and Practice of Capital Tax Competition," in Peter Dietsch and Thomas Rixen, eds., *Global Tax Governance: What Is Wrong with It and How to Fix It* (Colchester, UK: ECPR Press, 2016); Citizens for Tax Justice, "Fortune 500 Corporations Are Likely Avoiding $600 Billion in Corporate Tax Using Off shore Tax Havens," *Tax Justice* (blog), September 3, 2015, http://www.taxjusticeblog.org/

archive/2015/09/fortune500corporationsarel.php#.V7kjEvkrLIU.

32   Just to take two examples: Fox News commentator Eric Bolling said, "We
      have the highest corporate tax rate in the free world." Derek Tsang, "Does
      the U.S. Have the Highest Corporate Tax Rate in the Free World?," PolitiFact,
      PunditFact, September 9, 2014, http://www.politifact.com/punditfact/
      statements/2014/sep/09/eric-bolling/does-us-have-highest-corporate-tax-
      rate-free-world/. And Disney's president and CEO, Bob Iger, said in a Fox
      Business Network interview, "We know that America is very high—among
      the highest in the world, if not the highest—in terms of corporate tax rates.
      That's something that I believe has to change. We've got to become more
      competitive." Jason Garcia, "Orlando Sentinel: After Record Profits, Disney
      CEO Calls for Corporate Tax Changes," Citizens for Tax Justice, August 8,
      2012, http://ctj.org/ctjinthenews/2012/08/orlandosentinel_afterrecordprofitsdi
      sneyceocallsforcorporatetaxchanges1.php#.WGsuQFPafIU.

33   Citizens for Tax Justice, "The U.S. Collects Lower Level of Corporate
      Taxes Than Most Developed Countries," April 9, 2015, http://
      ctj.org/ctjreports/2015/04/theuscollectslowerlevelofcorporate_
      taxesthanmostdevelopedcountries.php.

34   Megan Murphy, "Jamie Dimon on Trump, Taxes, and a U.S. Renaissance,"
      Bloomberg Businessweek, December 22, 2016, https://www.bloomberg.
      com/news/features/2016-12-22/jamie-dimon-on–trump-taxes-and-a-u-s-
      renaissance.

35   Zucman, "Taxing Across Borders," p. 121. See also Kevin S. Markle and
      Douglas A. Shackelford, "Cross-Country Comparisons of Corporate Income
      Taxes," *National Tax Journal* 65, no. 3 (September 2012): 493–527, https://
      www.ntanet.org/NTJ/65/3/ntj-v65n03p493-527-cross-country-comparisons-
      corporate.pdf.

36   Robert S. McIntyre, Matthew Gardner, and Richard Phillips, "The Sorry
      State of Corporate Taxes," Citizens for Tax Justice, February 2014, http://
      www.ctj.org/corporatetaxdodgers/sorrystateofcorptaxes.pdf. Even when
      companies challenge this claim, their arguments don't hold up. Bob McIntyre,
      "GE and Verizon's Claims About Their Taxes Don't Stand Up," *Tax Justice*
      (blog), April 14, 2016, http://www.taxjusticeblog.org/archive/2016/04/
      justplainwronggeandverizo.php#.V77–SKLyQY0.

37   Office of Management and Budget, "Historical Tables," Table 2.2—
      Percentage Composition of Receipts by Source: 1934–2021, https://www.
      obamawhitehouse.archives.gov/omb/budget/Historicals.

38   Chris Good, "Norquist's Tax Pledge: What It Is and How It Started," ABC News, November 26, 2012, http://abcnews.go.com/blogs/politics/2012/11/norquists-tax-pledge-what-it-is-and-how-it-started/.

39   National Public Radio, "Conservative Advocate," *Morning Edition*, May 25, 2001, http://www.npr.org/templates/story/story.php?storyId=1123439; PaulKrugman, "The Tax-Cut Con," *New York Times*, September 14, 2003, http://www.nytimes.com/2003/09/14/magazine/the-tax-cut-con.html?pagewanted=all.

40   Office of Management and Budget, "Historical Tables," Table 3.1—Outlays by Superfunction and Function: 1940–2021, https://www.obamawhitehouse.archives.gov/omb/budget/Historicals.Alldataadjustedforinflation(CPI).

41   Veronique de Rugy, "President Reagan, Champion Budget-Cutter," American Enterprise Institute, June 9, 2004, https://www.aei.org/publication/president-reagan-champion-budget-cutter/.

42   States' Impact on Federal Education Policy Project, "Federal Education Policy and the States, 1945–2009: A Brief Synopsis."

43   First Focus, "Children's Budget 2015," June 24, 2015, p. 45, https://firstfocus.org/resources/report/childrens-budget-2015/.

44   Michael Leachman, Nick Albares, Kathleen Masterson, and Marlana Wallace, "Most States Have Cut School Funding, and Some Continue Cutting," Center on Budget and Policy Priorities, January 25, 2016, http://www.cbpp.org/sites/default/files/atoms/files/12-10-15sfp.pdf.

45   Pew Research Center, "The American Middle Class Is Losing Ground," December 9, 2015, pp. 25–26, http://www.pewsocialtrends.org/files/2015/12/2015-12-09middle-classFINAL-report.pdf.

46   State Higher Education Executive Officers Association, "State Higher Education Finance: FY 2013," 2014, p. 22, Figure 4, http://www.sheeo.org/sites/default/files/publications/SHEFFY1304252014.pdf; U.S. Department of the Treasury with the U.S. Department of Education, "The Economics of Higher Education," December 2012, pp. 21–22, https://www.treasury.gov/connect/blog/Documents/20121212Economics%20of%20Higher%20Ed_vFINAL.pdf.

47   Doug Lederman and Libby A. Nelson, "Loans and the Deficit," *Inside Higher Ed*, July 18, 2011, https://www.insidehighered.com/news/2011/07/18/loans-and-deficit.

48   University of Houston, "Tuition and Fees," http://www.uh.edu/financial/undergraduate/tuition-fees/.

49   UMass Lowell, "Tuition and Fees," https://www.uml.edu/thesolutioncenter/
        bill/tuition-fees/default.aspx.

50   Jeffrey Sparshott, "Congratulations, Class of 2015. You're the Most Indebted
        Ever (For Now)," *Wall Street Journal*, May 8, 2015, http://blogs.wsj.com/
        economics/2015/05/08/congratulations-class-of-2015-youre-the-most-
        indebted-ever-for-now/.

51   Board of Governors of the Federal Reserve System, "Consumer Credit," June
        2016, http://www.federalreserve.gov/releases/g19/current/.

52   Katherine S. Newman and Hella Winston, "Straight from High School to a
        Career," *New York Times*, April 15, 2016, http://www.nytimes.com/2016/04/15/
        opinion/straight-from-high-school-to-a-career.html.

53   Katherine S. Newman and Hella Winston, *Reskilling America: Learning to
        Labor in the Twenty-First Century* (New York: Metropolitan Books, Henry
        Holt, 2016), pp. 115, 118–19, 189, 198.

54   College Board, "Trends in College Pricing 2016," Figure 20: Enrollment
        by Level of Enrollment and Attendance Status over Time, https://trends.
        collegeboard.org/college-pricing/figures-tables/enrollment-level-enrollment-
        and-attendance-status-over-time.

55   College Board, "Trends in College Pricing 2016," Enrollment by Level of
        Enrollment and Attendance Status over Time, Figure 20, p. 30, https://trends.
        collegeboard.org/sites/default/files/2016-trends-college–pricing-web0.pdf.

56   Department of Education, Federal Student Aid, "Official Cohort Default
        Rates for Schools," FY 2013 official cohort default rates by institution
        type, September 28, 2016, https://www2.ed.gov/offices/OSFAP/
        defaultmanagement/cdr.html.

57   For many years now, Republicans have lobbied to change how the
        government accounts for the cost of federal lending programs. While the
        current accounting method already factors in expectations on default rates
        and how much money the government expects to get back in repayment,
        Republicans want to treat government lending as though the government
        were a private business, where capital is more expensive. Of course, the
        government is not a private business. It's able to borrow more cheaply since
        our government has a record of making good on its debts, and the purpose of
        our lending programs is not to maximize profits for the federal government.
        They exist to help hardworking Americans. But changing the accounting
        would make government lending programs seem more expensive and less
        desirable—which is the point. Changing the accounting would also open

up the opportunity for some government officials to "estimate" what ever they think is the right amount of risk adjustment and, as a result, give those estimators the power to finagle all of the federal accounting numbers. The question of profits on student loans gets tangled up in this debate, with Republicans arguing that the government wouldn't really be making $174 billion in profits—if we would just change the accounting system. Yeah, right. Last year, the nonpartisan Government Accountability Office took a comprehensive look at the data and—surprise!—roundly rejected this ideological push to make federal credit programs look more expensive than they actually are. Congressional Budget Office, "CBO February 2013 Baseline Projections for the Student Loan Program," February 2013, available at https://www.cbo.gov/sites/default/files/recurringdata/51310-2013-02-studentloan.pdf; U.S. Government Accountability Office, "Credit Reform: Current Method to Estimate Credit Subsidy Costs Is More Appropriate for Budget Estimates than a Fair Value Approach," January 2016, http://www.gao.gov/assets/680/674905.pdf.

58 Pro Publica, Bailout Tracker, January 3, 2017, http://projects.propublica.org/bailout/.

59 U.S. Government Accountability Office, "Federal Reserve System: Opportunities Exist to Strengthen Policies and Processes for Managing Emergency Assistance," Table 8, July 2011, p. 131, http://www.sanders.senate.gov/imo/media/doc/GAO%20Fed%20Investigation.pdf.

60 Federal Reserve Bank of St. Louis, "Gross Domestic Product," December 22, 2016, https://fred.stlouisfed.org/series/GDP.

61 Karen G. Mills and Brayden McCarthy, "The State of Small Business Lending: Credit Access During the Recovery and How Technology May Change the Game," Harvard Business School Working Paper, No. 15-004, July 2014, http://www.hbs.edu/faculty/Pages/item.aspx?num=47695.

62 Federal Reserve Discount Window, "Current Discount Rates," https://www.frbdiscountwindow.org/en/Pages/Discount-Rates/Current-Discount-Rates.aspx.

63 Senator Warren Introduces the Bank on Students Loan Fairness Act, May 8, 2013, https://www.youtube.com/watch?v=P–4FhsyvJdM.

64 Van Jones, "A Trillion Dollar Anvil Dragging Us Down," *CNN Opinion*, June 6, 2013, http://www.cnn.com/2013/06/06/opinion/jones-student-loans/index.html; Howard Dean, "What's Really at Stake in the Fight over Student Loan Reform?," *Roll Call*, June 12, 2013, http://www.rollcall.com/news/

whatsreallyat_stakeinthefightoverstudentloanreformcommentary-225571-1.
html.

65   Office of U.S. Senator Elizabeth Warren, "Higher Education Institutions,
      Organizations Endorse Sen. Elizabeth Warren's Bank on Students Act," press
      release, May 23, 2013, http://www.warren.senate.gov/?p=pressrelease&id=106.

66   Congressional Budget Office, Letter to Senator Elizabeth Warren regarding
      S. 2292, the Bank on Students Emergency Loan Refinancing Act, June 4,
      2014, https://www.cbo.gov/sites/default/files/113th-congress-2013-2014/
      costestimate/s229210.pdf.

67   U.S. Senate Roll Call Vote 113th Congress, 2nd Session, #185, June 11, 2014,
      http://www.senate.gov/legislative/LIS/rollcalllists/rollcallvotecfm.cfm?congres
      s=113&session=2&vote=00185.

68   Rosalind S. Helderman, "Trump Agrees to $25 Million Settlement in Trump
      University Fraud Cases," *Washington Post*, November 18, 2016, https://www.
      washingtonpost.com/politics/source-trump-nearing-settlement-in-trump-
      university-fraud-cases/2016/11/18/8dc047c0-ada0-11e6-a31b-4b6397e625d0_
      story.html.

69   As a proportion of GDP, we spend less in total on infrastructure today than
      we did in the 1960s—or the 1980s. Elizabeth C. McNichol, "It's Time for States
      to Invest in Infrastructure," Center on Budget and Policy Priorities, Plicy
      Futures, February 23, 2016, Figure 4, p. 9, http://www.cbpp.org/sites/default/
      files/atoms/files/2-23-16sfp.pdf.

70   Lawrence H. Summers, "Reflections on Secular Stagnation," speech at
      Julius-Rabinowitz Center, Princeton University, February 19, 2015, http://
      larrysummers.com/2015/02/25/reflections-on-secular-stagnation/.

71   American Society of Civil Engineers, "Infrastructure Grades for 2013," http://
      www.infrastructurereportcard.org/.

72   CBS Minnesota (WCCO), "Friday Marks 7 Years Since I-35W Bridge Collapse,"
      August 1, 2014, http://minnesota.cbslocal.com/2014/08/01/friday-marks-7-
      years-since-i-35w-bridge-collapse/.

73   Carissa Wyant, "Bridge Collapse Forces Layoffs," *Minneapolis/St. Paul
      Business Journal*, August 10, 2007, http://www.bizjournals.com/twincities/
      stories/2007/08/06/daily42.html; Diane L. Cormany, "Small Retailers Struggle
      to Survive Bridge Collapse," *MinnPost*, January 4, 2008, https://www.
      minnpost.com/politics-policy/2008/01/small-retailers-struggle-survive-
      bridge–collapse.

74   NPR Fresh Air, "Aging and Unstable, the Nation's Electrical Grid Is 'the Weakest

Link,'" August 22, 2016, http://www.npr.org/2016/08/22/490932307/aging-and-unstable-the-nations-electrical-grid-is-the-weakest–link.

75   Darrell M. West and Jack Karsten, "Rural and Urban America Divided by Broadband Access," Brookings Institution, July 18, 2016, https://www.brookings.edu/blog/techtank/2016/07/18/rural-and-urban-america-divided-by-broadband-access/.

76   Keith Miller, Kristina Costa, and Donna Cooper, "Ensuring Public Safety by Investing in Our Nation's Critical Dams and Levees," Center for American Progress, September 20, 2012, https://www.americanprogress.org/issues/economy/report/2012/09/20/38299/ensuring-public-safety-by-investing-in-our-nations-critical-dams-and-levees/.

77   Alex Prud'homme, "California's Next Nightmare," *New York Times Magazine*, July 1, 2011, http://www.nytimes.com/2011/07/03/magazine/sacramento-levees-pose-risk-to-california-and-the-country.html; "Prepare for a Flood of New Levee Work," *Sacramento Bee*, editorial, April 17, 2016, http://www.sacbee.com/opinion/editorials/article72191562.html.

78   Les Neuhaus, "Reeking, Oozing Algae Closes South Florida Beaches," *New York Times*, July 1, 2016, http://www.nytimes.com/2016/07/02/us/reeking-oozing-algae-closes-south-florida-beaches.html.

79   Steve Hardy and David J. Mitchell, "Planned, Forgotten: Unfinished Projects Could've Spared Thousands from Louisiana Flood," *Advocate* (Baton Rouge), August 22, 2016, http://www.theadvocate.com/batonrouge/news/article_fc9f928c-6592-11e6-bad5-d3944fe82f0e.html; Craig E. Colten, "Suburban Sprawl and Poor Preparation Worsened Flood Damage in Louisiana," *Conversation*, August 22, 2016, https://theconversation.com/suburban-sprawl-and-poor-preparation-worsened-flood-damage-in-louisiana–64087.

80   Claire Cain Miller, "Why the U.S. Has Fallen Behind in Internet Speed and Affordability," *New York Times*, October 30, 2014, http://www.nytimes.com/2014/10/31/upshot/why-the-us-has-fallen-behind-in-internet-speed-and-affordability.html.

81   Jonathan Woetzel, Nicklas Garemo, Jan Mischke, Martin Hjerpe, and Robert Palter, "Bridging Global Infrastructure Gaps," McKinsey Global Institute, June 2016, http://www.mckinsey.com/industries/capital-projects-and-infrastructure/our-insights/Bridging-global-infrastructure-gaps.

82   Ibid.

83   World Economic Forum, Global Competitiveness Index Report 2015–2016, "Competitiveness Rankings—Infrastructure," http://reports.weforum.org/

global-competitiveness-report–2015-2016/competitiveness-rankings/.

84 Federal investments in research have fallen from about 10 percent of the federal budget in the 1960s to less than 4 percent today. "New MIT Report Details Benefits of Investment in Basic Research," MIT Energy Initiative, April 27, 2015, http://energy.mit.edu/news/new-mit-report-details-benefits–of-investment-in-basic-research/. See also American Association of the Advancement of Science, "Historical Trends in Federal R&D," June 2016, http://www.aaas.org/page/historical-trends-federal-rd, and the table "R&D as Percent of the Federal Budget: FY 1962–2017, in outlays," http://www.aaas.org/sites/default/files/Budget%3B.jpg.

85 Jane J. Lee, "Exclusive Video: First 'Glowing' Sea Turtle Found," *National Geographic*, September 28, 2015, http://news.nationalgeographic.com/2015/09/150928-sea-turtles-hawksbill-glowing-biofluorescence-coral-reef-ocean-animals-science150928-sea-turtles-hawksbill-glowing-biofluoresc-ence-coral-reef-ocean-animals-science/.

86 Global Health Initiative, "In Your Own Backyard: How NIH Funding Helps Your State's Economy," Family USA, June 2008, http://familiesusa.org/sites/default/files/productdocuments/in-your-own–backyard.pdf.

87 National Institutes of Health, "Research Project Success Rates by NIH Institute for 2015," Research Portfolio Online Reporting Tools, https://report.nih.gov/successrates/SuccessByIC.cfm.

88 Gavin Stern, "NIH Director Loses Sleep as Researchers Grovel for Cash," *Scripps Howard Foundation Wire* July 30, 2014, http://www.shfwire.com/nih-strangled/.

89 Hearing before the U.S. Senate Committee on Health, Education, Labor, and Pensions, "Examining the State of America's Mental Health System," January 24, 2013, transcript at https://www.gpo.gov/fdsys/pkg/CHRG-113shrg78506/html/CHRG-113shrg78506.htm.

90 Alzheimer's Association, "2016 Alzheimer's Disease Facts and Figures," fact sheet, March 2016, https://www.alz.org/documentscustom/2016-Facts-and-Figures-Fact-Sheet.pdf.

91 Alzheimer's Association, "Changing the Trajectory of Alzheimer's Disease: How a Treatment by 2025 Saves Lives and Dollars," p. 6, https://www.alz.org/documentscustom/trajectory.pdf; Alzheimer's Association, "2016 Alzheimer's Disease Facts and Figures"; Harry Johns, "Change the Trajectory of Alzheimer's or Bankrupt Medicare," *Roll Call*, February 4, 2015, http://www.rollcall.com/news/changethetrajectoryofalzheimersorbankruptmedicare_

commentary-239851-1.html.

92 Richard J. Hodes, Testimony before the Senate Special Committee on Aging, March 25, 2015, pp. 1–2, http://www.aging.senate.gov/imo/media/doc/Hodes32515.pdf.

93 Eduardo Porter, "Government R&D, Private Profits and the American Taxpayer," *New York Times*, May 26, 2015, http://www.nytimes.com/2015/05/27/business/giving-taxpayers-a-cut-when-government-rd-pays-off-for-industry.html.

94 American Association for the Advancement of Science, "Historical Trends in Federal R&D." Calculated using nondefense R&D totals.

95 Cary Funk and Lee Rainie, "Chapter 3: Support for Government Funding," Americans, Politics and Science Issues, Pew Research Center, July 1, 2015, http://www.pewinternet.org/2015/07/01/chapter-3-support–for-government-funding/.

96 David Nather, "Elizabeth Warren, Newt Gingrich Team Up for NIH," *Boston Globe*, July 27, 2015, https://www.bostonglobe.com/news/politics/2015/07/27/elizabeth-warren-and-newt-gingrich-agree-call-for-more-nih-funding/CPpaRgBL2w2hZej2n1rgPL/story.html.

97 Michael Collins, "Senators' Offices Showcase Tennessee Art, Artifacts," *Commercial Appeal* (Memphis, TN), January 2, 2016, http://archive.commercialappeal.com/news/national/senators-offices-showcase-tennessee-art-artifacts-273257f1-2c81-23dd-e053-0100007f0273-363827971.html.

98 Mary Ellen McIntire, "HELP Panel Democrats Offer Bill for Annual NIH, FDA Funding," *Morning Consult*, March 3, 2016, https://morningconsult.com/alert/elizabeth-warren-help-committee-nih-fda-funding/.

99 In a press release from Senator Alexander's office after the final markup, he said of NIH funding: "We continue to work to find an amount that the House will agree to, the Senate will pass and the president will sign." U.S. Senate Committee on Health, Education, Labor & Pensions Press Release, "Senate Health Committee Approves Last of 19 Bipartisan Bills, Completing Work on Companion to House-Passed 21st Century Cures Act," April 6, 2016, http://www.help.senate.gov/chair/newsroom/press/senate-health-committee-approves-last-of-19-bipartisan-bills-completing-work-on-companion-to-house-passed-21st-century-cures–act.

100 Joe Williams, "Republicans Blame Warren for 'Cures' Delay," *CQ*, June 22, 2016, http://www.cq.com/doc/news-4914102?0.

101 For more information on our concerns with this bill, see my speech here

(video): Office of U.S. Senator Elizabeth Warren, "Senator Warren Delivers Remarks on the Proposed 21st Century Cures Bill," press release, November 28, 2016, https://www.warren.senate.gov/?p=pressrelease&id=1307.

102   National Institutes of Health, "Estimates of Funding for Various Research, Condition, and Disease Categories (RCDC)," February 10, 2016, https://report. nih.gov/categoricalspending.aspx.

103   Joseph A. McCartin, Collision Course: Ronald Reagan, *the Air Traffic Controllers, and the Strike That Changed America* (New York: Oxford University Press, 2011), pp. 289–319.

104   U.S. Department of Labor, Bureau of Labor Statistics, "Union Members Summary," January 28, 2016, https://www.bls.gov/news.release/union2.nr0. htm.

105   Hella Winston, "How Charter Schools Bust Unions," *Slate*, September 29, 2016, http://www.slate.com/articles/business/thegrind/2016/09/the_lengthsthatchar terschoolsgotowhentheirteacherstrytoformunions.html.

106   Piketty and Saez, "Income Inequality in the United States, 1931–2002," later updated with Atkinson (November 2004).

107   Data are from Panel Study of Income Dynamics, computed by the Institute on Assets and Social Policy at Brandeis University.

108   Data are from Panel Study of Income Dynamics, computed by the Institute on Assets and Social Policy at Brandeis University. Data from the Survey of Consumer Finance also show a growing gap, but with smaller magnitude. Urban Institute, "Nine Charts About Wealth In equality in America," Chart 3 with data, http://apps.urban.org/features/wealth-inequality-charts/.

109   Era Dabla-Norris, Kalpana Kochhar, Nujin Suphaphiphat, Frantisek Ricka, and Evridiki Tsounta, "Causes and Consequences of Income Inequality: A Global Perspective," International Monetary Fund, June 2015, http://www.imf.org/ external/pubs/ft/sdn/2015/sdn1513.pdf. Add this: Gravelle and Marples, "Tax Rates and Economic Growth."

110   Lily L. Batchelder, "Families Facing Tax Increase Under Trump's Tax Plan."

111   Aaron Blake, "The First Trump-Clinton Presidential Debate Transcript, Annotated," *Washington Post*, September 26, 2016, https://www. washingtonpost.com/news/the-fix/wp/2016/09/26/the-first-trump-clinton-presidential-debate-transcript-annotated/.

112   Brian Beutler, "It's Unanimous! GOP Says No to Unemployment Benefits, Yes to Tax Cuts for the Rich," *Talking Points Memo*, July 13, 2010, http:// talkingpointsmemo.com/dc/it-s-unanimous-gop-says-no-to-unemployment-

benefits-yes-to-tax-cuts-for-the-rich.

113   John McCormack, "Paul Ryan: More Impor tant to Cut Top Tax Rate Than
       Expand Child Tax Credit," *Weekly Standard*, August 20, 2014, http://www.
       weeklystandard.com/paul-ryan-more-important-to-cut-top-tax-rate-than-
       expand-child-tax-credit/article/803461.

4장 부자와 권력자는 자신들의 지배력을 강화한다

1   Reid Wilson, "Reid In: Cromnibus Decoded Edition," *Washington Post*,
     December 10, 2014, https://www.washingtonpost.com/news/post-politics/
     wp/2014/12/10/read-in-cromnibus-decoded-edition/.

2   Siobhan Hughes, "'Cromnibus' Highlights: IRS Cuts; No Raise for Biden;
     Break on School Lunches," *Wall Street Journal*, Washington Wire, December
     10, 2014, http://blogs.wsj.com/washwire/2014/12/10/cromnibus-highlights-
     irs-cuts-no-raise-for-biden-break-on-school-lunches/; Robert Pear, "From
     Contribution Limits to the Sage Grouse: What Is in the Spending Bill?," *New
     York Times*, December 12, 2014, http://www.nytimes.com/2014/12/13/us/key-
     points-from-the-spending-bill.html.

3   Susan Crabtree, "Conservatives Push Short-Term Spending Bill as Way to
     Defund 'Amnesty,'" *Washington Examiner*, November 13, 2014, http://www.
     washingtonexaminer.com/conservatives-push-short-term-spending-bill-as-
     way-to-defund-amnesty/article/2556148.

4   "Congress's Double-Edged Marijuana Stance," *New York Times*, editorial,
     December 10, 2014, http://www.nytimes.com/2014/12/11/opinion/congresss-
     double-edged-marijuana-stance.html.

5   Jake Sherman and John Bresnahan, "The President, the Panic and the
     Cromnibus," *Politico*, December 12, 2014, http://www.politico.com/
     story/2014/12/barack-obama-cromnibus-113543; Wilson, "Reid In: Cromnibus
     Decoded Edition."

6   Eric Lipton and Ben Protess, "House, Set to Vote on 2 Bills, Is Seen as an Ally
     of Wall St.," *New York Times*, October 28, 2013, http://dealbook.nytimes.
     com/2013/10/28/house-set-to-vote-on-2-bills-is-seen-as-an-ally-of-wall-st.

7   This is the sum of $13 trillion in lost economic output, and $9.1 trillion in
     home equity losses. U.S. Government Accountability Office, "Financial
     Regulatory Reform: Financial Crisis Losses and Potential Impacts of the Dodd-
     Frank Act," January 16, 2013, pp. 17, 21 http://www.gao.gov/assets/660/651322.

pdf;EleazarDavidMelendez,"FinancialCrisisCostTops$22Trillion,GAOSays,"Hu
ffingtonPost,February14,2013,http://www.huffingtonpost.com/2013/02/14/
financial-crisis-cost-gao_n_2687553.html.

8   Office of U.S. Senator Elizabeth Warren, "Warren and Cummings Investigation Finds That Repeal of Dodd-Frank Provision Now Allows Banks to Keep Nearly $10 Trillion in Risky Trades on Books," press release, November 10, 2015, http://www.warren.senate.gov/?p=pressrelease&id=1000.

9   "Sen. Warren Calls on House to Strike Repeal of Dodd-Frank Provision in Funding Bill," speech on the Senate floor, December 10, 2014, https://www.youtube.com/watch?v=H20Dhc85OhM; and Office of U.S. Senator Elizabeth Warren, "Senator Warren Calls on House to Strike Repeal of Dodd-Frank Provision from Government Spending Bill," press release, December 10, 2014, https://www.warren.senate.gov/?p=pressrelease&id=667.

10   For example: Noah Bierman and Jessica Meyers, "As Clock Ticks, Warren Balks at Spending Bill," *Boston Globe*, December 10, 2014, https://www.bostonglobe.com/news/nation/2014/12/10/senator-elizabeth-warren-house-speaker-nancy-pelosi-oppose-provision-adding-uncertainty-bill-keeping-government-open/CyfUitKFXNt9WaD1sZlXUJ/story.html; "Elizabeth Warren: Bank Giveaway a Budget Deal Breaker," *The Rachel Maddow Show*, December 10, 2014, http://www.msnbc.com/rachel-maddow/watch/warren—bank-giveaway-a-budget-deal-breaker-370243651919.

11   E- mail, "Urgent Action: Stop the Republicans' Wall Street Giveaway," December 10, 2014.

12   Facebook and Twitter posts: https://www.facebook.com/senatorelizabethwarren/posts/390285221133977; https://twitter.com/SenWarren/status/542762280010932225; https://twitter.com/SenWarren/status/543162743302660097.

13   "Sen. Warren Urges Republicans to Oppose Bailout Provision in Government Funding Bill," speech on the Senate floor, December 11, 2014, https://www.youtube.com/watch?v=tRDJDq6PkWQ.

14   Steven Mufson and Tom Hamburger, "Jamie Dimon Himself Called to Urge Support for the Derivatives Rule in the Spending Bill," *Washington Post*, December 11, 2014, https://www.washingtonpost.com/news/wonk/wp/2014/12/11/the-item-that-is-blowing-up-the-budget-deal/.

15   "ABA Statement on Swaps Push-Out Provision in Omnibus Bill," statement by James Balentine, American Bankers Association, December 10, 2014, http://web.archive.org/web/20160204144323/http://www.aba.com/Press/

Pages/121014SwapsProvisionOmnibusBill.aspx; Lori Montgomery and Sean Sullivan, "Warren Leads Liberal Democrats' Rebellion over Provisions in $1 Trillion Spending Bill," *Washington Post*, December 10, 2014, https://www. washingtonpost.com/business/economy/warren-leads-liberal-democrats-rebellion-over-provisions-in-1-trillion-spending-bill/2014/12/10/c5c915e4-80b5-11e4-9f38-95a187e4c1f7story.html ("Banking lobbyists defended the provision as a relatively minor change that, according to Francis Creighton, chief lobbyist for the Financial Services Roundtable, 'will make it easier for financial institutions to use derivatives as a hedge against risk, which is an important part of making the economy work'").

16   Toluse Olorunnipa, Kathleen Miller, and Brian Wingfield, "Shutdown Hit Boehner's Favorite Diner as $24 Billion Lost," *Bloomberg*, October 17, 2013, http://www.bloomberg.com/news/articles/2013-10-17/shutdown-hit-boehner-s-favorite-diner-as-24-billion-lost; Tim Mullaney and Paul Davidson, "Shutdown Cost Billions in Wages, Shopping and More," *USA Today*, October 18, 2013, http://www.usatoday.com/story/money/business/2013/10/17/costs-of-shutdown/3002745/.

17   In a surprise to many observers, the one giant bank that did not get tagged in 2016 as Too Big to Fail was Citigroup. The bank had already started shedding divisions, shrinking itself and making itself less complex. Jesse Hamilton and Elizabeth Dexheimer, "Five Big Banks' Living Wills Are Rejected by U.S. Regulators," *Bloomberg*, April 13, 2016, http://www.bloomberg.com/news/articles/2016-04-13/five-big-banks-living-wills-rejected-by-u-s-banking-agencies.

18   *The Morrow Book of Quotations in American History*, compiled by Joseph R. Conlin (New York: William Morrow, 1984), p. 48.

19   Center for Responsive Politics, "Winning vs. Spending," OpenSecrets.org, November 2, 2016, https://www.opensecrets.org/overview/bigspenders.php?cycle=2016&display=A&sort=D&Memb=S; Center for Responsive Politics, "2016 Outside Spending, by Super PAC," OpenSecrets.org, January 17, 2017, https://www.opensecrets.org/outsidespending/summ.php?cycle=2016&disp=R&pty=A&type=S. Calculations based on data available as of January 4, 2017.

20   Anu Narayanswamy, Darla Cameron, and Matea Gold, "Money Raised as of Nov. 28," *Washington Post*, December 9, 2016, https://www.washingtonpost.com/graphics/politics/2016-election/campaign-finance/.

21   Rebecca Ballhaus, "$100 Million? How Trump's Self-Funding Pledges Panned Out," *Wall Street Journal*, November 7, 2016, http://blogs.wsj.com/

washwire/2016/11/07/pretty-much-self-funding-an-election-eve-look-at-trumps-campaign-financing/.

22   Thomas Ferraro, "Republican Would Back Garland for Supreme Court," Reuters, May 6, 2010, http://www.reuters.com/article/us-usa-court-hatch-idUSTRE6456QY20100506.

23   Linda Qui, "Do Presidents Stop Nominating Judges in Their Final Year?" PolitiFact, February 14, 2016, http://www.politifact.com/truth-o-meter/statements/2016/feb/14/marco-rubio/do-presidents-stop-nominating-judges-final-year/. Then-senator Joe Biden in the last five months of President Bush's term in 1992 speculated that if a Supreme Court vacancy came up, Congress should wait until after the election to hold hearings. C. Eugene Emery Jr., "In Context: The 'Biden Rule' on Supreme Court Nominations in an Election Year," PolitiFact, March 17, 2016, http://www.politifact.com/truth-o-meter/article/2016/mar/1/context-biden-rule-supreme-court-nominations/.

24   "About Jerry Moran," Jerry Moran for U.S. Senate, https://www.moranforkansas.com/about-jerry/.

25   Jerry Moran for U.S. Senate, https://www.moranforkansas.com/.

26   Emmarie Huetteman, "Backlash as Senator Breaks Ranks on Supreme Court Hearings," *New York Times*, March 25, 2016, http://www.nytimes.com/2016/03/26/us/politics/jerry-moran-garland-nomination-republican-backlash.html.

27   "America's Largest Private Companies: #2 Koch Industries," *Forbes*, 2016 Rankings, http://www.forbes.com/companies/koch-industries/.

28   Justin Wingerter, "Conservative Groups Threaten to Fund Ads, Primary Opponent Against Sen. Jerry Moran," *Topeka Capital-Journal*, March 25, 2016, http://cjonline.com/news/2016-03-25/conservative-groups-threaten-fund–ads-primary-opponent-against-sen-jerry-moran.

29   Philip Wegmann, "Reinforced by Grassroots, Senate Republicans Hold Line on Supreme Court Nomination," *Daily Signal*, April 4, 2016, http://dailysignal.com/2016/04/04/reinforced-by-grassroots-senate-republicans-hold-line-on-supreme-court-nomination/.

30   Kristen East, "Kansas Senator Reverses Position on Garland Hearings," *Politico*, April 2, 2016, http://www.politico.com/story/2016/04/jerry-moran-merrick-garland-senate-court-hearings-221493.

31   Jane Mayer, *Dark Money: The Hidden History of the Billionaires Behind the Rise of the Radical Right* (New York: Doubleday, 2016); Tim Dickinson, "Inside the Koch Brothers' Toxic Empire," *Rolling Stone*, September 24, 2014,

http://www.rollingstone.com/politics/news/inside-the-koch-brothers-toxic-empire-20140924.

32   Lawrence Lessig, *Republic, Lost: The Corruption of Equality and the Steps to End It*, rev. ed. (New York: Twelve, 2015), p. 13.

33   Carl Hulse, "Steve Israel of New York, a Top House Democrat, Won't Seek Re- election," *New York Times*, January 5, 2016, http://www.nytimes.com/2016/01/06/us/politics/steve-israel-house-democrat-new-york.html.

34   "Congressional Fundraising," *Last Week Tonight with John Oliver*, April 3, 2016, https://www.youtube.com/watch?v=Ylomy1Aw9Hk.

35   Madeline R. Vann, "How to Pay for Costly Hepatitis C Drugs," *Everyday Health*, December 14, 2015, http://www.everydayhealth.com/news/how-pay-costly-hepatitis-c-drugs/.

36   Bernie Sanders, *Our Revolution: A Future to Believe In* (New York: Th omas Dunne Books, St. Martin's Press, 2016), 114.

37   Federal Election Committee, "Financial Summary," 8/16/2011–12/31/2012, http://www.fec.gov/fecviewer/CandidateCommitteeDetail.do?&tabIndex=1&candidateCommitteeId=S2MA00170.

38   Mindy Myers, "One Year Ago Today, We Made History," *Huffington Post*, January 23, 2014, http://www.huffingtonpost.com/mindy-myers/elizabeth-warren-senateb4228603.html.

39   Office of U.S. Senator Elizabeth Warren, "Warren to President-Elect Trump: You Are Already Breaking Promises by Appointing Slew of Special Interests, Wall Street Elites, and Insiders to Transition Team," press release, November 15, 2016, https://www.warren.senate.gov/?p=pressrelease&id=1298.

40   Lee Fang, "Donald Trump's Big Ethics Move Is to Replace Lobbyists with Former Lobbyists," *Intercept*, November 22, 2016, https://theintercept.com/2016/11/22/trump-transition-lobbyists-2/; Aaron Blake, "4 Ways in Which 'the Swamp' Is Doing Just Fine in the Trump Era," *Washington Post*, January 3, 2017, https://www.washingtonpost.com/news/the-fix/wp/2017/01/03/4-ways-in-which-the-swamp-is-doing-just-fine-in-the-trump-era/?utmterm=.225dc25f85a8.

41   Shane Goldmacher, Isaac Arnsdorf, Josh Dawsey, and Kenneth P. Vogel, "Trump's Ex-Campaign Manager Starts Lobbying Firm," *Politico*, December 21, 2016, http://www.politico.com/story/2016/12/corey-lewandowski-consulting-firm-232888.

42   Lee Drutman, "How Corporate Lobbyists Conquered American Democracy," *Atlantic*, April 20, 2015, http://www.theatlantic.com/

business/archive/2015/04/how-corporate-lobbyists-conquered-american-democracy/390822/.

43　Ibid.; Ida A. Brudnick, "Legislative Branch: FY2016 Appropriations," Congressional Research Service, February 1, 2016, https://fas.org/sgp/crs/misc/R44029.pdf.

44　"Of $164 million in contributions to the Chamber, more than half of the money came from just 64 donors.... And the top 1,500 donors provided 94 percent of the total donations." David Brodwin, "The Chamber's Secrets," *U.S. News & World Report*, October 22, 2015, http://www.usnews.com/opinion/economic-intelligence/2015/10/22/who-does-the-us-chamber-of-commerce-really-represent.

45　U.S. Chamber of Commerce, "Building History," https://www.uschamber.com/about/history/building-history.

46　Webster was my predecessor as senator from Massachusetts—widely regarded as one of the greatest senators in U.S. history—and a two-time secretary of state in the early nineteenth century.

47　U.S. Chamber of Commerce, "Building History."

48　Danny Hakim, "Big Tobacco's Staunch Friend in Washington: U.S. Chamber of Commerce," *New York Times*, October 9, 2015, http://www.nytimes.com/2015/10/10/business/us-chamber-of-commerces-focus-on-advocacy-a-boon-to-tobacco.html.

49　Sheryl Gay Stolberg, "Pugnacious Builder of the Business Lobby," *New York Times*, June 1, 2013, http://www.nytimes.com/2013/06/02/business/how-tom-donohue-transformed-the-us-chamber-of-commerce.html.

50　Ibid.

51　This total includes base and bonus. "Inside Compensation: CEO Salaries at Large Associations 2016 (Top Paid)," CEO Update, https://www.ceoupdate.com/articles/compensation/inside-compensation-ceo-salaries-large-associations-2016-top-paid.

52　Jim VandeHei, "Business Lobby Recovers Its Clout by Dispensing Favors for Members," *Wall Street Journal*, September 11, 2001, http://www.wsj.com/articles/SB100015411979219346.

53　Senators Sheldon White house, Elizabeth Warren, Barbara Boxer, Bernard Sanders, Sherrod Brown, Jeff Merkley, Richard Blumenthal, and Edward Markey, "The U.S. Chamber of Commerce: Out of Step with the American People and Its Members," June 14, 2016, https://www.whitehouse.senate.gov/imo/media/doc/Chamber%20of%20Commerce%20Report.pdf; Office of U.S.

Senator Sheldon White house, "Senators Issue Report on U.S. Chamber of Commerce Lobbying," press release, June 14, 2016, https://www.whitehouse. senate.gov/news/release/senators-issue-report-on-us-chamber-of-commerce–lobbying.

54 "U.S. Chamber of Commerce Files Friend of Court Brief," *CSP Daily News*, January 31, 2012, http://www.cspdailynews.com/category-news/tobacco/ articles/us-chamber-commerce-files-friend-court-brief.

55 Hakim, "Big Tobacco's Staunch Friend in Washington."

56 James Verini, "Show Him the Money," *Washington Monthly*, July/August 2010, http://jamesverini.com/show-him-the-money/.

57 Raquel Meyer Alexander, Stephen W. Mazza, and Susan Scholz, "Measuring Rates of Return for Lobbying Expenditures: An Empirical Case Study of Tax Breaks for Multinational Corporations," *Journal of Law and Politics* 25, no. 401 (2009), http://papers.ssrn.com/sol3/papers.cfm?abstractid=1375082.

58 "Money and Politics," *Economist*, October 1, 2011, http://www.economist. com/node/21531014.

59 "Convictions in the Abramoff Corruption Probe," Associated Press, October 26, 2011, http://www.huffingtonpost.com/huff-wires/20111026/us–abramoff-convictions/.

60 Alex Blumberg and David Kestenbaum, "Jack Abramoff on Lobbying," NPR *Planet Money*, December 20, 2011, http://www.npr.org/sections/ money/2011/12/20/144028899/the-tuesday-podcast-jack-abramoff-on–lobbying.

61 Raymond A. Bauer, Ithiel De Sola Pool, and Lewis Anthony Dexter, *American Business and Public Policy: The Politics of Foreign Trade*, 2nd ed. (New Brunswick, NJ: AldineTransaction, 2007), p. 324.

62 Drutman, "How Corporate Lobbyists Conquered American Democracy."

63 Ibid.

64 "The Washington Wishing-Well," *Economist*, June 13, 2015, http://www. economist.com/news/business/21654067-unstoppable-rise-lobbying-american-business-bad-business-itself–washington.

65 Lee Drutman, "How Corporate Lobbyists Conquered American Democracy."

66 Ibid.

67 "American People Hire High-Powered Lobbyist to Push Interests in Congress," *Onion*, October 6, 2010, http://www.theonion.com/article/american-people-hire-high-powered-lobbyist-to-push–18204.

68 Paul C. Barton, "Congressional Staffers Capitalize on the Experience,"

Tennessean, May 26, 2014, http://www.tennessean.com/story/news/
politics/2014/05/26/congressional-staffers-capitalize-experience/9611045/.

69   James Politi, "Lazard Aims for New York Listing in March," *Financial Times*,
      December 20, 2004, http://www.ft.com/cms/s/0/2adcc78c-522c-11d9-961a-
      00000e2511c8.html.

70   David Dayen, "Elizabeth Warren's Real Beef with Antonio Weiss: What Her
      Fight Against Him Is Actually About," *Salon*, December 23, 2014, http://www.
      salon.com/2014/12/23/elizabethwarrenshugebattlewhyshes_reallyfightingsoh
      ardagainstantonioweiss/.

71   Victoria McGrane and Dana Cimilluca, "Obama to Nominate Lazard Banker
      for a Top Treasury Post," *Wall Street Journal*, November 12, 2014, http://www.
      wsj.com/articles/obama-considering-investment-banker-for-top-treasury-
      post-1415822173.

72   Jeanna Smialek, "Lazard's Weiss Due $21.2 Million to Leave for Treasury,"
      Bloomberg, November 21, 2014, http://www.bloomberg.com/news/
      articles/2014-11-21/weiss-due-as-much-as-21-2-million-to-leave-lazard-for–
      treasury.

73   Ibid.

74   Eamon Javers, "Citigroup Tops List of Banks Who Receive Federal Aid," CNBC,
      March 16, 2011, http://www.cnbc.com/id/42099554.

75   Julie Creswell and Ben White, "The Guys from 'Government Sachs,'" *New
      York Times*, October 17, 2008, http://www.nytimes.com/2008/10/19/
      business/19gold.html.

76   "Pay for Eric Cantor's Wall Street Post: $3.4 Million," *Wall Street
      Journal*, Washington Wire, September 2, 2014, http://blogs.wsj.com/
      washwire/2014/09/02/pay-for-eric-cantors-wall-street-post-3-4-million/.

77   "Moelis & Company Announces the Appointment of Eric Cantor as Vice
      Chairman and Member of the Board of Directors," press release, September
      2, 2014, http://www.moelis.com/News/SitePages/news-feed-details.
      aspx?feedId=248.

78   Eric Lipton and Ben Protess, "Law Doesn't End Revolving Door on
      Capitol Hill," *New York Times*, February 1, 2014, http://dealbook.nytimes.
      com/2014/02/01/law-doesnt-end-revolving-door-on-capitol-hill/.

79   Eric Lichtblau, "Lawmakers Regulate Banks, Then Flock to Them," *New York
      Times*, April 13, 2010, http://www.nytimes.com/2010/04/14/business/14lobby.
      html?pagewanted=all.

80   Center for Responsive Politics, "Lobbyists Representing SLM Corp,

2015," OpenSecrets.org, https://www.opensecrets.org/lobby/clientlbs. php?id=D000022253&year=2015.

81   "Political Footprint of the Oil and Gas Industry—June 2015," Taxpayers for Common Sense, fact sheet, June 1, 2015, http://www.taxpayer.net/library/article/political-footprint-of-the-oil-and-gas-industry–2015.

82   Dakin Campbell, "Goldman Is Back on Top in the Trump Administration," *Bloomberg Businessweek*, December 22, 2016, https://www.bloomberg.com/news/articles/2016-12-22/goldman-is-back-on-top-in-the-trump–administration.

83   Ibid. This appeared in the headline of the print version of this article: "Goldman Sachs Happiest Place on Earth," *Bloomberg Businessweek*, December 26, 2016, https://www.scribd.com/article/334884947/Goldman-Sachs-Happiest-Place-On–Earth.

84   Creswell and White, "The Guys from 'Government Sachs.'"

85   Ibid.

86   Sam Levin, "Inside Trump Treasury Nominee's Past Life as 'Foreclosure King' of California," *Guardian*, December 2, 2016, https://www.theguardian.com/us-news/2016/dec/02/steve-mnuchin-profile-donald-trump-treasury; Martin Crutsinger, Julie Bykowicz, and Julie Pace, "Treasury Nominee Mnuchin Was Trump's Top Fundraiser," Associated Press, November 29, 2016, http://bigstory.ap.org/article/6a89fd6b303441b5b8df5779350d4c44/treasury-nominee-mnuchin-was-trumps-top–fundraiser.

87   Ibid.; Gideon Resnick, "Trump Picks Foreclosure King Mnuchin for Treasury Secretary," *Daily Beast*, November 29, 2016, http://www.thedailybeast.com/articles/2016/11/29/trump-picks-foreclosure-king-mnuchin-for-treasury-secretary.html.

88   David Dayen, "The Most Important WikiLeaks Revelation Isn't About Hillary Clinton," *New Republic*, October 14, 2016, https://newrepublic.com/article/137798/important-wikileaks-revelation-isnt-hillary–clinton.

89   Christopher Ingraham and Howard Schneider, "Industry Voices Dominate the Trade Advisory System," *Washington Post*, February 27, 2014, http://www.washingtonpost.com/wp-srv/special/business/trade-advisory-committees/.

90   Aamer Madhani, "Oreo Maker Ignores Trump, Clinton Criticism, Begins Layoffs in Chicago," *USA Today*, March 23, 2016, http:// www.usatoday.com/story/news/2016/03/23/nabisco-begins-layoffs-at-chicago-plant-despite-criticism-from-trump-clinton/82159194/.

91   Ibid.

92   Matt Krantz, "Oreo Maker Pays Crumbs in Taxes," *USA Today*, March 11, 2016, http://www.usatoday.com/story/money/markets/2016/03/11/oreo-maker-pays-crumbs-taxes/81663574/.

93   Madhani, "Oreo Maker Ignores Trump, Clinton Criticism, Begins Layoffs in Chicago."

94   Testimony of Leo W. Gerard, International President, United Steelworkers, before the Senate Finance Committee, June 25, 2014, https://www.finance.senate.gov/imo/media/doc/14%2006%2025%20Testimony%20-%20Trade%20Enforcement%20Challenges%20and%20Opportunities2.pdf. Gerard's testimony shows how the process can hurt U.S. workers (p. 14): A perfect example of this is the coated free sheet paper trade problem. The USW filed a case and, while dumping was found, the injury was determined not to be significant enough for relief. Several years later, we filed essentially the same case but, by that time, more than 7,000 workers had lost their jobs, capacity was shut down and companies were on the brink. Relief was provided and many of the remaining workers have their jobs as a result. But, a substantial portion of the industry will never come back.

95   The Bakery, Confectionery, Tobacco Workers and Grain Millers International Union, "The Facts," http://www.fightforamericanjobs.org/the-facts/.

96   To learn more, visit http://www.fightforamericanjobs.org/.

97   Annie Gasparro, "Mondelez CEO Stands by Efforts to Cut Costs," *Wall Street Journal*, August 23, 2015, http://www.wsj.com/articles/mondelez-ceo-stands-by-efforts-to-cut-costs-1440372517; Craig Giammona, "Mondelez Combats Slump with Cost Cutting, Lifting Profit," *Bloomberg*, July 27, 2016, https://www.bloomberg.com/news/articles/2016-07-27/mondelez-combats-sales-slump-with-cost-cutting-lifting-profit.

98   Greg Trotter, "Mondelez CEO's Total Compensation Down in 2015, Falls to $19.7 million," *Chicago Tribune*, March 28, 2016, http://www.chicagotribune.com/business/ct-mondelez-rosenfeld–compensation-0329-biz-20160328-story.html; BCTGM Local 300, "Nabisco 600 Series, Part Two," July 14, 2016, https://www.facebook.com/fightforamericanjobs/videos/1126870114044462/.

99   Consumer Financial Protection Bureau, "CFPB Monthly Complaint Snapshot Spotlights Debt Collection Complaints," December 27, 2016, http://www.consumerfinance.gov/about-us/newsroom/cfpb-monthly-complaint-snapshot-spotlights-debt-collection-complaints/.

100   Jesse Hamilton, "Wells Fargo Is Fined $185 Million over Unapproved Accounts," *Bloomberg*, September 8, 2016, https://www.bloomberg.com/

news/articles/2016-09-08/wells-fargo-fined-185-million-over-unwanted-customer-accounts.

101   James Oliphant and Kim Geiger, "More House Democrats Targeted by Third-Party Groups," *Los Angeles Times*, October 19, 2010, http://articles.latimes.com/2010/oct/19/nation/la-na-outside-money–20101020.

102   Alan Pyke, "Republican Debate Will Feature Goofy Attack Ad on the Agency That Protects You from Scams," *ThinkProgress*, November 10, 2015 http://thinkprogress.org/economy/2015/11/10/3721257/attack-ad-soviet-cfpb/.

103   Ibid.

104   Mike McIntire and Nicholas Confessore, "Tax-Exempt Groups Shield Political Gifts of Businesses," *New York Times*, July 7, 2012, http://www.nytimes.com/2012/07/08/us/politics/groups-shield-political-gifts-of-businesses.html.

105   For example, AAN does not disclose its donors. Some donors can be determined from their own disclosures, but not AAN's. Zachary Roth, "The Newest Dark Money Power Player: American Action Network," MSNBC, March 18, 2014, http://www.msnbc.com/msnbc/the-newest-dark-money-power-player-american-action-network. (AAN's super PAC does disclose its donors.)

106   Liz Whyte, "Corporations, Advocacy Groups Spend Big on Ballot Measures," *Time*, October 23, 2014, http://time.com/3532419/ballot-measures-corporations/.

107   Ibid.

108   Paul Farhi, "Influx of Ads for Military Weapons Th rowing Commuters for Loop," *Washington Post*, June 25, 2010, http://www.washingtonpost.com/wp-dyn/content/article/2010/06/24/AR2010062406207.html.

109   Erin Quinn, "Who Needs Lobbyists? See What Big Business Spends to Win American Minds," Center for Public Integrity, January 15, 2015, https://www.publicintegrity.org/2015/01/15/16596/who–needs-lobbyists-see-what-big-business-spends-win-american–minds.

110   Florens Focke, Alexandra Niessen- Ruenzi, and Stefan Ruenzi, "A Friendly Turn: Advertising Bias in the News Media," working paper, March 3, 2016, http://papers.ssrn.com/sol3/papers.cfm?abstractid=2741613.

111   Christine Hauser, "Cartoonist Fired from Farm News for Pro-Farmer Cartoon," *New York Times*, May 5, 2016, http://www.nytimes.com/2016/05/06/business/media/cartoonist-fired-from-farm-news.html.

112   Elizabeth Warren, Letter to Peter Hancock, CEO of AIG Companies, April 28, 2015, http://www.warren.senate.gov/files/documents/AnnuitiesLetters.pdf.

113   Thomas Perez and Jeff Zients, "The Retirement Problem That Costs Americans

$17 Billion a Year," *CNN Money*, September 15, 2015, http://money.cnn. com/2015/09/15/retirement/retirement-advisers-fiduciary-duty/.

114 Testimony of Robert Litan before the Senate Subcommittee on Employment and Workplace Safety, Senate Committee on Health, Education, Labor, and Pensions, July 21, 2015, http://www.help.senate.gov/imo/media/doc/Litan.pdf.

115 Council of Economic Advisers, "The Effects of Conflicted Investment Advice on Retirement Savings," February 2015, https://www.whitehouse.gov/sites/ default/files/docs/ceacoireportfinal.pdf; Sendhil Mullainathan, Markus Noeth, and Antoinette Schoar, "The Market for Financial Advice: An Audit Study," National Bureau of Economic Research Working Paper 17929, March 2012, http://www.nber.org/papers/w17929; Department of Labor, "Regulating Advice Markets: Definition of the Term 'Fiduciary,' Conflicts of Interest— Retirement Investment Advice, Regulatory Impact Analysis for Final Rule and Exemptions," April 2016, https://www.dol.gov/agencies/ebsa/laws–and-regulations/rules-and-regulations/completed-rulemaking/1210-AB32-2/ria. pdf.

116 Letter from Elizabeth Warren to Strobe Talbott, president of the Brookings Institution, September 28, 2015, http://www.warren.senate.gov/files/ documents/2015-9-28WarrenBrookingsltr.pdf.

117 Tom Hamburger, "How Elizabeth Warren Picked a Fight with Brookings—and Won," *Washington Post*, September 29, 2015, https://www.washingtonpost. com/politics/how-elizabeth-warren-picked-a-fight-with-brookings—and-won/2015/09/29/bfe45276-66c7-11e5-9ef3-fde182507eacstory.html.

118 Dylan Matthews, "Elizabeth Warren Exposed a Shocking Instance of How Money Corrupts DC Think Tanks," Vox, September 30, 2015 (updated April 6, 2016), http://www.vox.com/2015/9/30/9427461/elizabeth-warren-brookings–institution.

119 Luigi Zingales, "Is Money Corrupting Research?," *New York Times*, October 9, 2015, http://www.nytimes.com/2015/10/10/opinion/is-money-corrupting-research.html.

120 Jane Dokko, "Caveat Emptor: Watch Where Research on the Fiduciary Rule Comes From," Brookings, Up Front, July 29, 2015, http://www.brookings.edu/ blogs/up-front/posts/2015/07/29–research-fiduciary-rule-comes–from.

121 Patrick Temple-West, "Backlash to Warren's Think-Tank Attack: 'McCarthyism' from the Left," *Politico*, September 30, 2015, http://www.politico.com/ story/2015/09/backlash-to-elizabeth-warren-think-tank-attack–214302.

122 Ann Wagner, "Elizabeth Warren's Heavy Hand," *Hill*, October 13, 2015, http://

thehill.com/opinion/op-ed/256834-elizabeth-warrens-heavy–hand.

123   Eric Lipton, Nicholas Confessore, and Brooke Williams, "Think Tank Scholar or Corporate Consultant? It Depends on the Day," *New York Times*, August 8, 2016, http://www.nytimes.com/2016/08/09/us/politics/think-tank-scholars-corporate-consultants.html.

124   Peter Whoriskey, "As Drug Industry's Influence over Research Grows, So Does the Potential for Bias," *Washington Post*, November 24, 2012, https://www.washingtonpost.com/business/economy/as-drug-industrys-influence-over-research-grows-so-does-the-potential-for-bias/2012/11/24/bb64d596-1264-11e2-be82-c3411b7680a9story.html.

125   Senator Whitehouse also tells this story in his new book. Sheldon White house with Melanie Wachtell Stinnett, *Captured: The Corporate Infiltration of American Democracy* (New York: New Press, 2017), pp. 75–76. 199 97 percent of climate scientists agree that climate change is here: NASA, "Scientific Consensus: Earth's Climate Is Warming," January 18, 2017, http://climate.nasa.gov/scientific-consensus/.

126   NASA, "Scientific Consensus: Earth's Climate Is Warming," January 18, 2017, http://climate.nasa.gov/scientific-consensus/.

127   "American Academy of Pediatrics Links Global Warming to the Health of Children," October 26, 2015, https://www.aap.org/en-us/about-the-aap/aap-press-room/pages/Global-Warming-Childrens-Health.aspx.

128   "A Health Professionals' Declaration on Climate Change," American Lung Association, September 21, 2016, http://www.lung.org/get-involved/become-an-advocate/advocacy-alerts/health-professionals-climate-change.html.

129   Lee Rainie and Cary Funk, "An Elaboration of AAAS Scientists' Views," Pew Research Center, July 23, 2015, http://www.pewinternet.org/2015/07/23/an-elaboration-of-aaas-scientists-views/.

130   University of Massachusetts Amherst, Political Economy Research Institute, "Top 100 Polluter Indexes," https://www.peri.umass.edu/top-100-polluter–indexes.

131   Denise Robbins, Kevin Kalhoefer, and Andrew Seifter, "Study: Newspaper Opinion Pages Feature Science Denial and Other Climate Change Misinformation," Media Matters for America, September 1, 2016, http://mediamatters.org/research/2016/09/01/study-newspaper-opinion-pages-featurescience-denial-and-other-climate-change-misinformation/212700.

132   Mayer, *Dark Money*, pp. 208–10.

133   "Koch Industries: Secretly Funding the Climate Denial Machine," Greenpeace,

http://www.greenpeace.org/usa/global-warming/climate-deniers/koch-industries/; Kate Sheppard, "Inside Koch's Climate Denial Machine," Mother Jones, April 1, 2010, http://www.motherjones.com/blue-marble/2010/04/inside-kochs-climate-denial–machine.

134 Robert J. Brulle, "Institutionalizing Delay: Foundation Funding and the Creation of U.S. Climate Change Counter-Movement Organizations," *Climatic Change* 122, no. 4 (February 2014), http://drexel.edu/~/media/Files/now/pdfs/Institutionalizing%20Delay%20-%20Climatic%20Change.ashx?la=en.

135 John Cook, "The 5 Telltale Techniques of Climate Change Denial," CNN Opinion, July 22, 2015, http://www.cnn.com/2015/07/22/opinions/cook-techniques-climate-change-denial/.

136 Pew Research Center, "Public and Scientists' Views on Science and Society," January 29, 2015, p. 47, http://www.pewinternet.org/files/2015/01/PIScienceandSocietyReport012915.pdf.

137 "Why BP Is Paying $18.7 Billion," *New York Times*, July 2, 2015, https://www.nytimes.com/interactive/2015/07/02/us/bp-oil-spill-settlement-background.html.

138 Louis Jacobson, "Yes, Donald Trump did call climate change a Chinese hoax," *PolitiFact*, June 3, 2016, http://www.politifact.com/truth-o-meter/statements/2016/jun/03/hillary-clinton/yes-donald-trump-did-call-climate-change-chinese-h/.

139 Doug Kendall, "Not So Risky Business: The Chamber of Commerce's Quiet Success Before the Roberts Court—An Early Report for 2012–2013," Constitutional Accountability Center, May 1, 2013, http://theusconstitution.org/text–history/1966/not-so-risky-business-chamber-commerces-quiet-success-roberts-court-early–report.

140 Lee Epstein, William M. Landes, and Richard A. Posner, "How Business Fares in the Supreme Court," *Minnesota Law Review* 97 (2013): 1450–51, http://www.minnesotalawreview.org/wp-content/uploads/2013/04/EpsteinLanderPosnerMLR.pdf.

141 *Citizens United v.* FEC, 558 U.S. 310 (2010).

142 *Ledbetter v. Goodyear Tire & Rubber Co.*, 550 U.S. 618 (2007).

143 *Bell Atlantic Corp. v. Twombly*, 550 U.S. 544 (2007); Ashcroft v. Iqbal, 556 U.S. 662 (2009).

144 Adam Liptak, "Corporations Find a Friend in the Supreme Court," *New York Times*, May 4, 2013, http://www.nytimes.com/2013/05/05/business/pro-business-decisions-are-defining-this-supreme-court.html.

145 Senator Sheldon White house tangled with these groups back when he was an attorney general in Rhode Island. "Corporate America has these kinds of front groups on duty everyday, actively looking for litigation that will advance their causes." Whitehouse, *Captured*, pp. 68–69.

146 Chris Young, Reity O'Brien, and Andrea Fuller, "Corporations, Pro-Business Nonprofits Foot Bill for Judicial Seminars," Center for Public Integrity, March 28, 2013, https://www.publicintegrity.org/2013/03/28/12368/corporations-pro-business-nonprofits-foot-bill-judicial–seminars.

147 Eric Lipton, "Scalia Took Dozens of Trips Funded by Private Sponsors," *New York Times*, February 26, 2016, http://www.nytimes.com/2016/02/27/us/politics/scalia-led-court-in-taking-trips-funded-by-private-sponsors.html.

148 Ibid.

149 Ibid.

150 Joan Biskupic, *American Original: The Life and Constitution of Supreme Court Justice Antonin Scalia* (New York: Sarah Crichton Books/Farrar, Straus and Giroux, 2009), p. 346.

151 Amy Brittain and Sari Horwitz, "Justice Scalia Spent His Last Hours with Members of This Secretive Society of Elite Hunters," *Washington Post*, February 24, 2016, https://www.washingtonpost.com/world/national-security/justice-scalia-spent-his-last-hours-with-members-of-this-secretive-society-of-elite-hunters/2016/02/24/1d77af38-db20-11e5-891a-4ed04f4213e8story.html.

152 Molly Hennessy-Fiske, "Scalia's Last Moments on a Texas Ranch—Quail Hunting to Being Found in 'Perfect Repose,'" *Los Angeles Times*, February 14,2016, http://www.latimes.com/local/lanow/la-na-scalia-ranch-20160214-story.html.

153 Chris Frates, "Koch Bros.–Backed Group Gave Millions to Small Business Lobby," CNN, November 21, 2013, http://www.cnn.com/2013/11/21/politics/small-business-big-donor/index.html.

154 Carl Hulse, "Small-Business Lobbying Group Steps into Supreme Court Fight," *New York Times*, FirstDraft, March 25, 2016, http://www.nytimes.com/politics/first-draft/2016/03/25/small-business-lobbying-group-steps-into-supreme-court-fight/.

155 Anna Palmer, "GOP Group Launches Supreme Court Ads vs. Dems," *Politico*, February 29, 2016, http://www.politico.com/story/2016/02/supreme-court-republicans-ads-219993.

156 Donald J. Trump, "Donald J. Trump Finalizes List of Potential Supreme Court Justice Picks," September 23, 2016, https://www.donaldjtrump.com/press-

releases/donald-j.-trump-adds-to-list-of-potential-supreme-court-justice–picks.

157   Michael R. Bloomberg, "Go Out and Defeat the Demagogues," *Boston Globe*, May 3, 2016, https://www.bostonglobe.com/opinion/2016/05/03/out-and-defeat-demagogues/S8J2UQ1dllbdSBjRGpxl8I/story.html.

158   Richard Luscombe, "Trump's Donation to Florida's Attorney General: The Controversy Explained," *Guardian*, September 7, 2016, https://www.theguardian.com/us-news/2016/sep/07/donald-trump-donation-pam-bondi-florida-attorney–general.

159   Alexander C. Kaufman, "Donald Trump Taps Billionaire Who Owned Deadly Coal Mine for Commerce Secretary," *Huffington Post*, November 17, 2016, http://www.huffingtonpost.com/entry/trump-wilbur-rossus582b4c04e4b01d8a014abacb.

160   Christine L. Owens, "NELP Raises Serious Concerns over Fast-Food CEO's Nomination for Labor Secretary," National Employment Law Project, December 8, 2016, http://www.nelp.org/news-releases/nelp-raises-serious-concerns-over-fast-food-ceos-likely-nomination-for-labor-secretary/; Jodi Kantor and Jennifer Medina, "Workers Say Andrew Puzder Is 'Not the One to Protect' Them, but He's Been Chosen To," *New York Times*, January 15, 2017, https://www.nytimes.com/2017/01/15/us/politics/andrew-puzder-labor-secretary. html.

161   Jane Mayer, "Betsy DeVos, Trump's Big-Donor Education Secretary," *New Yorker*, November 23, 2016, http://www.newyorker.com/news/news-desk/betsy-devos-trumps-big-donor-education-secretary; Kate Zernike, "Betsy DeVos, Trump's Education Pick, Has Steered Money from Public Schools," *New York Times*, November 23, 2016, https://www.nytimes.com/2016/11/23/us/politics/betsy-devos-trumps-education-pick-has-steered-money-from-public-schools.html.

162   Zeeshan Aleem, "Donald Trump's Pick for Secretary of State Is a Putin-Friendly Exxon CEO," Vox, December 13, 2016, http://www.vox.com/2016/12/10/13908108/rex-tillerson-secretary-state-vladimir-putin-exxon-donald–trump.

163   "Donald Trump's New York Times Interview: Full Transcript," *New York Times*, November 23, 2016, http://www.nytimes.com/2016/11/23/us/politics/trump-new-york-times-interview-transcript.html.

164   Andy Sullivan, Emily Stephenson, and Steve Holland, "Trump Says Won't Divest from His Business While President," Reuters, January 11, 2017, http://

www.reuters.com/article/us-usa-trump-finance–idUSKBN14V21I.

5장   격변의 순간

1   The polling average on October 24, 2016, showed Clinton with a 6.5-point
     lead. "2016 General Election: Trump vs. Clinton," *Huffington Post*, November
     8, 2016, http://elections.huffingtonpost.com/pollster/2016-general–election-
     trump-vs–clinton.

2   Matt Bai, "Obama vs. Boehner: Who Killed the Debt Deal?" *New York Times
     Magazine*, March 28, 2012, http://www.nytimes.com/2012/04/01/magazine/
     obama-vs-boehner-who-killed-the-debt-deal.html.

3   Sara Jerde, "Trump Says He Will Cut the EPA as Prez: 'We'll Be Fine
     with The Environment,'" *Talking Points Memo*, October 18, 2015, http://
     talkingpointsmemo.com/livewire/donald-trump-epa-dept-of–education.

4   Michael Corkery, "Trump Expected to Seek Deep Cuts in Business
     Regulations," *New York Times*, November 9, 2016, http://www.nytimes.
     com/2016/11/10/business/dealbook/trump-expected-to-seek-deep-cuts-in-
     business-regulations.html.

5   Tom Musick, "OSHA Under Trump: A Closer Look," *Safety+Health*, January 20,
     2017, http://www.safetyandhealthmagazine.com/articles/15180-osha-under-
     trump-a-closer–look.

6   Donald J. Trump, "Healthcare Reform to Make America Great Again," https://
     www.donaldjtrump.com/positions/healthcare–reform.

7   Donald J. Trump, "Tax Plan," https://www.donaldjtrump.com/policies/tax–
     plan.

8   Jesse Hamilton and Elizabeth Dexheimer, "Victorious Donald Trump Is Devil
     Wall Street Doesn't Know," *Bloomberg*, November 9, 2016, https://www.
     bloomberg.com/news/articles/2016-11-09/victorious-donald-trump-is-the-
     devil-wall-street-doesn-t–know.

9   The very day I was sworn in to the Senate, one polling firm included my
     name in their calls asking about potential 2016 presidential candidates. Public
     Policy Polling, "Clinton Could Be Hard to Beat if She Runs in 2016," National
     Survey Results, January 10, 2013, http://www.publicpolicypolling.com/
     pdf/2011/PPPReleaseNational011013.pdf.

10   Three years later, with Hillary Clinton on the verge of picking her running
     mate, Rachel Maddow asked me if I thought I was capable of serving in

that role and being number two in line for the presidency. I'd learned a lot over those three years, and I said yes. Ian Schwartz, "Rachel Maddow to Elizabeth Warren: Are You Ready to Be Commander in Chief?; Warren: 'Yes,'" *Real Clear Politics*, June 10, 2016, http://www.realclearpolitics.com/video/2016/06/10/rachelmaddowtoelizabethwarrenareyoureadytobecommander_inchiefwarrenyes.html.

11   This was similar to a line of attack used against me in the 2012 senate race. As I wrote in 2014, "My brothers and I knew who we were. We knew our family stories." Ultimately, the Republican attacks did not succeed. Elizabeth Warren, *A Fighting Chance* (New York: Metropolitan, 2014), pp. 239–42.

12   My partner in these wars was Lauren Miller, who is as fearless as any human being I know when it comes to taking on bullies.

13   Jeff Stein, "Trump and the Racist Ghost of George Wallace," *Newsweek*, March 1, 2016, http://www.newsweek.com/donald-trump-george-wallace-racist-ghost-432164.

14   Alabama Department of Archives & History, "The Inaugural Address of Governor George Wallace," January 14, 1963, p. 2, http://digital.archives.alabama.gov/cdm/singleitem/collection/voices/id/2952/rec/5.

15   Republican National Committee, "Growth and Opportunity Project," 2013, pp. 8, 22, http://goproject.gop.com/rncgrowthopportunity_book2013.pdf.

16   Shushannah Walshe, "RNC Completes 'Autopsy' on 2012 Loss, Calls for Inclusion Not Policy Change," ABC News, March 18, 2013, http://abcnews.go.com/Politics/OTUS/rnc-completes-autopsy-2012-loss-calls-inclusion-policy/story?id=18755809.

17   Kyle Cheney, "Trump Kills GOP Autopsy," *Politico*, March 4, 2016, http://www.politico.com/story/2016/03/donald-trump-gop-party-reform–220222.

18   Lydia O' Connor and Daniel Marans, "Here Are 13 Examples of Donald Trump Being Racist," *Huffington Post*, February 29, 2016, http://www.huffingtonpost.com/entry/donald-trump-racist-examplesus56d47177e4b03260bf777e83; Steve Benen, "Trump Mistakes a Black Supporter as a 'Thug,'" MSNBC, *The Rachel Maddow Show, The Maddow Blog*, October 31, 2016, http://www.msnbc.com/rachel-maddow-show/trump-mistakes-black-supporter-thug.

19   Shawn Boburg, "Donald Trump's Long History of Clashes with Native Americans," *Washington Post*, July 25, 2016, https://www.washingtonpost.com/national/donald-trumps-long-history-of-clashes-with-native-americans/2016/07/25/80ea91ca-3d77-11e6-80bc-d06711fd2125story.html.

20   Eric Bradner, "Donald Trump Stumbles on David Duke, KKK," CNN, February

29, 2016, http://www.cnn.com/2016/02/28/politics/donald-trump-white-supremacists/.

21 Peter Holley, "KKK's Official Newspaper Supports Donald Trump for President," *Washington Post*, November 2, 2016, https://www.washingtonpost.com/news/post-politics/wp/2016/11/01/the-kkks-official-newspaper-has-endorsed-donald-trump-for-president/.

22 Ben Smith and Sheera Frenkel, "Former Republican Party Chairman Says He Won't Vote for Trump," BuzzFeed, October 24, 2016, https://www.buzzfeed.com/bensmith/former-republican-party-chairman-says-he-wont-vote-for-trump.

23 Office of U.S. Senator John McCain, "Statement by Senator John McCain Withdrawing Support of Donald Trump," press release, October 8, 2016, http://www.mccain.senate.gov/public/index.cfm/press-releases?ID=774F9EE9-B0F1-4CC6-8659-945EB6E09A5F.

24 Karl Rove, "Unity Won't Come Easy for Either Party," *Wall Street Journal*, April 27, 2016, http://www.wsj.com/articles/unity-wont-come-easy-for-either-party-1461799058; Maggie Haberman, "At Odds Publicly, Donald Trump and Karl Rove Hold a Private Meeting," *New York Times*, June 2, 2016, https://www.nytimes.com/2016/06/03/us/politics/karl-rove-donald-trump.html.

25 "Full Transcript: Mitt Romney's Remarks on Donald Trump and the 2016 Race," *Politico*, March 3, 2016, http://www.politico.com/story/2016/03/full-transcript-mitt-romneys-remarks-on-donald-trump-and-the-2016-race-220176.

26 Jesse Hamilton, "Wells Fargo Is Fined $185 Million over Unapproved Accounts," *Bloomberg*, September 8, 2016, https://www.bloomberg.com/news/articles/2016-09-08/wells-fargo-fined-185-million-over-unwanted-customer-accounts.

27 U.S. Department of Justice, "Wells Fargo Bank Agrees to Pay $1.2 Billion for Improper Mortgage Lending Practices," press release, April 8, 2016, https://www.justice.gov/opa/pr/wells-fargo-bank-agrees-pay-12-billion-improper-mortgage-lending-practices.

28 Matt Egan, "5,300 Wells Fargo Employees Fired over 2 Million Phony Accounts," *CNN Money*, September 9, 2016, http://money.cnn.com/2016/09/08/investing/wells-fargo-created-phony-accounts-bank-fees/; Reuters, "Wells Fargo Employees Who Lost Th eir Jobs Are Suing the Bank," *Fortune*, September 26, 2016, http://fortune.com/2016/09/26/wells-fargo-sales-lawsuit/.

29 Matt Egan, "Who Owns Wells Fargo Anyway? You, Me and Warren Buffett,"

CNN Money, September 8, 2016, http://money.cnn.com/2016/09/08/investing/
wells-fargo-fake-accounts-warren-buffett/.

30 Deon Roberts, "Emails Show Wells Fargo Kept Sales Probe to Itself for
at Least 6 Months," *Charlotte Observer*, January 11, 2017, http://www.
charlotteobserver.com/news/business/banking/bank-watch-blog/
article125973184.html.

31 Share prices had dropped about 9 percent from $49.77 on September 7 (the
day before the announcement) to $45.31 on September 28, the day before the
hearing.

32 Rick Rothacker, "What Happened to Wells Fargo CEO's Hand?," *Charlotte
Observer*, September 20, 2016, http://www.charlotteobserver.com/news/
business/banking/article102899917.html.

33 Abigail Stevenson, "Wells Fargo CEO John Stumpf on Alleged Abuses: 'I Am
Accountable,'" *CNBC Mad Money*, September 13, 2016, http://www-with-
native-americans/2016/07/25/80ea91ca-3d77-11e6-80bc-d06711fd2125story.
html.

34 Brett Molina and Matt Krantz, "Wells Fargo CEO Grilled by House Panel,"
USA Today, September 29, 2016, http://www.usatoday.com/story/money/
business/2016/09/29/live-wells-fargo-ceo-hearing/91260900/.

35 C. E. Dyer, "SHOCK: Elizabeth Warren Just Said Something We Can All Agree
On," Federalist Papers Project, September 21, 2016, http://thefederalistpapers.
org/us/shock-elizabeth-warren-just-said-something-we-can-all-agree-on.

36 Nomi Prins, "Ex-Wells Fargo CEO John Stumpf Deserves Jail—Not a Plush
Retirement," *Guardian*, October 14, 2016, https://www.theguardian.com/
commentisfree/2016/oct/14/john-stumpf-retirement-wells-fargo-ceo-jail–
time; James B. Stewart, "Wells Fargo Tests Justice Department's Get-Tough
Approach," *New York Times*, September 22, 2016, https://www.nytimes.
com/2016/09/23/business/wells-fargo-tests-justice-departments-get-tough-
approach.html; Paul Blake, "Senators Call on Justice Department to Investigate
Wells Fargo's Top Brass," ABC News, October 5, 2016, http://abcnews.go.com/
Business/senators-call-justice-department-investigate-wells-fargos-top/
story?id=42570235.

37 Rick Rothacker and Deon Roberts, "Running Tally: Who's Investigating Wells
Fargo?" *Charlotte Observer*, October 20, 2016, http://www.charlotteobserver.
com/news/business/banking/article109441837.html.

38 Jonathan Tamari, "Toomey, McGinty Spar over Who Looks Out for Business
and Who Favors Consumers," *Philadelphia Inquirer*, September 12, 2016,

http://www.philly.com/philly/blogs/capitolinq/Toomey-McGinty-spar-over-who-looks-out-for-business-and-who-favors-consumers.html; U.S. Senate Committee on Banking, Housing, & Urban Affairs, "Shelby Statement on the CFPB's Unconstitutional Structure," statement by Senator Richard Shelby, press release, October 11, 2016, http://www.banking.senate.gov/public/index.cfm/republican-press-releases?ID=FF23615E-CFF0-4AA6-9F9F-A743A7815F38.

39   A 2013 article in the *Los Angeles Times*, which prompted an investigation by the office of Los Angeles city attorney Mike Feuer, sparked the investigation by federal regulators. E. Scott Reckard, "Wells Fargo's Pressure-Cooker Sales Culture Comes at a Cost," *Los Angeles Times*, December 21, 2013, http://www.latimes.com/business/la-fi-wells-fargo-sale-pressure-20131222-story.html; James Rufus Koren, "Wells Fargo to Pay $185 Million Settlement for 'Outrageous' Sales Culture," *Los Angeles Times*, September 8, 2016, http://www.latimes.com/business/la-fi-wells-fargo-settlement-20160907-snap-story.html.

40   Victoria Finkle, "Jeb Hensarling Plan Rekindles Debate as Republicans Aim to Dismantle Dodd- Frank," *New York Times*, June 7, 2016, https://www.nytimes.com/2016/06/08/business/dealbook/republicans-plan-to-dismantle-dodd-frank-rekindles-a-debate.html.

41   Jim Puzzanghera, "Republicans Say There's Another Villain in the Wells Fargo Scandal," *Los Angeles Times*, September 28, 2016, http://www.latimes.com/business/la-fi-wells-fargo-regulators-20160927-snap-story.html; Yuka Hayashi, "5 Things to Watch at Wells Fargo's House Hearing," *Wall Street Journal*, September 28, 2016, http://blogs.wsj.com/briefly/2016/09/28/5-things–to-watch-at-wells-fargos-house-hearing/.

42   James Arkin, "Hopes Fade for Criminal Justice Reform This Year," *Real Clear Politics*, June 30, 2016, http://www.realclearpolitics.com/articles/2016/06/30/hopesfadeforcriminaljusticereformthisyear_131064.html; Greg Dotson and Alison Cassady, "Three Ways Congressional Mens Rea Proposals Could Allow White Collar Criminals to Escape Prosecution," Center for American Progress, March 11, 2016, https://www.americanprogress.org/issues/criminal-justice/reports/2016/03/11/133113/three-ways-congressional-mens-rea-proposals-could-allow-white-collar-criminals-to-escape-prosecution/.

43   Jordain Carney, "GOP Blocks Minimum Wage, Sick Leave Proposals," *Hill*, August 5, 2015, http://thehill.com/blogs/floor-action/senate/250382-gop-blocks-minimum-wage-sick-leave-proposals; Jonathan Cohn and Jeffrey Young, "Not Just Obamacare: Medicaid, Medicare Also on GOP's Chopping

Block," November 15, 2016, http://www.huffingtonpost.com/entry/
obamacare-medicaid-medicare-gop-chopping-blockus582a19b8e4b060adb
56fbae7; Alec MacGillis, "Nuclear War," *New Republic*, July 15, 2013, https://
newrepublic.com/article/113850/senate-republicans-filibuster-nlrb-nominees;
Tim Devaney, "Republicans Attack Persuader Rule," *Hill*, April 27, 2016, http://
thehill.com/regulation/labor/277860-republicans-attack-persuader-rule.

44   Suzanne Gamboa, "Latinos Blast Trump's AG Pick Jeff Sessions over Race,
Immigration," NBC News, November 18, 2016, http://www.nbcnews.com/
news/latino/latinos-blast-trump-s-ag-pick-jeff-sessions-over-race-n685951;
Brian Tashman, "Two Peas in a Racist Pod: Jeff Sessions' Alarming History
of Opposing Civil Rights," *Salon*, November 19, 2016, http://www.salon.
com/2016/11/19/two-peas-in-a-racist-pod-jeff-sessions-alarming-history-
of-opposing-civil-rightspartner/; Scott Zamost, "Sessions Dogged by
Old Allegations of Racism," CNN, November 18, 2016, http://www.cnn.
com/2016/11/17/politics/jeff-sessions-racism-allegations/.

45   Southern Poverty Law Center, "Update: Incidents of Hateful Harassment Since
Election Day Now Number 701," November 18, 2016, https://www.splcenter.
org/hatewatch/2016/11/18/update-incidents-hateful-harassment-election-day-
now-number–701.

46   Zeeshan Aleem, "Donald Trump's Pick for Secretary of State Is a Putin-
Friendly Exxon CEO," Vox, December 13, 2016, http://www.vox.
com/2016/12/10/13908108/rex-tillerson-secretary-state-vladimir-putin-exxon-
donald–trump.

47   Alexander C. Kaufman, "Exxon Continued Paying Millions to Climate-Change
Deniers Under Rex Tillerson," *Huffington Post*, January 9, 2017, http://www.
huffingtonpost.com/entry/tillerson-exxon-climate-donationsus5873a3f4e4b04
3ad97e48f52.

48   Chris Mooney, Brady Dennis, and Steven Mufson, "Trump Names Scott Pruitt,
Oklahoma Attorney General Suing EPA on Climate Change, to Head the
EPA," *Washington Post*, December 8, 2016, https://www.washingtonpost.
com/news/energy-environment/wp/2016/12/07/trump-names-scott-pruitt-
oklahoma-attorney-general-suing-epa-on-climate-change-to-head-the–epa.

49   Eric Lipton and Coral Davenport, "Scott Pruitt, Trump's E.P.A. Pick, Backed
Industry Donors over Regulators," *New York Times*, January 14, 2017, https://
www.nytimes.com/2017/01/14/us/scott-pruitt-trump-epa-pick.html.

50   Allie Gross, "Lawmakers deciding the future of Detroit schools accepted
thousands from pro-charter DeVos family," *Detroit Metro Times*, May 17,

2016, http://www.metrotimes.com/news-hits/archives/2016/05/17/lawmakers-deciding-the-future-of-detroit-schools-accepted-thousands-from-pro-charter-devos–family.

51 Alyson Klein, "DeVos Would Be First Ed. Sec. Who Hasn't Been a Public School Parent or Student," *Education Week*, December 6, 2016, http://blogs.edweek.org/edweek/campaign-k-12/2016/12/betsydevoswouldbe_firsted.html.

52 Manu Raju, "Trump's Cabinet Pick Invested in Company, Then Introduced a Bill to Help It," *CNN Politics*, January 16, 2017, http://www.cnn.com/2017/01/16/politics/tom-price-bill-aiding–company.

53 Lisa Baertlein and Sarah N. Lynch, "Fast-Food Workers Protest Trump's Labor Secretary Nominee," Reuters, January 12, 2017, http://www.reuters.com/article/usa-congress-puzder–idUSL1N1F11W7.

54 Tal Kopan, "Demo crats to Attack Labor Nominee's Employee Treatment," *CNN Politics*, January 10, 2017, http://www.cnn.com/2017/01/10/politics/andrew-puzder-restaurants-employee-mistreatment-report/; Restaurant Opportunities Centers United, "Secretary of Labor Violations?," January 10, 2016, pp. 17–18, http://rocunited.org/wp-content/uploads/2017/01/PuzdersLaborProblemFinal-2. pdf.

55 David Wasserman, "2016 Popular Vote Tracker," Cook Political Report, January 3, 2017, http://cookpolitical.com/story/10174.

56 Gary Langer, Gregory Holyk, Chad Kiewiet de Jonge, Julie Phelan, Geoff Feinberg, and Sofi Sinozich, "Huge Margin Among Working-Class Whites Lift s Trump to a Stunning Election Upset," ABC News, November 9, 2016, http://abcnews.go.com/Politics/huge-margin-working–class-whites-lifts-trump-stunning/story?id=43411948.

57 Martin Luther King, Jr., "Letter from a Birmingham Jail", 2, http://okra.stanford.edu/transcription/documentimages/undecided/630416-019.pdf.

58 Jeremy C. Fox, "Thousands Protest Health Care Repeal at Faneuil Hall," *Boston Globe*, January 15, 2017, https://www.bostonglobe.com/metro/2017/01/15/thousands-protest-health-care-repeal-faneuil-hall/CMBwr3f8vGpp7gTsyi7lCM/story.html; Corey Williams, "Thousands Rally to Resist Republican Health Law Repeal Drive," Associated Press, January 15, 2017, http://bigstory.ap.org/article/4912cac35997415f9ce737dbba332aac/thousands-show-sanders-health-care-rally–michigan.

59 "Community Forum on Trump-Era Immigration," *Martha's Vineyard Times*, December 28, 2016, http://www.mvtimes.com/2016/12/28/community-forum-

trump-era-immigration/; Steven H. Foskett Jr., "Worcester Forum Seeks to Ease Post-Election Anxiety," *Worcester Telegram & Gazette*, December 1, 2016, http://www.telegram.com/news/20161130/worcester-forum-seeks-to-ease-post-election-anxiety.

60   Shira Schoenberg, "Workers rally in Boston for $15 minimum wage," MassLive.com, November 29, 2016, http://www.masslive.com/politics/index.ssf/2016/11/workersrallyinbostonfor15.html.

61   "Video of Sen. Elizabeth Warren: Bigotry Is Bad for Business," *Wall Street Journal*, November 15, 2016, http://www.wsj.com/video/sen-elizabeth-warren-bigotry-is-bad-for-business/81EA7639-8221-4488-8E52-BE16179BAFFA.html.

62   Thomas Piketty and Emmanuel Saez, "Income Inequality in the United States, 1931–2002," later updated with Anthony B. Atkinson (November 2004) (online at http://eml.berkeley.edu/~saez/pikettysaezOUP04US.pdf, updated tables at http://eml.berkeley.edu/~saez/TabFig2015prel.xls).

63   Andrew Khouri, "HUD Suspends FHA Mortgage Insurance Rate Cut an Hour After Trump Takes Office," *Los Angeles Times*, January 20, 2017, http://www.latimes.com/business/la-fi-trump-fha-cut–20170120-story.html.

64   Office of U.S. Senator Elizabeth Warren, "Senator Warren Delivers Remarks on the Proposed 21st Century Cures Bill," press release, November 28, 2016, https://www.warren.senate.gov/?p=pressrelease&id=1307.

65   Michael Hiltzik, "Paul Ryan Is Determined to Kill Medicare. This Time He Might Succeed," *Los Angeles Times*, November 23, 2016, http://www.latimes.com/business/hiltzik/la-fi-hiltzik–medicare-ryan-20161114-story.html; Kelsey Snell, "Tax Reform Shaping Up To Be One of Washington's First Fights Under Trump," *Washington Post*, November 17, 2016, https://www.washingtonpost.com/news/powerpost/wp/2016/11/17/tax-reform-shaping-up-to-be-one-of-washingtons-first-fights-under-trump/; Jim Nunns, Len Burman, Ben Page, Jeff Rohaly, and Joe Rosenberg, "An Analysis of the House GOP Tax Plan," Tax Policy Center, September 16, 2016, pp. 2, 8, Table 5, p. 13, http://www.taxpolicycenter.org/sites/default/files/alfresco/publication-pdfs/2000923-An-Analysis-of-the-House-GOP-Tax-Plan.pdf.

66   Jim Nunns, Len Burman, Ben Page, Jeff Rohaly, and Joe Rosenberg, "An Analysis of Donald Trump's Revised Tax Plan," Tax Policy Center, October 18, 2016, http://www.taxpolicycenter.org/sites/default/files/alfresco/publication-pdfs/2000924-an-analysis-of-donald-trumps-revised-tax-plan.pdf; Dylan Matthews, "Analysts: Donald Trump Changed His Tax Plan and Made It Even

More Tilted Toward the Rich," Vox, November 8, 2016, http://www.vox.com/policy-and-politics/2016/10/11/13241764/donald-trump-new-tax-plan-tpc-clinton.

67   Jean Eaglesham and Lisa Schwartz, "Trump's Tax Plan Could Preserve Millions in Savings for His Businesses," *Wall Street Journal*, January 29, 2017, https://www.wsj.com/articles/trumps-tax-plan–could-preserve-millions-in-savings-for-his-businesses–1485691210.

68   Nunns, Burman, Page, et al., "An Analysis of Donald Trump's Revised Tax Plan"; Matthews, "Analysts: Donald Trump Changed His Tax Plan"; Federal Reserve Bank of St. Louis, "Federal Debt: Total Public Debt," updated December 14, 2016, https://fred.stlouisfed.org/series/GFDEBTN.

69   "New National Poll Shows 80% of Americans Support Addressing College Affordability Crisis," Demos, October 7, 2016, http://www.demos.org/press-release/new-national-poll-shows-80-americans-support-addressing-college-affordability-crisis.

70   Public Policy Polling, "National Survey Results," October 21, 2016, http://www.socialsecurityworks.org/wp-content/uploads/2016/10/NationalResults.pdf.

71   "Poll Results: Minimum Wage," YouGov, April 13, 2016, https://today.yougov.com/news/2016/04/13/poll-results-minimum-wage/.

72   Frank Newport, "Americans Say 'Yes' to Spending More on VA, Infrastructure," Gallup, March 21, 2016, http://www.gallup.com/poll/190136/americans-say-yes-spending-infrastructure.aspx.

73   Frank Newport, "Americans Still Say Upper-Income Pay Too Little in Taxes," Gallup, April 15, 2016, http://www.gallup.com/poll/190775/americans-say-upper-income-pay-little-taxes.aspx.

74   Frank Newport, "Americans React to Presidential Candidates' Tax Proposals," Gallup, March 17, 2016, http://www.gallup.com/poll/190067/americans-react-presidential-candidates-tax-proposals.aspx.

75   Celinda Lake, Bob Carpenter, David Mermin, and Zoe Grotophorst, "Strong Bipartisan Support More Financial Reform," Lake Research Partners and Chesapeake Beach Consulting, memo to interested parties, July 12, 2016, http://ourfinancialsecurity.org/wp-content/uploads/2016/07/LRPpublicmemo.AFR_.CRL.WSReform.f.071216.pdf.

76   Nik DeCosta-Klipa, "Trump Voters Don't Want Trump to Get Rid of Elizabeth Warren's Consumer Agency," Boston.com, December 21, 2016, http://www.boston.com/news/politics/2016/12/21/trump-voters-dont-want-trump-to-get-rid-of-elizabeth-warrens-consumer–agency.

77 Matt Broomfield, " Women's March Against Donald Trump Is the Largest Day of Protests in U.S. History, Say Political Scientists," *Independent*, January 23, 2017, http://www.independent.co.uk/news/world/americas/womens-march-anti-donald-trump-womens-rights-largest-protest-demonstration-us-history-political-a7541081.html.

78 Centers for Medicare and Medicaid Services, "On Its 50th Anniversary, More Th an 55 Million Americans Covered by Medicare," press release, July 28, 2015, https://www.cms.gov/Newsroom/MediaReleaseDatabase/Press-releases/2015-Press-releases-items/2015-07-28.html.

79 This covers four-year institutions. Institute for College Access and Success, "Massachusetts—4-Year or Above," College InSight, 2013–14, http://college-insight.org/#spotlight/go&h=99a93483bf37f385a9369e23ecb51377.

80 U.S. Census Bureau, "QuickFacts: Massachusetts," http://www.census.gov/quickfacts/table/PST045215/25.

81 Massachusetts Executive Office of Health and Human Services and Executive Office of Elder Affairs, "Long-Term Care in Massachusetts: Facts at a Glance," January 26, 2009, pp. 4–5, http://www.mass.gov/eohhs/docs/eohhs/ltc-factsheet.pdf.

82 Kids Count Data Center, "Head Start Enrollment by Age Group," updated March 2014, http://datacenter.kidscount.org/data/tables/5938-head-start-enrollment-by-age-group#detailed/2/23/false/36,868,867,133,38/1830,558,559,1831,122/12570.

83 Louise Norris, "Massachusetts Marketplace History and News: 23K Enrolled by November 17; ConnectorCare Subsidies Less Robust in 2017," HealthInsurance. org, November 20, 2016, https://www.healthinsurance.org/massachusetts-state-health-insurance-exchange/.

84 U.S. Department of Labor, Bureau of Labor Statistics, "Union Membership in Massachusetts and Connecticut—2012," Table A: Union Affiliation of Employed Wage and Salary Workers in Massachusetts and Connecticut, Annual Averages, 2003–2012, https://www.bls.gov/regions/new-england/news-release/unionmembershipmassachusettsandconnecticut.htm.

85 Planned Parenthood League of Massachusetts, "Annual Report: FY16," p. 2, https://www.plannedparenthood.org/planned-parenthood-massachusetts/who-we-are/our-publications.

86 Sally Denton, *The Plots Against the President: FDR, a Nation in Crisis, and the Rise of the American Right* (New York: Bloomsbury Press, 2012), p. 158; Franklin D. Roosevelt, "Address at Madison Square Garden, New

York City," October 31, 1936, http://www.presidency.ucsb.edu/ws/index.
php?pid=15219&st=&st1.

맺음말

1   Ian Holland, January 21, 2017, https://twitter.com/PastorIanH/
     status/822980024663994369.
2   Globe staff, "People Were Really Creative with Their Signs at Women'
     s Marches," *Boston Globe*, January 21, 2017, https://www.bostonglobe.
     com/news/nation/2017/01/21/signs-from-women-march-protests/
     KgTxZ54KJZLoN7YOAmr4EL/story.html; Joan Wickersham, "You Said It All in
     Those Women's March Signs," *Boston Globe*, January 25, 2017, https://www.
     bostonglobe.com/opinion/2017/01/25/you-said-all-those-women-march-
     signs/8LkyVPCzwtfoa17s9fea9O/story.html.

감사의 글

지금까지 살아오면서 나는 보편적인 의미의 행운을 참 많이 누렸지만, 최근 들어 다시 한번 행운을 맛본 것은 단연 알렉산더 블렝킨숍이 이 책에 도움을 주겠다고 제안한 날이었다. 나는 소비자 금융 보호국과 상원의원 선거운동 때문에 함께 일해본 경험이 있어서 그가 얼마나 영리하고 성실하며 훈련이 잘된 사람인지 진작 알고 있었다. 하지만 『이 싸움은 우리의 싸움이다』를 작업하는 동안 그가 미국을 더 나은 나라로 만들려는 열정이 얼마나 큰지도 새삼 깨닫게 되었다. 그는 불가능에 가까운 요구와 매우 빠듯한 마감 일정에 시달리면서도 활기와 유머를 잃지 않았다. 또 하나 깨달은 것이 있는데, 그는 내 일정을 관리할 때 마치 훈련교관처럼 엄격하게 굴었다. 나는 미국의 중산층이 어떻게 잘못되었는지, 우리가 중산층을 재건하기 위해 무엇을 할 수 있는지 설명하면서 그의 도움을 무척 많이 받았다.

그리고 나는 이 책의 공동 저자라고 부를 수도 있을 만한 내 딸 어밀리아 워런 티아기에게도 엄청난 도움을 받았다. 어밀리아는 한창 성장 중인 회사를 운영하고 완벽한 세 자녀를 돌보느라 정신없이 바쁜

와중에도 이 책에서 핵심적인 역할을 맡아주었다. 내가 핵심 사안들에 집중하게 해줬고 원고에 집어넣은 사상의 형태를 잡아줬으며 "엄마, 다시 지루해지고 있어요"라는 잔소리로 시작하기 일쑤인 자기만의 독특한 조언도 잊지 않았다. 만약 내가 중요한 이야기를 하면서도 흥미를 끌어들이는 데 어떻게든 성공했더라면 어밀리아는 마땅히 더 인정받았을 것이다.

나는 복이 얼마나 많았던지, 초고를 기꺼이 읽어주고 모호한 표현이나 확장시켜야 할 부분을 지적해주는 좋은 친구들이 곁에 있었다. 친구들은 소제목을 새로 덧붙이거나 단락을 고치거나 이야기를 통째로 들어내라고 제안했다. 언급할 친구가 너무 많고 한 사람도 잊어버리고 싶지 않지만, 내가 누구를 이야기하는지 본인들은 다 알고 있을 테니까—내가 얼마나 고마워하는지 알아주기를 바란다. 그리고 사실 확인을 도와준 대니얼 모로코와 이리나 수불리카에게도 감사한다. 두 사람 다 만만찮은 일정의 압박 속에서 오랜 시간을 여기에 매달려줬다.

이 책에 실은 도표 작업에는 나름대로 어려움이 있었다. 내가 자료를 명확하면서도 흥미롭게 보여주고 싶어했기 때문이다. 미셸 르클럭은 엄청난 기술로 그 일을 해냈고 도표를 정확하게 그리기 위해 나와 협업하면서 놀라운 참을성을 발휘해 몇 번이고 수정을 거듭했다. 제임스 오메라는 미셸을 도왔고 작은 수정 사항들을 세심하게 따로 덧붙이기도 했다.

나는 자신의 사연을 기꺼이 들려준 사람들에게도 깊이 감사드린다.

그들의 신원이 드러날 수 있는 구체적인 사항들을 숨기기는 했지만 본질을 놓치지 않은 채 이야기를 옮기려고 최선을 다했다. 마이크 벨빌은 아주 특별한 사람이다. 알츠하이머 연구에 더 많은 돈을 지원하도록 의회를 압박하겠다는 결심이 아주 단단해서 깊은 인상을 받았다. 다른 사람들도 그러기를 바란다. 마이크와 그의 아내 셰릴, 두 사람 모두에게 도와줘서 고맙다는 말을 전하고 싶다. 마이클 J. 스미스는 시간을 많이 할애해주고 마음도 많이 써줬으며 그저 다른 사람을 도울 수 있다는 생각에 자신의 힘겨운 시간을 기꺼이 자세하게 되짚어주었다. 마이클과 그의 아내 재닛, 딸 애슐리에게 감사한다.

나는 지나와 카이에게도 큰 빚을 졌다. 이 책에 넣기로 합의된 사항 외의 내용은 말할 수 없지만 두 사람은 자신들에게 공정하지 않은 세상을 마주한 용기를 보여줬다. 그래서 나는 두 사람을 알게 된 게 자랑스럽다. 두 사람은 영원히 내 삶의 일부일 것이다.

편집자 존 스털링은 내 전작 『싸울 기회』를 작업할 때 엄청난 도움을 줬다. 나는 그가 커다란 재능과 깊이 있는 통찰력으로 이번 책에도 기꺼이 도움을 줘서 얼마나 감사한지 모른다. 그가 없었더라도 과연 내가 이 책 작업을 할 수 있었을까? 헨리 홀트의 대표이자 발행인인 스티븐 루빈, 메트로폴리턴북스의 발행인 세라 버시텔, 홀트의 부발행인이자 영업 및 마케팅 이사 매기 리처즈, 홀트의 홍보이사 팻 아이즈먼은 함께 작업한 최고의 팀이었다. 릭 프래처는 멋진 표지를 디자인했고 켈리 투는 책 내부를 멋지게 디자인해줬다. 두 사람을 보면서 시각적 창의력이 대단히 뛰어난 사람들이 있다는 감탄이 새삼 흘러나왔다. 나는 여기에 전혀 해당되지 않기에 결과물이나 감상할 뿐이다. 홀트의 편집주간 켄 러셀은 빠듯한 일정에도 불구하고 이 책이 순조롭게 진행되도록 해주었다. 교열 담당자 보니 톰프슨은 누구에게도 뒤지지 않는 실력으로 이 책을 힘차고 명쾌한 글로 완성했다. 존의 유능한 보조인 피오나 로언스타인은 항상 큰 도움을 주었다. 홀트의 직원 개개인은 모두 진정한 프로다. 그러면서도 책에—그리고 책을 통해서만 할 수 있는 이야기들에—열정적으로 몰두하는 사람들이었다. 그분들 모두에게 감사드린다.

다시 한번 말하지만, 밥 바넷은 사려 깊은 조언자로서 언제나 준비된 듯 현명한 상담과 촌철살인의 표현을 그때그때 건넸다.

이 책의 기본적인 아이디어는 내가 교수였을 때 처음 생각해냈지만, 지금까지 벌여온 싸움의 대부분은 그 세월 동안 내가 운 좋게 모아온 재능 있는 조언자들과 보스턴, 스프링필드, 워싱턴의 사무실에서 장시간 일하는 모든 사람 덕분에 가능했다. 우리는 모든 사람에게 열린 기회와 존경을 기반으로 세워진 미국이라는 나라에 대한 꿈을 공유한다. 그리고 그들은 놀라운 헌신과 뛰어난 솜씨로 맡은 일에 몸바쳐왔다. 그들의 임무가 퇴역 군인이 마땅히 받아야 할 혜택을 누릴 수 있게 돕는 것이든 건강보험에 관한 회의를 잘 준비하는 것이든 SEC에서 벌어지는 상황을 조사하는 것이든 간에, 그들은 옳은 것을 위해 계속 싸우고 있다. 나는 그들 한 사람 한 사람을 사랑하고 그들이 가능하게 해준 모든 일에 깊이 감사한다.

또한 매사추세츠 주민들에게도 깊이 감사드린다. 공직에 나가본 경험이 없는 사람에게 기회를 주었고 그들을 위해 싸울 수 있도록 나를 워싱턴 의회로 보내줬다. 워싱턴에서 나는 그들의 목소리를 대변하기 위해 날마다 최선을 다한다. 그들 덕분에 나는 수백만 명의 놀랍고 성실하며 너그러운 사람들이 지켜야 할 것이 얼마나 많은지 매일 떠올린다. 매사추세츠 주민들은 어떤 일이 있어도 내가 이 싸움을 계속할 수 있도록 힘과 동기를 건네준다. 이 위대한 주를 대변하는 것은 일생의 영광이었다.

마지막으로, 내 가족에게 진심으로 감사한다. 이미 어밀리아에게 큰 소리로 말했지만 다른 가족들도 각자 특별한 솜씨를 보태줬다. 어떤 사안에 대해 토론할 때 내 아들 앨릭스 워런보다 더 즐거운 상대는 없다. 앨릭스도 곧 알게 되겠지만 통화하면서 처음 튀어나온 많은 아이디어가 결국은 이 책 속에 들어갔다. 엘리스 워런과 수실 티아기는 결혼으로 가족이 된 참을성 많은 사람 이상의 의미가 있다. 둘은 우리를 더 강하고 더 행복하게 만들어주는 사랑스런 식구다. 내 손주들 옥타비아와 리비니아, 애티커스는 인생을 훨씬 더 귀하고 훨씬 더 즐겁게 만들어줬다. 마지막으로 감사할 사람은 브루스다. 그가 마지막인 이유는 그에게 고맙다는 말을 하려고 할 때마다 가슴이 북받치고 할 말을 잊기 때문이다.

옮긴이 신예경

성균관대 영문과를 졸업하고 같은 대학에서 석사학위를 받았다. 미국 미시간주립대 영문
과에서 르네상스와 초기 모던 문학을 전공하며 박사과정을 수학하던 중 번역 일에 매혹되
어 전문 번역가의 길로 들어섰다. 옮긴 책으로『셰익스피어를 둘러싼 모험』『닥터 프랑켄슈
타인』『고전으로 읽는 폭력의 기원』『왜 나는 항상 결심만 할까』『비트겐슈타인처럼 사고하고
버지니아 울프처럼 표현하라』『이노센트』등이 있다.

이 싸움은 우리의 싸움이다

초판 인쇄 2018년 12월 3일
초판 발행 2018년 12월 10일

지은이   엘리자베스 워런
옮긴이   신예경
펴낸이   강성민
편집장   이은혜
디자인   김성렬 이현정
마케팅   정민호 이숙재 정현민 김도윤 안남영
홍보   김희숙 김상만 이천희
독자모니터링 황치영

펴낸곳   (주)글항아리 | 출판등록 2009년 1월 19일 제406-2009-000002호
주소   10881 경기도 파주시 회동길 210
전자우편   bookpot@hanmail.net
전화번호   031-955-8891(마케팅) 031-955-1936(편집부)
팩스   031-955-2557

ISBN   978-89-6735-565-4 03300

이 도서의 국립중앙도서관 출판시도서목록(CIP)은 e-CIP홈페이지
(http://www.nl.go.kr/ecip)와 국가자료공동목록시스템(http://www.nl.go.kr/kolisnet)에서
이용하실 수 있습니다.(CIP제어번호: CIP2018035830)